농협은행 최종 합격을 위한 추가혜택

농협은행 온라인 모의고사 응시권

AEK6DDB0D7396000

전 회차 온라인 응시 서비스 (교재 수록 1~4회)

6765DDBKK7CEK000

* 본 서비스는 교재에 수록된 동일한 문제를 온라인 환경으로 풀이해 볼 수 있는 서비스입니다.

이용방법 해커스잡 사이트(ejob.Hackers.com) 접속 후 로그인 ▶ 사이트 메인 우측 상단 [나의정보] 클릭 ▶ [나의 쿠폰 - 쿠폰/수강권 등록]에 위 쿠폰번호 입력 ▶ [마이클래스 - 모의고사]에서 응시 가능

* 쿠폰 유효기간: 2027년 12월 31일까지(ID당 1회에 한해 등록 가능) * 쿠폰 등록 시점부터 30일 이내 PC에서 응시 가능합니다.

농협 NCS 강의(올인원패스) 2만원 할인쿠폰

DEDADDB2K3694000

본 교재 인강 30% 할인쿠폰

30DADDB52F293000

이용방법 해커스잡 사이트(ejob.Hackers.com) 접속 후 로그인 ▶ 사이트 메인 우측 상단 [나의정보] 클릭 ▶ [나의 쿠폰 - 쿠폰/수강권 등록]에 해당 쿠폰번호 입력 후 강의 결제 시 사용

* 쿠폰 유효기간: 2027년 12월 31일까지(ID당 1회에 한해 등록 가능) * 본 교재 인강 외 이벤트 강의 및 프로모션 강의에는 적용 불가, 쿠폰 중복 할인 불가합니다.

- 농협은행 인·적성검사 모의테스트(PDF)
- 농협은행 면접 합격 가이드(PDF)

PKA2W7E54MHTR8SB

이용방법 해커스잡 사이트(ejob.Hackers.com) 접속 후 로그인 ▶ 사이트 메인 상단 [교재정보 - 교재 무료자료] 클릭 ▶ 교재 확인 후 이용하길 원하는 무료자료의 [다운로드] 버튼 클릭 ▶ 해당 쿠폰번호 입력 후 다운로드

* 쿠폰 유효기간: 2026년 12월 31일까지

무료 바로 채점 및 성적 분석 서비스

FREE

이용방법 해커스잡 사이트(ejob.Hackers.com) 접속 후 로그인 ▶ 사이트 메인 상단 [교재정보 - 교재 채점 서비스] 클릭 ▶ 교재 확인 후 채점하기 버튼 클릭

* 사용 기간: 2027년 12월 31일까지(ID당 1회에 한해 등록 가능)

▲ 바로 이용

쿠폰 관련 문의 02-537-5000

공기업 취업의 모든 것, 해커스잡 ejob.Hackers.com

해커스

농협은행 6급

NCS+직무상식

실전모의고사

해커스

농협은행 6급 필기시험, 어떻게 대비해야 하나요?

이번 농협은행 6급 채용은 온라인 필기시험으로 진행되었습니다.

때문에 변경된 시험에 어떻게 대비해야 할지, 경향이 또 바뀌진 않을지 걱정하는 수험생들이 많습니다.

그러한 수험생들의 걱정을 알기에 해커스는 수많은 고민을 거듭한 끝에

「해커스 농협은행 6급 NCS+직무상식 실전모의고사」 개정판을 출간하게 되었습니다.

「해커스 농협은행 6급 NCS+직무상식 실전모의고사」 개정판의

최신 출제 경향을 반영한 실전모의고사 4회분으로,

온라인 시험 환경 적응을 돕는 전 회차 온라인 응시 서비스와 농협은행 온라인 모의고사로,

고득점 달성, 난도 상승에 대비할 수 있는 고난도 문제로,

그리고 직무상식의 주요 개념을 정리한 직무상식 기출&출제예상개념으로,

농협은행 6급 필기시험에 확실하게 대비할 수 있습니다.

이 책을 통해 농협은행 6급 채용에 대비하는 수험생 모두 합격의 기쁨을 누리시기를 바랍니다.

해커스 NCS 취업교육연구소

목차

실전모의고사 약점 보완 해설집 (책 속의 책)

농협은행 6급 필기시험 합격을 위한

네 가지 필승 비법!

1 최신 경향이 반영된 실전모의고사로 전략적으로 대비한다!

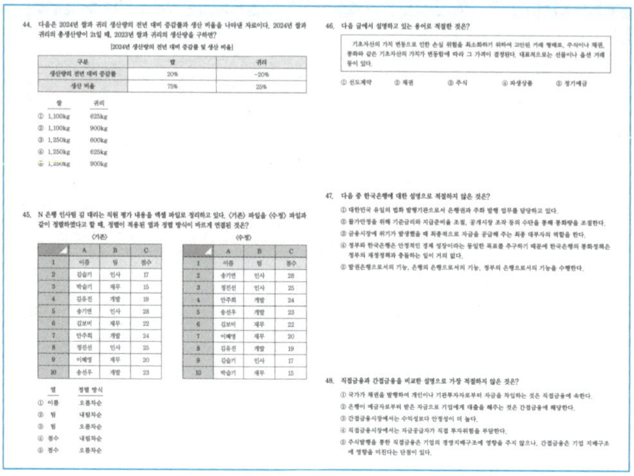

실전모의고사(4회분)

교재 수록 모의고사는 총 4회분으로, 가장 최근 시험의 출제 경향이 반영된 실전모의고사로 구성하여 실전에 완벽하게 대비할 수 있다.

이 중 2회분은 고난도 문제로 구성하여 고득점 달성은 물론 난도 상승에도 확실히 대비할 수 있다.

3일 완성 학습 플랜

하루에 2회씩 실전모의고사를 모두 풀고 난 후 해설을 통해 틀린 문제와 풀지 못한 문제를 다시 한번 꼼꼼히 확인함으 로써 단기간에 효과적으로 농협은행 6급 필기시험을 대비할 수 있다.

	날짜	학습 내용
1일	_월 _일	□ 1회 풀이 및 채점 □ 2회 풀이 및 채점
2일	_월 _일	□ 3회 풀이 및 채점 □ 4회 풀이 및 채점
3일	_월 _일	□ 온라인 모의고사 풀이 및 채점 □ 온라인 모의고사 복습 □ 1~4회, 온라인 모의고사 전체 복습

* 심화 학습을 원한다면, 해커스잡 사이트(ejob.Hackers.com)에서 유료로 제공하는 본 교재 동영상강의를 수강하여 심화 학습할 수 있다.

기간별 맞춤 학습 플랜

본 교재에서 제공하는 '기간별 맞춤 학습 플랜'에 따라 학습하면 혼자서도 단기간에 기출동형모의고사부터 온라인 모의고사 서비스로 실전 마무리까지 전략적으로 농협은행 6급 필기시험에 대비할 수 있다.

2 상세한 해설로 완벽하게 정리한다!

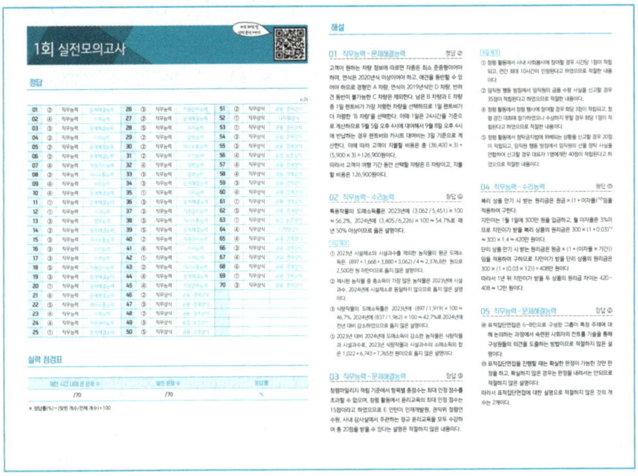

약점 보완 해설집

문제집과 해설집을 분리하여 보다 편리하게 학습할 수 있으며, 모든 문제에 대해 상세하고 이해하기 쉬운 해설을 수록하여 체계적으로 학습할 수 있다.

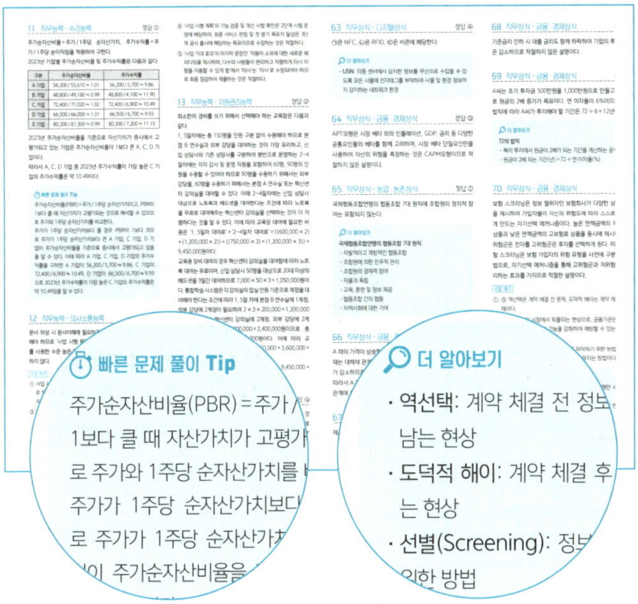

빠른 문제 풀이 Tip & 더 알아보기

복잡한 수치의 계산 문제를 빠르게 푸는 방법을 익힐 수 있는 '빠른 문제 풀이 Tip'과 관련 이론 및 개념까지 폭넓게 학습할 수 있는 '더 알아보기'로 실력을 확실히 높일 수 있습니다.

농협은행 6급 필기시험 합격을 위한

네 가지 필승 비법!

3 농협은행 6급 필기시험 준비에 최적화된 자료를 활용한다!

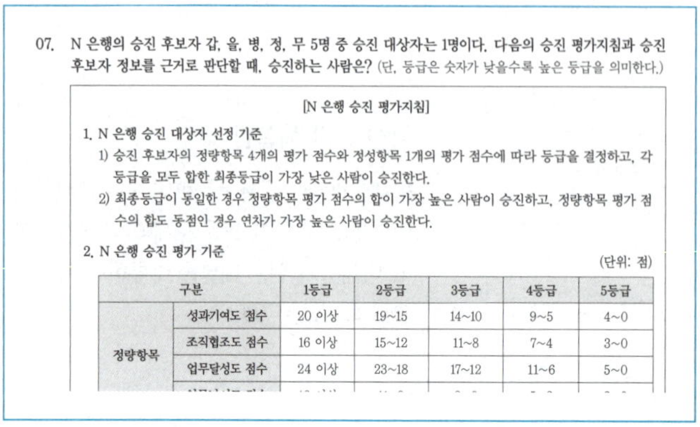

07. N 은행의 승진 후보자 갑, 을, 병, 정, 무 5명 중 승진 대상자는 1명이다. 다음의 승진 평가지침과 승진 후보자 정보를 근거로 판단할 때, 승진하는 사람은? (단, 등급은 숫자가 낮을수록 높은 등급을 의미한다.)

[N 은행 승진 평가지침]

1. N 은행 승진 대상자 선정 기준
   1) 승진 후보자의 정량항목 4개의 평가 점수와 정성항목 1개의 평가 점수에 따라 등급을 결정하고, 각 등급을 모두 합한 최종등급이 가장 낮은 사람이 승진한다.
   2) 최종등급이 동일한 경우 정량항목 평가 점수의 합이 가장 높은 사람이 승진하고, 정량항목 평가 점수의 합도 동점인 경우 연차가 가장 높은 사람이 승진한다.
2. N 은행 승진 평가 기준

(단위: 점)

구분		1등급	2등급	3등급	4등급	5등급
정량항목	성과기여도 점수	20 이상	19~15	14~10	9~5	4~0
	조직협조도 점수	16 이상	15~12	11~8	7~4	3~0
	업무달성도 점수	24 이상	23~18	17~12	11~6	5~0

전 회차 온라인 응시 서비스

교재 내에 수록된 실전모의고사 1~4회를 온라인상으로 풀어 볼 수 있는 온라인 응시 서비스를 통해 온라인 환경에 완벽하게 적응하여 실전에 대비할 수 있다.

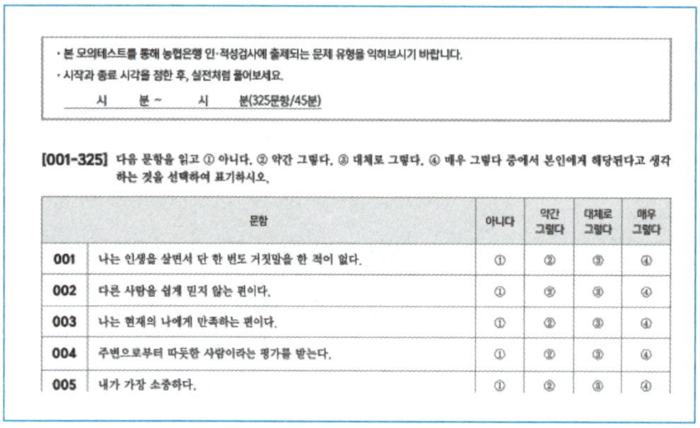

- 본 모의테스트를 통해 농협은행 인·적성검사에 출제되는 문제 유형을 익혀보시기 바랍니다.
- 시작과 종료 시각을 정한 후, 실전처럼 풀어보세요.

시 분 ~ 시 분(325문항/45분)

[001-325] 다음 문항을 읽고 ① 아니다, ② 약간 그렇다, ③ 대체로 그렇다, ④ 매우 그렇다 중에서 본인에게 해당된다고 생각하는 것을 선택하여 표기하시오.

	문항	아니다	약간 그렇다	대체로 그렇다	매우 그렇다
001	나는 인생을 살면서 단 한 번도 거짓말을 한 적이 없다.	①	②	③	④
002	다른 사람을 쉽게 믿지 않는 편이다.	①	②	③	④
003	나는 현재의 나에게 만족하는 편이다.	①	②	③	④
004	주변으로부터 따뜻한 사람이라는 평가를 받는다.	①	②	③	④
005	내가 가장 소중하다.	①	②	③	④

농협은행 인·적성검사 모의테스트

해커스잡사이트(ejob.Hackers.com)에서 제공하는 '농협은행 인·적성검사 모의테스트'로 인·적성검사까지 대비할 수 있다.

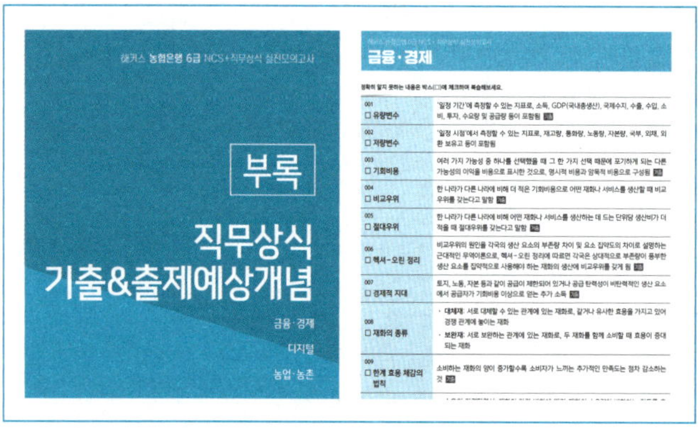

해커스 농협은행 6급 NCS+직무상식 실전모의고사

부록

직무상식 기출&출제예상개념

금융·경제
디지털
농업·농촌

금융·경제

정확히 알지 못하는 내용은 박스(□)에 체크하여 복습해보세요.

001 □ 유량변수	'일정 기간'에 측정할 수 있는 지표로, 소득, GDP(국내총생산), 국제수지, 수출, 수입, 소비, 투자, 수요량 및 공급량 등이 포함됨
002 □ 저량변수	'일정 시점'에서 측정할 수 있는 지표로, 재고량, 통화량, 노동량, 자본량, 국부, 외채, 외환 보유고 등이 포함됨
003 □ 기회비용	여러 가지 가능성 중 하나를 선택했을 때 그 한 가지 선택 때문에 포기하게 되는 다른 가능성의 이익을 비용으로 표시한 것으로, 명시적 비용과 암묵적 비용으로 구성됨
004 □ 비교우위	한 나라가 다른 나라에 비해 더 적은 기회비용으로 어떤 재화나 서비스를 생산할 때 비교우위를 갖는다고 말함
005 □ 절대우위	한 나라가 다른 나라에 비해 어떤 재화나 서비스를 생산하는 데 드는 단위당 생산비가 더 적을 때 절대우위를 갖는다고 말함
006 □ 헥셔-오린 정리	비교우위의 원인을 각국의 생산 요소의 부존량 차이 및 요소 집약도의 차이로 설명하는 근대적인 무역이론으로, 헥셔-오린 정리에 따르면 각국은 상대적으로 부존량이 풍부한 생산 요소를 집약적으로 사용해야 하는 재화의 생산에 비교우위를 갖게 됨
007 □ 경제적 지대	토지, 노동, 자본 등과 같이 공급이 제한되어 있거나 공급 탄력성이 비탄력적인 생산 요소에서 공급자가 기회비용 이상으로 얻는 추가 소득
008 □ 재화의 종류	· 대체재: 서로 대체할 수 있는 관계에 있는 재화로, 같거나 유사한 효용을 가지고 있어 경쟁 관계에 놓이는 재화 · 보완재: 서로 보완하는 관계에 있는 재화로, 두 재화를 함께 소비할 때 효용이 증대되는 재화
009 □ 한계 효용 체감의 법칙	소비하는 재화의 양이 증가할수록 소비자가 느끼는 추가적인 만족도는 점차 감소하는 것

직무상식 기출 & 출제예상개념

시험에 출제되었던 개념이나 출제 가능성이 높은 개념을 정리한 '직무상식 기출&출제예상개념'을 교재 내에 수록하여, 출제 범위가 넓어 준비하기 까다로운 직무상식평가도 효과적으로 대비할 수 있다.

4 동영상강의와 온라인 모의고사를 활용한다!

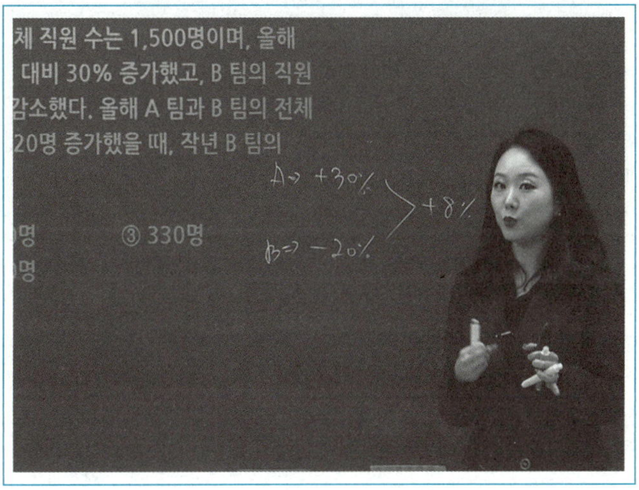

본 교재 인강

해커스잡사이트(ejob.Hackers.com)에서 유료로 제공되는 본 교재 동영상강의를 통해 교재 학습 효과를 극대화할 수 있다.

농협은행 온라인 모의고사

해커스잡사이트(ejob.Hackers.com)에서 제공하는 '농협은행 온라인 모의고사'를 통해 추가적으로 문제를 풀어보며 실전에 대비할 수 있다.

기간별 맞춤

학습 플랜

※ 자신에게 맞는 일정의 학습 플랜을 선택하여 매일 그날에 해당하는 학습 분량을 공부하고, 학습 완료 여부를 □에 체크해보세요.

3일 완성 학습 플랜

하루에 2회씩 실전모의고사를 모두 풀고 난 후 해설을 통해 틀린 문제와 풀지 못한 문제를 다시 한번 꼼꼼히 확인함으 로써 단기간에 효과적으로 농협은행 6급 필기시험을 대비할 수 있다.

	날짜	학습 내용
1일	__월 __일	□ 1회 풀이 및 채점 □ 2회 풀이 및 채점
2일	__월 __일	□ 3회 풀이 및 채점 □ 4회 풀이 및 채점
3일	__월 __일	□ 온라인 모의고사 풀이 및 채점 □ 온라인 모의고사 복습 □ 1~4회, 온라인 모의고사 전체 복습

* 심화 학습을 원한다면, 해커스잡 사이트(ejob.Hackers.com)에서 유료로 제공하는 본 교재 동영상강의를 수강하여 심화 학습할 수 있다.

5일 완성 학습 플랜

하루에 1회씩 실전모의고사를 모두 풀고 난 후 해설을 통해 틀린 문제와 풀지 못한 문제를 다시 한번 꼼꼼히 확인하고, 전 회차를 다시 복습함으로써 농협은행 6급 필기시험에 빈틈없이 대비할 수 있다.

	날짜	학습 내용
1일	__월 __일	□ 1회 풀이 및 채점 □ 1회 복습
2일	__월 __일	□ 2회 풀이 및 채점 □ 2회 복습
3일	__월 __일	□ 3회 풀이 및 채점 □ 3회 복습
4일	__월 __일	□ 4회 풀이 및 채점 □ 4회 복습
5일	__월 __일	□ 온라인 모의고사 풀이 및 채점 □ 온라인 모의고사 복습 □ 1~4회, 온라인 모의고사 전체 복습

* 심화 학습을 원한다면, 해커스잡 사이트(ejob.Hackers.com)에서 유료로 제공하는 본 교재 동영상강의를 수강하여 심화 학습할 수 있다.

농협 소개

1 비전

변화와 혁신을 통한 새로운 대한민국 농협

- 지금까지와는 다른 변화와 혁신을 통한 새로운 농협의 면모를 강조
- 중앙회 중심 경영, 열위한 사업 경쟁력, 구조적 비효율을 벗어나, 근본적인 패러다임의 대전환을 추진(인식, 사람, 조직, 제도 등)

2 인재상

시너지 창출가	항상 열린 마음으로 계통 간, 구성원 간에 상호존경과 협력을 다하여 조직 전체의 성과가 극대화될 수 있도록 시너지 제고를 위해 노력하는 인재를 의미한다.
행복의 파트너	프로다운 서비스 정신을 바탕으로 농업인과 고객을 가족처럼 여기고 최상의 행복 가치를 위해 최선을 다하는 인재를 의미한다.
최고의 전문가	꾸준한 자기계발을 통해 자아를 성장시키고, 유통·금융 등 맡은 분야에서 최고의 전문가가 되기 위해 지속적으로 노력하는 인재를 의미한다.
정직과 도덕성을 갖춘 인재	매사에 혁신적인 자세로 모든 업무를 투명하고 정직하게 처리하여 농업인과 고객, 임직원 등 모든 이해관계자로부터 믿음과 신뢰를 받는 인재를 의미한다.
진취적 도전가	미래지향적 도전의식과 창의성을 바탕으로 새로운 사업과 성장동력을 찾기 위해 끊임없이 변화와 혁신을 추구하는 역동적이고 열정적인 인재를 의미한다.

3 핵심가치

국민에게 사랑받는 농협	지역사회와 국가경제 발전에 공헌하여 온 국민에게 신뢰받고 사랑받는 농협을 구현
농업인을 위한 농협	농업인의 행복과 발전을 위해 노력하고, 농업인의 경제적·사회적·문화적 지위 향상을 추구
지역 농축협과 함께하는 농협	협동조합의 원칙과 정신에 의거, 협동과 상생으로 지역 농축협이 중심에 서는 농협을 구현
경쟁력있는 글로벌 농협	미래 지속가능한 성장을 위하여 국내를 벗어나 세계 속에서도 경쟁력을 갖춘 농협으로 도약

4 농협이 하는 일

교육지원 부문	농업인의 권익을 대변하고 농업 발전과 농가 소득 증대를 통해 농업인 삶의 질 향상에 도움을 주고 있다. 또한 '또 하나의 마을 만들기 운동' 등을 통해 농업·농촌에 활력을 불어넣고 농업인과 도시민이 동반자 관계로 함께 성장·발전하는 데 기여하고 있다.
경제 부문	농업인이 영농활동에 안정적으로 전념할 수 있도록 생산·유통·가공·소비에 이르기까지 다양한 경제사업을 지원하고 있다. 경제사업 부문은 크게 농업경제 부문과 축산경제 부문으로 나누어지며, 농축산물 판로확대, 농축산물 유통구조 개선을 통한 농가소득 증대와 영농비용 절감을 위한 사업에 주력하고 있다.
금융 부문	농협의 금융사업은 농협 본연의 활동에 필요한 자금과 수익을 확보하고, 차별화된 농업금융서비스 제공을 목적으로 하고 있다. 금융사업은 시중 은행의 업무 외에도 NH카드, NH보험, 외국환 등의 다양한 금융 서비스를 제공하여 가정경제에서 농업경제, 국가경제까지 책임을 다해 지켜나가고 있다.

농협은행 소개

1 비전

사랑받는 일등 민족은행

사랑받는 은행	고객, 임직원뿐만 아니라 국민 모두에게 사랑받는 신뢰할 수 있는 은행
일등은행	고객 서비스와 은행건전성, 사회공헌 모든 측면에서 일등이 되는 한국을 대표할 수 있는 은행
민족은행	100% 민족자본으로 설립된 은행으로 진정한 가치를 국민과 공유하는 존경받을 수 있는 은행

2 인재상

NH농협은행은 사랑받는 일등 민족은행으로 발돋움하기 위해 다음과 같은 인재상을 추구한다.

최고의 금융전문가	최고의 금융서비스를 제공하기 위해 필요한 금융전문지식을 갖추고 부단히 노력하는 사람
소통하고 협력하는 사람	고객 및 조직 구성원을 존중하고 소통과 협력에 앞장서는 사람
사회적 책임을 실천하는 사람	도덕성과 정직성을 근간으로 고객과의 약속을 끝까지 책임지는 사람
변화를 선도하는 사람	다양성과 변화를 적극 수용하여 독창적 아이디어와 혁신을 창출하는 사람
고객을 먼저 생각하는 사람	항상 고객의 입장에서 고객을 먼저 생각하고 고객만족에 앞장서는 사람

3 경영목표

전략목표	· "고객이 먼저 찾는 매력적인 은행" · 플랫폼·기업금융·WM 경쟁력 강화와 체계적인 인재육성을 통해 고객이 먼저 찾는 매력적인 은행으로 진화
추진전략	· 고객 맞춤형 서비스 제공 · 디지털 혁신 주도 · 차별적 사업역량 구축 · 지속가능한 신뢰 경영 확립

4 윤리경영

사랑과 신뢰를 받는 일등 민족은행

NH농협은행은 경제적, 법적, 윤리적 책임 등을 다함으로써 모든 이해관계자인 고객, 농민조합원, 협력업체, 지역농(축)협, 직원 등 모두가 함께 성장·발전하여 사랑과 신뢰를 받는 일등 민족은행을 만든다.

5 ESG 경영

비전 슬로건	미래를 만드는 시작, 농협금융을 만나는 순간
전략 방향	· E(환경): 2050 탄소중립 달성, 기후변화 대응 경영체계 구축 · S(사회): '협동과 혁신'의 가치 확산, 농업·농촌·지역사회 상생 협력 · G(거버넌스): ESG경영 내재화, 지배구조 투명성 제고

농협은행 6급 채용 소개

1 모집 시기

· 농협은행 6급 채용공고는 차년도 상반기 입행을 목표로, 연말에 전형이 시작된다.
※ 단, 변동 가능성 있음

2 지원 자격 및 우대 사항

지원 자격	· 연령, 성별, 학력, 전공, 어학 점수에 따른 지원 제한 없음 · 남자의 경우 병역필 또는 면제자 · 신규직원 입행 및 이후 계속 근무가 가능한 자 · 해외여행에 결격 사유가 없는 자(외국인의 경우 한국 내 취업에 결격사유가 없는 자) · 당행 내규상의 신규채용 결격사유가 없는 자
우대 사항	· 「국가유공자 등 예우 및 지원에 관한 법률」에 의한 취업지원대상자 · 「장애인고용촉진 및 직업재활법」에 의거 장애인복지법에 의한 등록 장애인 또는 상이등급이 기재된 국가유공자증서 보유자 · 「N돌핀」·「NH영서포터즈」·「NH해커톤」·「NH농협 New Hope 아이디어 공모전」 수상자 · 「농협장학생 봉사단」 우수 활동자 · 「'24년 금융권 공동채용 박람회」농협은행 합격자 (우수면접자) · 공고일 현재 농협은행 및 농협중앙회, 농협금융지주, 농협경제지주, 농협생명, 농협손해보험, 농협하나로유통, 농협양곡의 별정직 또는 계약직 (단, 무기계약직, 영업지원직, 사무지원직 제외)으로 재직 중인 자로서 실제 재직기간이 신규계약일로부터 단절없이 1년 이상 경과한 자(징계처분 등 부적격자 제외) · 자산관리·기업금융 관련 전문 자격증 보유자: 국제공인재무설계사(CFP), 신용분석사, 국제공인신용장전문가(CDCS) · 기타 금융전문자격증 보유자: 국제재무분석사(CFA Level2 이상), 국제재무위험관리사(FRM: GARP 주관만 해당)

※ 2024년 하반기 채용 기준, 6급 초급 기준

3 채용전형 절차

서류 전형 ▶ 필기 전형 (온라인) ▶ 실무자 면접 전형 ▶ 적합성 면접 전형 ▶ 최종 발표

서류 전형

- 채용공고문에 따라 접수 기간에 지원서 및 자기소개서를 작성하여 접수하는 단계이다.
- 지원서 입력 시 응시 지역의 채용 단위 중 하나를 선택해야 한다. (채용 단위별 중복 지원 불가)
- 블라인드 채용을 실시하여, 차별적 요인이 발생할 수 있는 학력, 학점, 어학, 자격증 등의 항목을 입사지원서에 기재하지 않게 하였다.
  단, 필수 응시 자격이 요구되는 일부 직렬 지원자는 학력, 자격증 정보를 기재해야 한다.
- 지원서 접수 후 온라인 인·적성 평가(Level.1)를 시행하며, 서류 전형 및 온라인 인·적성검사 합격자에 한해 필기시험에 응시하게 된다.

필기 전형

- 채용의 적정성 여부 판단 및 직무에 필요한 능력을 측정하기 위한 단계이다.
- 2024년도 하반기 채용의 필기 전형은 온라인으로 시행되었다.
- 필기 전형은 직무능력 평가(NCS)와 직무상식 평가, 인·적성 평가(Level.2)로 구성되어 있다.

면접 전형

- 적합한 인재 선발을 위한 단계로, 실무자 면접 전형과 적합성 면접 전형으로 구분된다.
- 실무자 면접 전형은 지원자 3명 내외가 1조를 이루어 多대多 면접으로 지원자의 인성과 직무 적합도를 검증하는 심층면접, 제시된 주제 및 상황에 대해 지원자 간 토론으로 문제해결력, 참여도, 협력도, 의사소통능력 등을 검증하는 토론면접으로 구성된다.
- 적합성 면접 전형은 지원자 5명 내외가 1조를 이루는 多대多 면접으로 지원자의 인성과 당행 문화 적합도를 검증한다.

농협은행 6급 필기시험 기출 분석

1 필기시험 구성

교시	지원 자격	문항 수	풀이 시간	출제 범위
1	인·적성 평가 (Level 2)	325문항 (객관식)	45분	직업윤리, 대인관계능력, 문제해결능력, 조직적합성, 성취잠재력 등
2	직무능력 평가	45문항 (객관식)	80분	의사소통능력, 문제해결능력, 수리능력, 정보능력, 자원관리능력
	직무상식 평가	25문항 (객관식)		농업·농촌관련 상식, 디지털 상식, 금융·경제 분야 용어·상식 등

※ 2024년 하반기 채용 기준

2 필기시험 특징

온라인 시험 시행

오프라인으로 시행되어 왔던 필기시험이 2023년 상반기에 처음으로 온라인으로 시행되었다. 필기시험이 온라인으로 시행됨에 따라 문항 수와 풀이 시간이 줄어들었으며, 난도도 조정되었다.

잦은 시험 구성 변경

농협은행은 6급 채용 필기시험의 문항 수, 풀이 시간 등 시험 구성을 매년 변경해 왔다.

3 필기시험 대비 학습 전략

출제 범위에 해당하는 문제를 충분히 풀어본다.

최근 3년간 농협은행 6급 채용 필기시험의 출제 경향을 살펴보면 시험 구성, 난도 등은 조정되었으나, 출제 범위는 변동 없이 기존에 출제되었던 범위가 고정적으로 출제되고 있다. 따라서 출제 범위에 해당하는 문제를 중점적으로 학습해야 한다.

다양한 난도의 문제를 풀어 보며, 경향 변동에 대비한다.

농협은행은 6급 채용 필기시험의 문항 수, 풀이 시간 등 시험 구성을, 난도를 매년 변경해 왔고, 이러한 출제 경향은 언제 다시 바뀔지 예측하기 어렵다. 따라서 경향 변동에 대비하여 다양한 난도의 문제를 폭넓게 학습하는 것이 좋다.

시간 관리 연습을 한다.

문항 수 대비 풀이 시간이 짧은 편이기 때문에 실제 시험에서 모든 문제를 풀어내기 위해서는 평소에도 실전처럼 제한 시간을 두고 문제 푸는 연습을 해야 한다. 또한, 취약한 부분이 있다면 반복 학습을 통해 자신만의 풀이법을 터득하여 문제 풀이 시간을 단축할 수 있도록 해야 한다.

온라인 시험에 대비한다.

온라인 시험 특성상 단순히 문제를 풀이하는 것 외에도 여러 가지 변수가 발생할 수 있기 때문에 온라인으로 모의고사를 푸는 연습을 하여 보다 철저히 시험에 대비하는 것이 좋다.

농협은행 6급 필기시험 기출 분석

4 직무상식평가 분석

최신 출제 경향

- 용어에 대한 설명을 제시하고 용어를 찾는 문제, 특정 용어에 대한 설명으로 적절한·적절하지 않는 것을 묻는 문제가 출제되었으며, 전반적으로 평이한 난도로 출제되었다.
- 금융·경제상식은 보험, 재무, 투자자산운용 등 다양한 분야에서 출제되었다.
- 디지털상식은 AI, API 관련 문제가 출제되었다.
- 농업·농촌상식은 농업, 농촌 관련 제도, 협동조합 관련 내용이 출제되었으며, 최신 내용을 정확히 알고 있어야 풀 수 있는 내용이 제시되어 약간 까다로웠다.

기출 핵심 키워드

직접금융과 간접금융, 수요공급, 예금자 보호, 코즈의 정리, 텐서플로, 펀드, 옵션, 선물, 가격하한제, 환율정책, 패시브펀드, CD 양도성예금, 물가와 금리 상관관계, 일물일가의 법칙, P=AC, 핀테크, 이원화, 공리주의, 원리금 자동이체증권, 대출 레버리지, 국제통화위원회, 자영업자 고용보험, 스텝업, 산업혁명, 농협의 목표, 농협 경영목표, 농업종자 기술, 협동조합, 조합원 의무, API 오류, AI

5 직무능력평가(NCS) 분석

최신 출제 경향

- 단편적인 지식을 묻는 문제보다는 제시된 자료의 정보를 파악해 문제를 풀어야 하는 유형으로 출제되었으며, 전반적으로 평이한 난도로 출제되었다.
- 의사소통능력은 세부 내용 파악, 업무 행동 파악 등의 독해력 문제 위주로 출제되었고, 농업, 경제, 금융 등 농협과 관련된 지문, 신문기사 등이 자료로 제시되었다.
- 수리능력은 수학 공식을 이용하여 계산하는 응용수리 문제는 출제되지 않았고, 도표자료를 보고 해석하는 자료해석 문제가 출제되었다.
- 문제해결능력은 명제추리, 조건추리와 같이 간단한 유형이 일부 출제되었고, 자료를 보고 최단거리, 최소비용, 최적대상을 찾는 복잡한 유형이 다수 출제되었다.
- 정보능력은 엑셀 관련 함수 문제가 다수 출제되었다.

기출 핵심 키워드

문서 수정, 해양 상태 관리 관련 지문, 농협은행 관련 지문, 키즈상품 및 키덜트 관련 지문, 수출액 관련 자료계산 문제, 태양광 최소 설치 개수 계산 문제, SWOT 관련 문제, 시차 계산 문제, 조건추리 문제, 제시된 자료를 기반으로 최선 방안을 선택하는 문제(회의실 예약, 월급 및 성과금 계산, 에너지 등급 계산, 병원비 계산, 프린터 선정, 계약 업체 선정, 코드 선정, 택배 받는 순서 계산, 파견 직원 선정, 스케줄 관리), 엑셀 함수 문제, 단축키 문제

취업강의1위, 해커스잡

ejob.Hackers.com

실전모의고사

1회 실전모의고사

2회 실전모의고사

고난도
3회 실전모의고사

고난도
4회 실전모의고사

1회 실전모의고사

[1] 본 실전모의고사는 직무능력평가(NCS)와 직무상식평가 70문항을 80분 이내에 풀이하는 것으로 구성되었으며, 시험 구성에 따른 출제 범위는 다음과 같습니다.

- 직무능력평가(45문항): 의사소통능력, 수리능력, 문제해결능력, 자원관리능력, 정보능력
- 직무상식평가(25문항): 금융 · 경제, 디지털, 농업 · 농촌

[2] 문제 풀이 시작과 종료 시각을 정한 후, 실전처럼 모의고사를 풀어보세요.

시 분 ~ 시 분(총 70문항/80분)

- 해커스ONE 애플리케이션의 학습 타이머를 이용하여 더욱 실전처럼 모의고사를 풀어볼 수 있습니다.
- 모의고사 마지막 페이지 또는 해설집의 '무료 바로 채점 및 성적 분석 서비스' QR코드를 스캔하여 응시인원 대비 본인의 성적 위치를 확인해 보시기 바랍니다.

01. **S 렌터카에 근무하는 장 사원은 차량 안내 업무를 담당하고 있다. 다음 자료를 토대로 판단할 때, 고객이 여행 기간 동안 선택할 차량과 지불할 비용을 바르게 짝지은 것은?** (단, 렌트비는 보험료를 포함한 금액이라고 가정한다.)

[A~E 차량 정보]

구분	A 차량	B 차량	C 차량	D 차량	E 차량
차종	경형	준중형	중형	중형	준대형
연식	2020년식	2022년식	2020년식	2019년식	2020년식
연료	휘발유	휘발유	LPG	휘발유	휘발유
블랙박스	O	X	O	X	O
반려견 동반 가능 여부	가능	가능	불가능	가능	가능
1일 렌트비	31,500원	36,400원	38,900원	42,800원	46,100원
보험	완전자차 한도 300만 원	완전자차 한도 500만 원	완전자차 한도 500만 원	완전자차 한도 500만 원	완전자차 한도 500만 원

※ 1일 기준: 24시간

고　객: 안녕하세요. 3박 4일 동안 제주도 렌터카 한 대를 예약하려고 합니다. 9월 5일 오후 4시에 대여해서 9월 8일 오후 4시에 반납하겠습니다.

장 사원: 네, 고객님. 문의 감사합니다. 찾으시는 차종 있으십니까?

고　객: 4인 가족이 탑승할 예정이라 최소 준중형은 되어야 할 것 같고, 2020년식 이상인 차량으로 추천해 주세요. 아! 같은 완전자차 중에서도 보험 한도가 높을수록 좋겠어요.

장 사원: 네, 말씀 감사합니다. 옵션 중 필요하신 사항은 없으십니까?

고　객: 블랙박스가 있으면 좋을 것 같지만 없어도 크게 문제가 되지는 않을 것 같아요. 다만, 강아지 한 마리도 탑승할 수 있는 차량으로 안내해 주세요. 혹시 카시트가 부착된 차량도 있나요?

장 사원: 카시트의 경우 옵션을 선택하시면 사전에 설치하여 전달해 드리며, 모든 차량에 부착할 수 있습니다. 1일 기준 5,900원에 제공되고 있습니다.

고　객: 그럼 카시트 옵션도 추가해 주시고, 모든 조건에 맞는 차량 중 1일 렌트비가 가장 저렴한 차량으로 안내 부탁드려요.

	차량	비용
①	B 차량	115,100원
②	B 차량	126,900원
③	B 차량	169,200원
④	E 차량	156,000원
⑤	E 차량	208,000원

02. 다음은 X 국 농작물 재배농가를 대상으로 실시한 농작물 품목별 소득 조사에 대한 자료이다. 자료에 대한 설명으로 옳은 것은?

[농작물 품목별 소득 조사]

(단위: 천 원)

구분	2023년			2024년		
	총소득	소매소득	도매소득	총소득	소매소득	도매소득
식량작물	1,919	1,022	897	1,962	1,125	837
노지채소	3,310	1,642	1,668	3,928	1,832	2,096
시설채소	17,612	9,668	7,944	19,637	10,708	8,929
노지과수	6,659	2,779	3,880	7,363	3,377	3,986
시설과수	18,264	6,743	11,521	17,944	7,153	10,791
특용작물	5,451	2,389	3,062	6,226	2,821	3,405

※ 도매소득률(%) = $\frac{\text{도매소득}}{\text{총소득}} \times 100$

① 2023년 시설채소와 시설과수를 제외한 농작물의 평균 도매소득은 2,500천 원 이상이다.

② 제시된 농작물 중 총소득이 가장 많은 농작물은 2023년과 2024년에 동일하다.

③ 2024년 식량작물의 도매소득률은 전년 대비 증가하였다.

④ 제시된 기간 동안 특용작물의 도매소득률은 매년 50% 이상이다.

⑤ 제시된 농작물 중 2023년 대비 2024년에 도매소득이 감소한 농작물의 2023년 소매소득의 합은 7,665 천 원이다.

03. A 기업은 임직원의 청렴도 향상을 도모하기 위해 청렴마일리지 제도를 도입하였다. 다음 적립 기준을 바탕으로 청렴마일리지를 부여할 때, A 기업의 임직원이 받게 될 청렴마일리지에 대한 설명으로 가장 적절하지 않은 것은? (단, 모든 직원은 제시된 활동 외에 다른 활동은 하지 않았다.)

[청렴마일리지 적립 기준]

분야	항목 (최대 인정 점수)	세부 내용	점수	비고
임직원 행동 방침	공익신고 (50)	본인이 금품 또는 선물 수령 후 반환 사실 신고	50	연합하여 신고한 경우 대표자 1명만 인정
		임직원의 금품 또는 선물 청탁 사실 신고	40	
		임직원의 금품 또는 선물 수령 사실 신고	35	
청렴 활동	윤리활동 (30)	언론 홍보(방송, 신문, 인터넷 등)	4/회	
		청렴 행사 참여(캠페인, 워크숍, 회의 등)	3/회	
		청렴 경진 대회 참가	1/회	수상 시 최대 10점 인정
	공익신고 (20)	청탁금지법에 위배되는 상황 신고 (임직원 행동 방침으로 규정한 상황 제외)	20	
	윤리교육 (15)	인재개발원 청렴 교육 오프라인 수강	10	정규교육만 인정
		권익위 청렴연수원 교육 온라인 수강	5	
		사내 감사실 청렴 교육 온라인 수강	5	
	사회봉사 (10)	사내·외 사회봉사 참여	1/시간	연간 최대 10시간 인정

※ 항목별 총점수는 최대 인정 점수를 초과할 수 없음

① B 대리는 1년 동안 매달 마지막 주 토요일에 1시간씩 사내 어린이 재단에서 사회봉사를 하였으므로 총 10점을 받을 수 있다.

② C 상무는 연구개발 소속의 D 전무가 거래처로부터 1,000만 원 정도의 금품을 받은 것을 단독으로 신고하였으므로 총 35점을 받을 수 있다.

③ E 인턴은 인재개발원, 권익위 청렴연수원, 사내 감사실에서 주관하는 정규 윤리교육을 모두 수강하였으므로 총 20점을 받을 수 있다.

④ F 팀장은 청렴 워크숍에 2회 참석하였고, 청렴 경진 대회에도 1회 참가하였으나 입상하지 못하였으므로 총 7점을 받을 수 있다.

⑤ G 전무는 청탁금지법에 위배되는 상황과 H 팀장이 거래처에 500만 원 상당의 신물을 한 사실을 조직원 대표로 신고하여 총 60점을 받을 수 있다.

04. **1월 1일에 지민이는 1년 만기 복리 예금 상품과 단리 예금 상품에 각각 가입하여 300만 원씩 입금했다. 예금 상품의 월 이자율은 둘 다 3%이고 이자는 월 단위로 적용될 때, 1년 뒤 지민이가 받을 두 상품의 원리금 차이는 약 얼마인가?** (단, $1.03^{12} \fallingdotseq 1.4$이다.)

① 9만 원 ② 12만 원 ③ 15만 원 ④ 18만 원 ⑤ 21만 원

05. **다음 중 표적집단면접에 대한 설명으로 적절하지 않은 것의 개수는?**

㉠ 표적집단면접은 가이드라인에 따라 논의 내용을 제시하고, 각 내용 간의 연관성을 고려하여 결론을 도출하여야 한다. ㉡ 표적집단면접은 조사 목적 수립, 대상자 분석, 그룹 수 결정, 대상자 리크루트, 가이드라인 작성의 절차로 진행된다. ㉢ 표적집단면접을 진행할 때 동의 혹은 반대의 경우 집단의 합의 수준과 강도에 주목한다. ㉣ 표적집단면접은 조사자가 다수의 응답자를 각각 1대 1로 마주하여 응답자의 동기 및 신념 등의 정보를 수집하는 방법이다. ㉤ 표적집단면접을 진행할 때는 반드시 판정을 내려야 한다.

① 1개 ② 2개 ③ 3개 ④ 4개 ⑤ 5개

06. 부장 1명, 차장 2명, 과장 1명, 대리 1명, 주임 1명, 사원 2명으로 구성된 팀에서 10월 첫째 주 월요일부터 둘째 주 금요일까지 2주간 당직 근무를 실시하려고 한다. 해당 기간 동안 팀원 모두가 한 번씩 당직을 맡도록 순서를 정하려고 한다. 다음 조건을 모두 고려하였을 때, 항상 참인 것은?

- 당직 근무는 평일에만 실시하며, 수요일에는 누구도 당직 근무를 하지 않는다.
- 부장과 주임은 당직 근무를 하루 차이로 실시한다.
- 동일한 직급의 팀원은 서로 같은 주나 같은 요일에 당직 근무를 할 수 없다.
- 주임은 팀원들 중 가장 먼저 당직 근무를 한다.
- 과장은 대리보다 3일 늦게 당직 근무를 한다.
- 과장은 사원들보다 늦게 당직 근무를 한다.

① 사원 1명이 금요일에 당직 근무를 한다면, 나머지 사원은 화요일에 당직 근무를 한다.

② 대리는 10월 둘째 주 월요일 또는 화요일에 당직 근무를 한다.

③ 부장과 같은 요일에 당직 근무를 하는 사람은 대리이다.

④ 차장 2명은 모두 목요일 또는 금요일에 당직 근무를 한다.

⑤ 과장은 금요일에 당직 근무를 한다.

07. 다음은 A~F 은행의 소비자 만족도 조사 결과이다. 상품 다양성과 이자율·수수료를 가장 중요하게 생각하는 고객이 방문할 은행으로 가장 적절한 곳은?

[은행별 소비자 만족도]

(단위: 점)

구분	A	B	C	D	E	F
상품 다양성	3.29	3.25	3.22	3.28	3.29	3.19
지점 및 ATM 이용편리성	3.53	3.56	3.55	3.59	3.50	3.46
시설 및 직원 서비스	3.73	3.71	3.67	3.67	3.63	3.60
서비스 호감도	3.58	3.57	3.56	3.55	3.56	3.51
이자율·수수료	3.52	3.57	3.48	3.52	3.57	3.54

※ 항목별 5점 만점 기준 점수임

① A ② B ③ C ④ E ⑤ F

08. **다음 보도자료에서 수정이 필요한 부분으로 가장 적절하지 않은 것은?**

'일몰제'란 해가 서서히 지는 것과 같이 법률이나 각종 규제의 효력이 일정 기간이 지나면 상실되도록 하는 제도이다. ㉠ 재정 또는 수립 당시와 다르게 상황이 변하여 타당성이 없어졌거나 부작용이 양산되는 것을 방지하기 위해 도입되었으며, '도시공원 일몰제'가 대표적인 행정제도에 해당한다. 도시계획시설 중 하나인 도시공원 결정 부지는 시민의 건강, 휴양, 정서생활 향상을 위해 지정되었지만 아직 조성이 완료되지 않은 상태를 의미한다. 하지만 특정 부지가 도시공원 구역으로 지정될 경우 엄격한 행위제한을 받아 소유자의 재산권이 보호받지 못한다는 문제가 발생하였다. 1999년 한 토지 소유자가 자신의 땅이 학교 부지로 지정된 후 보상을 받지 ㉡ 못한 채 장기간 방치되었다며 헌법소원을 제기하였고, 헌법재판소는 장기 미집행 도시계획시설이 개인의 (㉢)을 침해한다고 판단하여 법 개정 시한을 두고 현행 법률을 유지하는 헌법불합치 결정을 내렸다. 이후 2000년, 정부는 도시계획법을 개정하여 도시계획시설 결정 고시일로부터 20년 동안 사업이 시행되지 않을 경우 해당 시설의 효력이 자동으로 소멸되도록 규정하였다. 서울시는 2018년 '장기 미집행 도시공원 실효 ㉣ 대응 전략 계획'을 수립하며, 약 1조 ㉤ 3,000억원의 지방채를 발행하여 사유지 2.33km^2를 매입한 뒤 공원으로 보전하겠다고 밝혔다. 마침내 2020년 7월부터 시행된 도시공원 일몰제는 헌법재판소의 결정을 바탕으로 오랜 공백을 지나 시행된 만큼, 향후 사유재산권 행사에 중요한 영향을 미칠 것으로 보인다.

① 문맥상 ㉠은 적절하지 않은 단어이므로 '제정'으로 바꿔 써야 한다.

② 띄어쓰기가 올바르지 않으므로 ㉡을 '못한채'로 붙여 쓴다.

③ 앞뒤 내용을 고려할 때 ㉢에는 '재산권'이 들어가야 한다.

④ '전략'과 '계획'의 의미가 중복되므로 ㉣을 '대응 계획'으로 수정해야 한다.

⑤ 단위를 나타내는 명사는 띄어 써야 하므로 ㉤은 '3,000억 원'으로 수정해야 한다.

09. 갑 지사에 근무하는 김 팀장은 갑 지사에서 135km 떨어진 을 공장으로 출장을 가려고 한다. 차량 A~E 중 하나로만 왕복한다고 할 때, 연료비가 가장 적은 차량은?

[차량 A~E의 연비 및 리터당 요금]

구분	연료	연비(km/L)	리터당 요금(원/L)
A	LPG	20	2,300
B	휘발유	15	1,800
C	경유	14	1,750
D	LPG	18	2,050
E	휘발유	16	1,920

※ 연료비 = $\frac{\text{주행 거리}}{\text{연비}}$ × 리터당 요금

① A ② B ③ C ④ D ⑤ E

10. ○○국가에서 청년 실업률이 급격히 증가하는 것을 저지하기 위해 청년 실업 비상대책위원회를 설립하고, 청년 실업 비상대책 위원장과 A~F 위원을 선임하여 청년 실업 비상대책 제1차 위원회를 소집하였다. 청년 실업 비상대책 위원장은 제1차 위원회에서 발언할 위원을 결정하고 있다. 다음 조건을 모두 고려하였을 때, 항상 거짓인 것은?

- A 위원이 발언하면 F 위원이 발언한다.
- B 위원이 발언하면 E 위원이 발언한다.
- F 위원이 발언하면 D 위원은 발언하지 않는다.
- C 위원이 발언하면 B 위원이 발언한다.
- E 위원이 발언하면 D 위원이 발언한다.
- A 위원 또는 F 위원 중 발언하지 않는 위원이 있으며, D 위원은 발언하지 않는다.

① C 위원은 발언하지 않는다.

② A 위원은 발언하지 않는다.

③ F 위원은 발언한다.

④ B 위원은 발언한다.

⑤ F 위원이 발언하지 않는 경우, E 위원은 발언하지 않는다.

11. **다음은 K 기업의 2025년 9월 농촌 일손돕기 활동 지출 보고서이다. 제시된 자료를 토대로 판단한 내용으로 옳지 않은 것은?** (단, K 기업의 지점은 제시된 A~C 지점뿐이다.)

[농촌 일손돕기 활동 지출 보고서]

1. 세부사항
   1) 활동 날짜
      - 2025년 9월 13일
   2) 지점별 활동 내용 및 물품 구매 내역

구분	활동 내용		물품 구매 내역	
	항목	활동 인원	품목	주문 금액(원)
A 지점	토마토 수확	30명	수레	210,000
	토마토 순치기	20명	전지 가위	80,000
B 지점	농기계 및 안전 보조구 지원	-	수분 조절기	360,000
			무릎 보호대	200,000
			농약 방제복	350,000
	배 솎기	10명	과일 피커	140,000
C 지점	파종 작업	20명	파종기	100,000
			멀칭 비닐	37,000
	화분 분갈이	20명	모종삽	80,000

   3) 추가 지출 내역
      - 활동 인원 1인당 식사비 7,000원과 교통비 10,000원이 추가로 지출됨
      - 농기계 및 안전 보조구 지원 활동에서 구매한 물품은 품목별 주문 금액이 30만 원 이상일 경우 배송비가 면제되며, 30만 원 미만일 경우 품목별로 배송비 5,000원이 추가됨
        ※ 농기계 및 안전 보조구 지원 활동 외 활동에서 구매한 물품은 배송비가 부과되지 않음

2. 참고사항
   - 농촌 일손돕기 활동 관련 총 지출 비용 = {(활동 인원 1인당 식사비 + 활동 인원 1인당 교통비) × 총 활동 인원} + 물품 구매 총액 + 물품 배송비 총액

① A 지점의 농촌 일손돕기 활동 관련 총 지출 비용은 1,120,000원이다.

② K 기업의 물품 배송비 총액은 5,000원이다.

③ B 지점의 배 솎기 활동 관련 총 지출 비용은 310,000원이다.

④ K 기업의 활동 인원에 대한 식사비와 교통비의 총액은 1,700,000원이다.

⑤ C 지점의 활동 인원에 대한 식사비와 교통비의 총액은 파종 작업 활동과 화분 분갈이 활동이 서로 동일하지만, 물품 구매 총액은 파종 작업 활동이 화분 분갈이 활동보다 57,000원 더 크다.

12. 다음은 2023년과 2024년 A 국의 상품군별 온라인 쇼핑 현황에 관한 자료이다. 자료에 대한 설명으로 옳은 것을 모두 고르면?

[상품군별 온라인 쇼핑 현황]

(단위: 백억 원, 억 건, 만 명)

구분	2023년			2024년		
	매출액	주문건수	구매자 수	매출액	주문건수	구매자 수
패션·의류	3,764	5.8	1,800	4,048	6.2	1,850
화장품	1,327	1.3	900	1,452	1.4	930
식품	4,544	6.0	2,500	5,299	6.7	2,600
생활·가전	3,213	3.2	1,500	3,410	3.4	1,530
도서·문구	629	0.6	450	680	0.6	440
스포츠·레저	952	1.1	800	1,007	1.2	820
여행·티켓	2,069	0.6	1,200	2,351	0.7	1,300
디지털콘텐츠	833	1.0	1,000	999	1.1	1,050
인테리어	1,005	0.9	700	1,172	1.0	720
기타	2,662	2.8	1,300	2,893	3.0	1,400
전체	20,998	23.3	12,150	23,311	25.3	12,640

㉠ 기타를 제외하고, 2024년 구매자 수의 전년 대비 변화량이 5,000백 명 이하인 상품군은 7개이다.
㉡ 전체 주문건수에서 도서·문구 주문건수가 차지하는 비중은 2023년과 2024년 모두 2.5% 이상이다.
㉢ 2023년 전체 구매자 수에서 식품 구매자 수가 차지하는 비중은 2024년 전체 주문건수에서 식품 주문건수가 차지하는 비중보다 낮다.
㉣ 2024년 인테리어 매출액의 전년 대비 증가율은 20% 이상이다.

① ㉠, ㉢
② ㉡, ㉢
③ ㉡, ㉣
④ ㉠, ㉡, ㉣
⑤ ㉠, ㉢, ㉣

13. 이 과장은 입력값을 통해 출력값을 구하는 코드를 작성하였다. i에 80, j에 50을 입력하였을 때, 출력값으로 가장 적절한 것은?

```
import java.util.Scanner;

public class Quiz01{

    public static void main(String[] args) {

            Scanner sc = new Scanner(System.in);

            int i = sc.nextInt();
            int j = sc.nextInt();

            double avg = (i + j)/2.0;

            System.out.println(avg);

    }

}
```

① 25.0　② 40.0　③ 65.0　④ 100.0　⑤ 130.0

14. X 사는 서울에 본사를 두고, 멕시코 시티, 런던, 모스크바, 자카르타, 상파울루에 지사를 운영하고 있다. 현지 시각을 기준으로 각 지사에서 보고서를 제출한 시각이 다음과 같을 때, 본사 시각 기준으로 가장 먼저 보고서를 제출한 지사는?

[그리니치 표준시 기준 시차]

멕시코 시티	상파울루	그리니치	런던	모스크바	자카르타	서울
−6	−5	0	+1	+3	+7	+9

※ '−'는 그리니치보다 느리다는 것을, '+'는 그리니치보다 빠르다는 것을 의미함

[지사별 보고서 제출 시각]

구분	보고서 제출 시각
멕시코 시티	9월 5일 오전 4시 30분
런던	9월 5일 오전 9시 50분
모스크바	9월 5일 오후 2시 20분
자카르타	9월 5일 오후 8시 10분
상파울루	9월 6일 오전 3시 40분

※ 보고서 제출 시각은 현지 시각 기준임

① 멕시코 시티

② 런던

③ 모스크바

④ 자카르타

⑤ 상파울루

15. 박△△ 팀장은 업무 일정 수립을 위해 E-mail을 통해 김○○ 사원의 업무를 전달하였다. E-mail의 내용을 고려하여 순서대로 업무를 완료할 때, 세 번째로 완료하는 업무로 가장 적절한 것은?

받는 사람	김○○ 〈kim@bank.com〉
보내는 사람	박△△ 〈park@bank.com〉
날짜	20XX-09-01 09:30
제목	
김○○ 사원이 진행해야 할 업무에 대해 전달드립니다. 먼저 개인 업무를 정리해 드리면, 어제 퇴근 전 고객으로부터 접수된 대출 신청서의 내용과 필요한 서류를 확인하시고, 금일 오전 11시 30분까지 승인 여부를 저에게 전달해 주세요. 또한, 금일 오전 9시에 접수된 신용카드 신규 발급 요청은 익일 오전 9시까지 검토를 완료해야 하는 점 참고해 주세요. 다만 제가 조금 전 확인했을 때는 카드 발급에 추가로 필요한 서류가 있는 것 같아 해당 사항 고객에게 전화로 안내하는 업무를 가장 우선으로 진행 부탁드립니다. 다음으로 팀 업무를 정리해 드리면, 내부 감사팀에서 요구한 자료를 모레 오후 2시까지 제출해야 합니다. 최종 검토는 제가 할 테니, 익일 오후 5시까지 내부 감사에 필요한 서류들을 정리하여 저에게 전달해 주세요. 금일 오후 1시부터 2시까지 진행되는 부서 회의에 지참해야 하는 업무 진행 상황 및 논의 안건 관련 파일은 제가 정리하였으므로, 회의 시작 30분 전까지 최종 검토 부탁드려요. 마지막으로 기타 업무로는 고객 문의 확인 및 유선상담이 있습니다. 고객 문의는 부서 회의가 끝난 직후에 검토하시고 유선상담은 금일 오후 3시로 예정되어 있습니다.	

① 내부 감사 필요 서류 전달

② 고객 문의 확인 및 유선상담

③ 부서 회의 관련 파일 최종 검토

④ 고객 대출 신청서 승인 여부 전달

⑤ 신용카드 신규 발급 관련 서류 안내 전화

16. **귀사는 거래처로부터 외화를 송금받기로 하였다. 거래처가 K 은행 계좌에서 귀사의 N 은행 계좌로 EUR 5,000와 JPY 60,000을 송금했을 때, 귀사가 원화로 출금할 수 있는 총금액은?** (단, 수취은행 수수료는 송금액에서 차감한다.)

[N 은행 외화 송금 수수료]

구분	USD 5,000 이하	USD 5,000 초과 USD 10,000 이하	USD 10,000 초과
당발/타발송금 수수료	5,000원	7,000원	10,000원

※ 1) 당발송금은 당행에서 타은행으로 송금하는 것을, 타발송금은 타은행에서 당행으로 송금받는 것을 의미함
2) 수수료는 통화별로 발생하고, 송금은행 수수료는 송금 신청인이, 수취은행 수수료는 송금 수취인이 각자 부담함

[통화별 송금 환율]

구분	미국 USD	유럽연합 EUR	일본 JPY
송금할 때	1,250원/달러	1,450원/유로	1,150원/100엔
송금받을 때	1,210원/달러	1,400원/유로	1,110원/100엔

※ 미화 환산율: 유럽연합 1EUR = 1.16USD, 일본 100JPY = 0.92USD

① 7,554,000원
② 7,651,000원
③ 7,654,000원
④ 7,666,000원
⑤ 8,210,000원

17. 동현이는 주택을 구매하기 위하여 은행에서 20년 만기로 연 이자율 3%에 5억 원을 대출받았으며, 원리금 균등 상환 방식으로 매년 원리금을 상환하려고 한다. 연 이자율 및 대출 상환 기간에 따른 저당상수표가 다음과 같을 때, 동현이가 매년 상환해야 하는 원리금은?

[연 이자율 및 대출 상환 기간에 따른 저당상수표]

구분	1%	2%	3%	4%	5%	구분	1%	2%	3%	4%	5%
1년	1.010	1.020	1.030	1.040	1.050	11년	0.096	0.102	0.108	0.114	0.120
2년	0.508	0.515	0.523	0.530	0.538	12년	0.089	0.095	0.100	0.107	0.113
3년	0.340	0.347	0.354	0.360	0.367	13년	0.082	0.088	0.094	0.100	0.106
4년	0.256	0.263	0.269	0.275	0.282	14년	0.077	0.083	0.089	0.095	0.101
5년	0.206	0.212	0.218	0.225	0.231	15년	0.072	0.078	0.084	0.090	0.096
6년	0.173	0.179	0.185	0.191	0.197	16년	0.068	0.074	0.080	0.086	0.092
7년	0.149	0.155	0.161	0.167	0.173	17년	0.064	0.070	0.076	0.082	0.089
8년	0.131	0.137	0.142	0.149	0.155	18년	0.061	0.067	0.073	0.079	0.086
9년	0.117	0.123	0.128	0.134	0.141	19년	0.058	0.064	0.070	0.076	0.083
10년	0.106	0.111	0.117	0.123	0.130	20년	0.055	0.061	0.067	0.074	0.080

① 25,000,000원 ② 25,750,000원 ③ 33,500,000원
④ 40,000,000원 ⑤ 45,000,000원

18. H 그룹 총무팀은 팀장단 전략회의를 진행하기 위해 회의실을 대관하려 한다. 다음 회의실 정보 및 선택 조건을 토대로 판단했을 때, 총무팀이 선택할 회의실은?

[회의실 정보]

구분	최대 수용 인원	화상 회의 설비	음향 장비 성능	시간당 요금	추가 옵션
A 회의실	85명	O	고성능	29,000원	방음 시설 우수
B 회의실	95명	O	보통	38,000원	빔 프로젝터
C 회의실	120명	X	고성능	32,000원	창문 있음
D 회의실	100명	O	저성능	22,000원	화이트보드
E 회의실	130명	O	고성능	45,000원	빔 프로젝터

[회의실 선택 조건]

1. 최대 수용 인원은 90명 이상이어야 한다.
2. 화상 회의 설비가 갖춰지지 않은 회의실은 선택할 수 없다.
3. 시간당 요금이 40,000원 이하인 회의실을 예약한다. 단, 빔 프로젝터를 사용할 수 있는 경우에는 요금에 제한을 두지 않는다.
4. 1~3을 모두 충족한다면 음향 장비의 성능이 높은 회의실을 우선적으로 선택한다.

① A 회의실 ② B 회의실 ③ C 회의실 ④ D 회의실 ⑤ E 회의실

19. 다음은 서울-평창 구간의 열차 승차권 운임 관련 정보 및 구매 상황에 대한 내용이다. 다음 내용을 토대로 판단할 때, 갑이 환불받은 금액은? (단, 제시되지 않은 내용은 고려하지 않는다.)

[열차 승차권 운임]

구분	특실			일반실		
	어른	어린이	경로자	어른	어린이	경로자
요금	83,700원	53,800원	65,800원	59,800원	29,900원	41,900원

※ 일반실 승차권 20매 이상 구매 시 일반실 승차권 요금의 10% 할인

[열차 승차권 환불 위약금]

구분	출발 전		출발 후		
	출발 2일 전	1일 전~출발 전	20분	20분 경과~60분	60분 경과~도착
주중 승차권	400원 × 인원수	10%	15%	40%	70%
주말 승차권	500원 × 인원수	15%	20%	50%	80%

※ 주중: 월~금, 주말: 토, 공휴일 전일(前日)

A 스타트업은 이번 주 목요일에 정기 워크숍을 가기로 결정하였다. 이번 워크숍은 자사 직원의 가족도 함께할 예정으로, 가족 중 일부는 직원들과 같이 출발할 예정이었다. 총무팀 직원인 갑은 서울에서 워크숍 장소인 평창으로 가기 위해 열차의 일반실 승차권 30매, 특실 승차권 5매를 구매했으며, 직원 개개인이 선호하는 방법으로 돌아올 수 있도록 출발 승차권만 구매하였다. 직원들과 함께 출발하는 인원 중 어린이나 경로자는 없었다. 그러나 갑작스럽게 워크숍 일정이 변경되어 미리 구매했던 승차권을 출발 2일 전에 전부 취소하였고, 환불 위약금을 제외한 금액을 환불받게 되었다.

① 2,015,600원 ② 2,018,100원 ③ 2,019,100원
④ 2,021,100원 ⑤ 2,033,100원

20. 문제 원인과 구조파악 과정 중 쟁점 분석은 다음과 같은 절차를 거친다. 다음 중 ㉠~㉢에 대해 잘못 설명하고 있는 사람을 모두 고르면?

㉠		㉡		㉢
핵심이슈 설정	▶	가설 설정	▶	분석결과 이미지 결정

진수: ㉠에서는 과거에 수행한 업무에 가장 큰 영향을 미쳤던 문제를 핵심이슈로 설정해야 해.
혜정: ㉠의 단계에서는 사내·외 고객 인터뷰, 설문조사 등 관련 자료를 통해 설정한 핵심이슈의 본질적인 문제점을 파악하는 과정이 필요해.
지연: ㉡은 본인의 직관, 경험, 지식, 정보 등에 의존하여 이슈의 일시적 결론에 대한 가설을 설정하지만 관련자료를 통해 검증할 수 있어야 해.
석민: ㉢의 단계에서는 ㉡에서 설정한 가설을 가설검증계획에 따라 분석결과를 미리 이미지화해야 해.

① 진수 ② 지연 ③ 진수, 석민
④ 혜정, 지연 ⑤ 지연, 석민

21. H 은행에 근무하는 어떤 사무 직원은 이번 달에 접수된 총 7건의 고객 불만 사항에 대해 보고서를 작성하려고 한다. A, B, C, D, E, F, G 고객의 불만이 접수된 순서가 아래의 정보를 모두 만족할 때, 불만 사항이 가장 마지막으로 접수된 고객은?

- B 고객의 불만은 가장 마지막에 접수되지 않았다.
- G 고객의 불만은 C 고객의 불만보다 먼저 접수되었다.
- A 고객의 불만은 B 고객의 불만보다 먼저 접수되었다.
- B 고객의 불만은 E 고객의 불만보다 나중에 접수되었다.
- D 고객과 E 고객의 불만은 연달아 접수되었다.
- C 고객의 불만은 다섯 번째로 접수되었다.
- A 고객과 B 고객의 불만 접수 사이에 한 건의 불만이 접수되었다.

① A ② B ③ D ④ F ⑤ G

22. 다음은 시스템 오류에 따른 사내 보안 공지이다. 수정이 필요한 부분으로 가장 적절하지 않은 것은?

[사내 보안 공지]

비정상 트래픽 발생에 따른 주의 사항 및 보안 정책 안내

임직원 여러분께,

최근 사내 네트워크에서 비정상 트래픽이 탐지되어 일부 시스템에 오류가 발생하였습니다.
이러한 비정상 트래픽은 정상적인 업무 처리를 방해하고, 장기적으로는 시스템 성능 ㉠ 상승뿐 아니라 데이터 유출, 악성코드 감염과 같은 심각한 보안 사고로 이어질 수 있습니다.
안정적인 업무 환경을 유지하기 위해 아래 주의 사항과 보안 정책을 반드시 숙지하고, 각 부서에서는 전 직원이 이를 준수할 수 있도록 안내해 주시기 바랍니다.

- **주의 사항**
  1. 출처가 ㉡ 분명한 데이터 실행 주의
     - 알 수 없는 발신자로부터 온 이메일이나 광고성 외부 링크는 클릭하지 마십시오.
     - 첨부 파일은 반드시 발신자와 내용의 신뢰성을 확인한 뒤 열어 주시기 바랍니다.
  2. ㉢ 장기적인 비밀번호 변경
     - 비밀번호는 최소 3개월마다 변경하고, 영문·숫자·특수문자를 조합하여 8자 이상으로 설정하십시오.
     - 동일한 비밀번호를 여러 계정에서 반복 사용하지 마십시오.
  3. 자동 업데이트 및 점검 실시
     - 운영체제와 소프트웨어의 자동 업데이트 및 점검 기능을 강제로 종료하지 마십시오.
     - 업데이트 알림이 표시되면 가능한 한 빠른 시일 내 적용해 주시기 바랍니다.
- **보안 정책**
  1. 개인 장비 사용 제한
     - 사내 네트워크의 보안을 유지하기 위해 개인 장비 연결을 ㉣ 예외적으로 금합니다.
     - 업무상 불가피하게 사용이 필요한 경우 반드시 IT 보안팀의 사전 승인을 받아 주십시오.
  2. 네트워크 모니터링
     - IT 보안팀은 네트워크 전 구간을 상시 모니터링하고 로그를 분석하여, 이상 징후 발생 시 즉시 대응할 예정입니다.
     - 모든 접속 기록은 보안 감사 목적으로 일정 기간 보관됩니다.
  3. 보안 교육 참여
     - 정기적으로 실시되는 보안 교육은 최신 위협 동향과 대응 절차를 숙지하기 위한 필수 과정입니다.
     - 교육 참여를 통해 보안 의식을 ㉤ 제고하고, 일상 업무에서 이를 실천해 주시기 바랍니다.

보안 관련 문의나 의심스러운 파일·링크 발견 시, 즉시 IT 보안팀(내선 000)으로 연락해 주시기 바랍니다.
모든 임직원 여러분의 작은 실천이 회사의 자산과 정보를 지키는 큰 힘이 됩니다.

감사합니다.

IT 보안팀 드림

① ㉠ ② ㉡ ③ ㉢ ④ ㉣ ⑤ ㉤

23. 다음은 A 업종과 B 업종의 55세 이상 근로자 수를 나타낸 자료이다. 제시된 기간 중 B 업종의 전체 근로자 수가 가장 많은 해에 A 업종 전체 근로자 수의 전년 대비 증감량은?

[A 업종과 B 업종의 55세 이상 근로자 수]

(단위: 명)

구분	2020년	2021년	2022년	2023년	2024년
A 업종	1,815	1,353	1,638	1,116	1,233
B 업종	18,800	27,720	25,245	28,992	32,130

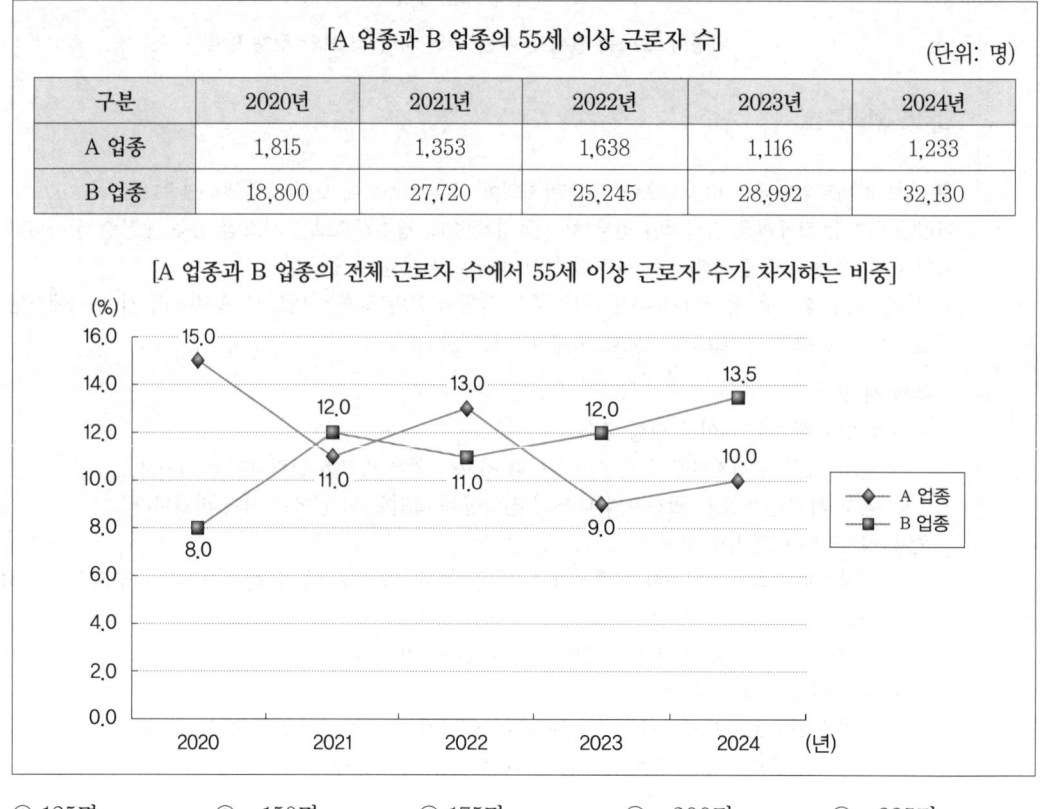

[A 업종과 B 업종의 전체 근로자 수에서 55세 이상 근로자 수가 차지하는 비중]

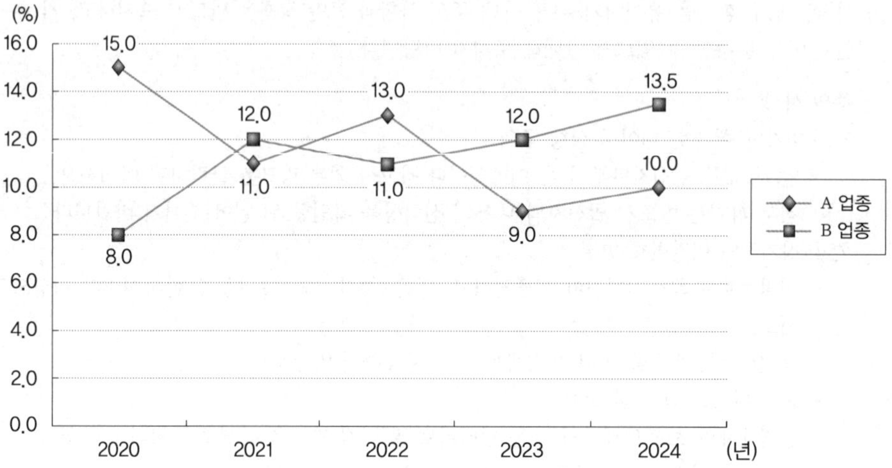

① 125명 ② −150명 ③ 175명 ④ −200명 ⑤ −225명

24. 다음은 △△기업 R&D 센터의 송년회 예산안이다. 재무팀은 예상 지출 비용에서 한 가지 항목을 삭제하여 총 예산을 초과하지 않으면서 최대한 총 예산에 가깝게 예산안을 수정하려고 할 때, 예산안에서 삭제해야 할 항목은? (단, 송년회가 진행되는 장소인 호텔의 임대비는 삭제할 수 없다.)

[송년회 예산안]

1. 예산

구분	단가	참가 인원수	합계
연회비	50,000원	32명	1,600,000원
찬조금	30,000원	10명	300,000원
지각비	10,000원	8명	80,000원
총 예산			1,980,000원

2. 예상 지출 비용

1) 장소 임대비

항목	금액	담당자
호텔 임대비	150,000원	박미영

2) 식비

항목	금액	담당자
호텔 뷔페	1,200,000원	박미영
음료 및 주류	400,000원	이수철

3) 기타

항목	금액	담당자
현수막·풍선	100,000원	김혜수
이벤트 선물	200,000원	김혜수
명찰	30,000원	이보혜
초대장 및 방명록	50,000원	이보혜

① 호텔 임대비 ② 음료 및 주류 ③ 현수막·풍선
④ 이벤트 선물 ⑤ 명찰

25. A~E는 육아기 근로시간 단축 제도에 따라 다음 달부터 단축 근무를 할 예정이다. A~E가 육아기 근로시간 단축을 신청한 기간에 국가로부터 지원받게 될 지원금의 총액으로 옳은 것은?

[육아기 근로시간 단축 제도 개요]

1. 정의
- 근로자가 육아휴직을 대체하여 육아기 근로시간 단축을 신청하면 단축된 근로시간에 비례하여 급여를 지급받고, 급여 감소분의 일부는 국가로부터 지원받는 제도

2. 대상
1) 만 8세 이하 또는 초등학교 2학년 이하의 자녀를 가진 근로자
2) 1)의 대상자 중 같은 자녀에 대해 배우자가 같은 기간 육아휴직을 부여받지 않은 근로자

3. 기간 및 근로시간
- 육아휴직 기간과 합산해 1년 이내
- 단축 후 근로시간은 주당 15시간 이상 30시간 이하

4. 월 지원금 계산식
- 월 통상임금의 80%(하한액 50만 원, 상한액 150만 원)× $\frac{\text{단축 전 주당 근로시간} - \text{단축 후 주당 근로시간}}{\text{단축 전 주당 근로시간}}$

5. 육아휴직과 육아기 근로시간 단축의 사용 형태
- 육아휴직의 1회 사용
- 육아기 근로시간 단축의 1회 사용
- 육아휴직의 분할 사용 (단, 1회만 분할 가능)
- 육아기 근로시간 단축의 분할 사용 (단, 1회만 분할 가능)

① A: 720만 원

- 신청기간: 9개월
- 월 통상임금: 160만 원
- 단축 전 주당 근로시간: 40시간
- 단축 후 주당 근로시간: 15시간

② B: 550만 원

- 신청기간: 6개월
- 월 통상임금: 240만 원
- 단축 전 주당 근로시간: 40시간
- 단축 후 주당 근로시간: 20시간

③ C: 720만 원

- 신청기간: 12개월
- 월 통상임금: 180만 원
- 단축 전 주당 근로시간: 40시간
- 단축 후 주당 근로시간: 20시간

④ D: 120만 원

- 신청기간: 3개월
- 월 통상임금: 200만 원
- 단축 전 주당 근로시간: 40시간
- 단축 후 주당 근로시간: 30시간

⑤ E: 450만 원

- 신청기간: 10개월
- 월 통상임금: 220만 원
- 단축 전 주당 근로시간: 40시간
- 단축 후 주당 근로시간: 25시간

26. J 사의 홍보부 사원인 귀하는 부산에서 열리는 업무 관련 박람회의 개회식에 참가하고자 개막식 정보와 교통편을 정리하였다. 귀하는 개막식 당일 오전 서울 본부의 부서 회의에 참석하며, 회의 종료 시각은 오후 1시이다. 선택 가능한 교통편 중 가장 저렴한 교통을 선택한다고 할 때, 귀하가 지불할 총비용은?

[부산 박람회 개회식 정보 및 교통편 정리]

1. 부산 박람회 개회식 정보
   - 일시 및 장소: 7월 8일(목) 오후 2시~9시, 부산 H 호텔
     ※ 개회식은 종료 2시간 30분 전까지 입장 가능함

2. 회사-교통편 출발지 간 소요시간 및 소요금액

교통편 출발지	소요시간	소요금액
김포공항	130분	1,300원
서울역	60분	1,300원

3. 교통편 이용 정보

구분	운행요일	출발지	도착지	출발시각	소요시간	가격
비행기	화/목/토	김포공항	김해공항	15:30, 16:30	55분	75,000원
KTX	매일	서울역	부산역	매시 정각	160분	58,000원
새마을호	매일	서울역	부산역	매시 30분	280분	42,000원

※ 1) 비행기는 탑승 준비를 위해 출발시각 20분 전에 도착해야 탑승 가능하며, 도착 후 10분의 하차 시간이 발생함
2) KTX와 새마을호는 탑승 준비를 위해 출발시각 5분 전에 도착해야 탑승 가능하며, 도착 후 5분의 하차 시간이 발생함

4. 교통편 도착지-H 호텔 간 이동 교통편 정보

H 호텔 이동 교통편	교통편 도착지	소요시간	가격
공항 리무진 버스	김해공항	55분	8,500원
버스	김해공항	70분	1,300원
	부산역	40분	1,300원
택시	김해공항	50분	20,000원
	부산역	30분	15,000원
도시철도	공항역	53분	1,300원
	부산역	38분	1,300원

※ H 호텔 이동 교통편에 탑승하는 시간 및 하차 후 H 호텔에 도착하는 데 소요되는 시간은 교통편 도착지와 H 호텔 이동 교통편에 관계없이 모두 10분임

① 58,300원 ② 60,600원 ③ 74,300원 ④ 77,600원 ⑤ 84,800원

27. **다음은 업체별 현수막 제작 비용에 대한 자료와 윤 사원이 작성한 회의록이다. 이 내용들을 바탕으로 현수막 및 배너를 주문한다고 할 때, 선택할 주문 업체와 총 제작 비용을 바르게 연결한 것은?**

[업체별 현수막 제작 비용 정보]

1. 기본 비용(열재단 마감 비용 포함)

구분	개당 제작 비용	배송비
A 업체	10,500원	5,000원(180,000원 이상 주문 시 무료배송)
B 업체	9,000원	3,500원(200,000원 이상 주문 시 무료배송)

※ 열재단: 기본 마감 방식으로 실내에서 간단하게 게시하거나 시상식 등에서 들고 사진을 찍을 때 사용

2. 추가 비용

1) 현수막 사이즈

구분	가로형		세로형		정사각형	
	400cm × 70cm	500cm × 80cm	60cm × 180cm	80cm × 120cm	90cm × 90cm	120cm × 120cm
A 업체	2,000원	2,900원	1,000원	2,900원	1,000원	2,000원
B 업체	3,000원	4,800원	2,000원	3,500원	1,500원	3,000원

2) 현수막 마감방식

구분	금속링	사방줄미싱	봉미싱
A 업체	2,500원	3,000원	4,000원
B 업체	3,000원	3,000원	4,000원

※ 단, 현수막 1개당 한 가지의 마감방식만 선택할 수 있음
 * 열재단(기본 마감): 실내에서 간단하게 게시하거나, 시상식 등에서 들고 사진을 찍을 때 사용
 * 금속링: 현수막 네 모서리에 금속링을 부착하여 설치하는 방식으로, 깔끔한 외관 연출을 위해 사용
 * 사방줄미싱: 현수막 4면에 로프를 삽입한 후 미싱 처리하는 방식으로, 후가공 중 가장 견고하여 대형 현수막이나 외벽용으로 사용
 * 봉미싱: 현수막 양 끝에 봉을 끼울 수 있도록 제작하는 방식으로, 구청 지정게시대용으로 사용

3) 배너 거치대

구분	양면 물통 거치대	단면 물통 거치대	단면 실내용 거치대
A 업체	23,000원	20,000원	15,000원
B 업체	25,000원	20,000원	17,000원

※ 배너로 사용하는 현수막은 세로형 60cm × 180cm의 크기로 제작해야 하며, 배너 거치대와 결합해야 하므로 금속링 마감방식을 필수적으로 적용해야 함

회의록	
일시	20X4년 9월 23일(목) 14:00~15:30
장소	6층 중회의실
참석자	한 팀장, 조 대리, 김 대리, 박 사원, 윤 사원
내용	
창립 10주년 행사 준비 건	**1) 현수막 및 배너 주문** – A, B업체 중 배송비를 포함한 총 제작 비용이 더 저렴한 업체에서 주문 – 필요한 현수막 및 배너 수량 • 건물 입구용 양면형 배너 2개, 연회장 입구용 단면형 배너 실내용 2개 • 컨벤션센터 건물 외벽 부착용 현수막(400cm × 70cm) 1개 • 연회장 내 무대 중앙 설치용 금속링 가공 현수막(500cm × 80cm) 1개 • 시상식 사진 촬영용 정사각형 현수막(90cm × 90cm) 3개

	업체	제작 비용
①	A	194,900원
②	A	197,900원
③	A	202,900원
④	B	201,300원
⑤	B	203,300원

28. **다음은 실질실효환율에 대한 기사문의 일부와 국가별 실질실효환율 지수에 대한 자료이다. 자료에 대한 설명으로 옳지 않은 것은?**

> X 국 통화의 대외가치가 기준시점에 비해 상승한 것으로 나타났다. 2024년 기준 X 국의 실질실효환율(REER) 지수는 107.1로, 기준시점 대비 7.1% 높은 수준을 기록하였다.
> 실질실효환율은 단순한 환율 변동뿐만 아니라 국가 간 물가상승률, 교역 조건 등 다양한 요인을 반영하여 통화의 실질적인 가치를 평가하는 지표다. 이 지수가 100 이상이면 해당 통화의 대외가치가 기준시점보다 고평가된 것으로, 100 이하이면 해당 통화의 대외가치가 기준시점보다 저평가된 것으로 간주된다.
> 전문가들은 실질실효환율의 변화가 수출 경쟁력과 대외 경제정책에 영향을 미치는 만큼, 지속적인 모니터링이 필요하다고 지적한다. 특히 고평가된 통화는 수출기업의 가격 경쟁력을 떨어뜨릴 수 있어 주의가 요구된다. (후략)

[국가별 실질실효환율 지수]

구분	기준시점	2021년	2022년	2023년	2024년
A 국	100.0	97.8	96.2	96.6	91.0
B 국	100.0	94.5	97.1	99.8	99.1
C 국	100.0	109.7	111.1	101.5	87.7
D 국	100.0	108.4	99.3	97.4	126.0
E 국	100.0	105.8	107.6	105.1	114.3
F 국	100.0	98.9	78.3	75.8	85.3
G 국	100.0	100.8	101.6	100.8	96.6
H 국	100.0	86.5	86.8	89.7	87.8
I 국	100.0	101.8	102.4	103.0	99.5
J 국	100.0	103.9	93.3	102.2	100.5

① 2021~2024년 동안 매년 통화의 대외가치가 기준시점 대비 고평가된 국가는 1개뿐이다.
② 2024년 A 국의 실질실효환율 지수는 전년 대비 5% 이상 감소하였다.
③ 2024년 C 국 통화의 대외가치는 기준시점 대비 12.3% 저평가되었다.
④ 제시된 국가 중 실질실효환율 지수가 가장 작은 국가는 2021년과 2022년에 서로 다르다.
⑤ 2023년 통화의 대외가치가 기준시점 대비 고평가된 국가의 수는 저평가된 국가의 수보다 많다.

29. 제주도의 △△매장 매니저인 귀하는 매장 내 화장실에 물비누를 비치하기 위해 A~D 업체의 물비누 정보를 정리하여 비교해본 뒤 구매하려고 한다. 총 3,000ml의 물비누를 구매하고자 할 때, 가장 저렴하게 구매할 수 있는 업체는?

[A~D 업체별 물비누 정보]

구분	가격	용량	배송비	이벤트
A	1통당 2,250원	1통당 150ml	• 제주/도서 산간 지역: 2,000원 • 그 외 지역: 무료	없음
B	1통당 3,800원	1통당 250ml	무료	없음
C	1통당 11,400원	1통당 500ml	• 제주/도서 산간 지역: 3,000원 • 그 외 지역: 무료	2통 구매 시 1통 무료 증정
D	1통당 5,400원	1통당 300ml	무료	3통 구매 시 1통 무료 증정

① A ② B ③ C ④ D ⑤ 모두 동일하다.

30. **다음 글을 통해 추론한 내용으로 적절한 것을 모두 고르면?**

귀류법은 어떤 명제의 부정이 참이라고 가정했을 때 모순이 발생함을 통해 원래 명제가 참임을 증명하는 논증 방식이다.

예를 들어 '모든 소수는 1보다 크다'를 증명하고자 할 때, '어떤 소수(p)는 1보다 작다'를 참이라고 가정해 보자. 소수는 1과 자기 자신 외에 다른 약수를 갖지 않는 자연수이므로 1보다 커야 한다. 자연수는 0보다 큰 정수이므로 1보다 작은 자연수는 존재하지 않는다. 즉 p는 1보다 작으면서 소수가 될 수 없다는 결론에 이르게 된다. 결국 '어떤 소수(p)는 1보다 작다'는 성립할 수 없으므로 원래의 명제인 '모든 소수는 1보다 크다'가 참임이 증명된다.

이와 같은 논증 방식은 고대 철학자 제논의 역설에서도 찾아볼 수 있다. 제논은 그의 스승인 파르메니데스의 가설 '이 세계의 다양한 사물이 실제로 존재하는 것은 아니며 계속해서 운동·변화를 겪는 것은 아니다.'를 논증하기 위해 '아킬레우스와 거북이의 역설'을 제시하였다. 아킬레우스가 거북이보다 10배 빠르게 달린다고 하고, 거북이를 100미터 앞에서 출발시킨다고 가정하면 아킬레우스가 100미터를 달리는 동안 거북이는 10미터만큼 앞으로 나아간다. 아킬레우스가 거북이의 위치에 도달할 때마다 거북이는 조금씩 더 앞으로 가 있으므로, 계산상 아킬레우스는 영원히 거북이를 따라잡을 수 없다.

파르메니데스의 가설로 돌아가 보자. 만약 이 세계의 다양한 사물이 실제로 존재하며 계속해서 운동·변화를 겪는다고 가정한다면, 아킬레우스와 거북이의 역설과 같은 모순이 발생한다. 사물은 계속해서 운동·변화를 겪으므로 영원히 따라잡지 못해야 하지만, 실제로 사람이 눈으로 보았을 때는 따라잡을 수 있다. 이런 모순을 근거로 제논은 파르메니데스의 가설이 참이라고 논증했다.

현실에서는 아킬레우스가 거북이를 따라잡을 수 있으며 제논의 주장은 이러한 경험적 사실에 위배되기 때문에 역설이라 불리지만, 그의 논증은 무한한 수의 합이 유한할 수 있다는 것을 간접적으로 증명하였다는 점에서 의미를 가진다.

㉠ 제논의 역설은 아킬레우스가 거북이를 영원히 따라잡을 수 없다는 것을 보여주는 것으로 이는 실제 관찰 결과와도 일치한다.
㉡ 제논은 사물이 실제로 존재하며 끊임없이 운동·변화한다고 가정했을 때, 그 가정이 실제 현상과 모순됨을 보임으로써 파르메니데스의 가설을 지지하였다.
㉢ 귀류법은 명제의 부정을 거짓이라고 가정할 때 모순이 발생함을 통해 원래 명제가 참임을 증명하는 방법이다.

① ㉠
② ㉡
③ ㉢
④ ㉠, ㉡
⑤ ㉡, ㉢

31. 다음은 A 시의 공공자전거 운영 현황에 대한 자료이다. 자료에 대한 설명으로 옳지 않은 것은?

[권역별 공공자전거 대여소 수]

(단위: 개)

구분	2020년	2021년	2022년	2023년	2024년
도심지역	210	230	245	260	270
주거지역	180	195	210	225	240
상업지역	95	105	110	118	125
공원	60	68	75	82	90
대학가	55	58	62	66	70
전체	600	656	702	751	795

[이용권 유형별 구매건수]

(단위: 만 건)

구분	2020년	2021년	2022년	2023년	2024년
1일권	85	92	100	108	115
7일권	22	24	26	27	28
30일권	50	58	66	77	78
정기권(180일)	18	20	23	25	27
비회원권	25	28	30	31	33
전체	200	222	245	268	281

① 2021년 이후 공공자전거 대여소 수는 모든 권역에서 전년 대비 매년 증가하였다.

② 제시된 기간 동안 전체 이용권 구매건수에서 30일권이 차지하는 비중은 전체 공공자전거 대여소 수에서 도심지역과 주거지역의 대여소 수의 합이 차지하는 비중보다 매년 높다.

③ 2022년 전체 공공자전거 대여소 1개당 전체 이용권 구매건수는 전년 대비 증가하였다.

④ 2020년 대비 2022년 공공자전거 대여소 수의 증가율은 공원이 상업지역보다 높다.

⑤ 2021~2024년 중 비회원권 구매건수의 전년 대비 증가량이 가장 큰 해는 2021년이다.

[32-33] 지하철 유실물 센터로 발령난 신입사원 A는 1호선과 2호선 도시철도 유실물 반환 건수를 엑셀 시트로 정리하는 업무를 진행 중이다. 각 물음에 답하시오.

	A	B	C	D	E	F	G
1					(단위: 건)		
2		구분	합계	1호선	2호선		
3		휴대폰	475	210	265		
4		시계	346	157	189		
5		지갑	395	134	261		
6		가방	391	180	211		
7		의류	452	207	245		
8		서류	304	104	200		
9		외국인 유실물	469	253	216		
10							
11		반환 건수가 두 번째로 큰 값					
12							
13		외국인 유실물 총 반환 건수					
14							

32. '외국인 유실물 총 반환 건수'를 찾기 위해 [E13] 셀에 입력할 함수식으로 가장 적절한 것은?

① =HLOOKUP(C2, C2:E9, 1, 0)

② =HLOOKUP(C2, B2:E9, 2, 1)

③ =VLOOKUP(B9, C2:E9, 1, 0)

④ =VLOOKUP(B9, B2:E9, 2, 0)

⑤ =LOOKUP(B9, B3:B9, D3:D9)

33. 1호선과 2호선의 도시철도 유실물 반환 건수에서 '반환 건수가 두 번째로 큰 값'을 찾기 위해 [E11] 셀에 입력할 함수식으로 가장 적절한 것은?

① =MAX(D3:E9, 2)

② =MIN(D3:E9, 2)

③ =LARGE(D3:E9, 2)

④ =SMALL(D3:E9, 2)

⑤ =MID(D3:E9, 2)

34. **다음은 채무 조정 제도 시행 안내문이다. 자료를 읽고 추론한 내용으로 옳은 것은?** (단, 선택지에 제시된 상황은 채무 조정 지원 대상에 해당되는 사람의 상황이라고 가정한다.)

[채무 조정 제도 시행 안내]

1. 지원 기간
   - 20X3년 10월 1일부터 1년간 신청 접수 예정

2. 지원 대상
   - 코로나로 피해를 입은 개인사업자·소상공인으로서 90일 이상 장기 연체 등으로 부실이 이미 발생한 대출자 또는 부실로 이어질 가능성이 큰 대출자

3. 지원 한도
   - 1인당 신청 횟수는 1회로 제한되며, 1인당 최대 15억 원까지 지원 가능
     ※ 단, 담보 10억 원 이상, 무담보 5억 원 이상 보유한 자에 한함

4. 지원 내용
   1) 부실 차주: 신용채무의 재산가액 초과분에 대하여 60~80% 원금 조정 및 최대 20년의 장기분할상환 지원
      ※ 채무보다 많은 재산을 가진 차주의 경우 원금 조정 없음
   2) 부실 우려 차주: 거치 기간(1~3년) 부여, 장기분할상환 지원(10~15년), 고금리 부채의 금리 조정

5. 유의 사항
   - 기초생활수급자, 만 70세 이상 저소득 고령자·중증장애인 등의 취약계층은 원금이 최대 90%까지 감면됨
   - 허위로 서류를 제출하거나 고의로 연체한 사실이 발견되면 채무 조정은 무효화 처리됨

[참고] 용어 설명

채무 조정 제도	신용 회복 위원회와 채권 금융 회사가 협의하여 연체자의 채무를 조정해 주는 제도
부실 차주	부실이 이미 발생한 대출자
부실 우려 차주	부실로 이어질 가능성이 큰 대출자
재산가액 초과분	부채에서 자산을 뺀 순 부채
거치 기간	금융기관에서 대출을 받은 뒤, 원금을 갚지 않고 매달 이자만 납부하는 기간

① 이미 부실이 발생한 대출자 중 10억 원 이상의 담보를 보유한 자는 15억 원 한도 내에서 채무 조정을 여러 번 신청할 수 있다.

② 기초생활수급자임이 증명된 모든 개인사업자 또는 소상공인은 이자와 더불어 원금의 최대 50%를 감면받을 수 있다.

③ 보유한 재산이 20억 원인 소상공인의 부채가 10억 원일 경우에는 채무 조정 신청을 하더라도 원금을 감면받을 수 없다.

④ 연체 기간이 90일 미만인 사람은 부채로 인해 부실로 이어질 가능성이 높더라도 채무 조정 제도의 지원을 일절 받지 못한다.

⑤ 개인사업자가 채무로 인해 추후 부실로 이어질 가능성이 높다면 최대 15년까지 이자만 납부하여도 원금이 연체되지 않는다.

35. 다음은 안면도의 월별 평균 총 자외선지수와 월별 총 자외선지수의 최솟값 및 최댓값을 나타낸 자료이다. 평균 총 자외선지수의 전월 대비 감소량이 가장 큰 달에 총 자외선지수의 최댓값은 최솟값의 몇 배인가?

[월별 총 자외선지수]

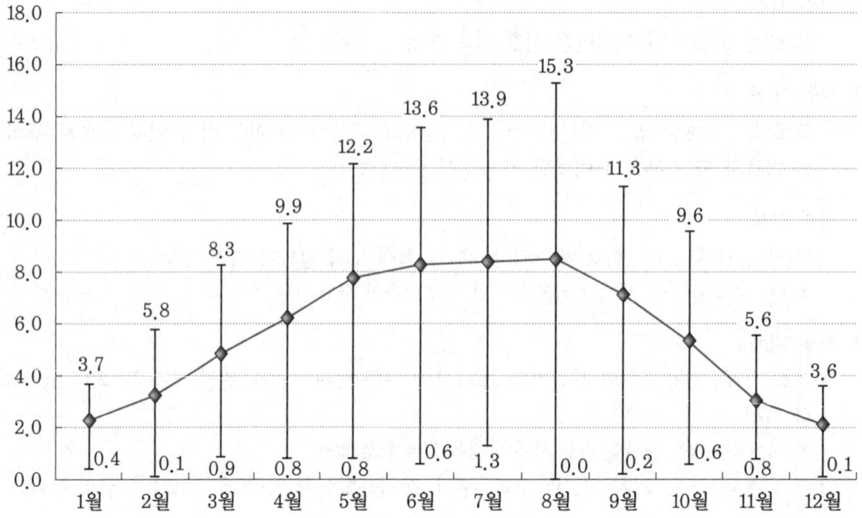

① 7배 ② 9배 ③ 16배 ④ 36배 ⑤ 58배

36. 다음 빈칸에 들어갈 창의적 사고 개발 방법을 바르게 연결한 것은?

> 창의적으로 사고하기 위해서는 문제에 대한 다양한 사실이나 아이디어를 이끌어낼 수 있는 발산적 사고가 필요하다. 이러한 발산적 사고의 개발 방법 중 (㉠)은 주제와 본질적으로 유사한 사물이나 상황에서 힌트를 얻어 새로운 아이디어를 얻는 방법이다. 예를 들어 신차 판매전략을 수립할 때, '신제품 출시'라는 공통된 본질에 주목해 다른 신제품 사례에서 아이디어를 얻는 것이다. 만약 최근 출시된 스마트워치의 판매실적이 우수했다면, 스마트워치의 성공 전략을 신차 마케팅에 어떻게 적용할 수 있을지를 고민하는 방식이다. 이러한 (㉠)의 대표적인 기법으로는 (㉡)이 있다.

	㉠	㉡
①	자유연상법	브레인스토밍
②	자유연상법	속성열거법
③	비교발상법	NM법
④	비교발상법	체크리스트법
⑤	강제연상법	6색 사고 모자 기법

37. 이 주임은 업무 일정 수립을 위해 지금까지 지시받은 업무를 정리하여 백 과장에게 전달하였으며, E-mail을 통해 백 과장으로부터 일정 관련 피드백을 받았다. 이 주임이 E-mail의 내용을 고려하여 업무 일정을 수립하였을 때, 4월 19일까지 이 주임이 다섯 번째로 진행해야 하는 업무로 가장 적절한 것은?

[이 주임이 전달한 업무 목록]

구분	업무 요청 일자	업무 마감 기한	업무 세부 내용
1/4분기 업무 보고	3월 20일	4월 15일	• 분기 보고서 작성 • 분기 보고서 발표
A 제품 판매 지수 관련 자료 제출	4월 1일	4월 8일	• 판매 지수 관련 자료 정리
기획 세미나 참석	3월 12일	4월 12일	• 세미나 참석 • 참석 보고서 작성
워크숍 예산 수립	3월 25일	4월 15일	• 운용 가능 예산 확인 • 워크숍 프로그램 구성
경쟁사 물품 조사	4월 1일	4월 19일	• 시장 조사 • 물품 구매 • 보고서 작성
신제품 전략 기획	3월 27일	4월 19일	• 시장 조사 • 경쟁사 조사

E-mail
보낸 날짜: 20XX. 04. 04.(목) 15:05 보낸 사람: 백 과장〈WORK_100@XXX.com〉 받는 사람: 이 주임〈WORK_2@XXX.com〉 제목: 업무 일정 수립 요청 이 주임님, 전달해주신 업무 목록을 확인하였습니다. 그러나 정리하신 목록의 마감 기한만으로는 업무 처리 순서를 결정하기 어려울 것 같으니 아래와 같은 순서로 업무를 처리하시기 바랍니다. 먼저 정리하신 업무 목록에서 업무 마감 기한이 이른 날짜 순으로 업무를 먼저 진행하고, 업무 마감 기한이 같을 경우에는 업무 세부 내용의 수가 많은 업무부터 적은 업무 순으로 업무 일정을 수립해 주세요. 만일 업무 마감 기한도 같고 업무 세부 내용의 수도 같을 경우에는 먼저 요청받은 업무부터 진행하셔야 합니다. 4월에 행사를 포함해 다른 업무가 많아서 정신없으실 것으로 예상됩니다. 전달드린 업무 처리 순서를 고려하여 업무 일정을 수립한 후 보고 바랍니다. 아, 내일 진행하는 식목일 행사가 끝나고 행사에 쓰인 물품을 정리하는 업무가 목록에서 빠진 것 같은데, 해당 업무는 행사 당일 진행하는 것으로 업무 추가해서 보고해 주세요.

① 1/4분기 업무 보고
② 기획 세미나 참석
③ 워크숍 예산 수립
④ 경쟁사 물품 조사
⑤ 신제품 전략 기획

38. 다음 글의 중심 내용으로 가장 적절한 것은?

농산물은 재배 기간이 길고 기후 조건의 영향도 많이 받기 때문에 생산량 조절이 어려운 재화 중 하나이다. 또한 저장에도 한계가 있어 생산된 물량은 짧은 기간 내에 모두 소비되어야 하며, 가격에 따른 수요의 변화가 크지 않아 공급량의 변화에 따라 가격 변동 폭이 크다. 국민의 식생활과 농민들의 이익을 고려하였을 때 농산물 가격은 너무 높아서도, 너무 낮아서도 안 된다. 따라서 정부는 가격 폭락 가능성이 있는 풍년에는 농산물 가격이 일정 가격 이하로 떨어지지 않도록 적정량을 수매하고, 가격 폭등 가능성이 있는 흉년에는 수매한 농산물을 시중에 방출하여 가격을 일정하게 유지하는 농산물 가격 지지 제도를 시행하고 있다.

일반적으로 가격은 시장에서 자율적으로 결정되지만, 농산물 가격 지지 제도처럼 시장에서 결정된 가격을 무시하고 의도적으로 정부가 시장 가격에 개입하여 가격을 통제하기도 하는데 이를 가격 정책이라고 한다. 가격 정책은 크게 가격 상한제라고도 불리는 최고 가격제와 가격 하한제라고도 불리는 최저 가격제로 나뉜다. 최고 가격제는 아파트 임대료 규제나 이자율 규제와 같이 시장 가격이 너무 높다고 여겨지는 경우 소비자 보호와 물가 안정을 목적으로 가격 상한선을 설정하여 그 이하의 가격에서만 거래되도록 통제하는 제도이다. 반면 최저 가격제는 농산물 가격 지지 정책이나 최저 임금제와 같이 시장 가격이 너무 낮다고 여겨지는 경우 생산자의 이익 보호를 위해 가격 하한선을 설정하여 일정 수준 이상의 가격을 유지하도록 통제하는 제도이다.

여기서 가격 정책은 실효성을 얻기 위해 시장 균형가격보다 낮은 수준에서 최고 가격이 형성되고, 시장 균형가격보다 높은 수준에서 최저 가격이 형성된다는 점이 중요하다. 최고 가격제의 일종인 임대료 규제를 예로 들어 설명하면, 임대료를 규제할 경우 주택사업자가 주택 사업을 포기하고 더 많은 수익을 얻을 수 있는 다른 사업에 투자하는 현상이 발생할 수 있다. 이럴 경우 임대 주택 공급량이 감소하여 임대료가 오히려 규제 전보다 인상될 수 있으며, 나아가 암시장을 통해 기존의 시장 균형가격보다 높은 가격으로 주택 거래가 일어날 수도 있다. 반대로 최저 가격제의 대표 사례인 최저임금제를 예를 들면 시장 균형가격보다 높은 수준에서 최저임금이 지정되면서 노동 공급량은 증가하지만, 인상된 비용을 감당하기 위해 기업이 노동 수요량을 줄임으로써 노동의 초과공급이 발생한다. 이처럼 일자리 감소로 인한 비자발적 실업이 증가함에 따라 오히려 최저임금으로 보호하고자 한 취약계층의 경제 수준과 생활 수준이 더욱 악화될 가능성이 있는 것이다.

① 가격 정책의 실효성을 높이고 그 기능을 원활하게 수행할 수 있도록 보조 제도를 강구해야 한다.
② 농산물은 인간의 생활에 필수불가결한 재화이므로 일정한 가격 유지를 위해 정부의 개입이 필요하다.
③ 최고 가격제와 최저 가격제를 시행하기 전에 예상되는 이해득실을 따져 실행 여부를 결정해야 한다.
④ 가격 정책이 실질적인 효과를 발휘하기 위해서는 시장 균형가격을 고려한 적절한 가격 산정이 중요하다.
⑤ 정부의 가격 통제는 소비자·공급자 보호 및 물가 안정을 위해 필요하지만 의도와 달리 각종 부작용을 유발할 수 있다.

39. **다음은 독서실 이용 안내에 대한 자료이다. 민지가 40일 동안 독서실을 가장 저렴하게 이용한다고 할 때, 민지가 독서실에 지불해야 하는 최소 금액은?** (단, 자유석은 40일 동안 한 가지 할인권만 이용하고, 스터디룸 이용 금액은 민지가 전액 부담한다.)

[독서실 이용 안내]

구분		이용 요금		
자유석		1인		비고
		• 기본 1시간 2,000원 • 초과 1시간당 1,000원		• 당일 이용 기준이며 10시간 이용 시 10,000원에 이용 가능
스터디룸		3인실	4인실	6인실
		6,000원/시간	8,000원/시간	13,000원/시간
할인권	시간권	50시간권	100시간권	200시간권
		45,000원	85,000원	160,000원
	정액권	5만 원권	10만 원권	20만 원권
		48,000원	95,000원	190,000원
	정기권	7일권	14일권	28일권
		70,000원	130,000원	220,000원
개인 사물함		30일권		비고
		8,000원		• 30일 단위로 이용할 수 있음

• 독서실은 자유석과 스터디룸으로 이루어져 있습니다.
• 독서실은 1인당 요금을 지불하며, 스터디룸은 1실당 요금을 지불합니다.
• 스터디룸은 정원을 초과하여 이용할 수 없습니다.
• 시간권과 정기권은 자유석 이용 시 사용하실 수 있으며, 정액권은 자유석 또는 스터디룸 이용 시 사용하실 수 있습니다.
• 개인 사물함은 할인권 구입 시 이용하실 수 있습니다.

[민지의 상황]

• 40일 동안 매일 하루 10시간씩 자유석 또는 스터디룸에서 공부할 예정임
• 공부 1일 차부터 4일 간격으로 4인 스터디를 5시간씩 진행할 예정임
• 개인 사물함을 사용할 예정임

① 682,000원 ② 683,000원 ③ 684,000원 ④ 685,000원 ⑤ 686,000원

40. ◇◇문화회관에서 예약 일정 관리를 담당하는 귀하는 홀 예약 관련 문의를 받았다. 다음 문화회관 예약 현황 및 문화회관 대관 정보를 근거로 판단할 때, 고객이 이용하게 될 홀의 총 대관 요금은?

> 고객: 홀 대관 문의 드립니다. 이용 인원은 128명이고, 8월 첫째 주나 둘째 주 중 연이은 3일간 16시부터 20시까지 이용 가능한 홀을 예약하고 싶습니다. 만일, 예약 가능한 홀이 다양하다면, 가장 저렴한 홀로 예약하겠습니다.

[8월 문화회관 예약 현황]

월	화	수	목	금	토	일
2	3	4	5	6	7	8
13시~17시 [B 홀] 16시~20시 [E 홀]	11시~19시 [C 홀] 16시~20시 [E 홀]	15시~20시 [A 홀] 16시~20시 [D 홀]	16시~18시 [B 홀] 17시~20시 [C 홀]	16시~18시 [A 홀] 16시~18시 [B 홀]	08시~11시 [B 홀] 18시~22시 [D 홀]	10시~20시 [A 홀] 10시~14시 [E 홀]
9	10	11	12	13	14	15
14시~18시 [C 홀] 14시~17시 [D 홀]	13시~17시 [B 홀] 16시~18시 [E 홀]	13시~18시 [A 홀] 15시~18시 [D 홀]	13시~20시 [B 홀] 18시~22시 [C 홀]	11시~15시 [A 홀] 16시~20시 [D 홀]	16시~18시 [B 홀] 16시~18시 [C 홀]	16시~20시 [A 홀] 14시~16시 [D 홀]

※ 1) 8월 첫째 주의 시작은 8월 2일 월요일임
2) 예약 완료된 홀은 '예약 시간 [홀 이름]'으로 표기됨

[문화회관 대관 정보]

구분	규모	평일 이용 요금	토·일 이용 요금
A 홀	150석	25,000원	40,000원
B 홀	130석	20,000원	35,000원
C 홀	140석	23,000원	38,000원
D 홀	135석	22,000원	36,000원
E 홀	110석	17,000원	28,000원

※ 1) 오전은 08시~13시, 오후는 13시~18시, 야간은 18시~22시를 의미함
2) 이용 요금은 1시간 요금 기준이며, 평일 야간에는 평일 이용 요금의 50%가 가산되어 적용되고, 토·일은 시간대에 관계없이 이용 요금이 동일하게 적용됨

① 360,000원 ② 380,000원 ③ 400,000원 ④ 410,000원 ⑤ 419,000원

41. **다음은 일부 국가별 환율에 대한 자료이다. 자료에 대한 설명으로 옳지 않은 것은?** (단, 환전 수수료는 고려하지 않는다.)

[국가별 환율]

(단위: 자국화폐/달러)

구분	2016년	2017년	2018년	2019년	2020년
한국(원)	1,160.8	1,131.0	1,100.2	1,165.4	1,180.3
중국(위안)	6.6	6.8	6.6	6.9	6.9
일본(엔)	108.8	112.2	110.4	109.0	106.8
필리핀(페소)	47.5	50.4	52.7	51.8	49.6
태국(밧)	35.3	33.9	32.3	31.0	31.3
터키(리라)	3.0	3.6	4.8	5.7	7.0
러시아(루블)	67.1	58.3	62.7	64.7	72.1
스위스(프랑)	1.0	1.0	1.0	1.0	0.9
폴란드(즈워티)	3.9	3.8	3.6	3.8	3.9

※ 출처: KOSIS(IMF)

① 2018년 211.2위안은 3,201.6엔보다 3달러 더 많은 금액이다.

② 2017년 49,764원을 달러로 환전한 후 3년 뒤 다시 한국 화폐로 환전하면 그 차이는 2,150원 이상이다.

③ 제시된 국가 중 2017년 이후 1달러당 환율이 매년 전년 대비 상승한 국가는 1개국이다.

④ 2016년 4,428.6루블로 환전할 수 있는 폴란드 화폐는 255즈워티 미만이다.

⑤ 2019년 1달러당 환율의 전년 대비 감소율은 태국이 필리핀보다 크다.

42. 다음은 P 지역의 연령대별 보이스피싱 금전 피해 경험에 대한 자료이다. 5천만 원 미만의 금전 피해를 경험한 총 응답자 수와 5천만 원 이상의 금전 피해를 경험한 총 응답자 수의 차이는?

[연령대별 보이스피싱 금전 피해 경험]

(단위: 명, %)

구분	응답자 수	있다		없다
		5천만 원 미만	5천만 원 이상	
10대	1,000	1.1	0.1	98.8
20대	2,000	1.2	0.9	97.9
30대	2,000	1.4	2.2	96.4
40대	3,000	1.3	1.1	97.6
50대	2,000	1.5	1.3	97.2
60대 이상	1,000	1.2	0.7	98.1

① 15명 ② 18명 ③ 21명 ④ 24명 ⑤ 27명

43. 다음 (가), (나)에 해당하는 특징이 올바르게 연결된 것은?

구분	문서적 의사소통능력	언어적 의사소통능력
의미	문서의 내용을 이해하고 요점을 판단하며, 이를 바탕으로 목적과 상황에 맞는 정보를 효과적으로 전달하기 위해 문서를 작성하는 능력	원활한 의사소통을 위해 상대방의 이야기를 몰입하여 들으며, 자신의 의사를 목적과 상황에 맞게 설득력을 가지고 표현하는 능력
요구 능력	문서이해능력, 문서작성능력	경청능력, 의사표현력
특징	(가)	(나)

ㄱ 권위감이 있다.
ㄴ 유동성이 있다.
ㄷ 보존성이 크다.
ㄹ 전달성이 높다.
ㅁ 상대방의 반응을 살필 수 있다.

	(가)	(나)
①	ㄱ, ㄴ, ㄷ	ㄹ, ㅁ
②	ㄱ, ㄷ, ㄹ	ㄴ, ㅁ
③	ㄱ, ㄹ, ㅁ	ㄴ, ㄷ
④	ㄴ, ㄷ, ㄹ	ㄱ, ㅁ
⑤	ㄴ, ㄹ, ㅁ	ㄱ, ㄷ

44. N 은행은 지점을 방문한 고객들의 대기 시간을 줄이기 위해 번호표 발행 앱을 개발하여 서비스하고 있으며, 오늘 오전에 갑, 을, 병, 정, 무, 기, 경 7명의 고객이 순서대로 각각 번호표를 발행받았다. 다음 조건을 모두 고려하였을 때, 항상 참인 것은?

- 두 명은 앱으로 번호표를 발행받았으며, 나머지는 지점에서 번호표를 발행받았다.
- 정은 두 번째 순서로 번호표를 발행받았고, 무가 번호표를 발행받은 순서는 가장 마지막이 아니다.
- 을은 지점에서 번호표를 발행받았으며, 경보다 늦은 순서로 번호표를 발행받았다.
- 갑과 경은 무보다 먼저 번호표를 발행받았다.
- 경이 번호표를 발행받은 순서는 네 번째가 아니다.
- 앱으로 번호표를 발행받은 사람은 모두 경보다 먼저 번호표를 발행받았다.
- 정은 기와 연달아 번호표를 발행받았으며, 경이 번호표를 발행받은 순서와 이웃하지 않는다.
- 앱으로 번호표를 발행받은 사람들 사이에 한 명이 지점에서 번호표를 발행받았다.
- 기는 앱으로 번호표를 발행받은 두 명보다 먼저 번호표를 발행받았다.

① 갑은 기보다 먼저 번호표를 발행받았다.

② 갑과 무는 지점에서 번호표를 발행받았다.

③ 정과 경 사이 순서로 번호표를 발행받은 사람은 세 명이다.

④ 갑이 지점에서 번호표를 발행받았다면, 병은 앱으로 번호표를 발행받았다.

⑤ 을은 여섯 번째 순서로 번호표를 발행받았다.

45. 다음은 △△시의 지방보조사업 예산편성 기준표 중 인건비에 대한 내용이다. 갑~무가 △△시의 지방보조사업에 참여하였다고 할 때, 다음 기준표를 토대로 판단한 내용으로 옳은 것은?

[지방보조사업 예산편성 기준표]

<table>
<tr><th colspan="2">예산 항목</th><th>기준</th><th>지급액</th><th>비고</th></tr>
<tr><td rowspan="9">인건비</td><td rowspan="4">강사료</td><td>• 전·현직 장·차관(급), 전·현직 대학총장(급)
• 전·현직 국회의원, 대기업 총수(회장)
• 기타 이에 준하는 사회저명인사</td><td>– 기본 1시간: 250,000원
– 초과 시간: 150,000원</td><td rowspan="4">– 교통비 포함</td></tr>
<tr><td>• 대학 조교수 이상, 전문대학 부교수 이상
• 기업·기관 등의 책임급 연구원, 중역
• 판·검사, 변호사 등 전문자격증 소지자
• 3급 이상 공무원 및 박사학위를 소지한 4·5급 이상 공무원
• 기타 단체의 장이 인정하는 자(행자부/시도 사전협의)</td><td>– 기본 1시간: 180,000원
– 초과 시간: 100,000원</td></tr>
<tr><td>• 대학 전임강사 및 전문대학 조교수
• 박사 학위를 소지하지 않은 4, 5급 공무원
• 특별강사, 일반1 및 일반3을 제외한 강사</td><td>– 기본 1시간: 100,000원
– 초과 시간: 70,000원</td></tr>
<tr><td>• 전임 이외의 외래시간강사
• 외국어, 전산 등 학원강사
• 기타 단체의 장이 인정하는 자(행자부/시도 사전협의)</td><td>– 기본 1시간: 70,000원
– 초과 시간: 40,000원</td></tr>
<tr><td>원고료</td><td>• A4용지 1장 기준
※ 1) 신규작성 원고를 받아 교재 등을 편찬할 때만 인정
2) 파워포인트 자료의 경우 슬라이드 2장을 A4 1장으로 인정(표지, 목차는 제외)</td><td>– 15,000원/장</td><td>– 원고료 지급은 계좌 입금을 원칙으로 함</td></tr>
<tr><td>자문료</td><td>• 단체가 사업을 수행하는 데 있어 결정적인 도움을 줄 수 있는 일정한 자격을 갖춘 자의 자문에 대한 사례비</td><td>– 단위사업당 200,000원</td><td></td></tr>
<tr><td>회의 참석비</td><td>• 사업의 효율적인 준비 및 진행을 위한 회의 진행 또는 세미나 등의 참석 시 지급하는 인건비</td><td>– 2시간 이내: 100,000원
– 2시간 초과 시: 200,000원
※ 단, 1일 2회 이상 참석할 경우 참석 시간이 가장 긴 1회에 한하여 지급</td><td>– 세미나, 포럼 등의 참석비 포함
– 교통비 포함</td></tr>
<tr><td>단순 인건비</td><td>• 사업의 효율적인 준비 및 진행을 위한 일용직 형태로 고용한 임시 근로자에게 지급하는 인건비</td><td>– 1인/1일당 50,000원</td><td>– 식비, 교통비 포함</td></tr>
</table>

※ 강의시간 산출 시 30분 미만은 30분으로 계산하여 강사료의 50%를 지급하고, 30분 이상은 1시간으로 계산하며, 초과시간은 1시간에 한하여 인정함

① 갑은 일용직 형태로 고용되어 3일간 일한 뒤 150,000원과 별도의 교통비를 지급받았다.

② 을은 교재편찬을 위해 신규로 표지와 목차 각 1장을 포함한 파워포인트 자료로 슬라이드 16장을 제출하였고, 210,000원을 지급받았다.

③ 병은 사업의 효율적인 준비를 위한 세미나에 2시간 참석한 뒤, 같은 날 사업의 효율적인 진행을 위한 회의에 2시간 참석하여 200,000원을 지급받았다.

④ 박사학위를 소지하지 않은 5급 공무원인 정은 40분간 강의를 진행하여 100,000원을 지급받았다.

⑤ 단체가 사업을 수행하는 데 있어 결정적인 도움을 줄 수 있는 일정한 자격을 갖춘 무는 한 가지 단위사업에 대한 자문에 두 차례 응했고, 이에 대한 사례비로 200,000원을 두 차례 지급받았다.

46. **다음 글에서 설명하고 있는 용어로 적절한 것은?**

동일 업종의 기업이 경쟁의 제한 또는 완화를 목적으로 가격, 생산량, 판로 따위에 대하여 협정을 맺는 것으로 형성하는 독점 형태를 의미하며, 개별 기업의 독립성은 유지된다는 특징이 있다.

① 콘체른　② 카르텔　③ 트러스트　④ 지주회사　⑤ 신디케이트

47. **다음 중 기펜재에 대한 설명으로 적절하지 않은 것은?**

① 알프레드 마샬의 〈경제학의 원리〉에서 처음 소개되었다.
② 소득효과의 절댓값이 대체효과보다 큰 열등재 중 하나이다.
③ 기펜재의 수요곡선은 우하향하는 모습을 그린다.
④ 수요의 법칙을 따르지 않아 기펜의 역설이라고도 한다.
⑤ 가격의 하락이 수요량의 하락을 가져오는 재화이다.

48. **재산권이 명확히 정립되어 있고 거래비용이 없다면, 사적 협상을 통해 외부효과로 인한 비효율을 시장에서 해결할 수 있다는 이론은?**

① 세이의 법칙　② 코즈의 정리　③ 피구 효과
④ 구축 효과　⑤ 플라자 합의

49. **다음 중 농협이 선포한 비전2030의 핵심가치에 해당하는 것의 개수는?**

> ㉠ 도농상생을 추구하는 농협
> ㉡ 소비자와 직접 연결되는 농협
> ㉢ 국민에게 사랑받는 농협
> ㉣ 경쟁력 있는 글로벌 농협
> ㉤ 디지털 혁신을 주도하는 농협

① 0개 ② 1개 ③ 2개 ④ 3개 ⑤ 4개

50. **다음 중 앳킨슨 지수에 대한 설명으로 적절하지 않은 것은?**

① 균등분배 상태를 기준으로 실제 분배의 불평등 정도를 측정한다.
② 소득 분배가 완전히 균등한 상태의 지수는 0이다.
③ 평가자의 주관적 가치판단을 고려하는 지수이다.
④ 로렌츠 곡선과 지니계수를 보완하고자 만들어진 지수이다.
⑤ 소득 분배가 불평등한 상태일수록 앳킨슨 지수는 작아진다.

51. **다음 중 물가지수에 대한 설명으로 적절하지 않은 것은?**

① 수입품 가격은 소비자 물가지수에 포함되지만, 생산자 물가지수 측정에는 포함되지 않는다.
② 주택 임대료는 소비자 물가지수에 포함되지 않지만, 생산자 물가지수에는 포함된다.
③ 신규주택 가격은 소비자 물가지수와 생산자 물가지수에 모두 포함되지 않는다.
④ 국내에서 생산된 최종 생산물은 모두 GDP 디플레이터에 포함된다.
⑤ 한국은행에서 작성되는 생산자 물가지수는 시장 동향분석에 사용된다.

52. 다음 각 설명에 해당하는 데이터베이스 ACID 특성이 바르게 연결된 것은?

㉠ 임의의 트랜잭션이 동일한 시간에 실행되는 다른 트랜잭션에 영향을 미치지 않는 특성 ㉡ 하나의 안정된 상태에서 다른 안정된 상태로 데이터베이스를 가져가야 하는 특성 ㉢ 작업 단위를 더 이상 분류할 수 없으며, 트랜잭션 내 모든 단계에서 모두 성공 또는 실패해야 하는 특성 ㉣ 무결성 유지를 목적으로 로그를 드라이브에 유지해야 하는 특성

	㉠	㉡	㉢	㉣
①	Isolation	Consistency	Atomicity	Durability
②	Isolation	Atomicity	Consistency	Durability
③	Durability	Consistency	Atomicity	Isolation
④	Durability	Atomicity	Consistency	Isolation
⑤	Consistency	Durability	Atomicity	Isolation

53. 소득과 소비지출 관련 이론에 대한 설명으로 적절하지 않은 것은?

① 케인즈가 제시한 절대소득가설에 의하면 개인의 소비는 그들이 가지고 있는 현재의 절대적인 소득에 의해 결정되며 한계소비성향과 평균소비성향은 항상 일치한다.

② 톱니효과와 전시효과는 재무설계 과정에서 지출통제가 필요한 고객들의 행동변화를 이끄는 것이 힘든 상황을 뒷받침하는 이론적 배경이 될 수 있다.

③ 톱니효과는 소득이 증가할 때 소비도 함께 증가하지만 소득이 감소하는 경우 소비는 함께 감소하지 않는 것을 말한다.

④ 항상소득가설에서는 임시소득과 임시소비는 서로 독립적이라고 가정하며, 실제 소비에 영향을 미치는 소득은 항상소득이고 임시소득은 소비에는 영향을 미치지 않는다고 본다.

⑤ 생애주기가설에 의하면 전 생애에 걸쳐 소비수준을 일정하게 유지하려는 경향 때문에 소비에 비해 소득이 적은 생애주기에는 대출이 이루어지고, 소득이 많은 생애주기에는 저축 또는 부채상환이 이루어지게 된다.

54. **명목이자율과 실질이자율에 대한 설명으로 가장 적절하지 않은 것은?**

① 명목이자율은 인플레이션을 반영하지 않은 표면상의 이자율이다.

② 명목이자율은 일정 기간 동안의 예금이 얼마나 증가하는지를 나타낸다.

③ 실질이자율은 명목이자율에 인플레이션율을 더하여 구한다.

④ 실질이자율은 예금의 구매력이 증가하는 속도를 나타낸다.

⑤ 인플레이션이 발생하면 명목이자율이 실질이자율보다 높아진다.

55. **다음 중 물가상승과 금리하락이 동시에 나타날 수 있는 경우로 적절한 것은?**

① 중앙은행이 경기과열을 억제하기 위해 기준금리를 인상하는 경우

② 정부가 재정지출을 대폭 확대하여 총수요가 급격히 증가하는 경우

③ 중앙은행이 경기침체 대응을 위해 양적완화 정책을 시행하는 초기 단계

④ 원유가격 급등으로 인한 비용인상 인플레이션이 발생하는 경우

⑤ 경기회복으로 고용이 개선되고 소비수요가 점진적으로 증가하는 경우

56. 다음 중 정밀농업을 현장에 적용시키기 위해 필수적으로 구축되어야 하는 네 가지 시스템에 해당한다고 보기 어려운 것은?

① 제어 시스템(Control system)
② 지도화 시스템(Mapping system)
③ 센싱 시스템(Sensing system)
④ 환경관리 시스템(Environmental management system)
⑤ 위치정보 시스템(Global positioning system)

57. 다음은 원/달러 환율의 상승 또는 하락이 국내 경제에 미치는 영향이다. ㉠~㉣을 환율 변동의 방향이 같은 것끼리 올바르게 짝지으면?

㉠ 국내 물가 안정	㉡ 교역조건 악화	㉢ 경상수지 개선	㉣ 외채 상환 부담 감소

	환율 하락의 영향	환율 상승의 영향
①	㉠	㉡, ㉢, ㉣
②	㉠, ㉡	㉢, ㉣
③	㉠, ㉢	㉡, ㉣
④	㉠, ㉣	㉡, ㉢
⑤	㉠, ㉢, ㉣	㉡

58. A 기업은 B 기업이 독점하고 있는 시장에 진입할지를 고려하고 있으며, B 기업은 마케팅 비용을 확대하거나 유지하는 전략을 선택할 수 있다. 전략에 따라 각 기업이 얻는 이익을 나타낸 보수행렬이 다음과 같을 때, 이에 대한 설명으로 옳은 것을 모두 고르면?

구분		B 기업	
		마케팅 비용 확대	마케팅 비용 유지
A 기업	시장 진입	(60, 50)	(80, 60)
	시장 진입 포기	(70, 90)	(70, 100)

㉠ 내시균형은 2개가 된다.
㉡ A 기업은 우월전략이 존재하지 않는다.
㉢ B 기업은 마케팅 비용을 유지하는 것이 우월전략이다.
㉣ A 기업이 시장에 진입한다면 B 기업은 마케팅 비용을 유지할 것이다.

① ㉠, ㉡, ㉢ ② ㉠, ㉡, ㉣ ③ ㉠, ㉢, ㉣ ④ ㉡, ㉢, ㉣ ⑤ ㉠, ㉡, ㉢, ㉣

59. 다음 중 주가지수에 대해 잘못 설명한 사람을 고르면?

- **갑**: 주가의 변동을 종합하여 나타낸 지수를 주가지수라고 하는데, 기준 시기의 주가를 100으로 두고 비교 시점의 주가 수준과 비교하여 산출해.
- **을**: 주가지수는 다우-존스식과 시가총액식으로 작성할 수 있어.
- **병**: 다우-존스식은 지수 산출에 채용된 종목의 규모에 따라 작성하는 것으로 알고 있어.
- **정**: 시가총액식은 상장 주식 수와 주가를 곱해서 전체를 합산하는 가중 주가 방식이지.
- **무**: 코스피는 증권 거래소에서 산출한 국내 종합 주가 지수로, 시가총액식으로 산출해.

① 갑 ② 을 ③ 병 ④ 정 ⑤ 무

60. 다음 지문에 나타난 문제의 사례로 적절하지 않은 것은?

> 기초연금은 만 65세 이상 전체 노인 중 소득 인정액을 기준으로 하위 70%에 해당하는 노인들의 생활안정에 기여하기 위해 만들어졌다. 그런데 일부 부유층 노인들이 기초연금을 받기 위해 자녀에게 재산을 모두 증여하거나 은닉하는 사례가 발견되고 있다.

① 화재보험에 가입한 후 화재예방을 소홀히 하게 된다.

② 가게 주인이 없을 때는 종업원이 손님에게 불친절하게 대한다.

③ 의사가 의료보험금을 받아 병원의 수입을 늘리기 위해 과잉 진료를 한다.

④ 은행이 평균적인 신용에 기초해 이자율을 책정하면 대출금 상환 능력이 낮은 고객들만 몰려 재정이 악화된다.

⑤ 연구원이 국가에서 연구비를 지원받기 위해 허위로 비용 문서를 제출하고 연구비로 책정된 예산을 횡령 및 유용한다.

61. 다음 중 KOSPI 200 지수의 산출방식으로 가장 적절한 것은?

① (비교시점 시가총액 ÷ 기준시점 시가총액) × 100

② (구성종목 주가합계 ÷ 종목수) × 100

③ (수정주가 합계 ÷ 제수) × 100

④ 각 종목에 동일한 가중치 부여

⑤ (거래량 × 주가) ÷ 총거래량 × 100

62. 연간 소득에서 금융 부채의 연간 원리금 상환액이 차지하는 비율로, 소득을 기준으로 부채상환능력을 검증하여 대출 한도를 정하는 것은?

① RTI　　② DSR　　③ LTV　　④ DTA　　⑤ DTI

63. **다음 중 국제협동조합연맹에 대한 설명으로 적절하지 않은 것은?**

① 우리나라에서는 수협이 가입하여 정회원으로 승격된 후 농협, 신협, 새마을금고, 산림조합중앙회, iCOOP 생협 등이 회원으로 가입하였다.

② 프랑스의 협동조합 지도자인 보와브의 제안으로 설립된 세계적인 규모의 비정부기구(NGO)이다.

③ 농협은 국제협동조합연맹의 분과기관인 국제협동조합농업기구에서 의장기관으로 활약하고 있다.

④ 협동조합운동에 기여한 바가 큰 개인에게 또는 협동조합에 로치데일 파이어니어 상을 수여한다.

⑤ 운영 목적은 환경과 분배 문제 등 자본주의의 폐해를 극복하고 더 나은 공동체 사회를 지향하는 데 있다.

64. **다음 중 1GB의 데이터를 MB로 단위 변환하였을 때의 데이터 양으로 적절한 것은?**

① 0.000977 ② 1 ③ 1,000 ④ 1,024 ⑤ 1,048,576

65. **다른 조건은 일정한 상황에서 한국은행이 기준금리를 인상했을 때, 예상되는 영향으로 적절하지 않은 것은?**

① 국내 물가 수준이 하락한다.

② 환율 하락으로 수입량이 증가한다.

③ 기업의 설비 투자 비용이 감소한다.

④ 국내 주가지수가 상승한다.

⑤ 가계의 저축이 증가하고 소비가 감소한다.

66. 다음 중 프로젝트 파이낸싱(Project Financing)에 대한 설명으로 적절하지 않은 것은?

① 대출기관이 프로젝트 자체의 수익성을 근거로 차입자에게 자금을 제공하는 금융기법이다.

② 차입한 원리금에 대한 상환은 사업 진행 중에 유입되는 현금흐름을 통해 이루어진다.

③ 금융구조의 원칙은 소구 금융방식이지만, 제한적 소구 금융방식을 차용하기도 한다.

④ 모회사와 독립적으로 설립된 프로젝트 회사에 구체적인 투자가 제공된다.

⑤ 대출기관은 채권자와 프로젝트 이해관계자의 성격을 동시에 가진다.

67. 다음 중 대체효과와 소비자 잉여에 대한 설명으로 적절한 것을 모두 고르면?

㉠ 재화의 가격이 상승할 때 대체효과는 항상 해당 재화의 수요량을 감소시키는 방향으로 작용한다.
㉡ 소비자 잉여는 소비자가 지불할 의사가 있는 최대 금액과 실제 지불한 금액의 차이로 정의된다.
㉢ 가격 상승 시 기펜재에서는 소득효과가 대체효과보다 크기 때문에 수요곡선이 우상향한다.
㉣ 완전탄력적 수요곡선을 가진 시장에서는 소비자의 지불 용의 가격이 시장 가격보다 높기 때문에 소비자 잉여가 크게 발생한다.

① ㉠, ㉡　② ㉠, ㉢　③ ㉡, ㉣

④ ㉠, ㉡, ㉢　⑤ ㉠, ㉡, ㉢, ㉣

68. 다음 중 외환시장에 대해 바르게 말하고 있는 사람을 모두 고르면?

• 경준: 중앙은행이 외환시장에 직접개입은 하지 않아.
• 예영: 외환시장이란 서로 다른 통화로 표시된 지급수단의 매매가 이루어지는 시장을 말해.
• 우빈: 역풍적 개입이란 환율추세를 역전시키기 위한 중앙은행의 외환시장 개입을 말해.
• 혜지: 변동환율제도 하에서는 환율이 시장 상황에 따라 자유롭게 변동하지.

① 우빈　② 예영, 우빈　③ 우빈, 혜지

④ 예영, 우빈, 혜지　⑤ 경준, 예영, 우빈, 혜지

69. 다음 설명과 공통적으로 관련 있는 시장의 사례에 해당하지 않는 것은?

- 다수의 기업이 존재하고 있으며, 개별 기업들의 재화는 대체성이 높다.
- 모양, 내용, 품질, 판매 장소 등에서 조금씩 차이가 있는 상품을 생산한다.
- 개별 기업의 시장 진입과 퇴거가 자유롭다.
- 장기균형에 도달하면 개별 기업들의 생산량은 최적 산출량에 미달한다.

① 전체 시장의 90% 이상을 차지하는 멀티플렉스의 영화 티켓 및 매점 상품은 동일한 가격대에 형성되어 있다.

② 동네 피부과 중에서 A 피부과는 특히 여드름 치료를 잘하는 것으로 유명해 손님이 많다.

③ 마트에 가면 일반 우유뿐만 아니라 저지방 우유, 무지방 우유, 고칼슘 우유 등 다양한 종류의 흰 우유를 볼 수 있다.

④ 수많은 카페에서 아메리카노를 팔고 있지만, 그 맛은 카페마다 조금씩 다르다.

⑤ B 음식점은 다른 음식점과 달리 유기농 재료만을 사용하여 믿고 먹을 수 있는 안전한 먹거리를 찾는 단골손님을 모았다.

70. 다음 중 어떤 독점시장에서 수요함수가 Q = 50 − P이고, 독점기업의 한계비용은 10으로 일정하다. 완전경쟁시장과 비교하여 독점으로 인한 소비자잉여 감소분은?

① 200

② 400

③ 600

④ 800

⑤ 1,000

약점 보완 해설집 p.2

2회 실전모의고사

[1] 본 실전모의고사는 직무능력평가(NCS)와 직무상식평가 70문항을 80분 이내에 풀이하는 것으로 구성되었으며, 시험 구성에 따른 출제 범위는 다음과 같습니다.

- 직무능력평가(45문항): 의사소통능력, 수리능력, 문제해결능력, 자원관리능력, 정보능력
- 직무상식평가(25문항): 금융 · 경제, 디지털, 농업 · 농촌

[2] 문제 풀이 시작과 종료 시각을 정한 후, 실전처럼 모의고사를 풀어보세요.

시 분 ~ 시 분(총 70문항/80분)

- 해커스ONE 애플리케이션의 학습 타이머를 이용하여 더욱 실전처럼 모의고사를 풀어볼 수 있습니다.
- 모의고사 마지막 페이지 또는 해설집의 '무료 바로 채점 및 성적 분석 서비스' QR코드를 스캔하여 응시인원 대비 본인의 성적 위치를 확인해 보시기 바랍니다.

01. 다음은 ○○은행에서 판매하는 5개의 펀드 정보를 일부 발췌한 자료이다. 갑의 투자금액은 500만 원이고, 5개의 펀드 중 예상 순수익이 가장 높을 것으로 예상되는 1개의 펀드에 1년간 투자하려고 할 때, 갑이 투자할 펀드는? (단, 제시된 수수료 및 보수 이외의 각종 세금은 고려하지 않고, 펀드는 1년마다 결산한다.)

[○○은행 펀드 정보]

구분		A 펀드	B 펀드	C 펀드	D 펀드	E 펀드
1년간 예상 수익률		33.7%	31.6%	32.7%	33.4%	34.2%
선취/후취 판매수수료율		없음	없음	없음	없음	• 선취: 0.5% • 후취: 없음
환매수수료		없음	없음	없음	없음	없음
보수율	운용	0.54%	0.14%	0.41%	0.44%	0.64%
	판매	0.33%	0.14%	0.35%	0.52%	0.52%
	신탁	0.02%	0.01%	0.03%	0.03%	0.03%
	기타 사무	0.01%	0.01%	0.01%	0.01%	0.01%
가입일 기준가		1,000원	1,000원	1,000원	1,000원	1,000원

※ 1) 실투자금 = (1 − 선취 판매수수료율) × 투자금액
2) 총 보수율 = 운용 보수율 + 판매 보수율 + 신탁 보수율 + 기타 사무 보수율
3) 예상 순수익 = 투자금액 × (예상 수익률 − 선취 판매수수료율) − (실투자금 × 총 보수율)

① A 펀드 ② B 펀드 ③ C 펀드 ④ D 펀드 ⑤ E 펀드

02. J 기업의 영업팀은 직전 분기 대비 판매율이 300% 증가하여 성과를 기념하기 위해 회식을 하였다. 영업팀에서 회식을 한 장소의 가격표와 주문 내역이 다음과 같을 때, 영업팀이 지불해야 할 회식비는?

[가격표]

구분		가격		
		소	중	대
메인 메뉴	모둠회	40,000원	55,000원	70,000원
	광어회	25,000원	35,000원	45,000원
	우럭회	30,000원	55,000원	70,000원
	참치회	50,000원	65,000원	80,000원
	산오징어	15,000원	25,000원	35,000원
추가 메뉴	매운탕	7,000원		
	모둠튀김	10,000원		
주류	소주	4,000원		
	맥주	5,000원		

[주문 내역]

1. 메인 메뉴
   - 모둠회(중) 2접시, 참치회(대) 1접시, 산오징어(소) 2접시
2. 추가 메뉴
   - 매운탕 2개
3. 주류
   - 소주 4병, 맥주 5병
4. 비고
   - J 기업 직원은 전체 금액에서 10% 할인

① 220,000원 ② 234,000원 ③ 247,500원 ④ 260,000원 ⑤ 275,000원

03. 다음은 N 은행의 청년희망적금 상품설명서이다. 설명서의 내용을 토대로 판단한 내용으로 옳지 않은 것은? (단, 제시되지 않은 내용은 고려하지 않는다.)

[청년희망적금 상품설명서]

1. 상품 개요

구분	내용
상품 설명	• 청년 고객을 대상으로 저축 장려금과 비과세 혜택을 제공하는 저축 상품
대상 요건	• 나이 요건: 가입일 현재 만 19세 이상 만 34세 이하인 사람 • 소득 요건: 가입일 현재 직전년도 총 급여액이 3,600만 원 이하인 사람 또는 직전 과세 기간의 종합소득과세표준에 합산되는 종합소득금액이 2,600만 원 이하인 사람 • 제외 요건: 가입일이 속한 과세 기간의 직전 3개 과세 기간 중 1회 이상 금융소득종합과세대상자에 해당하는 사람
계약 기간	• 24개월
적립 방법	• 매월 최소 1천 원 이상 50만 원 이하(1천 원 단위) 적립 ※ 만기일 전일까지 저축 가능
기본 이율	• 연 5.0%(만기일시지급식)
저축 장려금	• 13개월 미만: 적금 납입 원금의 2%, 최대 12만 원 • 13개월 이상: 적금 납입 원금의 4%, 최대 24만 원

2. 우대 이율

구분	제공 조건	우대 이율
급여이체 우대 이율	신규일이 포함된 월부터 만기 전전달까지 급여이체실적에 해당하는 월 합산금액이 50만 원 이상인 월이 6개월 이상인 경우	연 0.5%p
자동이체 우대 이율	신규일이 포함된 월부터 만기 전전달까지 자동이체 등 창구 이외의 채널을 이용하여 N 은행 입출금통장에서 적금으로 납입된 월이 6개월 이상인 경우	연 0.3%p
첫 거래 우대 이율	신규일 기준 N 은행 예·적금 상품을 보유하지 않은 경우	연 0.5%p

※ 1) 우대 이율은 최대 2개까지 중복 적용 가능하며, 우대 이율이 높은 이율부터 우선 적용함
2) 급여이체 우대 이율: 급여이체 계약에 따른 급여성 선일자, 기업인터넷뱅킹 등에 의한 급여이체
3) 첫 거래 우대 이율: 주택청약종합저축, 청약저축, 청약예금 제외

3. 유의 사항
- 병적증명서로 현역병, 사회복무요원, 장교의 병역 이행이 증명되는 경우 그 기간(6년 이내)을 가입일 현재의 만 나이에서 빼고 계산한 나이가 만 34세 이하인 경우 나이 요건에 충족하는 것으로 간주함

① 매월 저축할 수 있는 최고 한도까지 저축한다면 1년간 최대 600만 원을 저축할 수 있다.

② 상품설명서에 제시된 모든 우대 이율 조건에 부합하는 사람에게 적용되는 최종 이율은 최대 연 6.0%이다.

③ 올해 1월 적금에 가입한 사람이 가입달부터 같은 해 10월까지 매월 N 은행 입출금통장에서 자동이체로 적금을 납입하였고, 적금 만기 달인 12월에 적금을 해지하였다면 연 0.3%p의 우대 이율이 적용된다.

④ 현역병으로 근무한 2년의 기간이 병적증명서로 증명된 만 35세인 자는 나이 요건을 충족한다.

⑤ 중도해지 없이 계약 기간 동안 매월 15만 원씩 적립한 사람은 만기에 저축 장려금으로 72,000원을 받는다.

04. **다음 중 ㉠, ㉡의 사례에 해당하는 논리적 사고 개발 방법이 바르게 연결된 것은?**

> ㉠ 올해 여름철 폭염으로 인해 채소 가격이 급등하였고, 젊은 소비자들 사이에서는 탄수화물 섭취를 줄이고 단백질 섭취를 늘리려는 경향이 나타나고 있다. A는 이러한 정보로부터 이후 어떻게 될 것인지, 어떻게 해야 할지를 찾아내어 김밥의 주요 재료인 채소의 원가가 상승하여 수익성이 악화될 것이며, 탄수화물 함량이 높은 김밥의 인기가 감소할 것임을 파악했다. 따라서 "현재 시점에서 김밥 전문점을 창업하는 것은 바람직하지 않으며, 대신 저탄수화물·고단백 트렌드에 맞는 사업 아이템을 발굴해야 한다"는 결론을 도출했다.
>
> ㉡ 커피 프랜차이즈인 A 사는 자사 음료 중 당류가 높은 음료의 판매 실적이 급감하고 있는 반면, 경쟁사의 저당 음료는 매출이 꾸준히 증가하고 있음을 확인하였다. 또한, 고객 설문조사 결과에서도 A 사의 음료 종류가 다양하지 않다는 응답 비율이 가장 높게 나타남을 발견하였다. 이러한 보조 메시지를 종합하여 A 사는 저당 음료에 대한 소비자 수요가 높고, 자사의 기존 제품 라인업은 현재 소비자 선호도와 불일치하며, 제품 다양성 부족이 경쟁력 약화 요인이라는 메인 메시지를 얻었다. 이에 따라 "새로운 저당 음료를 출시해야 한다"는 결론을 도출하였다.

	㉠	㉡
①	So what 방법	MECE 방법
②	So what 방법	피라미드 구조화 방법
③	피라미드 구조화 방법	So what 방법
④	피라미드 구조화 방법	MECE 방법
⑤	요약하기 훈련법	So what 방법

05. 다음은 A 국 연도별 논벼 재배면적 및 볏짚 생산량을 나타낸 자료이다. 자료에 대한 설명으로 옳지 않은 것은?

[연도별 논벼 재배면적 및 볏짚 생산량]

(단위: 천 ha, 천 톤)

구분	2019년	2020년	2021년	2022년	2023년	2024년
재배면적	798	778	754	737	730	726
볏짚 생산량	4,808	4,794	4,717	4,566	4,495	4,125

[연도별 논벼 재배면적 천 ha당 볏짚 생산량]

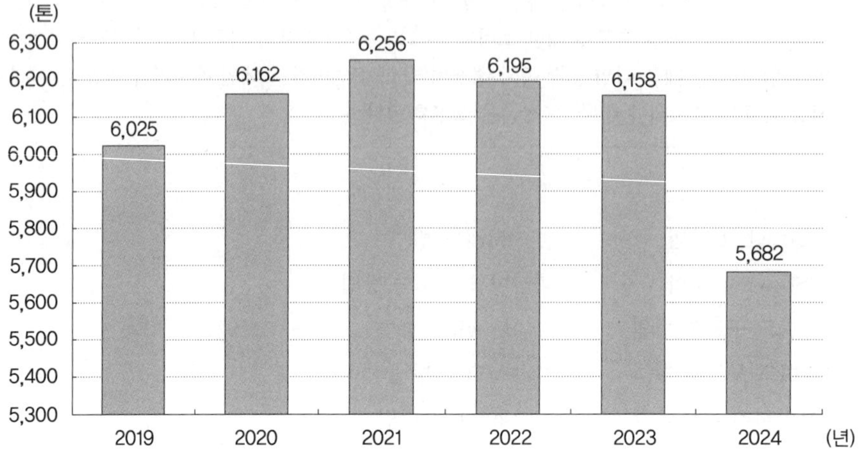

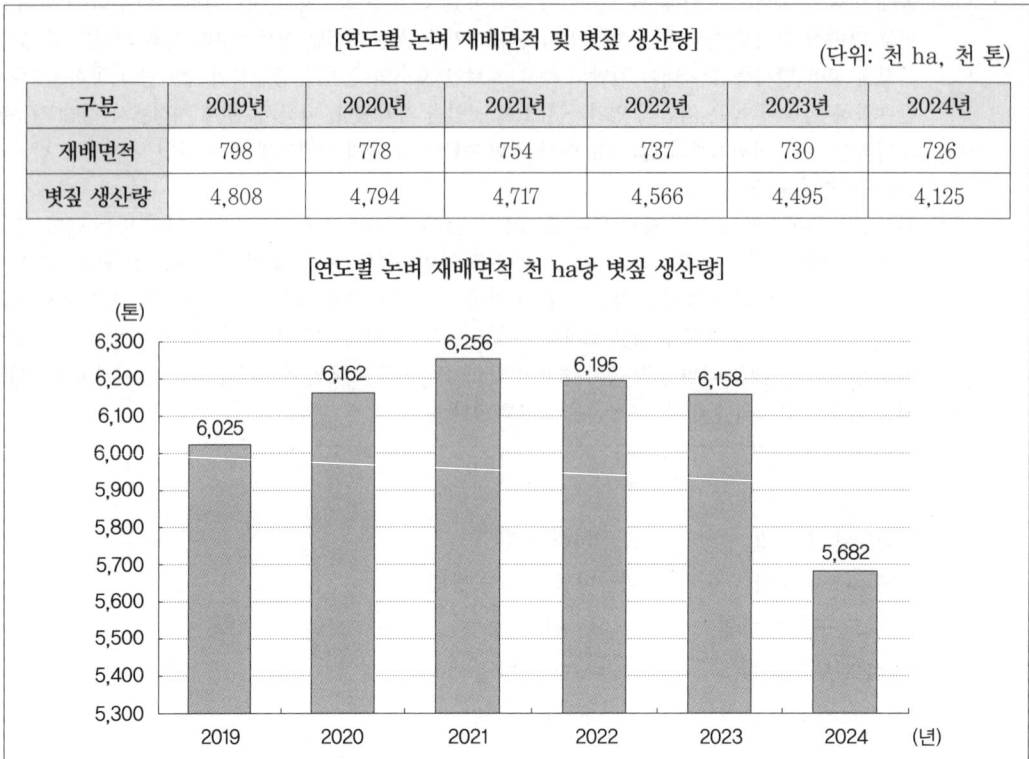

① 2020년 이후 논벼 재배면적과 볏짚 생산량의 전년 대비 증감 추이는 매년 동일하다.

② 2021년 논벼 재배면적 천 ha당 볏짚 생산량은 전년 대비 1.5% 이상 증가하였다.

③ 제시된 기간 동안 연평균 볏짚 생산량은 4,500천 톤 이상이다.

④ 2022년 논벼 재배면적은 3년 전 대비 61천 ha 감소하였다.

⑤ 2020년 이후 논벼 재배면적이 전년 대비 가장 많이 감소한 해에 논벼 재배면적 천 ha당 볏짚 생산량은 전년 대비 137톤 증가하였다.

06. **강원본부 직원인 갑, 을, 병 3명은 2~10일 동안 본부를 포함한 강원도의 모든 사업장에 대해 정기 점검을 실시하고자 한다. 다음의 점검 수칙과 점검 가능 일정을 고려하여 가장 빠른 일자에 정기 점검을 완료할 때 옳은 것은?** (단, 2일은 토요일이다.)

[점검 수칙]

- 본부는 3명, 전력지사는 2명, 지사는 1명의 인원을 투입하여 점검한다.
- 본부는 2일 동안 연이어 점검하고, 전력지사와 지사는 1일 동안 점검한다.
- 각 직원은 하루에 1개의 사업장만 점검한다.
- 각 사업장의 일정을 고려하여 점검 가능한 날짜에만 점검한다.

[강원도 사업장 점검 가능 일정]

구분	2일	3일	4일	5일	6일	7일	8일	9일	10일
강원본부	가능	가능	가능	가능	가능	가능	가능	불가	가능
원주전력지사	불가	가능	불가	불가	불가	불가	가능	불가	불가
동해전력지사	가능	불가	가능	불가	가능	불가	불가	불가	불가
태백전력지사	불가	불가	불가	가능	불가	불가	가능	불가	불가
철원지사	불가	가능	불가	불가	가능	가능	불가	불가	가능
홍천지사	불가	불가	불가	불가	가능	불가	가능	가능	불가
원주지사	가능	가능	불가	불가	불가	불가	불가	가능	가능
화천지사	불가	가능	불가	불가	가능	가능	가능	불가	불가
양구지사	가능	불가	가능	가능	가능	불가	가능	불가	가능
인제지사	불가	가능	불가	불가	불가	불가	가능	가능	불가

[갑, 을, 병의 휴무 일정]

구분	2일	3일	4일	5일	6일	7일	8일	9일	10일
갑			휴무		휴무				
을					휴무		휴무		
병					휴무	휴무			

① 강원본부는 7일과 8일에 점검한다.

② 5일에는 1곳의 사업장을 점검한다.

③ 철원지사는 가장 마지막에 점검한다.

④ 원주전력지사는 동해전력지사보다 먼저 점검한다.

⑤ 토요일과 일요일만 점검이 가능한 사업장은 9일에 점검한다.

07. **N 은행의 승진 후보자 갑, 을, 병, 정, 무 5명 중 승진 대상자는 1명이다. 다음의 승진 평가지침과 승진 후보자 정보를 근거로 판단할 때, 승진하는 사람은?** (단, 등급은 숫자가 낮을수록 높은 등급을 의미한다.)

[N 은행 승진 평가지침]

1. N 은행 승진 대상자 선정 기준
   1) 승진 후보자의 정량항목 4개의 평가 점수와 정성항목 1개의 평가 점수에 따라 등급을 결정하고, 각 등급을 모두 합한 최종등급이 가장 낮은 사람이 승진한다.
   2) 최종등급이 동일한 경우 정량항목 평가 점수의 합이 가장 높은 사람이 승진하고, 정량항목 평가 점수의 합도 동점인 경우 연차가 가장 높은 사람이 승진한다.

2. N 은행 승진 평가 기준

(단위: 점)

구분		1등급	2등급	3등급	4등급	5등급
정량항목	성과기여도 점수	20 이상	19~15	14~10	9~5	4~0
	조직협조도 점수	16 이상	15~12	11~8	7~4	3~0
	업무달성도 점수	24 이상	23~18	17~12	11~6	5~0
	업무난이도 점수	12 이상	11~9	8~6	5~3	2~0
정성항목	사내평가 점수	8 이상	7~6	5~4	3~2	1~0

[승진 후보자 정보]

(단위: 년, 점)

구분	연차	성과기여도 점수	조직협조도 점수	업무달성도 점수	업무난이도 점수	사내평가 점수
갑	12	22	8	11	5	8
을	13	20	6	19	10	7
병	14	18	15	22	9	5
정	13	14	11	24	15	4
무	14	19	19	12	8	5

① 갑 ② 을 ③ 병 ④ 정 ⑤ 무

08. **다음 글의 서술상 특징으로 가장 적절한 것은?**

> 비행기가 하늘을 나는 원리는 공기역학적 형상으로 설계된 비행기의 날개를 통해 설명할 수 있다. 일반적으로 비행기 날개의 단면은 윗면이 곡선으로 이루어져 있고, 아랫면이 상대적으로 평평하게 되어 있어 공기 흐름 속도에 차이가 발생한다. 날개 윗면을 지나는 공기는 속도가 빨라지면서 압력이 낮아지고 아랫면을 지나는 공기는 상대적으로 압력이 높아져 압력 차가 생기는데, 이 차이가 양력을 만든다. 이러한 현상은 유체역학의 기본 원리 중 하나인 베르누이 정리에 기초한다. 유체역학이란 액체나 기체와 같은 유체의 흐름과 그로 인한 힘을 분석하는 물리학의 한 분야로 다양한 자연 현상과 기술적 응용에서 핵심적인 역할을 한다. 그중 베르누이 정리는 18세기 스위스의 수학자 다니엘 베르누이가 정립한 것으로, 유체의 에너지가 보존된다는 가정을 기반으로 유체의 속도와 압력의 관계를 설명한다. 베르누이 방정식은 '$P+\frac{1}{2}pv^2+pgh=$상수'이다. 이 수식에서 P는 압력, p는 밀도, v는 속도, g는 중력 가속도, h는 위치를 의미한다. 이 식에 따르면 유체의 흐름 속도가 빠를수록 압력은 낮아지고, 속도가 느릴수록 압력은 높아지며 이는 비행기 날개 주변 공기 흐름의 원리를 이해하는 기초가 된다. 다만, 베르누이 정리는 정상 상태에서 흐르고, 점성이 없으며, 압축되지 않는 유체가 같은 유선을 따라 이동하는 경우와 같이 매우 이상적인 조건을 전제로 한다. 따라서 실제 유체가 점성을 가져 마찰이 발생하거나, 압축성이 있어 밀도 변화가 생기는 경우에는 흐름에 저항이 발생하여 베르누이 방정식을 그대로 적용하기 어렵다는 한계가 있다. 또한, 유체의 흐름이 불규칙해질 경우 이론과 실제 결과가 차이를 보일 수 있으며, 이러한 부분은 현재까지도 지속적으로 연구되고 있다.

① 상반된 주장을 객관적으로 소개한다.
② 정의와 예시를 사용하여 현상에 대해 설명한다.
③ 특정 관점에 입각하여 반대 입장을 논박한다.
④ 대상의 변화 과정을 시간 순서대로 서술한다.
⑤ 핵심 개념을 제시하고 이를 바탕으로 해결 방안을 찾는다.

09. **호령이는 자금을 모아 자영업을 영위하고자 연 이자율이 6%인 월 복리 비과세 적금 상품에 가입하였다. 매월 마지막 날에 100만 원씩 3년 동안 적립한다고 할 때, 3년 후 호령이가 만기해지하며 받을 수 있는 총금액은?** (단, $1.005^{36}=1.2$로 계산한다.)

① 38,160,000원　② 39,080,000원　③ 40,000,000원
④ 40,440,000원　⑤ 42,876,576원

10. 서울 본부의 담당자 甲, 로마 지사의 담당자 乙, 상파울루 지사의 담당자 丙, 시드니 개발센터의 담당자 丁은 프로젝트를 순차로 넘겨 최종 배포를 완료하려 하며, 1차 작업은 서울에서 현지 시각으로 11월 2일 오전 8시에 시작한다. 다음 그리니치 표준시 기준 도시별 경도와 대화를 토대로 판단했을 때, 서울 시각을 기준으로 한 프로젝트 최종 배포 시각은?

[그리니치 표준시 기준 도시별 경도]

구분	그리니치	서울	로마	상파울루	시드니
경도(°)	0°	135°	15°	45°	150°
경도 방향	-	동경	동경	서경	동경

※ 1) 경도 15°마다 1시간의 시차가 발생함
2) '동경'은 그리니치보다 빠르다는 것을, '서경'은 그리니치보다 느리다는 것을 의미함

〈대화〉

- 甲: 저는 서울 시각 기준으로 오늘 오후 4시까지 1차 작업을 마치겠습니다. 로마 지사에서 1차 검수 부탁드립니다.
- 乙: 네, 1차 검수에는 5시간 소요될 예정입니다. 이후 상파울루 지사에서 2차 검수 부탁드립니다.
- 丙: 알겠습니다. 수신 후 상파울루 시각 기준으로 다음 날 오전 9시까지 2차 검수를 완료하겠습니다. 최종 배포는 시드니 개발센터에서 부탁드립니다.
- 丁: 네, 수신 후 시드니 시각 기준으로 2시간 후에 최종 배포하겠습니다.

① 11월 2일 오후 11시　② 11월 3일 오전 11시　③ 11월 3일 오후 10시
④ 11월 3일 오후 11시　⑤ 11월 4일 오전 12시

11. 다음은 H 은행 계좌로 거래할 때의 수수료에 대한 자료와 갑의 11월 H 은행 거래 내역이다. 11월 중 공휴일은 없다고 할 때, 갑이 11월에 지불한 수수료의 총액은? (단, 제시되지 않은 내용은 고려하지 않는다.)

[창구 거래]

구분	H 은행으로 송금	타행으로 송금
10만 원 이하	면제	500원
10만 원 초과 100만 원 이하		2,000원
100만 원 초과 500만 원 이하		3,500원
500만 원 초과		4,000원

※ 타행으로 송금 시 1회 송금 최고 한도: 5억 원

[ATM 거래]

구분			영업시간 내		영업시간 외	
			10만 원 이하	10만 원 초과	10만 원 이하	10만 원 초과
H 은행 ATM 이용	출금		면제		400원	500원
	이체	H 은행	면제		면제	
		타행	400원	900원	700원	1,000원
타행 ATM 이용	출금		800원		1,000원	
	이체	H 은행	500원	1,000원	800원	1,000원
		타행				

※ 1) 영업시간 내 기준: 평일 8:30~18:00, 토요일 8:30~14:00
2) 영업시간 외 기준: 영업시간 내 기준을 제외한 시간 및 일요일(단, 공휴일의 경우 영업시간 내 기준에 해당하더라도 영업시간 외 기준을 적용함)
3) H 은행 ATM을 이용하여 10만 원 이상의 금액을 동일한 날짜에 3회 이상 출금하는 경우 3회차부터 수수료를 50% 감면함

[갑의 11월 H 은행 거래 내역]

구분	거래일자	거래시간	거래내용	비고
1	11/7(월)	15:00	5백만 원 출금	H 은행 ATM 이용
2	11/7(월)	22:00	5백만 원 출금	H 은행 ATM 이용
3	11/10(목)	09:00	B 은행 계좌로 1천만 원 송금	S 은행 ATM 이용
4	11/22(화)	10:00	H 은행 계좌 사용 고객사에 300만 원 송금	H 은행 창구 이용
5	11/22(화)	10:10	A 은행 계좌 사용 고객사에 100만 원 송금	H 은행 창구 이용
6	11/27(일)	07:00	10만 원 출금	H 은행 ATM 이용
7	11/27(일)	13:20	10만 원 출금	H 은행 ATM 이용
8	11/27(일)	21:05	10만 원 출금	H 은행 ATM 이용

① 4,000원 ② 4,200원 ③ 4,400원 ④ 4,500원 ⑤ 4,700원

12. 다음은 S 국의 남성 대표자 19,000명과 여성 대표자 4,000명을 대상으로 한 2024년 대표자 성별 재배 품목 비중에 대한 자료이다. 재배 품목별 남성 대표자 수와 여성 대표자 수의 차이가 가장 큰 재배 품목의 성별 대표자 수의 차이는?

[2024년 대표자 성별 재배 품목 비중]

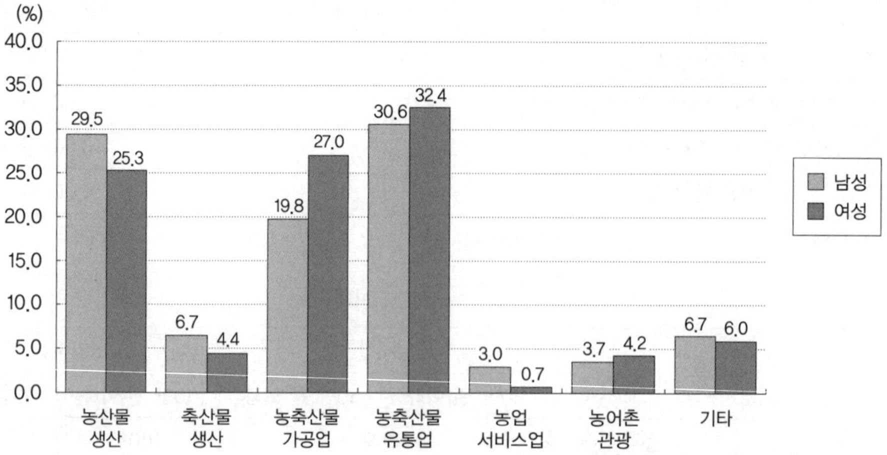

① 2,682명 ② 4,518명 ③ 4,593명 ④ 4,862명 ⑤ 5,432명

13. N 은행의 예적금 창구, 대출 창구, 외화 창구, 대기석에는 각각 서로 다른 의자가 놓여 있고, A~D 4명의 고객은 서로 다른 의자에 앉아 있다. 다음 조건을 모두 고려하였을 때, 항상 참인 것은?

- 의자는 플라스틱 의자, 나무 의자, 가죽 소파, 패브릭 소파 총 4종류이다.
- A 고객은 가죽 소파에 앉아 있다.
- 대출 창구에는 나무 의자가 놓여 있다.
- 대기석에는 가죽 소파 또는 패브릭 소파가 놓여 있다.
- C 고객은 외화 창구에 놓여 있는 의자에 앉아 있다.
- B 고객은 플라스틱 의자 또는 나무 의자에 앉아 있다.
- 패브릭 소파는 예적금 창구 또는 외화 창구에 놓여 있다.

① C 고객이 패브릭 소파에 앉아 있다면, D 고객은 나무 의자에 앉아 있다.

② A 고객은 예적금 창구에 놓여 있는 의자에 앉아 있다.

③ 외화 창구에는 플라스틱 의자가 놓여 있다.

④ B 고객이 대출 창구에 놓여 있는 의자에 앉아 있다면, D 고객은 플라스틱 의자에 앉아 있다.

⑤ D 고객이 대출 창구에 놓여 있는 의자에 앉아 있다면, C 고객은 패브릭 소파에 앉아 있다.

14. 다음 글에서 수정이 필요한 부분으로 가장 적절하지 않은 것은?

> ‘다다이즘(Dadaism)’은 1차 세계대전의 혼란과 절망 속에서 등장한 예술 운동으로, 불합리성을 강조하며 기존의 전통과 관습에 대한 강력한 ㉠ 지지를 중심으로 한다. 이 운동은 1910년대 후반 스위스 취리히에 모인 프랑스, 독일, 미국 등 다양한 국가의 예술가들에 의해 형성되었다. ‘다다’라는 이름은 프랑스어로 어린이들이 노는 목마를 뜻하지만, 이 운동에서는 무의미함과 부조리를 상징하는 단어로 사용되었다.
>
> 많은 사람들이 사망한 전쟁의 참혹함은 예술가들에게 큰 충격을 주었고, 전통적 이념과 가치관에 대한 회의감을 불러일으켰다. (㉡) 이성에 근거한 전통적 믿음의 모순을 드러내며, 절망과 허무의 감정을 예술로 표출하고자 했다. 이를 통해 새로운 예술의 ㉢ 지평선을 열고, 기존의 모든 규범에 도전하는 태도를 확립하였다. 다다이즘의 여러 기법으로는 콜라주, 프로타주, 데페이즈망 등이 있으며, 대표적 기법인 콜라주는 물감과는 재질이 다른 신문지, 악보, ㉣ 헝겁 등을 붙여 화면의 구체감과 채색 효과를 부여하는 방식이다. 이러한 기법은 작품을 보는 사람으로 하여금 부조리한 충동이나 아이러니를 느끼게 하여, 예술에 대한 기존 인식을 뒤흔들었다.
>
> 다다이즘은 미술에만 그치지 않고 문학, 연극, 퍼포먼스 등 다양한 예술 장르로 확산되었다. 예를 들어, 트리스탄 차라의 선언문과 마르셀 뒤샹의 ‘샘(Fountain)’은 ‘예술이란 무엇인가’에 대한 정의를 전복하려는 시도로 평가된다. 이러한 활동은 사회 전반에 대한 비판과 ㉤ 회의의 목소리를 담았으며, 이후 초현실주의와 추상표현주의 등의 현대미술의 발전에도 깊은 영향을 주었다. 결과적으로 다다이즘은 20세기 예술사에서 기존 질서에 대한 도전과 실험정신을 상징하는 운동으로 자리매김했다.

① 전체적인 글의 흐름을 고려하여 ㉠을 ‘반발’로 수정해야 한다.

② 문장 구조에서 주어가 빠졌으므로 ㉡에 ‘이들은’이 들어가야 한다.

③ 문맥상 적절하지 않은 단어이므로 ㉢을 ‘지평’으로 바꿔 써야 한다.

④ 맞춤법에 옳지 않으므로 ㉣은 ‘헝겊’으로 고쳐 써야 한다.

⑤ 문맥상 적절하지 않은 단어이므로 ㉤을 ‘찬탄’으로 바꿔 써야 한다.

15. **다음 글을 근거로 판단할 때 항상 옳은 것을 모두 고른 것은?**

농축산물 유통 비용은 농축산물 소비자 가격에서 큰 부분을 차지한다. 생산자와 소비자 간에 중간 유통 단계가 많으면 유통 비용이 높아지고 농축산물 소비자 가격도 높아지기 때문이다. 최근에는 농축산물 생산자와의 직거래를 통해 훨씬 낮은 가격으로 농축산물을 구매하는 소비자가 증가하고 있다.

이에 따라 정부는 농축산물 소비자 가격 안정을 위해 농축산물 유통 구조 개선에 나서고 있는데, 그 방안 중 하나가 직거래 활성화이다. 실제로 농림축산식품부는 직거래 활성화를 위해 로컬푸드 직매장을 확대해가고 있으며, 이렇게 농축산물 유통 구조가 개선되면 농축산물 유통 비용이 낮아지고 농축산물 소비자 가격도 낮아지게 된다. 로컬푸드 직매장은 생산자가 소비자에게 직접 농축산물을 판매하고 재고 관리까지 하는 새로운 형태의 직매장을 의미하며, 생산자가 로컬푸드 직매장을 이용하면 중간 유통업자에게 판매하는 것보다 더 높은 가격으로 농축산물을 판매함에 따라 농가 실질 소득이 높아진다. 또한, 소비자가 로컬푸드 직매장을 이용하면 일반 매장에서 사는 것보다 더 낮은 가격에 농축산물을 구매한다는 이점이 있다.

㉠ 농축산물 유통 구조가 개선되지 않으면 농축산물 유통 비용은 낮아질 수 없다.
㉡ 생산자와 소비자가 로컬푸드 직매장을 이용하면 일반 매장에서보다 낮은 가격의 농축산물이 거래된다.
㉢ 농축산물 중간 유통 단계가 많아지면 농가 실질 소득은 높아진다.
㉣ 농축산물 유통 비용이 낮아지지 않으면 직거래는 활성화되지 않는다.

① ㉠, ㉡ ② ㉠, ㉣ ③ ㉡, ㉢ ④ ㉡, ㉣ ⑤ ㉢, ㉣

16. **다음 글을 근거로 판단할 때 항상 옳은 것을 모두 고른 것은?**

신용점수란 개인의 신용도를 0점에서 1,000점 사이의 숫자로 나타낸 지표이다. 신용점수가 높을수록 더 낮은 금리로 더 많은 금액을 대출할 수 있고, 더 다양한 신용카드를 발급받아 사용할 수 있다. 반대로 신용점수가 낮으면 대출 및 신용카드 발급에 제한이 생기므로 신용점수를 관리하는 것이 중요하다. 신용점수를 높이는 방법은 여러 가지가 있다. 우선 체크카드를 6개월간 월 30만 원 이상 사용하면 최대 40점의 가점을 받을 수 있다. 신용거래 이력이 없는 사회초년생의 경우, 꾸준한 급여 이체나 공과금 납부 등을 통해 신용점수를 높일 수 있다. 또한, 대출 원금과 이자를 연체하지 않고 꾸준히 상환하는 것도 신용점수 상승에 긍정적인 영향을 미친다. 반면, 건강보험료나 통신요금을 연체하면 신용점수는 하락한다. 또한 신용카드 한도를 전부 사용하는 습관도 신용점수를 떨어뜨리는 요인이다. 따라서 신용카드 한도를 최대로 설정하되, 실제 사용은 그 한도의 30~50% 수준으로 유지하는 것이 바람직하다.

㉠ 신용거래 이력이 없는 사회초년생이라도 공과금을 꾸준히 납부하면 더 낮은 금리로 더 많은 금액을 대출할 수 있게 된다. ㉡ 신용카드 한도액을 모두 사용하면 더 다양한 신용카드의 발급 및 사용이 가능해진다. ㉢ 신용점수가 높은 사람은 건강보험료나 통신요금을 연체하지 않고 꾸준히 납부하였을 것이다. ㉣ 체크카드를 6개월간 월 30만 원 이상 사용하지 않으면 신용카드 발급에 제한이 생긴다.

① ㉠　　② ㉡　　③ ㉠, ㉣　　④ ㉡, ㉢　　⑤ ㉠, ㉡, ㉣

17. ◇◇ 기업은 최근 고객들에게 서비스 품질에 대한 부정적인 평가를 받고 있어 이를 해결하고자 서비스 품질 지수를 향상시킬 수 있는 대안을 조사하고 대안별 소요 예산과 기대되는 서비스 품질 지수의 상승분을 정리하였다. 정리된 내용을 근거로 판단할 때, 6,000만 원의 예산 내에서 최대로 향상시킬 수 있는 서비스 품질 지수 상승분은?

[대안별 소요 예산 및 서비스 품질 지수 상승분]

구분	소요 예산	서비스 품질 지수 상승분
A	500만 원	5
B	300만 원	10
C	2,000만 원	70
D	800만 원	20
E	3,000만 원	120
F	1,000만 원	16
G	200만 원	12
H	300만 원	18
I	600만 원	21

① 172 ② 202 ③ 229 ④ 230 ⑤ 235

18. 다음은 H 국 농업법인의 정보화 투자 타당성 조사에 대한 기사문의 일부와 조사 결과에 대한 자료이다. 자료에 대한 설명으로 옳지 않은 것은?

> 최근 Smart ICT가 주도하는 시대가 도래하면서 효율적, 생산적, 경제적인 사회 시스템이 강화되고 있다. 이러한 흐름에 발맞춰 농업 분야의 경쟁력 강화를 위해 농업법인의 정보화는 중요한 수단이 되었다. 이에 농림수산식품교육문화정보원에서는 농업법인의 정보화 수준 및 정보 활용 정도를 종합적으로 파악하기 위하여 농업법인의 정보화 추진 계획 수립 여부와 정보화 투자 타당성을 조사하였다. 먼저 조사에 응답한 법인 중 2024년에 정보화 추진 계획을 수립한 법인이 차지하는 비중은 종사자 규모별로 1인 법인 8,200개 중 33.0%, 2~4인 법인 7,600개 중 40.0%, 5~9인 법인 5,100개 중 42.0%, 10~49인 법인 2,300개 중 45.0%, 50인 이상 법인 200개 중 53.0%인 것으로 나타났다. (후략)

[농업법인 종사자 규모별 정보화 투자 타당성 조사]

(단위: %)

구분	2023년		2024년	
	있음	없음	있음	없음
1인	7.4	92.6	9.8	90.2
2~4인	7.1	92.9	12.4	87.6
5~9인	9.4	90.6	16.6	83.4
10~49인	15.2	84.8	17.8	82.2
50인 이상	26.3	73.7	26.4	73.6

① 2024년 농업법인의 정보화 추진 계획을 수립한 법인 수는 종사자 규모가 2~4인인 법인이 1인인 법인보다 많다.

② 2023년과 2024년 조사에 응답한 법인 중 종사자 규모가 10~49인인 전체 법인 수가 서로 동일하다면, 2024년 종사자 규모가 10~49인인 법인 중 투자 타당성이 있다고 응답한 법인 수는 전년 대비 50개 이상 증가하였다.

③ 2024년 종사자 규모별 투자 타당성이 있다고 응답한 법인의 비율이 가장 큰 종사자 규모에서 정보화 추진 계획을 수립하지 않은 법인 수는 94개이다.

④ 2024년 조사에 응답한 종사자 규모가 5~9인인 법인 수가 전년 대비 20% 증가하였다면, 2023년 정보화 투자 타당성이 없다고 응답한 종사자 규모가 5~9인인 법인 수는 4,000개 이상이다.

⑤ 2024년 종사자 규모별 투자 타당성이 있다고 응답한 법인 수가 가장 많은 종사자 규모는 2~4인이다.

19. 다음 중 Excel 단축키에 대한 설명으로 적절하지 않은 것의 개수는?

㉠ [Ctrl]+[Space bar]: 열 전체 선택하기
㉡ [Ctrl]+[Shift]+[;]: 현재 시간 나타내기
㉢ [Shift]+[F11]: 새 시트 삽입하기
㉣ [Alt]+[W]: 수식 메뉴 보기
㉤ [Ctrl]+[F4]: 창 닫기
㉥ [Shift]+[F4]: 다음 내용 찾기
㉦ [Alt]+[F2]: 차트 삽입하기
㉧ [Alt]+[Page Down]: 한 화면 왼쪽으로 이동하기
㉨ [Ctrl]+[K]: 표 만들기
㉩ [Ctrl]+[Shift]+[Space bar]: 아래쪽 데이터 모두 선택하기

① 3개 ② 4개 ③ 5개 ④ 6개 ⑤ 7개

20. 다음 중 파이썬 3의 출력값으로 가장 적절한 것은?

리스트는 데이터들을 잘 관리할 수 있도록 순서를 정하여 관리하는 데이터 타입의 하나로 0 또는 그 이상의 요소가 포함되어 있는 시퀀스 구조이다. 리스트는 요소를 할당하고, 자유롭게 수정하거나 삭제할 수 있다. 또한, 각 요소를 콤마(,)로 구분하고, 대괄호([])에 둘러싸여 있는 형태로 다음과 같이 선언한다.

리스트 변수 이름=[요소 1, 요소 2, 요소 3, …]

여기서 리스트의 자리표는 0번부터 시작하며, 리스트 변수 이름이 A인 리스트 내 5개의 요소가 포함되어 있는 경우 A[0]은 A 리스트의 요소 1, A[1]은 A 리스트의 요소 2를 가리킨다. 또한 A[−1]은 A 리스트의 가장 마지막 요소인 요소 5를 가리키며, A[−2]는 A 리스트의 두 번째 마지막 요소인 요소 4를 가리킨다. 이때 선언된 리스트에 insert(a, b) 함수를 이용할 경우 A[a]가 가리키는 위치에 b가 삽입되며, remove(x) 함수를 이용할 경우 리스트 내 첫 번째 순서로 등장하는 x 값이 삭제된다. print(c) 함수는 c값을 출력한다.

[코드]

```
A = [1, 3, 2, 1, 5, 4, 3, 2]
A.remove(3)
A.remove(1)
A.insert(2, 5)
print(A[-4])
```

① 1 ② 2 ③ 3 ④ 4 ⑤ 5

21. **다음 중 B 씨가 겪고 있는 경청의 방해요인으로 적절한 것을 모두 고르면?**

아내 A 씨는 최근 회사 업무가 너무 많고 아이도 말을 잘 듣지 않아서 힘들다며 남편 B 씨에게 고민을 털어놓았다. 그러나 B 씨는 A 씨의 말이 다 끝나기도 전에 "저녁은 뭐 먹을까?"라고 물었다. 공감을 받지 못한다고 느낀 A 씨가 주의 깊게 들어달라고 부탁하자 B 씨는 "둘 다 퇴근하고 피곤하니 재미있는 이야기나 하자."며 화제를 바꿨다. A 씨는 B 씨와의 의사소통이 제대로 이루어지지 않고 있다고 생각했다.

㉠ 상대방이 무슨 주제를 꺼내든 무시하며 지나치게 논쟁적인 태도를 보인다. ㉡ 상대방이 말하는 내용에 대해 관심을 기울이지 않고 동문서답한다. ㉢ 상대방의 부정적 감정을 회피하기 위해 주제를 바꾸거나 농담으로 넘기려 한다. ㉣ 상대방의 비위를 맞추기 위해 지지하고 동의하는 데 너무 치중한다.

① ㉠, ㉡

② ㉠, ㉢

③ ㉡, ㉢

④ ㉡, ㉣

⑤ ㉢, ㉣

22. **△△기업의 월요일 출근 시간은 평소보다 30분 빠른 8시 30분이다. 다음의 △△기업 기획본부 사무실의 A 사원, B 주임, C 주임, D 대리, E 대리, F 과장의 월요일 출근 시간에 대한 내용을 토대로 판단할 때, 네 번째로 출근한 직원은?**

• C 주임은 F 과장보다 8분 늦게 출근하였다. • B 주임은 8시 40분에 진행되는 월요일 주간회의에 혼자 지각하였다. • D 대리와 E 대리 사이에 3명의 직원이 출근하였다. • F 과장은 평소 8시 42분에 출근하지만, 월요일에는 평소보다 26분 일찍 출근하였다. • A 사원은 C 주임보다 13분 일찍 왔으며, A 사원이 출근했을 때 사무실에 출근한 직원이 있었다.

① A 사원 ② C 주임 ③ D 대리 ④ E 대리 ⑤ F 과장

23. 2024년 1월 A 고객은 정기적금에 가입하기 위해 농협에 방문하였다. A 고객은 5년째 농협과 거래하고 있으며, 전월 급여이체실적은 150만 원이고 아파트 관리비만 농협 통장으로 이체하고 있다. A 고객은 농협 직원의 추천을 받아 ★★적금 상품에 6개월 만기로 가입하여 매월 100만 원씩 적립한다고 할 때, 2024년 7월 A 고객의 만기 지급액은? (단, ★★적금은 일반과세 상품이며, 만기 지급액 계산 시 세금은 고려하지 않는다.)

[★★적금 상품 소개]

- 가입 대상: 제한 없음
- 가입 금액: 월부금 1,000원 이상
- 가입 기간: 6개월~2년(월 단위)
- 기본 금리: 연 2.2%(단리식)
- 우대 금리: 다음 조건을 만족할 경우 우대 금리가 적용됨
  - 농협 3년 이상 거래 고객 : 0.1%
  - 급여이체실적(전월 50만 원 이상) : 0.1%
  - 이동통신요금 이체 : 0.1%

① 6,014,400원 ② 6,028,400원 ③ 6,042,000원
④ 6,054,000원 ⑤ 6,082,600원

24. 다음은 A 국과 B 국의 연도별 무역액 현황에 대한 자료이다. 자료에 대한 설명으로 옳지 않은 것은?

[연도별 무역액 현황]

(단위: 억 달러)

구분		수출액	수입액
A 국	2021년	5,285	4,813
	2022년	5,591	5,791
	2023년	5,892	6,135
	2024년	6,175	5,713
B 국	2021년	3,668	4,217
	2022년	3,981	3,784
	2023년	4,233	4,159
	2024년	4,588	4,908

※ 1) 무역수지 = 수출액 − 수입액
2) 무역수지가 양수(+)이면 흑자, 음수(−)이면 적자임

① 2022년 이후 A 국과 B 국의 수출액은 각각 매년 전년 대비 증가하였다.
② 제시된 기간 동안 A 국과 B 국 모두 무역수지가 흑자를 기록한 해는 없다.
③ 2022년 이후 A 국 수입액의 전년 대비 증가율이 가장 큰 해에 B 국 수입액은 제시된 기간 중 가장 적다.
④ 2023년 A 국의 수입액 대비 수출액의 비율은 2024년 B 국의 수입액 대비 수출액의 비율보다 작다.
⑤ 제시된 기간 동안 B 국의 무역수지가 적자를 기록한 해에 B 국 수입액의 합은 9,125억 달러이다.

[25-26] **다음 글을 읽고 각 물음에 답하시오.**

쌀과 신발을 생산하고 있는 두 개의 국가가 있다고 가정해보자. 쌀과 신발을 생산하기 위한 생산 요소에는 노동과 자본이 있으며, 신발은 노동집약적 재화이고, 쌀은 자본집약적 재화이다. 이때 A 국가는 B 국가에 비하여 상대적으로 노동이 풍부한 국가이고, B 국가는 A 국가에 비하여 상대적으로 자본이 풍부한 국가라면 A 국가에서는 노동의 상대적 가격이 더 저렴하고, B 국가에서는 자본의 상대적 가격이 더 저렴하다. 이에 따라 B 국가에서는 쌀을 더 저렴하게 생산할 수 있고, 반대로 A 국가에서는 더 저렴한 가격으로 신발을 생산할 수 있을 것이다. 따라서 A 국가는 신발에 비교우위를 가져 B 국가에 신발을 수출하고, 쌀에 비교열위를 가져 B 국가로부터 쌀을 수입한다. 반대로 B 국가는 A 국가에 쌀을 수출하고, A 국가로부터 신발을 수입한다.

이런 식으로 각국은 상대적으로 풍부한 생산 요소를 집약적으로 사용하는 재화에서 비교우위를 갖는다. 이 내용은 헥셔에 의해 처음 연구가 이루어졌으며, 이후 오린이 더욱 발전시켜 이를 헥셔-오린 정리라고 부르게 되었다. 헥셔-오린 정리가 성립하기 위해서는 다음과 같은 조건이 반드시 충족되어야 한다. 두 개의 국가, 두 개의 재화, 두 개의 생산 요소가 존재해야 하며, 두 국가의 생산함수는 동일한 1차 동차 함수여야 한다. 또한, 두 국가 모두 완전고용 및 완전경쟁 하에서 일반 균형이 이루어지고 있어야 하며, 두 재화의 요소집약도는 상이하고 국제적으로 해당 요소부존비율의 차이가 있어야 한다. 마지막으로 국제적으로 생산 요소는 이동할 수 없고, 재화만이 이동 가능하며, 이때 운송비, 관세 등 별도의 이동 비용은 고려하지 않는다.

한편, 미국의 경제학자 레온티예프는 헥셔-오린 정리에 의문을 제기하였다. 그는 미국의 수출품과 수입품을 생산하는 데 각각 얼마나 많은 노동과 자본이 투입되는지 생산연관표를 사용하여 비교했다. 헥셔-오린 정리에 따르면 자본풍부국인 미국은 자본집약적 재화를 수출해야 하지만, 레온티예프의 실증 결과는 반대로 미국이 자본 집약적인 재화는 수입하고 오히려 노동 집약적인 재화를 수출한다는 것을 보여주었다. 헥셔-오린 정리와 모순되는 이 이론에는 레온티예프의 역설이라는 이름이 붙여지게 되었고, 이 결과는 당시 무역이론의 핵심 가정을 재검토하게 만들며 폭넓은 논쟁을 촉발했다.

다만 이 역설은 다음 두 관점들을 통해 헥셔-오린 정리와도 모순 없이 설명될 수 있다. 먼저 미국의 노동자 수는 상대적으로 적더라도 노동생산성이 높으므로 효율적인 노동 기준에서는 노동이 풍부한 국가로 볼 수 있어 이러한 관점에서는 미국의 노동집약적인 수출을 설명할 수 있다. 또 다른 관점에서 개발과 투자가 필요한 인적 자본을 자본의 한 형태로 간주한다면, 고숙련 노동자가 많이 투입된 미국의 수출품은 실질적으로 자본집약적인 재화라고 볼 수 있으므로 이 경우에도 헥셔-오린 정리가 성립할 수 있다.

25. 윗글의 중심 내용으로 가장 적절한 것은?

① 레온티예프의 역설은 헥셔-오린 정리를 통해 그 타당성을 입증했다.
② 헥셔-오린 정리와 레온티예프의 역설을 하나의 이론으로 볼 수 있도록 해석해야 한다.
③ 대부분의 국가는 자국의 생산연관표를 통해 요소부존비율 검증을 거친 후 수출할 재화를 결정한다.
④ 생산 요소를 보는 관점에 따라 헥셔-오린 정리와 레온티예프의 역설은 다양하게 해석될 수 있다.
⑤ 헥셔-오린 정리에 따라 자국에 상대적으로 풍부한 생산 요소를 이용하여 재화를 생산해야 한다.

26. 윗글의 내용과 일치하지 않는 것은?

① 레온티예프의 역설은 두 개의 생산 요소 중 상대적으로 더 비싼 생산 요소를 이용하여 생산한 재화를 수출하는 상황을 설명한다.
② 노동이 풍부한 국가에서 노동을 인적 자본에 포함시킨다면 자본 집약적 재화에 비교우위를 갖는다고 해석할 수 있다.
③ 국가 간에는 생산 요소와 생산 요소를 사용한 재화의 이동이 가능해야 한다는 조건은 헥셔-오린 정리가 성립하기 위한 조건 중 하나이다.
④ 사과가 노동 집약적 재화일 때 노동이 풍부한 국가는 사과를 수출할 것이라는 주장은 헥셔-오린 정리로 설명할 수 있다.
⑤ 헥셔-오린 정리가 성립하기 위해서는 반드시 생산 요소, 국가, 재화가 모두 각각 두 개씩 존재해야 한다.

27. 다음은 2021년 지역별 자전거도로 현황에 대한 자료이다. 자전거보행자겸용도로가 자전거전용도로의 10배 이상인 지역 중 자전거전용도로의 길이가 가장 긴 지역의 전체 자전거도로가 전국의 전체 자전거도로에서 차지하는 비중은 약 얼마인가? (단, 소수점 둘째 자리에서 반올림하여 계산한다.)

[2021년 지역별 자전거도로 현황]

(단위: km)

구분	자전거전용도로	자전거보행자겸용도로	자전거전용차로	자전거우선도로
전국	3,683.70	18,954.93	867.82	1,742.67
서울특별시	180.96	843.46	75.51	190.45
부산광역시	44.62	444.80	0.64	1.25
대구광역시	118.51	936.37	13.09	3.56
인천광역시	267.72	772.62	11.84	2.70
광주광역시	128.64	510.60	12.58	11.68
대전광역시	126.77	655.67	0.00	0.00
울산광역시	125.22	529.07	19.11	86.11
세종특별자치시	49.96	130.58	2.57	21.60
경기도	649.71	4,646.32	243.18	72.78
강원도	106.10	1,360.82	61.25	152.16
충청북도	248.63	807.64	75.72	178.87
충청남도	272.51	1,171.61	13.20	0.00
전라북도	274.59	1,238.39	55.43	262.35
전라남도	228.04	926.85	55.51	230.28
경상북도	412.69	1,398.22	159.60	380.42
경상남도	433.63	1,242.81	68.59	148.46
제주특별자치도	15.40	1,339.10	0.00	0.00

※ 출처: KOSIS(행정안전부, 자전거이용현황)

① 4.9% ② 5.3% ③ 5.5% ④ 6.1% ⑤ 6.7%

28. 다음은 윤 과장이 분석한 K 증권의 SWOT 분석 자료이다. 윤 과장이 분석한 결과에 대응하는 전략으로 적절하지 않은 것을 모두 고르면?

[SWOT 분석 기법]

SWOT 분석이란 기업의 내부환경과 외부환경을 분석하여 강점(Strength), 약점(Weakness), 기회(Opportunity), 위협(Threat) 요인을 규정하고 이를 토대로 경영전략을 수립하는 기법으로, SWOT 분석의 가장 큰 장점은 기업의 내·외부환경 변화를 동시에 파악할 수 있다는 것이다. 기업의 내부환경을 분석하여 강점과 약점을 찾아내고, 외부환경을 분석하여 기회와 위협을 찾아낼 수 있다. SO 전략은 강점을 살려 기회를 포착하는 전략, ST 전략은 강점을 살려 위협을 회피하는 전략이고, WO 전략은 약점을 보완하며 기회를 포착하는 전략, WT 전략은 약점을 보완하여 위협을 회피하는 전략이다.

내부환경 / 외부환경	강점(Strength)	약점(Weakness)
기회(Opportunity)	SO 전략(강점 - 기회 전략)	WO 전략(약점 - 기회 전략)
위협(Threat)	ST 전략(강점 - 위협 전략)	WT 전략(약점 - 위협 전략)

강점(Strength)	• 5년 연속 채권 발행 1위 • 국내 증권사 중 ESG 채권 발행 1위 • 범중화권 네트워크를 통해 확보한 글로벌 네트워크
약점(Weakness)	• 이자수익에 편중된 수익구조 • 리테일 점유율 10% 하락
기회(Opportunity)	• MZ세대의 해외주식 투자에 대한 관심 증가 • ESG 채권 발행의 성장세
위협(Threat)	• 핀테크를 비롯한 신금융 관련 기업들의 급성장 • MTS 수요 증가에 증권사 대거 참여

내부환경 / 외부환경	강점(Strength)	약점(Weakness)
기회(Opportunity)	㉠ ESG 시장 확장을 위해 탄소배출권 시장 진출 모색 및 해외기관 투자 확대	㉡ 20·30세대를 주요 타깃으로 하는 증권형 토큰(STO) 사업을 비롯한 신사업 개척
위협(Threat)	㉢ 중화권 소비자를 타깃으로 맞춤형 고객서비스가 제공될 수 있도록 MTS 서비스 개편	㉣ 해외주식 실시간 소수점거래 서비스 개발을 통해 소비자 유입을 유도하며 리테일 점유율 확보

① ㉠ ② ㉣ ③ ㉡, ㉢ ④ ㉢, ㉣ ⑤ ㉠, ㉡, ㉢

29. **다음 빈칸에 들어갈 용어에 대한 설명으로 옳은 것은?**

(　　　)는 어떤 논증, 추론, 증거, 가치를 표현한 사례를 타당한 것으로 수용할 것인가 아니면 불합리한 것으로 거절할 것인가에 대한 결정에 필요한 사고이다. (　　　)는 시시콜콜한 문제가 아닌 문제의 핵심을 중요한 대상으로 삼는다. 또한 지식, 정보를 바탕으로 객관적 근거에 기초를 두고 현상을 분석하고 평가하는 사고 방식이다.

① 문제를 해결하기 위해 이미 알고 있는 경험과 지식을 바탕으로 새로운 아이디어를 도출하는 능력이다.

② 사고의 전개에서 전후 관계가 일치하고 있는가를 살피고, 아이디어를 평가하는 능력이다.

③ 구성요소로는 상대 논리의 구조화, 타인에 대한 이해, 생각하는 습관 등이 있다.

④ 새롭고 유용한 아이디어를 생산해 내는 정신적인 과정이다.

⑤ 어떤 주제나 주장 등을 적극적으로 분석하고 종합하며 평가하는 능동적인 사고이다.

30. 다음은 X 지역의 연도별 특산물 판매 건수에 대한 자료이다. 자료에 대한 설명으로 옳은 것을 모두 고르면?

[연도별 특산물 판매 건수]

(단위: 건)

구분	2020년	2021년	2022년	2023년	2024년
감귤	2,150	2,200	2,300	2,440	2,520
사과	1,060	1,150	1,190	1,270	1,320
매실	730	820	860	900	950
재첩	420	415	430	445	453
고추장	310	330	345	355	370
합계	4,670	4,915	5,125	5,410	5,613

※ X 지역에 판매되는 특산물은 제시된 5종류뿐임

㉠ 2021년 이후 매년 감귤 판매 건수는 사과 판매 건수의 2배 미만이다.
㉡ 제시된 기간 동안 전체 특산물 판매 건수에서 재첩과 고추장 판매 건수가 차지하는 비중의 차이는 매년 2.0% 이상이다.
㉢ 2024년 판매 건수의 전년 대비 증가율이 가장 큰 특산물은 매실이다.
㉣ 2022년 이후 제시된 특산물 중 판매 건수의 전년 대비 증감 추이가 사과와 동일한 것은 총 4종류이다.

① ㉠, ㉡ ② ㉠, ㉢ ③ ㉡, ㉣ ④ ㉢, ㉣ ⑤ ㉠, ㉢, ㉣

31. 인사팀에서 근무 중인 U 씨는 신입사원 연수 장소를 답사하고 프로그램을 구성하기 위해 사원 2명과 선발대를 구성하여 출장을 계획하였다. 출장은 6월 13일 일요일과 6월 14일 월요일 총 1박 2일로 계획되어 있으며, 다음 리조트 패키지 상품 안내문을 토대로 판단한 내용으로 옳은 것은?

[리조트 패키지 상품 안내]

1. 상품 종류

– 주중 패키지(일요일~금요일 이용 가능)

객실 + 카페 패키지	디럭스 룸	155,000원
	프리미엄 룸	178,000원
	로열 스위트 룸	210,000원
객실 + 사우나 패키지	디럭스 룸	168,000원
	프리미엄 룸	191,000원
	로열 스위트 룸	223,000원
객실 + 라운지 패키지	디럭스 룸	223,000원
	프리미엄 룸	247,000원
	로열 스위트 룸	283,000원

– 주말 패키지(토요일~일요일 이용 가능)

객실 + 카페 패키지	디럭스 룸	173,000원
	프리미엄 룸	193,000원
	로열 스위트 룸	233,000원
객실 + 조식 패키지	디럭스 룸	243,000원
	프리미엄 룸	268,000원
	로열 스위트 룸	303,000원
객실 + 라운지 패키지	디럭스 룸	278,000원
	프리미엄 룸	303,000원
	로열 스위트 룸	335,000원

2. 상품 정보

– 모든 패키지의 기준 인원은 2인이며, 기준 인원 초과 시 추가 요금이 발생합니다.
  ※ 추가 요금은 1인당 15,000원이며, 최대 2인까지 추가 가능

– 추가 요금은 객실과 침구류 제공에 대한 가격으로 예약 시 결제해야 하며, 객실 외 기타 서비스 추가 요금은 별도로 이용 시 결제합니다.

– 체크인 시간은 입실일 기준 오후 3시이며, 체크아웃 시간은 퇴실일 기준 오전 11시입니다.
  ※ 체크아웃 시간 초과 시 1시간당 20,000원의 추가 요금 발생

3. 이용 안내
  - 카페 패키지의 경우 음료 2잔과 디저트 1종이 제공됩니다.
  - 사우나는 매주 월요일 휴장이며, 입장료는 1인 10,000원입니다.
  - 조식은 오전 6시부터 9시까지 이용 가능하며, 1인 이용 금액은 다음과 같습니다.
    미취학 아동 8,000원/초등학생 10,000원/청소년 및 성인 25,000원
  - 라운지는 오후 6시부터 10시까지 이용 가능하며, 1인 이용 금액은 다음과 같습니다.
    미취학 아동 15,000원/초등학생 21,000원/청소년 및 성인 45,000원

4. 취소, 변경 및 환불 안내
  - 입실일 10일 전 취소 또는 예약 당일 취소 시(입실일과 무관) 예약할 때 결제한 총 요금의 100% 환불
  - 입실일 7일 전 취소 시 예약할 때 결제한 총 요금의 10% 공제 후 환불
  - 입실일 5일 전 취소 시 예약할 때 결제한 총 요금의 30% 공제 후 환불
  - 입실일 3일 전 취소 시 예약할 때 결제한 총 요금의 50% 공제 후 환불
  - 입실일 1일 전 또는 입실일 당일은 취소 시 예약할 때 결제한 총 요금의 80% 공제 후 환불

① 이용할 수 있는 패키지 중 가장 저렴한 패키지의 가장 저렴한 룸을 이용하는 경우 예약 시 지불해야 하는 총 요금은 155,000원이다.

② 객실 + 라운지 패키지에서 두 번째로 저렴한 룸을 이용하고, U 씨와 사원들 모두 라운지를 이용하고자 한다면, 예약 시 지불해야 하는 총 요금은 262,000원이다.

③ 객실 + 조식 패키지의 가장 비싼 룸을 이용하고자 한다면 예약 시 318,000원을 지불하면 예약할 수 있다.

④ 6월 10일에 객실 + 카페 패키지의 로열 스위트 룸을 예약한 뒤, 예약한 당일에 취소하였다면 환불받는 금액은 112,500원이다.

⑤ 6월 5일에 객실 + 라운지 패키지의 디럭스 룸을 예약하고, 같은 달 12일에 취소하였다면 환불받는 금액은 58,600원이다.

32. **다음은 소방공무원 승진 제도와 2024년 9월 1일 기준 소방공무원 5명의 계급 및 입사 정보이다. 제시된 인원 모두 근속 승진 제도를 통해 승진하였고 앞으로도 근속 승진 제도를 통해 승진한다고 가정할 때, 2024년 9월 1일을 기준으로 5명 중 다음 계급으로 가장 먼저 승진하는 사람은?** (단, 5명은 모두 소방사시보로 입사하였으며, 제시되지 않은 내용은 고려하지 않는다.)

[소방공무원 승진 제도]

1. 계급 종류

구분	소방청감	소방정감	소방감	소방준감	소방정	소방령
급수	차관급	1급 상당	2급 상당	3급 상당	4급 상당	5급 상당
구분	소방경	소방위	소방장	소방교	소방사	소방사시보
급수	6급 상당(갑)	6급 상당(을)	7급 상당	8급 상당	9급 상당	9급 상당

2. 근속 승진 제도

– 소방공무원으로서 자신의 입사 연도를 기준으로 근속 연수를 채우면 자동 승진하는 제도로, 소방경 이하 계급으로의 승진 시 적용되며, 특정 계급으로 승진하기 위한 근속 연수는 다음과 같다.

구분	내용
소방사시보 → 소방사	해당 계급에서 6개월 근속
소방사 → 소방교	해당 계급에서 4년 근속
소방교 → 소방장	해당 계급에서 5년 근속
소방장 → 소방위	해당 계급에서 6년 6개월 근속
소방위 → 소방경	해당 계급에서 8년 근속

[2024년 9월 1일 기준 소방공무원 계급 및 입사 정보]

구분	임윤철	김형범	박종원	윤정수	이현철
계급	7급 상당	9급 상당(소방사)	8급 상당	6급 상당(을)	8급 상당
입사 연도	2010. 3. 1.	2022. 12. 1.	2018. 10. 1.	2002. 7. 1.	2016. 3. 1.

※ 5명 중 입사 후 휴직한 사람은 없음

① 임윤철 ② 김형범 ③ 박종원 ④ 윤정수 ⑤ 이현철

33. 다음은 ◇◇강아지 유치원 비용 관련 정보 및 이용 현황에 대한 내용이다. 다음 내용을 토대로 판단할 때, A, B, C가 각각 지불할 요금을 바르게 연결한 것은?

[◇◇강아지 유치원 요금제]

구분	5kg 미만	5kg 이상 10kg 미만	10kg 이상 15kg 미만
1주	50,000원	75,000원	125,000원
2주	100,000원	150,000원	250,000원
3주	150,000원	225,000원	375,000원
4주	200,000원	300,000원	500,000원

※ 한 번에 최대 4주까지 등록할 수 있음

[◇◇강아지 유치원 할인 정보]

구분	할인율	할인 조건
재등록 할인	30%	첫 번째 재등록 1회에 한하여 적용 가능
친구 추천 할인	20%	친구의 추천으로 등록할 경우 (단, 추천한 친구가 현재 본원 이용 중인 경우에 한함)
SNS 후기 할인	15%	SNS에 후기 게시글 작성 후 인증한 경우
다견 할인	40%	2마리 이상의 강아지를 등록할 경우 가장 무게가 많이 나가는 강아지 한 마리에게만 적용

※ 할인은 중복 적용되지 않으며, 할인율이 가장 높은 하나만 적용됨

[이용 현황]

- A는 12kg인 강아지를 8주 간 ◇◇강아지 유치원에 맡겼고, 서비스에 만족해서 SNS에 후기 게시글을 작성한 후 인증한 뒤 4주 요금제로 재등록했다.
- B는 4kg인 강아지 한 마리와 10kg인 강아지 한 마리를 2주 간 ◇◇강아지 유치원에 맡겼다.
- C는 5년 전에 ◇◇강아지 유치원을 이용하고, 현재는 이용하고 있지 않은 친구의 추천으로 7kg인 강아지 한 마리를 3주 간 ◇◇강아지 유치원에 맡겼다.

	A	B	C
①	350,000원	100,000원	180,000원
②	350,000원	250,000원	225,000원
③	425,000원	100,000원	225,000원
④	425,000원	250,000원	180,000원
⑤	425,000원	250,000원	225,000원

34. H 공사 소속 우 사원이 본사에서 출발해 5개 지역본부를 한 번씩 방문할 때, 최단 이동 거리는?

[본사 및 지역본부 사이 거리]

(단위: km)

구분	본사	S 본부	I 본부	C 본부	B 본부	K 본부
본사	-	314	-	230	-	31
S 본부	314	-	32	-	397	-
I 본부	-	32	-	152	-	319
C 본부	230	-	152	-	276	-
B 본부	-	397	-	276	-	-
K 본부	31	-	319	-	-	-

※ 거리가 제시되지 않은 구간은 직접 이동이 불가능하다.

① 1,031km ② 1,055km ③ 1,175km ④ 1,254km ⑤ 1,458km

35. 다음은 A 국의 연도별 집중호우 피해농가 수 및 피해면적과 2023년 농작물별 집중호우 피해면적 비중에 대한 자료이다. 자료에 대한 설명으로 옳지 않은 것은?

[연도별 집중호우 피해농가 수 및 피해면적]

구분	2021년	2022년	2023년	2024년
피해농가 수(가구)	47,580	42,170	49,920	45,730
피해면적(ha)	33,020	29,410	36,500	32,400

[2023년 농작물별 집중호우 피해면적 비중]

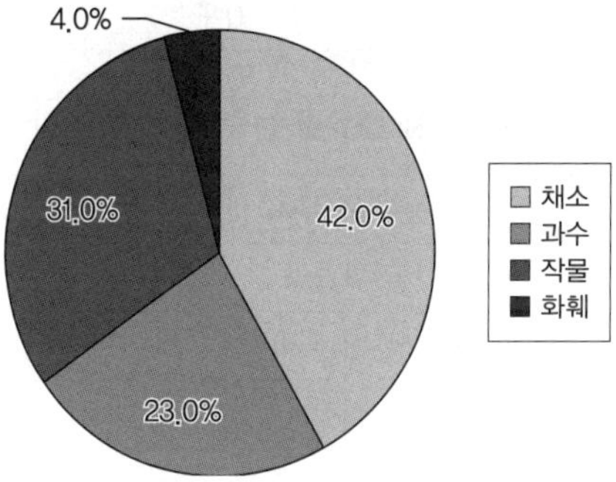

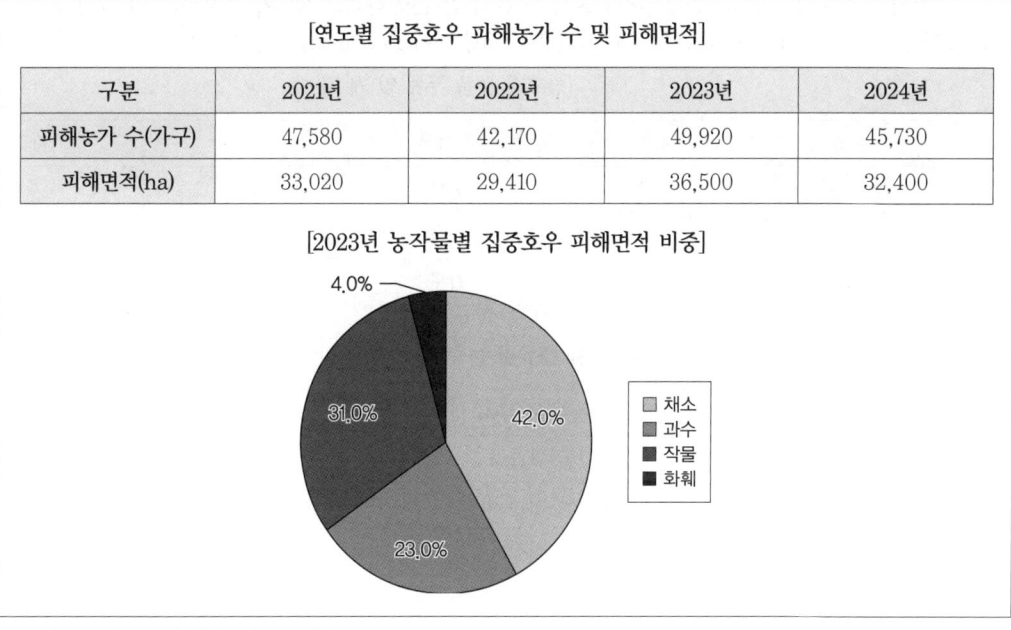

※ 농작물은 제시된 네 가지로만 분류됨

① 2022년 피해농가 수는 전년 대비 5,410가구 감소하였다.

② 2023년 작물의 집중호우 피해면적은 11,315ha이다.

③ 과수의 집중호우 피해면적 비중이 2023년과 2024년이 동일하다면 2023년과 2024년의 과수의 집중호우 피해면적의 차이는 943ha이다.

④ 2021년 집중호우 피해농가 1가구당 집중호우 피해면적은 0.75ha 이상이다.

⑤ 제시된 기간 동안 집중호우 피해농가 수가 많을수록 집중호우 피해면적이 크다.

36. **다양한 무게의 물품을 보관하는 창고 A, B, C, D는 도로를 따라 일직선상에 순서대로 위치해 있으며, 각 창고 사이의 거리는 40km로 동일하다. 4개 창고의 모든 물품을 하나의 창고로 모으기 위해 각 창고에서 서로 다른 화물자동차 1대로 물품을 한 번만 운송하려고 할 때, 운임 비용이 가장 적게 드는 창고는?** (단, 모든 화물자동차는 종류와 관계없이 1대당 최대 100km까지 이동할 수 있다.)

[창고별 물품 무게 및 개수]

구분	A	B	C	D
250kg	2개	3개	1개	3개
500kg	3개	0개	2개	1개
750kg	1개	0개	2개	1개

[화물자동차 종류별 운송 가능 무게 및 운임 비용]

구분	운송 가능 무게	운임 비용
소형	1톤 미만	450원/km
중형	1톤 이상~3톤 미만	800원/km
대형	3톤 이상	1,300원/km

① A ② B ③ C ④ D ⑤ 모두 동일하다.

37. 다음은 양지혜 주임이 신입사원을 대상으로 자원관리 과정에 대해 교육한 내용이다. 교육을 들은 안수혁 사원이 비품 구매를 진행하기 전에 가장 먼저 진행해야 할 업무로 적절한 것은?

> **양지혜 주임:** 신입사원 여러분 안녕하세요. 교육을 담당하게 된 양지혜 주임입니다. 오늘은 자원관리 과정에 대해 설명하겠습니다. 우선 자원을 관리하는 과정은 총 네 가지 단계로 나눌 수 있습니다. 첫 번째는 필요한 자원의 종류와 양을 파악하는 단계, 두 번째는 이용 가능한 자원을 수집하는 단계, 세 번째는 자원 활용계획을 수립하는 단계, 네 번째는 계획에 따라 업무를 수행하는 단계입니다. 자원은 한정되어 있기 때문에 자원을 효과적으로 확보·유지·활용하는 능력이 매우 중요합니다. 이 점을 명심하시고 오늘 배운 교육 내용을 업무 시 적극적으로 활용해 주세요.

① 필요한 비품을 구매한다.

② 회사에 있는 비품 재고를 조사한다.

③ 직원들이 사용하지 않는 비품을 수거한다.

④ 필요한 비품의 양을 조사한다.

⑤ 비품 활용 계획서를 작성한다.

38. 다음은 문제해결 절차의 각 단계에 해당하는 설명이다. 문제해결 절차에 따라 ㉠~㉤을 순서대로 바르게 나열한 것은?

> ㉠ 현상을 세부적으로 분해하여 인과관계 및 구조를 파악하고, 해결해야 할 핵심 과제가 무엇인지를 명확히 파악한다.
> ㉡ 개발된 해결안을 통해 실행계획을 수립하고 실제 상황에 적용하여, 당초 장애가 되는 문제의 원인들을 제거하고 장애 요소를 해소한다.
> ㉢ 전체 문제 상황을 파악한 후, 문제의 우선순위를 설정하고, 선정된 문제에 대해 명확한 목표를 설정한다.
> ㉣ 문제로부터 도출된 근본원인을 효과적으로 해결할 수 있도록 최적의 해결방안을 수립한다.
> ㉤ 핵심 문제를 분석하여 문제를 유발하는 근본 원인을 도출해 낸다.

① ㉠ → ㉢ → ㉤ → ㉡ → ㉣

② ㉠ → ㉢ → ㉤ → ㉣ → ㉡

③ ㉢ → ㉠ → ㉤ → ㉡ → ㉣

④ ㉢ → ㉠ → ㉤ → ㉣ → ㉡

⑤ ㉢ → ㉤ → ㉠ → ㉣ → ㉡

39. N 은행 인사팀에 근무하는 박 차장은 신입사원 면접 일정을 수립하기 위해 면접관들의 일정을 확인하였다. 실무진 면접 공지 및 면접관 일정을 모두 고려하여 면접관 3명 전원이 참석할 수 있는 면접 일정을 결정해야 할 때, 박 차장이 결정할 면접 요일과 시간대는?

[실무진 면접 공지]

- 소요 시간: 2시간
- 면접관: 면접관 1, 면접관 2, 면접관 3
- 면접자: 김○○, 박○○, 유○○, 이○○, 최○○
- 면접은 12/5(월)~12/9(금) 중 오후 시간대(13:00~18:00)에 진행해야 함

[면접관 일정]

구분	12/5(월)	12/6(화)	12/7(수)	12/8(목)	12/9(금)
면접관 1	• 14:00~15:00 정기회의	• 13:00~15:30 HRM 교육	• 14:00~15:00 팀 회의	• 14:00~15:00 정기회의	• 15:00~17:00 경력직 면접
면접관 2	• 16:00~17:00 업무 보고	• 10:00~12:00 거래처 미팅		• 휴무	• 13:00~14:00 직책자 교육
면접관 3	• 9:00~11:00 HRD 교육	• 오전 반차	• 13:00~17:00 외부 교육	• 9:00~10:00 직책자 교육	

※ 제시된 시간은 모두 이동 시간을 포함한 시간임

① 12/5(월) 13:00~15:00
② 12/6(화) 16:00~18:00
③ 12/7(수) 15:00~17:00
④ 12/8(목) 15:30~17:30
⑤ 12/9(금) 17:00~19:00

1회 2회 3회 4회 해커스 농협은행 6급 NCS+직무상식 실전모의고사

40. 다음은 연도별 가축분뇨 발생량과 처리량에 대한 자료이다. 자료에 대한 설명으로 옳은 것은?

[연도별 가축분뇨 발생량]

(단위: m^3/일)

구분	2019년	2020년	2021년	2022년	2023년	2024년
가축분뇨 발생량	173,052	175,651	172,870	177,393	176,435	185,069

[연도별 가축분뇨 처리량]

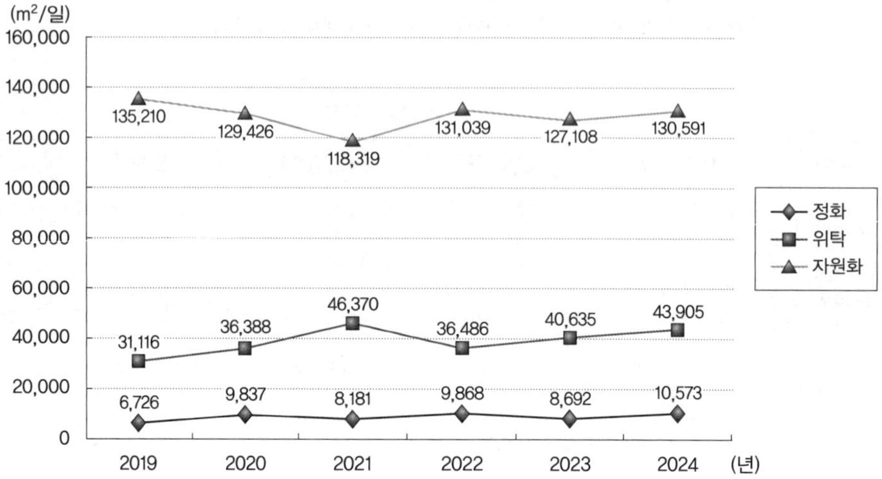

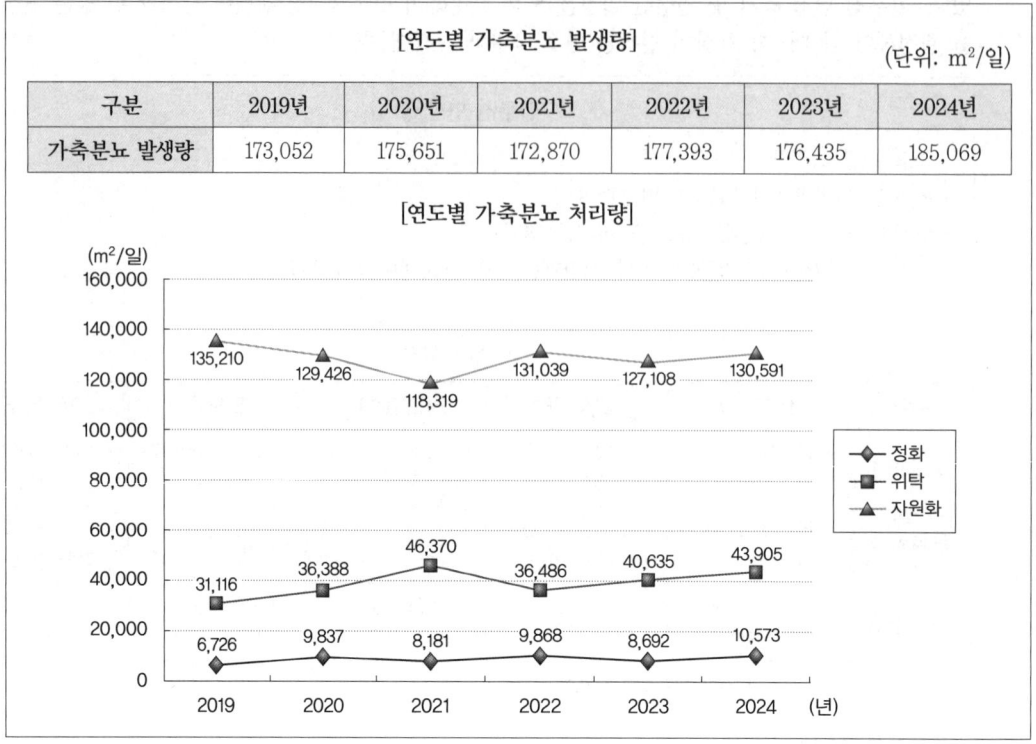

① 2020년 이후 가축분뇨 자원화 처리량의 전년 대비 감소량이 가장 큰 해는 2020년이다.

② 제시된 기간 동안 가축분뇨 발생량이 가장 많은 해에 가축분뇨 위탁 처리량도 가장 많다.

③ 2020년 전체 가축분뇨 처리량에서 가축분뇨 정화 처리량이 차지하는 비중은 6% 이상이다.

④ 2020년 이후 가축분뇨 발생량의 전년 대비 증감 추이는 가축분뇨 정화 처리량의 전년 대비 증감 추이와 동일하다.

⑤ 2022년 가축분뇨 자원화 처리량의 전년 대비 증가율은 11% 이상이다.

41. 다음과 같은 종류의 문서를 작성하는 방법에 대해 갑~무가 각자의 의견을 얘기하였을 때, 가장 적절하지 않은 발언을 한 사람은?

△△시 교육지원청

수신자 관내 중·고등학교장
(경유)
제목「202X년 △△시 환경정화 캠페인」참여 요청

---

1. 귀 기관의 무궁한 발전을 기원합니다.
2. △△시는 환경 보호와 지속 가능한 발전을 위해 매년 '환경정화 캠페인'을 개최하고 있으며, 올해는 지역 청소년의 환경 의식 함양과 공동체 참여 확대를 목표로「202X년 △△시 환경정화 캠페인」을 아래와 같이 실시합니다.
3. 캠페인 개요
   가. 일시: 202X년 5월 20일(월), 10:00 ~ 16:00
   나. 장소: △△시 중앙공원 및 인근 하천 일대
   다. 주요 활동 내용
      1) 공원 및 하천 환경 정화 활동
      2) 분리배출 및 재활용 필요성에 관한 강의 및 체험 부스 운영
      3) 참여 학생에 대한 봉사활동 시간 인증 및 기념품 제공
4. 참가 신청
   가. 신청 대상: 관내 중·고등학교 재학생
   나. 신청 방법: 붙임의 신청양식을 작성하여 202X년 5월 10일까지 이메일(earth@wow.go.kr) 또는 팩스(02-123-4567) 제출
   다. 유의 사항: 참가 인원은 학교별 최대 30명 이내로 제한
5. 기타
   가. 참여 학생은 모자, 장갑, 편한 복장을 착용하여야 하며, 중식은 주최 측에서 제공
   나. 기상 악화 시 일정이 연기될 수 있으며, 연기 시 별도 공지 예정
   다. 문의: △△시청 환경정책과(☎ 02-987-6543)

붙임 1.「2024년 △△시 환경정화 캠페인」기본계획 1부
　　 2.「2024년 △△시 환경정화 캠페인」참가 신청양식 1부. 끝.

△△시 교육지원청 교육장
김○○

① 갑: 복잡한 내용을 '-아래-'를 통해 항목별로 구분해서 가독성이 좋아.

② 을: 한 장에 담아내는 것이 원칙이므로 길이는 적당한 것 같아.

③ 병: 핵심내용이 육하원칙에 따라 잘 드러나서 적절해 보여.

④ 정: 나는 언제나 날짜 작성 원칙이 헷갈리는데 잘 작성한 것 같아.

⑤ 무: 문서를 마무리하는 형식도 잘 지킨 것 같아.

42. 금융상품 트렌드 세미나에서 5일 동안 오전, 오후 시간대에 8명의 직원이 한 번씩만 발표를 진행할 예정이다. 월요일 오전 시간대와 금요일 오후 시간대에는 세미나가 진행되지 않을 때, 아래의 정보를 통해 타임테이블에 발표자를 기재한다면 수요일 오전 발표자는?

[이번 주 세미나 발표자]

구분	월	화	수	목	금
오전 (09:00~12:00)					
오후 (14:00~17:00)					

[발표 일정]

- 직급이 낮은 직원보다 직급이 높은 직원이 먼저 발표한다.
- 홍보팀 직원은 오전 시간대에 발표를 할 수 없다.
- 직급이 같은 경우, 직책이 있는 직원이 직책이 없는 직원보다 먼저 발표한다.
- 같은 시간대에 같은 부서 직원이 연달아 발표하지 않는다.

[직원 정보]

직원	직급	직책 유무	부서	직원	직급	직책 유무	부서
(가)	사원	O	기획팀	(마)	과장	O	재무팀
(나)	과장	X	기획팀	(바)	사원	X	연구팀
(다)	차장	O	홍보팀	(사)	주임	X	재무팀
(라)	대리	X	홍보팀	(아)	대리	O	연구팀

① (가) ② (나) ③ (라) ④ (사) ⑤ (아)

43. **다음은 지역별 농업기계 보유 대수를 나타낸 자료이다. 제시된 지역 중 전체 농업기계 보유 대수가 가장 많은 지역에서 농업기계 한 대를 뽑았을 때, 그 농업기계가 동력경운기일 확률은 약 얼마인가?** (단, 소수점 첫째 자리에서 반올림하여 계산한다.)

[지역별 농업기계 보유 대수]

(단위: 대)

구분	A 지역	B 지역	C 지역	D 지역
동력경운기	1,636	2,489	2,456	1,203
농용트랙터	1,236	383	1,045	1,920
동력이앙기	2,930	852	963	2,682
건조기	711	1,750	257	1,037
기타	2,487	3,326	3,679	158

① 17% ② 18% ③ 20% ④ 22% ⑤ 25%

44. **다음은 X 국 어업인의 업무상 손상 현황을 나타낸 자료이다. 업무상 손상건수가 5번째로 많은 발생 형태가 협착·감김인 해에 전체 어업인의 업무상 손상 발생률은 약 얼마인가?** (단, 소수점 둘째 자리에서 반올림하여 계산한다.)

[성별 어업인 수 및 업무상 손상자 수]

(단위: 명)

구분	2023년		2024년	
	어업인 수	업무상 손상자 수	어업인 수	업무상 손상자 수
남성	48,646	1,907	47,709	1,399
여성	36,336	842	35,501	979

[발생 형태별 업무상 손상건수]

(단위: 건)

구분	2023년	2024년
전체	2,749	2,378
추락·낙상	30	43
전도	1,431	1,558
충돌·접촉	153	141
협착·감김	86	19
신체반응·과도한 힘동작	822	494
빠짐/익수	27	9
교통사고	5	0
어선사고	66	13
수산/동물에 의한 상해	30	48
기타	99	53

※ 업무상 손상 발생률 = (업무상 손상자 수 / 어업인 수) × 100

① 1.9%　② 2.2%　③ 2.8%　④ 3.2%　⑤ 3.6%

45. H 공사의 조 팀장은 MOU 체결을 위해 각 지사 및 본부로 출장을 다녀왔다. H 공사 근무지 내외 출장비 지원 규정과 조 팀장의 출장비 지출 내역을 근거로 판단할 때, 조 팀장이 생각한 지원받을 수 있는 출장비와 H 공사에서 조 팀장에게 실제로 지원한 출장비의 차이는? (단, 조 팀장의 근무지와 부산울산본부의 거리는 왕복 12km 이상이다.)

[H 공사 근무지 내외 출장비 지원 규정]

구분	숙박비(원/1일)	교통비(원/1회)	식비(원/1끼)	일비(원/1일)
근무지 내	지원하지 않음	10,000	10,000	15,000
근무지 외	80,000	30,000	10,000	20,000

※ 1) 단, 해당 금액은 항목별 최대 지원 가능 금액이며, 지원 규정 이내의 비용 발생 시 실비로 지원하고, 초과되는 비용 발생 시 최대 지원 가능 금액만 지원함
2) 근무지 내 출장은 근무지와 동일한 시 · 군 내에서의 출장이나 여행거리가 왕복 12km 미만인 출장을 의미하고, 근무지 외 출장은 근무지와 서로 다른 시 · 군의 여행거리가 왕복 12km 이상인 출장을 의미함

[조 팀장의 출장비 지출 내역]

구분	1일 차	2일 차	3일 차	4일 차
숙박비	-	80,000원	100,000원	-
교통비	택시 2회 각 5,000원	고속버스 1회 25,000원	부산 시내버스 8회 각 1,500원	비행기 1회 50,000원
식비	점심 8,000원 저녁 10,000원	아침 10,000원 점심 15,000원 저녁 12,000원	아침 10,000원 점심 10,000원 저녁 30,000원	아침 8,000원 점심 9,000원
일비	-	15,000원	25,000원	-

※ 조 팀장의 근무지는 서울이며, 1일 차에는 서울 내 다른 지사로, 2일 차부터 4일 차까지는 부산울산본부로 출장을 다녀옴

조 팀장: 3박 4일간 출장비 지출 내역을 보면 … 내가 지원받을 수 있는 출장비는 총 377,000원이네.

① 5,000원　② 10,000원　③ 15,000원　④ 20,000원　⑤ 25,000원

46. 다음 중 재무분석 지표와 공식이 잘못 연결된 것은?

① PER = 주가 ÷ 주당순이익

② 유동비율 = 유동자산 ÷ 유동부채

③ 당좌비율 = (유동자산 − 재고자산 − 선급금) ÷ 유동부채

④ ROA = 매출액 ÷ 총자산

⑤ ROE = 순이익 ÷ 자기자본

47. 다음 중 애로우의 불가능성 정리에서 사회효용함수가 지녀야 할 속성에 해당하지 않는 것은?

① 완비성 ② 이행성 ③ 파레토 원칙

④ 독립성 ⑤ 극대성

48. 다음 중 작물의 생산성을 높이거나 유지하기 위한 지력 증진 방법으로 적절하지 않은 것은?

① 볏짚 썰어넣기 ② 깊이갈이 ③ 객토

④ 온탕침법 ⑤ 화학비료 사용

49. **다음 글에서 설명하고 있는 용어로 적절한 것은?**

> 상법에서 정의하는 주주평등의 원칙에 따라 지분에 의거해 평등하게 잔여이익 배당 및 잔여재산의 분배를 받을 수 있는 주식으로, 이익 배당이나 남아 있는 재산 배분에 대하여 우선적 권리나 제한이 없는 주식을 말한다.

① 보통주 ② 혼합주 ③ 우선주 ④ 전환주식 ⑤ 상환주식

50. **다음 중 무차별곡선의 형태와 특성에 대한 설명으로 적절하지 않은 것은?**

① 일반적인 재화에 대한 무차별곡선은 원점에 대해 볼록한 형태를 가지며, 이는 한계대체율 체감의 법칙이 적용되기 때문이다.

② 완전대체재의 무차별곡선은 직선의 형태를 가지며, 두 재화 간 대체비율이 일정하므로 한계대체율이 상수로 나타난다.

③ 완전보완재의 무차별곡선은 L자 형태를 가지며, 모서리 부분에서만 최적 소비조합이 결정되므로 내부해가 존재하지 않는다.

④ 중성재에 대한 무차별곡선은 수직선 형태를 가지며, 해당 재화의 소비량 변화가 소비자의 효용에 전혀 영향을 미치지 않음을 의미한다.

⑤ 소비할수록 불쾌감을 주는 재화에 대한 무차별곡선은 양(+)의 기울기를 가지며, 해당 재화를 더 많이 소비할 때는 다른 재화로 보상받아야 동일한 효용을 유지할 수 있다.

51. **다음 채권의 가격에 관한 설명 중 ㉠~㉢에 들어갈 내용으로 가장 적절한 것은?**

> • 기준금리가 하락하면 채권 가격이 (㉠)하고, 채권 수익률은 (㉡)한다.
> • 채권의 만기가 길수록 채권가격에 대한 변동성이 (㉢)한다.

	㉠	㉡	㉢
①	상승	하락	증가
②	하락	상승	증가
③	상승	상승	감소
④	하락	하락	감소
⑤	상승	하락	감소

52. **다음은 어떤 제품에 가격하한제를 시행하여 가격을 P_1 수준으로 조정했을 때의 그래프이다. 이에 대한 설명으로 옳은 것을 모두 고르면?**

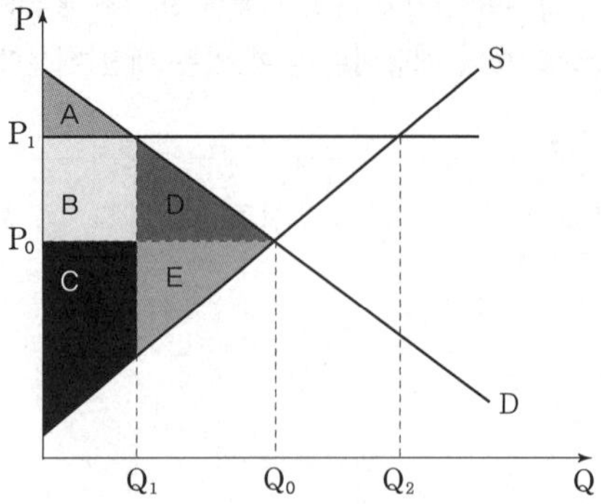

㉠ 소비자잉여는 (A + B + D)만큼 증가한다. ㉡ (D + E)만큼의 사회적 후생 손실이 발생한다. ㉢ 생산자잉여는 (C + E)만큼 감소한다. ㉣ 순사회편익은 (A + B + C)가 된다.

① ㉠, ㉡　② ㉠, ㉢　③ ㉡, ㉣
④ ㉠, ㉡, ㉢　⑤ ㉡, ㉢, ㉣

53. **초고속 인터넷처럼 IP망을 이용하여 음성 통화를 구현하는 통신 기술은?**

① VoIP　② IPv6　③ IPTV　④ VDSL　⑤ Ping

54. **다음 중 기축통화에 대한 설명으로 적절하지 않은 것은?**

① 발행국은 다양한 서비스 또는 재화를 생산할 수 있어야 한다.
② 안정적인 통화의 가치가 확보되어야 한다.
③ 보유한 외환시장과 금융·자본시장이 고도로 발전되어 있어야 한다.
④ 국가의 존립이 전쟁의 영향을 받지 않아야 하고, 군사적으로 지도적인 입장에 있어야 한다.
⑤ 자유로운 교환이 제한되어야 한다.

55. **다음 중 우리나라의 예금자보호제도에 대한 설명으로 옳지 않은 것은?**

① 보호 대상 금융회사는 은행, 보험회사, 투자매매업자·투자중개업자, 종합금융회사, 상호저축은행 등이다.

② 예금자보호법에 따라 보호받을 수 있는 금액은 금융회사당 원금과 이자를 포함해 1인당 최고 1억 원이다.

③ 양도성예금증서(CD), 환매조건부채권(RP)은 예금자보호제도에 의해 보호를 받는 금융상품이다.

④ 농협은행의 예금은 예금자보호법에 의해 보호받지만, 농협 지역조합은 보호 대상에 해당하지 않는다.

⑤ 각 부보금융회사가 예금보험공사에 납부하는 보험료의 비율은 경영상황, 재무상황 등을 고려해 차등 적용된다.

56. **다음 중 경제활동인구에 해당하지 않는 사람은?** (단, 만 15세 이상 인구 기준은 모두 충족한다고 가정한다.)

① 일시휴직자 ② 임금근로자 ③ 실업자

④ 사회복무요원 ⑤ 일용근로자

57. **다음 중 자본자산가격결정모형(CAPM)에 대한 설명으로 적절하지 않은 것은?**

① 모든 투자자는 위험회피형이며 기대효용을 극대화할 수 있도록 투자한다고 가정한다.

② 증권시장선보다 위쪽에 위치한 증권은 과소평가되어 있고, 아래쪽에 위치한 증권은 과대평가되어 있다.

③ 자본시장선은 체계적 위험인 베타와 모든 자산의 기대수익률과의 선형관계를 나타낸다.

④ 자본시장이 균형인 상태에서는 증권시장선과 자본시장선 모두 기대수익률이 위험과의 선형관계를 가지고 결정된다.

⑤ 시장포트폴리오의 수익률과 자본시장선상에 있는 포트폴리오 수익률 간 상관계수는 항상 1이다.

58. 다음 중 정상재인 어떤 재화의 수요-공급곡선이 아래와 같을 경우 단기 시장균형 변화에 관한 설명으로 적절한 것은?

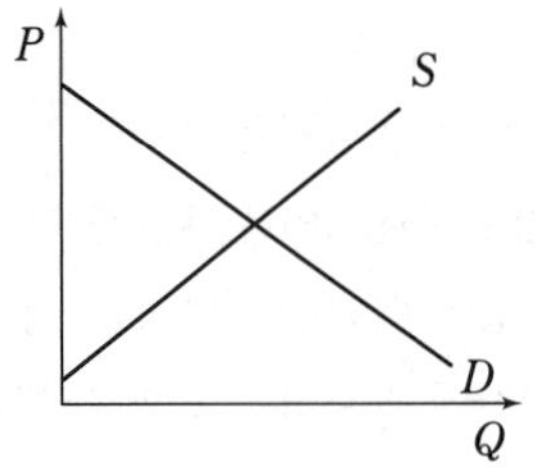

① 신기술 도입으로 생산비용이 감소하고 동시에 소비자 소득이 증가하면 균형 거래량과 균형가격 변화는 불확실하다.

② 원자재 가격 상승과 대체재 가격 하락이 동시에 발생하면 균형거래량 변화는 불확실하다.

③ 생산기술 개선과 보완재 가격 하락이 동시에 발생하면 균형가격은 반드시 하락한다.

④ 생산요소 가격 상승과 소비자 선호도 증가가 동시에 발생하면 균형거래량 변화는 불확실하다.

⑤ 정부 보조금 지급과 소비자 소득 감소가 동시에 발생하면 균형가격은 반드시 상승한다.

59. 다음 중 ETF(Exchange Traded Fund)와 ETN(Exchange Traded Note)에 대한 설명으로 옳지 않은 것은?

① ETF와 ETN 모두 거래소에 상장되어 손쉽게 거래할 수 있는 상품이다.

② ETF의 발행 주체는 증권회사이고, ETN의 발행 주체는 자산운용회사이다.

③ ETN은 1년 이상~20년 이하의 만기가 있으며, ETF는 만기가 존재하지 않는다.

④ ETF의 경우 지수를 구성하는 종목이 10개 이상이어야 한다.

⑤ ETN은 발행사의 신용위험에 노출되어 발행사가 파산하면 투자금을 회수할 수 없다.

60. **다음 중 농업진흥지역에 대한 설명으로 적절하지 않은 것은?**

① 농지법에 따라 대통령령으로 지정 및 고시하는 지역을 의미한다.

② 농지를 효율적으로 이용·보전하기 위해 지정하는 것으로, 농업진흥구역과 농업보호구역으로 구분된다.

③ 농업진흥지역 내에서 농업과 관련한 행위에 대해서는 조세경감, 지원금 등의 혜택이 있다.

④ 농업보호구역은 농업진흥구역의 용수원 확보, 수질 보전 등 농업 환경 보호를 위하여 필요한 지역을 의미한다.

⑤ 녹지지역, 관리지역, 농림지역 및 자연환경보전지역이 지정 대상이 될 수 있으나, 특별시에 속한 녹지지역은 제외된다.

61. **다음 중 경기 침체 시 정부와 중앙은행이 취할 정책으로 적절하지 않은 것은?**

정부	㉠ 기업이 생산한 재화를 구매하기 위해 정부 지출의 규모를 늘린다. ㉡ 가계의 가처분 소득 증가를 위해 소득세율을 낮춘다.
중앙은행	㉢ 금융기관의 지급준비율을 인상해 시중은행의 안정적 운용을 도모한다. ㉣ 공개시장에 참여해 국·공채를 매입한다. ㉤ 시중은행이 저금리로 돈을 대출할 수 있도록 금융중개지원대출 자금을 확대한다.

① ㉠　　② ㉡　　③ ㉢　　④ ㉣　　⑤ ㉤

62. **다음 중 금융감독원의 역할에 해당하지 않는 것은?**

① 정치적 압력을 받지 않는 독립기관으로서 객관적이고 전문성에 기반한 금융감독 업무를 수행한다.

② 건전성 감독, 영업행위 감독, 시스템 감독의 세 가지 주요 업무를 시행한다.

③ 상시감시체계와 현장검사를 실시하여 금융기관의 법규 위반사항을 확인하고 리스크 요인을 사전에 발견한다.

④ 통화정책 수립 및 기준금리 결정을 통해 금융시스템의 안정성을 확보한다.

⑤ 공정한 금융시장 환경 조성을 목표로 금융소비자와 금융회사 간의 정보력 및 협상력 격차를 해소한다.

63. **다음 중 농협의 혁신전략으로 적절하지 않은 것은?**

① 농업인·국민과 함께 「농사같이(農四價値)운동」 전개

② 중앙회 지배구조 혁신과 지원체계 고도화로 「농축협 중심」의 농협 구현

③ 「금융부문 혁신」과 「디지털 경쟁력」을 통해 농축협 성장 지원

④ 스마트 기술 기반 「생산·판매 혁신」으로 농가경쟁력 강화, 소득증대 달성

⑤ 「미래 경영」과 「조직문화 혁신」을 통해 새로운 농협으로 도약

64. **다음 중 통화스왑에 대한 설명으로 적절하지 않은 것은?**

① 원금의 교환이 발생한다는 점에서 금리스왑과는 다르다.

② 동종통화를 대상으로 하는 금리스왑과 달리 원금과 이자가 상이한 통화로 표시된다.

③ 스왑의 초기와 만기에 원금교환이 이루어지는데 초기 원금교환은 생략 가능하다.

④ 만기 시 원금교환에 적용되는 환율은 만기시점의 현물환율이다.

⑤ 외화강세와 원화의 금리하락이 예상될 경우 외화차입자는 원화 변동금리 지급 통화스왑을 통해 환위험을 회피할 수 있다.

65. **다음은 A 재의 가격 상승에 따른 B 재와 C 재 시장의 변화이다. A 재, B 재, C 재에 대한 설명으로 옳은 것을 모두 고르면?** (단, 모든 재화는 정상재이며 공급은 불변이다.)

구분	B 재	C 재
수요	감소	증가
가격	하락	상승

㉠ A 재와 B 재, C 재는 각각 커피와 설탕, 녹차에 해당한다고 할 수 있다.
㉡ 만약 B 재의 가격이 상승하게 되면, A 재의 수요는 증가할 것이다.
㉢ A 재와 C 재의 관계는 현실에서 고등어와 갈치의 관계와 같다.
㉣ A 재와 C 재의 교차탄력성은 음(–)의 값을 갖는다.

① ㉠ ② ㉡ ③ ㉠, ㉢ ④ ㉡, ㉣ ⑤ ㉢, ㉣

66. 다음 중 완전경쟁시장에서 한 기업의 비용함수가 $TC = Q^2 + 4Q + 16$이고, 시장가격이 $P = 12$일 때, 다음 ㉠~㉢에 들어갈 내용이 올바르게 연결된 것은?

구분	이윤극대화 조건	단기균형 조건	장기균형 조건
조건식	P = MC	P = ㉠	P = MC = ㉡
생산량(Q)	㉢	손실 최소화점	정상이윤점

	㉠	㉡	㉢
①	AVC	AC	4
②	AVC	ATC	6
③	MC	AC	4
④	ATC	AVC	6
⑤	AC	AVC	8

67. 다음 중 온 디맨드 컴퓨팅(On-demand computing)에 대한 설명으로 적절하지 않은 것은?

① 기업의 IT 인프라를 수도, 가스, 전기 등의 유틸리티 서비스처럼 내부적 서비스로 관리한다.
② 모든 IT 자원이 수요에 따라 수동적으로 배분된다는 특징이 있다.
③ 시스템의 자가 관리를 통해 유연성과 운용 관리 용이성이 극대화될 수 있다.
④ 인터넷을 매개로 기업의 사내 IT 인프라와 외부 컴퓨팅 유틸리티를 통합하는 데 기여할 수 있다.
⑤ 기업은 서버 사용의 효율 증대를 통해 하드웨어와 소프트웨어의 관리 비용을 절감할 수 있다.

68. 다음 중 기업 공개(IPO)에 대한 설명으로 적절하지 않은 것은?

① 엄격한 상장 심사의 통과로 기업의 신뢰와 평판이 높아질 수 있다.
② 법정 절차와 방법에 따라 기업이 주식을 일반 대중에게 분산하고 재무를 공시하는 것이다.
③ 경영권 분산의 위험이 적다는 장점이 있다.
④ 상장 요건을 갖추지 못한 기업도 기업 공개는 할 수 있다.
⑤ 기업 공개를 하면 주주들로부터 유상증자를 받아 대규모 자금 조달이 가능해진다.

69. **다음 중 파생상품에 대한 옳은 설명을 모두 고르면?**

> ㉠ 파생상품을 이용하면 투자 손실 가능성이 줄어든다.
> ㉡ 선물, 옵션, 스왑 등이 대표적인 파생상품에 해당한다.
> ㉢ 파생상품은 헤지 목적으로 활용할 수 있다.
> ㉣ 파생상품의 기초자산은 반드시 상장된 유가증권이어야 한다.

① ㉠ ② ㉢ ③ ㉠, ㉣
④ ㉡, ㉢ ⑤ ㉡, ㉢, ㉣

70. **다음 중 소득분배 정책에 대한 관점으로 적절한 것은?**

① 공리주의는 개인의 자유와 재산권을 절대적으로 보장하며, 정부의 재분배 정책에 반대한다.
② 자유지상주의는 사회 전체의 효용을 극대화하기 위해 적극적인 소득재분배를 지지한다.
③ 공리주의는 한계효용체감의 법칙에 따라 부유층에서 빈곤층으로 완전히 평등해질 때까지 계속해서 소득을 재분배해야 한다고 본다.
④ 자유방임주의는 시장의 실패를 보완하기 위해 정부의 적극적인 시장개입을 정당화한다.
⑤ 세 관점 모두 결과적 평등보다는 기회의 평등을 더 중시한다.

약점 보완 해설집 p.18

3회 실전모의고사

[1] 본 실전모의고사는 직무능력평가(NCS)와 직무상식평가 70문항을 80분 이내에 풀이하는 것으로 구성되었으며, 시험 구성에 따른 출제 범위는 다음과 같습니다.

- 직무능력평가(45문항): 의사소통능력, 수리능력, 문제해결능력, 자원관리능력, 정보능력
- 직무상식평가(25문항): 금융 · 경제, 디지털, 농업 · 농촌

[2] 문제 풀이 시작과 종료 시각을 정한 후, 실전처럼 모의고사를 풀어보세요.

시 분 ~ 시 분(총 70문항/80분)

- 해커스ONE 애플리케이션의 학습 타이머를 이용하여 더욱 실전처럼 모의고사를 풀어볼 수 있습니다.
- 모의고사 마지막 페이지 또는 해설집의 '무료 바로 채점 및 성적 분석 서비스' QR코드를 스캔하여 응시인원 대비 본인의 성적 위치를 확인해 보시기 바랍니다.

01. 다음은 N 은행 내부감사팀의 해외지점 점검 출장 정산에 대한 자료이다. 정산 규정에 따라 직원 A~D의 총정산액을 계산했을 때, 총정산액이 가장 높은 직원과 세 번째로 높은 직원은?

[정산 규정]

구분	규정	비고
일당	• 출국일, 입국일: 기본일당의 60% • 주말: 기본일당의 0% • 그 외: 기본일당의 100%	• 승인된 주말 활동에 대해서는 기본일당의 150% 인정 • 출국일 및 입국일이 주말인 경우, 주말 일당 적용
숙박비	• 최대 180,000원/박	초과분 본인부담
교통비	• 40,000원/일	-
해외지출 카드 수수료	• 해외지출액 × 1.8%	해외지출금에만 적용

※ 1) 환율은 1 USD = 40 THB = 1,300원, 1 EUR = 1,500원, 100 JPY = 1,000원으로 계산함
2) 총정산액 = 일당 + 숙박비 + 교통비 + 해외지출금 + 해외지출 카드 수수료

[등급별 도시 및 기본일당]

등급	도시	기본일당
1	뉴욕, 런던, 도쿄	160,000원/일
2	프랑크푸르트, 밀라노, 샌프란시스코	140,000원/일
3	방콕, 쿠알라룸푸르, 마닐라	120,000원/일

[직원 A~D의 출장 내역]

구분	출장지	출장 일정	출장 기간	숙박비/박	해외지출금	비고
A	프랑크푸르트	7월 3일~7월 8일	5박 6일	120 EUR	400 EUR	-
B	도쿄	7월 5일~7월 10일	5박 6일	22,000 JPY	80,000 JPY	7월 6일 교육 일정 승인
C	밀라노	7월 4일~7월 9일	5박 6일	140 EUR	420 EUR	-
D	방콕	7월 7일~7월 14일	7박 8일	4,000 THB	300 USD	7월 8일 감사 일정 승인

※ 7월 1일은 화요일이며, 주말은 토요일과 일요일만 해당됨

	가장 높은 직원	세 번째로 높은 직원
①	B	A
②	B	C
③	D	B
④	D	C
⑤	C	A

02. ○○공사의 오 대리는 오전 8시에 집에서 출발해 본사에서 1시간 동안 회의를 하고, 오전 10시에 A 지점에서 거래처 직원을 만나 거래처에 10시 30분까지 도착하려고 한다. 15,000원 한도의 교통비를 초과하지 않으면서 최단 거리로 이동하려고 할 때, 총 이동 소요 시간은? (단, 제시되지 않은 내용은 고려하지 않는다.)

[집 → 본사 이동 시 이동 수단별 이동 소요 시간, 비용, 거리]

이동 수단	이동 소요 시간	교통비	거리
택시	14분	5,300원	2.0km
도보	37분	0원	2.1km
지하철	9분	1,250원	2.4km
버스	18분	1,200원	2.9km
자전거	19분	0원	4.8km

[본사 → A 지점 이동 시 이동 수단별 이동 소요 시간, 비용, 거리]

이동 수단	이동 소요 시간	교통비	거리
택시	8분	8,800원	4.0km
도보	67분	0원	4.4km
지하철	12분	1,250원	4.3km
버스	24분	1,000원	4.5km
자전거	25분	0원	5.9km

[A 지점 → 거래처 이동 시 이동 수단별 이동 소요 시간, 비용, 거리]

이동 수단	이동 소요 시간	교통비	거리
택시	18분	10,000원	13.2km
지하철	21분	2,350원	14.4km
버스	45분	2,800원	15.5km

① 44분　② 49분　③ 67분　④ 83분　⑤ 99분

03. 다음은 T 국의 연도별 건강보험 총진료비 및 총약품비에 대한 자료이다. 자료에 대한 설명으로 옳지 않은 것을 모두 고르면?

[연도별 건강보험 총진료비 및 총약품비]

(단위: 백억 원)

구분	연도	금액	전년 대비 증감량
총진료비	2021년	7,257	796
	2022년	8,032	775
	2023년	(　　)	80
	2024년	8,814	(　　)
총약품비	2021년	1,787	166
	2022년	(　　)	147
	2023년	(　　)	57
	2024년	2,121	(　　)

㉠ 2020년 건강보험 총진료비와 총약품비의 평균은 4,021백억 원이다.
㉡ 2024년 건강보험 총진료비의 전년 대비 증가율은 10% 미만이다.
㉢ 2021~2024년 총약품비의 합은 8,000백억 원 이상이다.
㉣ 2024년 총진료비의 전년 대비 증감량과 같은 해 총약품비의 전년 대비 증감량의 차이는 600백억 원 이상이다.

① ㉠, ㉡　② ㉠, ㉢　③ ㉡, ㉣　④ ㉢, ㉣　⑤ ㉠, ㉢, ㉣

04. 다음은 A 회사에 다니는 서로 다른 부서의 사원 갑, 을, 병, 정의 재택근무 일정과 평일 달력이다. 4명이 모두 사무실에서 근무하는 날짜로 회의 날짜를 정할 때, 가능한 회의 날짜 중 가장 빠른 날짜는?

- 주말은 근무하지 않으며 재택근무가 아닌 날에는 사무실에서 근무한다.
- 재택근무 기간의 간격은 휴가를 포함한 근무일을 기준으로 정한다.
- 갑은 1일에 재택근무를 하고, 5일 간격으로 재택근무를 하며, 4일에 휴가를 사용한다.
- 을은 1일에 재택근무를 하고, 4일 간격으로 재택근무를 하며, 18일에 휴가를 사용한다.
- 병은 2일에 재택근무를 하고, 5일 간격으로 재택근무를 하며, 26일에 휴가를 사용한다.
- 정은 3일에 재택근무를 하고, 3일 간격으로 재택근무를 하며, 10일에 휴가를 사용한다.

월요일	화요일	수요일	목요일	금요일
1일	2일	3일	4일	5일
8일	9일	10일	11일	12일
15일	16일	17일	18일	19일
22일	23일	24일	25일	26일

① 5일 ② 9일 ③ 12일 ④ 15일 ⑤ 25일

05. **다음 글에서 수정이 필요한 부분으로 가장 적절하지 않은 것은?**

> 판소리는 '판'과 '소리'를 더한 말로, 어떠한 자리에서 많은 사람들과 함께 즐기는 성악이라는 뜻을 담고 있다. 판소리는 장단에 맞추어 부르는 창, 일상적 어조의 말로 하는 아니리, 몸짓과 표정을 곁들이는 발림 등으로 ㉠구연되는 전통 예술이다. 이러한 구성 요소들은 극적인 이야기 전개와 인물의 감정을 섬세하게 표현하는 데 중요한 역할을 한다. 판소리는 오랜 세월 구전으로 전해지며 민중의 삶과 정서를 담아냈고, 청중은 이에 추임새를 넣어 호응함으로써 공연에 적극적으로 참여했다.
>
> 판소리는 17세기부터 18세기 중반까지 '타령'으로 불리던 수준이었으나, 18세기 후반에 이르러 창법과 기교가 발달하면서 예술성이 두드러졌고, ㉡수 많은 명창을 배출하였다. 명창들은 자신만의 소리 해석과 기량을 바탕으로 독자적인 연행 방식을 발전시켰으며, 이를 계승한 제자들에 의해 유파가 형성되었다. 19세기 전반은 판소리의 전성기였다고 할 수 있는데, 지방마다 특징적 음악 양식을 지닌 유파들이 나타난 시기이기 때문이다. 전라도 동북지역의 소리제인 동편제는 발성을 무겁게 하고 웅장하며 담대한 느낌을 준다. (㉢   ) 전라도 서남지역의 소리제인 서편제는 발성을 비교적 가볍게 하며 소리의 끝을 길게 늘이는 정교함과 섬세함이 특징이다. 이 밖에도 중고제, 경기제 등 각 지역의 소리제가 존재하며, 각 유파는 지역적 특성과 명창의 해석 방식에 따라 차별화된 소리를 전승해 왔다.
>
> 그러나 19세기 후반에 들어서면서 일본의 식민지 통치와 창극의 등장으로 판소리는 점차 ㉣확산되었고, 대중의 취향 변화와 매체 환경의 변화 속에서 공연 기회가 줄어들었다. 그러나 광복 이후에는 학자와 예술인들의 노력으로 판소리에 대한 학술적 연구가 활발히 진행되었고, 국가 차원의 보존·전승 정책이 마련되면서 전통 예술로서의 가치를 재조명받게 되었다. 이후 2003년에는 판소리가 유네스코 인류무형유산 대표목록에 등재되었으며, 기능보유자를 중심으로 국내외에서 다양한 형태로 공연되며 전통의 맥을 잇고 있다. 현대의 판소리는 전통적인 창법과 장단을 유지하면서도 창작 판소리, 타 장르와의 융합 공연 등 새로운 시도를 통해 더 많은 관객과 소통하고 있다. 우리 민족의 ㉤희노애락을 예술적으로 형상화한 판소리는 한국 문화의 정체성을 구성하는 중요한 요소로, 앞으로도 그 맥을 이어갈 소중한 문화유산이다.

① 문맥상 ㉠은 적절하지 않은 단어이므로 '구현되는'으로 수정해야 한다.

② 띄어쓰기가 올바르지 않으므로 '수많은'으로 붙여 써야 한다.

③ 앞뒤 문장의 자연스러운 연결을 위해 '반면에'가 들어가야 한다.

④ 문맥상 ㉣은 적절하지 않은 단어이므로 '위축'으로 바꿔 써야 한다.

⑤ 틀린 표현이므로 이를 올바른 표현인 '희로애락'으로 고쳐 써야 한다.

06. 갑, 을, 병, 정은 각각 아파트, 주택, 오피스텔 중 한 곳에 거주하고 있으며, 이에 대해 다음과 같이 진술하였다. 이들 중 1명만 진실을 말하고 나머지는 모두 거짓을 말할 때, 항상 거짓인 설명은? (단, 아무도 거주하지 않는 주거형태는 없다.)

- 갑: 주택에 거주하는 사람은 2명이다.
- 을: 나는 아파트에 거주한다.
- 병: 갑과 정은 서로 다른 주거형태에 거주한다.
- 정: 병은 아파트에 거주하지 않는다.

① 병이 오피스텔에 거주하면 을은 아파트에 거주한다.

② 을이 주택에 거주하면 병은 아파트에 거주한다.

③ 진실을 말한 사람은 정이다.

④ 갑과 정은 모두 아파트에 거주한다.

⑤ 갑이 진실을 말했을 때 가능한 경우의 수는 1가지이다.

07. 다음은 국민연금 및 개인연금에 대한 안내문의 일부이다. 제시된 자료를 토대로 판단한 내용으로 옳은 것은?

> [국민연금 및 개인연금 안내]
>
> 1. 국민연금/개인연금이란?
>   - 국민연금: 노령·장애·사망 등의 사유로 소득 획득 능력이 없어졌을 때 국가가 생활 보장을 위하여 정기적으로 지급하는 금액을 의미함
>   - 개인연금: 생명 보험 회사나 신탁 은행이 개인에게 상품으로 판매하는 연금 지급형 보험 또는 신탁을 의미함
>
> 2. 지급 금액 비교
>   - 국민연금: 물가상승률이 반영된 연금으로 지급함
>   - 개인연금: 약정 금액을 기준으로 지급함
>
> 3. 지급 기간 비교
>   - 국민연금: 사망 시까지 평생 지급받고, 사망 후에는 수급자에 의해 생계를 유지하던 배우자, 자녀 등 유족에게 가입 기간에 따라 기본연금액의 일정 비율을 지급하는 유족연금이 포함됨
>   - 개인연금: 일정 기간 지급받는 방법과 평생 지급받는 방법 중 한 가지 방법을 택하여 받을 수 있고, 사망 후에는 지정인 또는 법정 상속인에게 약정 금액이 지급됨
>
> 4. 중도해지 가능 여부
>   - 국민연금: 노후소득보장제도로서 중도해지 불가능
>   ※ 국외 이주 등으로 연금을 받을 수 없거나 수급자의 사망에 따른 유족연금을 받을 수 없는 제한적인 상황에서는 납부한 연금보험료에 이자를 적용하여 일시금으로 지급함
>   - 개인연금: 개인의 선택에 따라 중도해지 가능
>   ※ 약정 조건에 따라 위약금 등이 발생할 수 있음

① 개인연금은 연금을 받는 동안 물가변동률을 반영하여 지급하기 때문에 연금의 실질적 가치를 보장하는 제도이다.

② 국민연금은 개인의 소득 상황에 따라 자유롭게 해지할 수 있지만, 해지 시점에 따라 위약금 등이 발생할 수 있다.

③ 개인연금은 약정한 일정 기간에만 연금을 지급받을 수 있고, 국민연금은 사망 시까지 평생 연금을 지급받을 수 있다.

④ 국민연금 수급자가 해외로 이주하는 등 연금을 받기 어려운 상황일 경우 그동안 납부한 연금보험료에 이자를 가산한 금액을 한 번에 받을 수 있다.

⑤ 개인연금 수급자가 사망하게 된 경우 약정 금액은 친족에게만 지급되며 친족 중에서도 특정인을 지정할 수 있다.

08. 선민이는 Z 렌터카에서 연비가 12km/L인 중형차를 렌트하여 1박 2일 동안 여행을 다녀왔으며, 렌터카로 이동한 거리는 총 600km이다. 선민이는 가장 저렴한 비용으로 렌터카를 이용했고, 차량 예약 방법에 따른 렌트 비용이 다음과 같을 때, 선민이가 이용한 예약 방법과 총 렌트 비용은?

[중형차 예약 방법별 렌트 비용]

구분		현장 예약	온라인 예약
기본요금		6만 원/1일	7만 원/1일
추가 요금	주행비	없음	1km당 150원
	주유비	1L당 1,400원	없음
할인 혜택		없음	전체 요금의 10% 할인

① 온라인 예약, 171,000원
② 현장 예약, 190,000원
③ 온라인 예약, 190,000원
④ 현장 예약, 207,000원
⑤ 온라인 예약, 207,000원

09. J 씨는 농협에서 직장인 우대 대출 상품의 대출 대상 조건을 충족하여 2년 만기 일시상환 조건으로 8,000만 원을 대출받았다. J 씨가 2년 동안 상환한 총금액은?

[직장인 우대 대출 상품 소개]

- 대출 대상: 일반 기업체에서 정규직으로 1년 이상 재직하고 있는 급여소득자로, 연소득이 2,500만 원 이상인 고객
- 대출 한도: 2억 원 이내
- 대출 기간 및 상환 방법
  - 일시상환: 3년 이내
  - 원(리)금균등할부상환: 5년 이내
  - 종합통장: 2년 이내
- 대출 금리: 연 6%
- 수수료: 대출 금액에 따라 차등 적용되며, 인지세액의 각 50%씩 고객과 농협이 부담함

대출 금액	인지세액	대출 금액	인지세액
5천만 원 이하	비과세	1억 원 초과~10억 원 이하	20만 원
5천만 원 초과~1억 원 이하	7만 원	10억 원 초과	40만 원

① 84,835,000원 ② 88,270,000원 ③ 88,670,000원
④ 89,635,000원 ⑤ 91,285,000원

10. 다음은 반려동물 양육 관련 설문 조사 결과를 나타낸 자료이다. 설문 조사에 참여한 사람은 3,000명이고 이들 모두 설문 조사에 응답하였을 때, 자료에 대한 설명으로 옳지 않은 것의 개수는?

[반려동물 양육 경험]

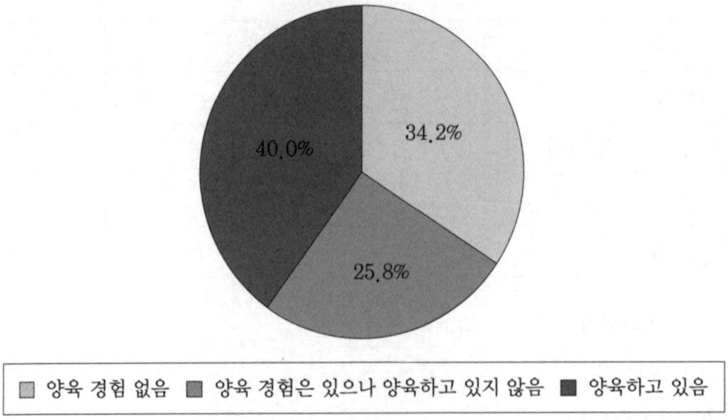

[양육하고 있는 반려동물 종]

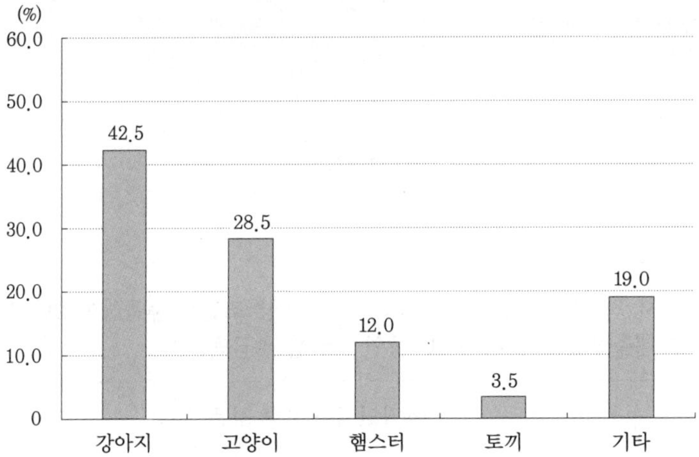

※ 양육하고 있는 반려동물 종(%) = 해당 종을 양육하고 있는 사람의 수 / 반려동물을 양육하고 있는 전체 사람의 수

㉠ 햄스터를 양육하고 있는 사람은 140명 미만이다.
㉡ 반려동물을 양육하고 있지 않은 사람은 1,750명 이상이다.
㉢ 반려동물 양육 경험이 있는 사람은 양육 경험이 없는 사람보다 948명 더 많다.
㉣ 두 종 이상의 반려동물을 양육하고 있는 사람이 있다.

① 0개　② 1개　③ 2개　④ 3개　⑤ 4개

11. **다음은 주가순자산비율과 A~E 기업의 주가 및 1주당 거래 지표에 대한 자료이다. 2023년 자산가치가 주가순자산비율을 기준으로 증시에서 고평가되고 있는 기업 중 2023년 주가수익률이 가장 높은 기업의 주가수익률은 약 얼마인가?** (단, 소수점 셋째 자리에서 반올림하여 계산한다.)

주가순자산비율은 주가를 1주당 순자산가치와 비교하여 나타낸 비율로, PBR(Price Book-value Ratio)이라고도 한다. 주가순자산비율은 주가가 순자산에 비해 1주당 몇 배의 가격으로 거래되고 있는지를 측정하며, 회사를 청산할 때 주주가 배당받을 수 있는 자산의 가치를 의미한다. 주가순자산비율이 1인 기업의 경우 해당 시점의 주가와 기업의 1주당 순자산가치가 같다고 해석하며, 주가순자산비율이 1보다 큰 기업의 경우 해당 기업의 자산가치가 증시에서 고평가, 주가순자산비율이 1보다 작은 기업의 경우 해당 기업의 자산가치가 증시에서 저평가되고 있는 것으로 해석한다.

※ 주가순자산비율 = 주가 / 1주당 순자산가치

[2023년 기업별 주가 및 1주당 거래 지표]

(단위: 원)

구분	주가	1주당 순자산가치	1주당 순이익
A 기업	56,200	55,610	5,700
B 기업	48,800	49,180	4,100
C 기업	72,400	71,020	6,900
D 기업	66,500	66,000	6,700
E 기업	80,300	81,300	7,200

※ 주가수익률 = 주가 / 1주당 순이익

① 10.49　② 11.23　③ 11.55　④ 11.90　⑤ 12.31

12. 다음 □□사의 차량 공동 소유 사업 기획안에 대해 받은 피드백으로 가장 적절하지 않은 것은?

[차량 공동 소유 사업 기획안]

<table>
<tr><td>사업 시행 목적</td><td>자사 차량 공동 소유 사업을 통해 소비자 개인의 자동차 소유 부담을 줄이고, 운영 효율성을 극대화하며, 환경친화적인 이미지를 제공하고자 함</td></tr>
<tr><td>사업 기획 방향</td><td>1. 공동 소유 플랫폼 구축
– 차량을 공동으로 소유하고 관리할 수 있는 플랫폼을 개발하여, 사용자들이 일정 기간 동안 차량을 공유할 수 있도록 함
2. 구독 시스템 도입
– 고객은 주간/월간 구독 시스템을 통해 필요한 기간 동안 차량을 사용할 수 있으며, 차량 유지보수 및 보험 관련 비용이 구독료에 포함됨
3. 사용자 맞춤형 옵션
– AI 알고리즘을 적용한 구독 시스템을 통해 사용자 맞춤형 서비스를 제공
4. 전문적인 관리
– 유지보수, 보험, 세금 등 관리 업무를 대행업체가 수행하여 사용자 부담을 최소화함
5. 환경친화적 접근
– 전기차 및 하이브리드 차량을 포함하여 환경 보호에 기여하고 탄소 배출을 줄임</td></tr>
<tr><td>사업 시행 계획</td><td><table>
<tr><td>1단계
연구 및 준비</td><td>– 예상기간: 6개월
– 주요 수행 업무: 시장 조사, 플랫폼 개발, 대행업체와 협력, 초기 시스템 설계
– 목표: 사업 개발 완료 및 협력 파트너십 구축</td></tr>
<tr><td>2단계
시험 운영</td><td>– 예상기간: 3개월
– 주요 수행 업무: 선정된 지역에서 파일럿 테스트 실시, 소비자 피드백 수집
– 목표: 최종 서비스 런칭 및 첫 분기 목표치 달성</td></tr>
<tr><td>3단계
공식 출시</td><td>– 주요 수행 업무: 적극적 마케팅 전개, 사업 유통 채널 확장
– 목표: 기능 검증 및 개선 사항 확인</td></tr>
</table></td></tr>
<tr><td>사업 기대 효과</td><td>• 차량 소유 비용, 유지보수 비용 등을 공동으로 분담하여 개인의 재정 부담 감소
• 소비자 맞춤형 옵션과 환경친화적 사업으로 타사와의 차별화를 이루며, 지속적인 기술 혁신으로 시장 점유율 확대
• 자동차 소유에 대한 새로운 패러다임을 제시하며, 다수의 사람들이 편리하고 저렴하게 타사 차량을 이용할 수 있게 함</td></tr>
</table>

① 전체적으로 기획 내용의 흐름을 파악할 수 있도록 체계적으로 목차를 구성한 덕분에 기획안이 한눈에 들어오네요.

② '사업 시행 목적'이 단순하게 제시된 것 같아, 한자를 사용한 수준 높은 단어로 구성된 문장을 추가하세요.

③ '사업 기획 방향'의 내용을 '서비스 개요'와 '차별화 전략'으로 소분류 하여 가독성이 높여보세요.

④ '사업 시행 계획'의 2단계와 3단계의 목표 내용이 바뀐 것 같은데 수정하도록 하세요.

⑤ '사업 기대 효과'의 마지막 문장의 '타사'와 같은 오류가 발생하지 않도록 반드시 최종 점검하여 제출하세요.

13. 농협은행 고객센터는 상담사를 대상으로 하계 집중 교육 프로그램을 운영하려고 한다. 다음 조건을 고려하여 프로그램을 최소한의 경비로 진행한다고 할 때, 프로그램 운영에 따른 총경비는?

[하계 집중 교육 프로그램 세부사항]

1. 하계 집중 교육 프로그램은 8/4(월)부터 8/8(금)까지 오전 9시부터 오후 5시까지 진행된다.
2. 하계 집중 교육 프로그램에는 신입 상담사 50명, 기존 상담사 80명, 강사 및 운영 직원 20명이 참여한다.

[교육장 시설 정보]

구분	1일 임대료	수용 인원	특이사항
본점 A 연수실	800,000원	70명	5일 이상 대여 시 10% 할인
본점 B 연수실	600,000원	50명	주말 사용 불가
외부 강당	1,200,000원	100명	-
혁신센터 강의실	750,000원	65명	노트북 무료 대여

※ 각 교육장은 1개씩만 운영되며, 여러 교육장을 동시에 사용 가능함

[교육용 장비 대여]

구분	단가(1일)	비고
헤드셋	8,000원/개	20개 이상 대여 시 대당 7,000원
노트북	15,000원/대	-
통합학습 시스템	200,000원/계정	계정당 동시접속 최대 50명

〈조건〉

- 일자별 운영 방식
  - 1, 5일차: 신입 상담사, 기존 상담사 구분 없이 합동 운영
  - 2~4일차: 신입 상담사, 기존 상담사 분반으로 운영하며, 각 분반에 강사 및 운영 직원 10명씩 배치됨
- 각 교육장 임대료 할인은 실제 대여한 총 일수를 기준으로 적용됨
- 교육용 장비 대여
  - 노트북과 헤드셋은 2~4일 차에 신입 상담사 대상으로만 대여함
  - 통합학습 시스템은 모든 교육일에 사용하며, 각 교육장별 입실 인원을 계정당 최대 동시접속인원으로 나누어 올림한 수 만큼의 계정을 대여해야 함
    (예를 들어 80명의 인원이 입실한 교육장에 필요한 계정 수는 80/50 = 1.6 → 2계정이다.)

① 1,390만 원　② 1,410만 원　③ 1,450만 원　④ 1,575만 원　⑤ 1,620만 원

14. 다음은 발생형, 탐색형, 설정형 문제에 대한 사례이다. 제시된 사례와 문제의 유형을 바르게 짝지은 것은?

㉠ △△기업의 김 대표는 "2030년까지 인공지능 기반 자동화로 업무 효율을 300% 높이겠다"는 목표를 설정하고 전사적 인공지능 도입을 위한 로드맵 구축을 지시했다. 이에 박 팀장은 맞춤형 AI 플랫폼을 구축하여 부서별 특성에 맞게 업무 자동화를 실현하는 프로젝트를 제안했다. 이를 위해 각 부서는 태스크포스를 구성하고, 미래 업무환경을 재정의하는 AI 전략 수립에 착수했다.
㉡ □□IT 회사는 최근 클라우드 서비스 시장 분석 결과, 향후 3개월 내에 이용자가 급증할 것으로 예상하고 있다. 현재 시스템은 정상 작동 중이지만, 최 팀장은 이용자 증가 시 현재 서버로는 과부하가 발생하여 서비스 장애가 발생할 가능성이 높다고 판단했다. 이에 따라 시스템 구조를 선제적으로 재설계하여 시스템의 성능을 최적화해야 한다고 주장했다.
㉢ ○○가전제품 회사의 무선 청소기는 가격 대비 성능이 뛰어나 꾸준히 사랑받는 제품이었다. 그러나 김 팀장은 최근 무선 청소기의 배터리 수명과 충전 시간에 대한 고객 불만이 증가하고 있다는 보고를 받고, 브랜드 이미지 훼손을 우려하여 기존 구매 고객에게 배터리 무상 교체 서비스를 제공하도록 지시하였다.

	㉠	㉡	㉢
①	발생형	설정형	탐색형
②	발생형	탐색형	설정형
③	설정형	발생형	탐색형
④	설정형	탐색형	발생형
⑤	탐색형	발생형	설정형

15. 다음은 S 국의 궁·능·원 및 유적관리소 관람객 수에 대한 자료이다. 자료에 대한 설명으로 옳은 것은?

[연도별 궁·능·원 및 유적관리소 관람객 수]

(단위: 천 명)

구분	2024년	2023년	2022년	2021년	2020년
유료 관람객 수	5,501	5,296	5,190	7,457	6,118
무료 관람객 수	9,015	6,946	7,587	6,259	6,199
전체	14,516	12,242	12,777	13,716	12,317
외국인 관람객 수	2,580	2,129	2,089	3,849	2,411

[2024년 상반기 궁·능·원 및 유적관리소 관람객 수]

(단위: 천 명)

구분	6월	5월	4월	3월	2월	1월
유료 관람객 수	530	646	677	407	231	272
무료 관람객 수	587	880	721	506	634	314
전체	1,117	1,526	1,398	913	865	586
외국인 관람객 수	201	226	301	217	170	108

※ 1) 연도별 관람객 수는 상반기와 하반기 관람객 수의 합을 의미함
2) 외국인 관람객 수는 유·무료 관람객 수에 포함된 수치임

① 2024년 상반기 무료 관람객 수가 가장 많은 달에 유료 관람객 수도 가장 많다.
② 2024년 하반기 외국인 관람객 수는 2024년 상반기 외국인 관람객 수보다 적다.
③ 2021년 전체 관람객 수에서 외국인 관람객 수가 차지하는 비중은 28% 이상이다.
④ 2024년 하반기 전체 관람객 수는 2024년 상반기 전체 관람객 수보다 1,606천 명 증가하였다.
⑤ 2022년 무료 관람객 수는 2년 전 대비 1,428천 명 감소하였다.

16. 의사표현에 영향을 미치는 비언어적 요소에 대한 설명으로 적절하지 않은 것은?

① 말을 하면서 자연스럽게 동반하는 움직임이 완전히 배제된 의사표현은 어색함을 줄 수 있다.
② 제3자가 대화에 합류하는 것이 반갑지 않을 경우 몸의 방향을 돌리는 표현을 통해 불편한 감정을 전달할 수 있다.
③ 대화 도중 잠시 침묵하는 것을 의도적으로 활용함으로써 설득력과 감정 전달력을 높일 수 있다.
④ 긍정적 신호를 보내기 위해 엄지를 들어 올리는 것과 같은 상징적 동작은 모든 문화권에서 동일하게 사용된다.
⑤ 강연자의 말의 속도가 느릴 경우 분위기가 처질 수 있으므로 청중의 반응을 감지하며 상황에 맞게 속도를 조절해야 한다.

17. **신입사원 A, B, C, D, E 5명은 기획부, 재무부, 법무부, 인사부, 생산부 5개의 서로 다른 부서로 발령받았다. 다음 중 법무부로 발령받은 신입사원은?**

> • C는 기획부로 발령받지 않았다.
> • A 또는 D는 인사부로 발령받았다.
> • B는 재무부 또는 생산부로 발령받았다.
> • E는 기획부와 법무부로 발령받지 않았다.

① A ② B ③ C ④ D ⑤ E

18. **☆☆부서는 사무실 환경 개선을 위해 아래의 물품들을 추가로 구매하였다. ☆☆부서 직원들이 물적자원 관리 방법에 따라 구매한 물품들을 배치했을 때, 가장 적절하지 않은 행동은?**

> [구매 물품 목록]
>
> 음식물 처리기, 노트북, 전자레인지, 책장, 복합기, 화분, 가습기,
> 프로젝터, 휴지통, 서류함, 책꽂이, 프린터, 서랍장

> [물적자원 관리 방법]
>
> • 활용 빈도가 높은 물품은 일하는 자리와 가까운 장소에 보관한다.
> • 동일 물품은 동일한 장소에 보관한다.
> • 유사 물품은 인접한 장소에 보관한다.
> • 물품 특성에 맞는 장소를 선정하여 보관한다.

① A 사원은 업무에 자주 참고하는 자료를 꽂을 책장을 이동에 방해되지 않는 복도 끝에 배치했다.

② B 사원은 전자레인지를 탕비실의 토스트기 옆에 설치했다.

③ C 사원은 부서장이 결재할 서류를 모아둘 서류함을 부서장의 책상 옆자리에 두었다.

④ D 사원은 복합기와 프린터가 설치된 장소에 새로운 프린터를 설치했다.

⑤ E 사원은 햇빛이 잘 들고 통풍이 잘 되는 창가에 화분을 배치했다.

19. L 전자에 근무하는 귀하는 상품 안내 업무를 담당하고 있다. 다음 자료를 토대로 판단할 때, 귀하가 고객에게 추천할 최적의 상품은?

[A~E 모니터 사양]

구분	크기	최대 해상도	응답속도(ms)	밝기(cd/m²)	내장 스피커	가격(원)
A 모니터	27인치	1920 × 1080	4	250	없음	154,000
B 모니터	27인치	1920 × 1080	4	200	있음	164,000
C 모니터	27인치	1920 × 1080	3	250	있음	159,000
D 모니터	32인치	2560 × 1440	3	350	있음	229,000
E 모니터	32인치	1920 × 1080	5	250	없음	199,000

고 객: 안녕하세요. 업무용으로 사용할 모니터 한 대를 구매하려고 합니다. 현재 사용하고 있는 모니터의 크기가 24인치인데, 화면이 더 큰 모니터가 있을까요?

귀 하: 네, 반갑습니다. 고객님. 24인치보다 더 큰 모니터를 찾으시는군요. 크기 외에도 밝기, 최대 해상도, 내장 스피커 여부, 응답속도 등 추가로 필요한 사양이 있으시면 말씀해 주세요.

고 객: 우선 밝기는 250cd/m² 이상이면 좋겠습니다. 최대 해상도는 1920 × 1080 이상, 응답속도는 4ms 이내의 모니터로 추천해 주세요. 내장 스피커는 보유하고 있어서 내장 스피커 여부는 크게 중요하지 않을 것 같아요.

귀 하: 네, 고객님. 말씀해 주신 사양에 해당하는 모니터가 있습니다. 혹시 예산은 어느 정도로 생각하고 계신가요?

고 객: 예산은 20만 원 이내로 생각하고 있어요. 이왕이면 말씀드린 사양의 모니터 중 가장 저렴한 모니터를 추천해 주시면 좋겠네요.

귀 하: 네, 답변 감사합니다. 고객님께서 희망하시는 사양의 모니터 중 가격이 가장 저렴한 상품으로 추천해 드리겠습니다.

① A 모니터 ② B 모니터 ③ C 모니터 ④ D 모니터 ⑤ E 모니터

20. 다음 제품 설명서의 ㉠~㉤ 중 수정이 필요한 부분으로 가장 적절하지 않은 것은?

△△공기청정기 설명서

▶ 제품사양

제품명	△△공기청정기
모델명	AP-2024LD
전압	220V, 60Hz
㉠중량	실내용
크기	가로 320mm, 세로 320mm, 높이 900mm

▶ 설치 방법

1. 뒷면 덮개 ㉡분리시, 상단 중앙 손잡이를 잡고 앞으로 당겨 빼세요.
2. 일체형 필터의 포장 비닐을 제거하세요.
3. 필터의 상단이 위를 향하도록 설치 후 필터를 밀어 넣어주세요.
   * 필터를 밀어주지 않아 밀착이 되지 않으면 성능이 저하됩니다.
4. 양 옆을 이용하여 아래쪽 중앙 고정쇠를 먼저 끼운 후 뒷면 덮개를 닫으세요.

▶ 체크리스트

- 전원 플러그는 잘 ㉢꽂여 있나요?
  - 전원 플러그를 뺐다가 다시 꽂은 후 버튼을 눌러 조작하세요.
- 제품 주변에 향수나 방향제와 같은 향기가 짙은 물건이 놓여있지 않나요?
  - 필터에 냄새가 ㉣배어 오히려 필터에서 냄새가 날 수 있으며 필터 수명이 급격히 단축됩니다.

▶ 주의 사항

- 장시간 사용 시 주기적으로 실내를 환기시켜 주십시오.
- TV, 라디오 등 전자제품과 가까이 있을 경우 오작동을 일으킬 수 있습니다.
- 본 제품은 임의 분해 및 ㉤분리, 수리를 금합니다.

① ㉠은 문맥상 적절하지 않은 단어이므로 '용도'로 바꿔야 한다.

② ㉡은 띄어쓰기가 옳지 않으므로 '분리 시'로 수정해야 한다.

③ ㉢은 한글 맞춤법에 맞지 않으므로 '꽂혀'로 수정해야 한다.

④ ㉣은 문맥상 적절하지 않은 단어이므로 어떤 것이 스며들거나 스며 나오는 것을 의미하는 '베어'로 바꿔야 한다.

⑤ ㉤은 '분해'와 의미가 중복되므로 삭제되어야 한다.

21. 다음은 H 국의 농어업인 복지 정책 수립 및 지원에 대한 기초 자료로 활용되는 농어업인 복지 지원 동향에 대한 자료이다. 자료에 대한 설명으로 옳은 것은?

[연도별 농어업인 복지 지원 동향]

(단위: %, 천 원)

구분	2019년	2020년	2021년	2022년	2023년	2024년
농업인안전보험 가입률	54.2	55.7	55.3	56.4	55.5	54.3
건강보험료 최대 경감지원률	50.0	50.0	50.0	50.0	50.0	50.0
건강보험료 1인당 연간 평균 지원액	780	825	860	888	902	928
국민연금보험료 1인당 연간 최대 지원액	427	427	459	491	491	491

※ 1) 농업인안전보험 가입률(%) = (농업인안전보험 가입자 수 / 농림업 취업자 수)×100
2) 1인당 연간 평균 지원액이 증가하는 것은 보험료 지원이 확대됨을 의미함

① 2024년 농어업인에 대한 건강보험료 1인당 연간 평균 지원액은 5년 전 대비 128천 원 증가하였다.

② 2020년부터 2024년까지 농어업인에 대한 국민연금보험료 지원은 매년 확대되었다.

③ 농업인안전보험 가입률이 전년 대비 감소한 해에 국민연금보험료 1인당 연간 최대 지원액의 합은 918천 원이다.

④ 2020년부터 2024년까지 농어업인 1인당 건강보험료 지원은 매년 확대되었다.

⑤ 2019년부터 2024년까지 농어업인에 대한 건강보험료 최대 경감지원률이 변경된 해가 존재한다.

22. H 공사에서 일하는 오 씨는 2025년 5월 1일에 퇴사할 때 예상되는 퇴직금을 계산하려고 한다. 다음 자료를 근거로 판단할 때, 오 씨가 수령할 것으로 예상되는 퇴직금은? (단, 윤달은 고려하지 않는다.)

[오 씨의 퇴직금 관련 자료]

- 입사 일자: 1995년 5월 10일
- 퇴사 일자: 2025년 5월 1일
- 재직 일수: 10,950일
- 월 기본급: 5,000,000원
- 월 기타수당: 홀수월 1,500,000원, 짝수월 1,700,000원
- 연간 상여금: 2,992,000원
- 연차수당: 없음

[퇴직금 계산 방법]

- 퇴직일 전 3개월간 임금총액: 퇴직일 전 3개월간 기본급 + 퇴직일 전 3개월간 기타수당
- 상여금 가산액: 연간 상여금 / 4
- 연차수당 가산액: (연차수당 × 남은 연차 일수) / 4
- 1일 평균임금: (퇴직일 전 3개월간 임금총액 + 상여금 가산액 + 연차수당 가산액) / 퇴직일 전 3개월간의 총 일수
- 퇴직금: 1일 평균임금 × 30 × (재직 일수 / 365)

① 2억 120만 원 ② 2억 310만 원 ③ 2억 500만 원 ④ 2억 690만 원 ⑤ 2억 880만 원

23. **개발팀에 근무하는 유 대리는 9월 업무 계획을 수립한 후, 김 팀장으로부터 피드백을 받았다. 피드백 내용을 고려하여 업무 계획을 수정한다고 할 때, 유 대리의 판단으로 가장 적절한 것은?** (단, 이틀 이상의 시간이 소요되는 업무의 경우, 반드시 연속된 일자에 수행할 필요는 없다.)

[9월 업무 계획]

월	화	수	목	금
1	2	3	4	5
기존 제품 성능 개선 및 최적화	사내 야유회	기존 제품 성능 개선 및 최적화		신제품 기획 및 일정 수립
8	9	10	11	12
사내 체육대회	기술 연구 및 분석 보고서 작성		테스트 자동화 시스템 구축	
15	16	17	18	19
테스트 자동화 시스템 구축	창립기념일	프로토타입 개발 및 테스트		
22	23	24	25	26
기술 세미나 참석	중간보고서 작성 및 제출	협력 부서와 기술 논의 및 피드백 반영		최종 제품 구현 및 테스트
29	30			
결과 발표 및 시연				

> 받은 쪽지

〈보낸 사람: 김○○ 팀장〉
유 대리님, 계획하신 업무 일정에서 수정되어야 할 부분이 있어서 내용 전달 드립니다.

1) 신제품 기획 및 일정 수립 업무를 기존 제품 성능 개선 및 최적화 업무보다 먼저 진행해주세요.
2) 9월 15일에 전 직원 대상으로 정보 보안 교육이 본사 1층 대강당에서 오전 9시부터 오후 6시까지 진행될 예정이니 잊지 않고 참석해주세요.
3) 기술 세미나 참석 일정은 주최측의 사정으로 인해 10월로 변동된 점 참고해주세요.
4) 중간보고서 작성 및 제출은 결과 발표 및 시연 시작일로부터 최소 일주일 전에 해주세요.

해당 내용을 반영하되 이 외에 기존에 계획한 업무의 진행 순서와 소요 기간은 유지하여 최소한의 업무 일정만 조율해주시기 바랍니다.

① 9월 5일에는 기존에 계획한 업무와 동일한 업무를 진행할 수 있겠어.
② 9월 24일에는 기존에 계획한 업무와 동일한 업무를 진행할 수 있겠어.
③ 9월 15일에 테스트 자동화 시스템 구축 업무를 먼저 계획하였으니 정보 보안 교육은 참석하지 못한다고 말해야겠어.
④ 중간보고서 작성 및 제출 업무는 9월 22일부터 9월 23일까지 총 2일 동안 진행할 수 있겠어.
⑤ 최종 제품 구현 및 테스트 업무는 9월 25일부터 시작하는 것으로 수정해야겠네.

24. ○○아파트 입주자 연합은 H 건설업체에 아파트 소방시설의 보수공사를 의뢰하였다. H 건설업체 작업 조건이 다음과 같을 때, 근로자를 투입하는 방법으로 옳은 것은?

[H 건설업체 작업 조건]

- 소방시설 보수공사에는 기술자와 보조자를 합쳐 총 20명의 근로자를 투입하고, 투입된 근로자가 모두 작업할 수 있어야 한다.
- 안전 장비를 반드시 착용하고, 안전한 공사를 위해 보조자는 단독으로 작업할 수 없다.
- 용접기술자는 근로자의 20% 이상 투입하고, 용접기술자는 보조자와 2인 1조로 작업한다.
- 소방시공기술자는 2명 이상 투입하고, 소방시공기술자는 보조자와 2인 1조로 작업하거나 단독으로 작업한다.
- 건설안전기술자는 3명을 투입하고, 건설안전기술자는 단독으로 작업한다.
- 근로자별 임금은 다음의 근로자 월 임금 단가표에 따라 지급한다.

구분	용접기술자	소방시공기술자	건설안전기술자	보조자
월 임금 단가	500만 원	600만 원	400만 원	300만 원

① 용접기술자는 최대 6명까지 투입할 수 있다.

② 소방시공기술자를 5명 투입하고, 월 임금을 최소로 할 경우 필요한 월 임금 총액은 8,600만 원이다.

③ 용접기술자를 5명 투입할 경우 보조자는 최대 7명이 투입된다.

④ 근로자 임금이 최소가 되도록 근로자를 투입할 경우 보조자는 9명이 투입된다.

⑤ 근로자에게 지급하는 월 임금 총액의 최댓값은 9,500만 원이다.

25. 다음은 2024년 ○○국의 지역별 보리 생산 현황에 대한 자료이다. 쌀보리가 1톤 이상 생산된 지역 중 쌀보리 재배 면적 1ha당 생산량이 가장 많은 지역의 전체 보리 생산량은?

[지역별 보리 생산 현황]

구분	겉보리		쌀보리		맥주보리	
	재배 면적(ha)	생산량(톤)	재배 면적(ha)	생산량(톤)	재배 면적(ha)	생산량(톤)
A 지역	0	0	0	0	0	0
B 지역	1	4	0	0	0	0
C 지역	315	1,312	4	14	0	0
D 지역	7	19	8	21	0	0
E 지역	0	0	346	1,230	0	0
F 지역	0	0	0	0	0	0
G 지역	1	3	0	0	0	0
H 지역	0	0	0	0	0	0
I 지역	28	78	35	96	0	0
J 지역	172	658	4	13	0	0
K 지역	107	423	80	246	0	0
L 지역	3,497	16,627	17,418	74,773	5,221	20,402
M 지역	3,182	12,837	1,431	4,980	576	2,040
N 지역	0	0	172	524	2,373	7,370

※ 보리는 겉보리, 쌀보리, 맥주보리로 구분됨

① 1,326톤 ② 7,894톤 ③ 19,857톤 ④ 101,792톤 ⑤ 111,802톤

26. 다음은 비교 연산자와 부울 연산자에 대한 설명이다. 다음 중 'x = 7'일 때, 최종 부울값이 True인 것을 모두 고르면?

파이썬 3에서 흔히 사용되는 연산자에는 비교 연산자와 부울 연산자가 있다. 비교 연산자는 크기를 비교할 때 사용하는 것으로, 결괏값으로 부울값 True 또는 False를 반환한다. 만약 동시에 여러 개의 식을 비교해야 하는 경우 최종 부울값을 반환하기 위하여 or, and와 같은 부울 연산자를 사용한다. 이때 부울 연산자는 비교 연산자보다 우선순위가 낮으므로 비교 연산을 먼저 실행한 후 부울 연산을 실행하여 도출되는 최종 부울값을 반환한다.

[연산자]

비교 연산자		부울 연산자	
연산자	의미	연산자	의미
==	같다.	and	모든 식의 부울값이 True인 경우에는 True, 그 외의 경우에는 False 반환
!=	다르다.		
<	보다 작다.		
<=	보다 작거나 같다.	or	식 중 하나라도 부울값이 True인 경우에는 True, 그 외의 경우에는 False 반환
>	보다 크다.		
>=	보다 크거나 같다.		

㉠ x != 5 or x + 4 < 10
㉡ x + 3 >= 2x − 4 and 8 + 6 != 14
㉢ 0 == x − 7 and 29 − 4x <= 3
㉣ 23 + 2x != 39 or 23 − 8 = 12

① ㉠, ㉢ ② ㉠, ㉣ ③ ㉡, ㉢ ④ ㉡, ㉣ ⑤ ㉠, ㉢, ㉣

27. 다음 글의 내용과 일치하지 않는 것은?

> 일반적으로 환율이 상승하면 무역수지가 개선된다고 알려져 있다. 여기서 무역수지란 일정 기간에 상품의 수출입 거래로 생기는 국제수지를 말하는 것으로, 물건을 수출하여 벌어들인 돈의 액수가 물건을 수입하여 지출한 돈의 액수보다 클 때는 무역 흑자가, 반대로 수입액이 수출액을 초과할 경우에는 무역 적자가 난다. 이에 따라 환율이 상승할 경우 기업은 제품의 수출량을 늘리고, 수입량을 줄일 것이기 때문에 무역수지는 자연히 흑자로 돌아서게 된다. 이처럼 환율의 상승은 무역수지를 항상 즉각적으로 개선하는 효과를 가져올 것 같지만 반드시 그런 것은 아니다.
>
> 무역수지는 환율 상승 초기에 악화하였다가 시간이 지나면서 점차 개선되기도 하는데, 이러한 현상을 그래프로 그렸을 때 알파벳 J자가 비스듬하게 누워있는 형태로 그려진다고 하여 'J 커브 효과'라고 부른다. J 커브 효과의 발생 이유를 설명하는 이론에는 시차론과 소득 탄력성 이론이 있다. 먼저 환율의 변동은 수출입 물품의 가격 변동뿐 아니라 수출입 물품의 물량에도 영향을 미치는데, 시차론에서는 수출입 물품의 가격 변동 시점과 수출입 물품의 물량 조정 시점에 시차가 발생하기 때문에 J 커브 효과가 발생한다고 본다. 환율이 상승하기 시작하는 단계에서는 수출입 물품의 수량에 눈에 띄는 변화가 나타나지 않지만, 수출품의 가격은 하락하고, 수입품의 가격은 상승하기 때문에 무역수지가 악화된다. 그러나 어느 정도 시간이 흐른 뒤에는 가격 경쟁력의 변화에 발맞춰 수출량은 늘어나게 되고, 수입량은 줄어들게 되므로 무역수지가 개선된다.
>
> 소득 탄력성 이론에서는 단기적으로 봤을 때 소비는 과거의 소득 수준에 큰 영향을 받기 때문에 J 커브 효과가 발생한다고 설명한다. 사람들은 과거와 비교해 소득이 증가하더라도 소비를 늘리지 않으며, 반대로 소득이 줄더라도 소비를 줄이지 않는다는 것이다. 다만, 장기적인 관점에서 보면 소비의 소득 탄력성은 1에 가깝기 때문에 소득이 증가할수록 소비도 함께 증가하며, 소득이 감소할 경우 소비도 함께 줄어들게 된다. 결과적으로 환율의 상승은 수입액 감소 및 수출 품목 단가 하락에 따른 교역 조건 악화 문제를 가져오긴 하나, 시간이 흐를수록 수입량이 줄어들고 수출량이 증가하여 교역 조건 호전 및 경상수지 회복이라는 긍정적인 효과를 불러온다.
>
> 한편 J 커브 효과와 반대로 환율이 떨어지기 시작하는 초기 단계에서는 경상수지가 흑자를 보이다가 일정 기간이 지나게 되면 적자로 돌아서는 '역(逆) J 커브 효과'가 나타나는 경우가 있다. 이와 관련하여 1977~1978년 일본에서는 환율 하락으로 인해 엔화의 가치가 상승하게 되면서 역 J 커브 효과가 나타난 사례가 있었다. 또한, 우리나라에서는 1986년 9월 이후 환율 하락으로 인해 원화의 평가 절상 현상이 시작되었으며, 경상수지가 1986년에 약 47억 달러, 1987년에 약 92억 달러, 1988년에 약 120억 달러에 이르며 역 J 커브 효과가 나타난 바 있다.

① J 커브 효과의 시차론에 따르면 환율 상승 초기에는 수출액은 줄어들고, 수입액은 늘어나 국내 무역수지가 악화된다.

② 환율 상승은 시간이 지날수록 수출량 증가 및 수입량 감소 현상을 불러오기 때문에 경상수지에 긍정적인 영향을 미친다.

③ 상품을 수출입 하는 기업에서 수출액 64억 원, 수입액 62억 원에 달하는 성과를 기록했다면 해당 기업의 무역수지는 흑자이다.

④ 역 J 커브 효과는 환율 하락 초반에는 경상수지 흑자가, 일정 시간이 흐른 뒤에는 경상수지 적자가 나타나는 현상을 말한다.

⑤ 장기적 관점에서 소득의 변동과 소비의 변동이 반비례 관계에 있는 이유는 소비의 소득 탄력성이 1에 가깝기 때문이다.

28. NCS 문제를 출제하는 A 위원은 오지선다로 옳은 선택지의 총 개수를 구하는 문제를 제작하고 있다. 다음 조건을 모두 고려하였을 때, 정답인 선택지의 총 개수는?

- 1번과 2번은 모두 정답이거나 모두 정답이 아니다.
- 4번이 정답이 아니라면 1번이 정답이고, 3번은 정답이 아니다.
- 1번이 정답이 아니라면 5번도 정답이 아니다.
- 오답이 적어도 1개 존재한다.
- 2번이 정답이면 3번이 정답이거나 1번이 정답이 아니다.
- 1번이 정답이 아니라면 4번도 정답이 아니다.
- 5번이 정답이라면 4번은 정답이 아니다.

① 0개 ② 1개 ③ 2개 ④ 3개 ⑤ 4개

29. 다음 맹견 보험 종류별 보장 내용 및 갑의 보험 선택 기준을 토대로 갑이 선택할 보험은? (단, 제시되지 않은 내용은 고려하지 않는다.)

[맹견 보험 종류별 보장 내용]

구분	보험료	보장 기간	보상 한도액	
			대인(1인)	대동물(1사고)
A 보험	연 13,050원	3년(소멸성)	사망: 최대 8,000만 원, 부상: 최대 1,500만 원	피해: 최대 300만 원
B 보험	월 1,080원	5년(소멸성)	사망: 최대 6,000만 원, 부상: 최대 1,500만 원	피해: 최대 200만 원
C 보험	월 1,210원	해지 전까지	사망: 최대 1억 원, 부상: 최대 1,000만 원	피해: 최대 100만 원
D 보험	연 8,910원	1년(소멸성)	사망: 최대 5,000만 원, 부상: 최대 1,000만 원	피해: 최대 300만 원
E 보험	연 15,150원	해지 전까지	사망: 최대 1억 원, 부상: 최대 3,000만 원	피해: 최대 500만 원

[갑의 보험 선택 기준]

- 대동물 사고로 인한 피해 발생 시 사고당 300만 원 이상의 보상을 받을 수 있는 보험으로 선택한다.
- 보장 기간이 1년 이하인 보험은 선택하지 않는다.
- 대인 사망 시 인당 8,000만 원 이상의 보상을 받을 수 있는 보험으로 선택한다. 다만, 대인 사망 시 인당 1억 원 이상의 보상을 받을 수 있으면서 대인 부상 시 인당 3,000만 원 이상의 보상을 받을 수 있는 보험이 있다면 그 보험으로 선택한다.
- 위 조건을 충족하는 보험 중 연 보험료가 가장 저렴한 보험으로 선택한다.

① A 보험 ② B 보험 ③ C 보험 ④ D 보험 ⑤ E 보험

30. 다음은 연령별 노인의 자녀와의 관계 만족도에 대한 자료이다. 자료에 대한 설명으로 옳은 것을 모두 고르면?

[노인의 자녀와의 관계 만족도]

(단위: %)

구분	매우 만족	만족	보통	불만족	매우 불만족
65~69세	8.2	71.6	14.0	4.3	1.9
70~74세	8.0	68.5	16.9	5.1	1.5
75~79세	7.3	68.2	17.7	5.4	1.4
80~84세	9.1	64.1	18.9	6.4	1.5
85세 이상	7.6	65.8	20.0	5.3	1.3

[노인의 자녀와의 관계 만족도 응답자 수]

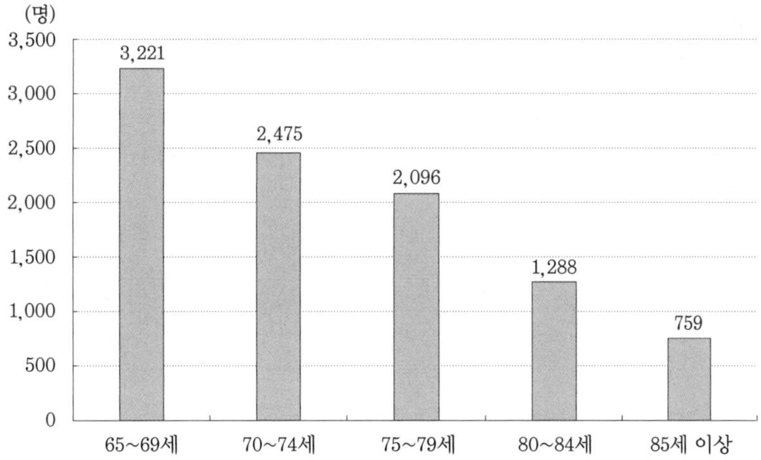

※ 출처: KOSIS(보건복지부, 노인실태조사)

㉠ 80~84세 응답자 중 불만족 또는 매우 불만족으로 응답한 비율은 7.9%이다.
㉡ 보통으로 응답한 응답자 수는 70~74세가 75~79세보다 적다.
㉢ 65~69세 응답자 수는 85세 이상 응답자 수의 4배 이상이다.
㉣ 응답자 중 만족으로 응답한 비율은 75~79세가 85세 이상보다 3.4%p 더 높다.

① ㉠, ㉡ ② ㉠, ㉢ ③ ㉠, ㉣ ④ ㉡, ㉢ ⑤ ㉢, ㉣

31. 다음은 농협은행의 직원별 성과급 산정 방식에 대한 자료이다. 자료를 토대로 직원 A~F의 성과급을 산정하였을 때, 성과급을 두 번째로 많이 받는 직원과 가장 적게 받는 직원의 성과급 차이는?

[점수별 성과급 지급액]

구분	점수별 성과급
90점 이상	기본급의 300%
80점 이상 90점 미만	기본급의 200%
70점 이상 80점 미만	기본급의 150%
70점 미만	기본급의 100%

[직원별 평가 점수]

구분	A	B	C	D	E	F
목표 달성도	84점	90점	70점	96점	60점	80점
역량 및 팀워크	80점	90점	65점	88점	60점	70점
노력도	80점	90점	68점	75점	70점	85점

※ 각 항목별 점수와 직원별 종합 점수의 만점은 100점이며, 직원별 종합 점수는 목표 달성도 50%, 역량 및 팀워크 30%, 노력도 20%의 가중치로 합산함

[직원별 기본급]

구분	기본급
A	300만 원
B	320만 원
C	280만 원
D	350만 원
E	290만 원
F	310만 원

① 310만 원 ② 420만 원 ③ 495만 원 ④ 500만 원 ⑤ 580만 원

32. **다음은 주식 관련 지표에 대한 설명과 A~C 기업 정보에 대한 자료이다. 다음 중 자료에 대한 설명으로 옳은 것은?**

주식시장에서는 주식 및 기업의 가치를 평가하기 위해 다양한 지표를 사용한다. PER(Price Earning Ratio)은 주가수익비율로, 주가가 기업의 1주당 당기순이익의 몇 배인지를 나타내는 지표이다. 즉, 어떤 기업의 주가가 5,000원이고 1주당 당기순이익이 1,000원이면 PER은 5,000/1,000=5이다. PBR(Price on Book-value Ratio)은 주당순자산비율로, 주가를 1주당 순자산으로 나눈 값이다. 순자산은 총자산에서 부채를 차감한 값으로 기업 청산 시 PBR이 1보다 크다면 투자자는 투자금 중 일부만 회수할 수 있지만, PBR이 1보다 작다면 투자자는 투자금을 전액 회수할 수 있다. ROE(Return On Equity)는 자기자본이익률로, 회사에 투자된 자기자본을 이용하여 어느 정도의 이익을 올리고 있는지를 나타내는 지표이다. 당기순이익을 자기자본(=순자산)으로 나눈 값을 백분율로 나타내며, 자기자본이익률이 높은 기업은 투자된 자본을 효율적으로 사용하는 기업으로 평가된다.

[기업 정보]

구분		A	B	C
2023년	당기순이익(억 원)	5,000	1,500	3,000
	발행주식 수(억 주)	100	3	30
	주가(원)	400	2,000	1,200
	순자산(억 원)	50,000	8,000	20,000
2024년	당기순이익(억 원)	3,000	2,000	3,500
	발행주식 수(억 주)	120	5	30
	주가(원)	600	1,500	2,000
	순자산(억 원)	40,000	10,000	30,000

① 2024년 A 기업의 PER은 전년 대비 4배 이상 증가하였다.

② 2023년 PBR은 C 기업이 B 기업보다 작다.

③ 2024년 B 기업의 ROE는 전년 대비 감소하였다.

④ 2024년 C 기업이 청산할 경우 투자자는 투자금을 전액 회수할 수 있다.

⑤ 2023년 C 기업은 A 기업보다 투자된 자기자본을 더 효율적으로 사용했다.

33. 다음 중 문제해결 방법과 그에 대한 내용으로 적절하지 않은 것은?

구분	내용
소프트 어프로치	㉠ 문제를 해결할 때 직접적으로 표현하기보다 암시나 시사하는 방식으로 의사를 전달하여 상대방과 감정을 공유하고 문제를 해결하는 방법이다.
하드 어프로치	㉡ 서로의 생각을 직설적으로 주장하고 논쟁이나 협상을 통해 서로의 의견을 조정해나가는 방법이다. ㉢ 제3자는 구성원을 지도 및 설득하고, 전원이 합의할 수 있는 일치점을 찾으려고 노력한다.
퍼실리테이션	㉣ 깊이 있는 커뮤니케이션을 통해 서로의 문제점을 이해하고 공감함으로써 창조적으로 문제를 해결하는 방법이다. ㉤ 코디네이터 역할을 하는 제3자가 결론을 미리 정해두고 그 방향으로 의견을 중재하며, 타협과 조정을 통하여 문제 해결을 도모한다.

① ㉠ ② ㉡ ③ ㉢ ④ ㉣ ⑤ ㉤

34. 다음은 수요의 가격탄력성과 상품 A, B, C, D, E의 가격 및 수요량에 대한 자료이다. 수요의 가격탄력성이 비탄력적인 상품 중 2024년 판매 이익이 가장 큰 상품의 판매 이익은?

> 상품에 대한 수요량은 보통 그 상품의 판매가가 상승하면 감소하고, 판매가가 하락하면 증가한다. 이러한 현상을 수치화한 개념이 수요의 가격탄력성이다. 수요의 가격탄력성은 판매가가 1% 증가(감소)했을 때 수요량은 몇 % 감소(증가)하는지를 절대치로 나타낸 크기이다. 수요의 가격탄력성이 1보다 큰 상품의 수요는 탄력적이라 하고, 1보다 작은 상품의 수요는 비탄력적이라고 한다.

※ 수요의 가격탄력성 = $-\frac{\text{수요량 변화율}}{\text{판매가 변화율}}$

[상품별 가격 및 수요량]

(단위: 원, 개)

구분	원가	2023년		2024년	
		판매가	수요량	판매가	수요량
A	180	500	1,000	400	1,500
B	5,000	6,000	220	6,600	200
C	400	600	800	750	760
D	500	600	1,250	750	1,050
E	2,100	3,000	500	2,400	700

※ 판매 이익 = (판매가 − 원가) × 수요량

① 262,500원 ② 266,000원 ③ 300,000원 ④ 320,000원 ⑤ 330,000원

35. 다음은 TV 프로그램 기획안의 일부이다. 수정이 필요한 부분으로 가장 적절하지 않은 것은?

프로그램명	○○○셰프와 함께하는 세계 맛 여행	제작사	△△컴퍼니
장르	스튜디오 + 야외 예능	제작비	2,000,000원(회차당)
출연자	게스트는 회차별로 상이	방영 ㉠ <u>기간</u>	매주 수요일 오후 6시
기획의도	1. 음식을 통한 문화 교류 증진 – 여러 나라의 요리를 소개하여 시청자들이 세계 ㉡ <u>각국</u>의 문화와 전통을 이해하고, 요리를 통해 서로의 문화를 체험하도록 유도 2. 저녁 시간대 '밥 친구'가 될 수 있는 프로그램으로 도약 – 입맛을 돋우는 음식 영상과 친근한 진행으로 시청자들이 식사할 때마다 찾게 되는 '밥 친구' 프로그램으로 도약		
구성내용	1. 주제별 세계 요리 소개 – 매주 특정 국가를 선정하여 그 나라의 전통 요리와 이야기를 소개함. 요리의 배경과 역사도 함께 다뤄 요리에 대한 유의미한 정보 전달 2. 셰프의 요리 ㉢ <u>지연</u> – 요리 과정에 대한 자세한 설명과 ○○○셰프의 요리 비법 대공개 3. 패널 참여 코너 – 패널이 스튜디오에서 직접 요리에 도전하고 우수작을 선정하여 유튜브 생방송으로 미리 ㉣ <u>미정</u>의 상품을 지급하는 방식		
경쟁 포인트	1. 실제로 해당 국가를 방문하여 유튜브 생방송 진행 – 현지 유명 요리사와의 협업을 통해 전문적인 요리 기술과 팁을 유튜브 생방송으로 ㉤ <u>제공함으로서</u>, 단순한 요리 프로그램을 넘어선 차별화된 시청 경험을 제공함 2. 상호작용적 요소 – SNS 이벤트를 통해 시청자의 적극적인 참여를 유도하고, 이를 통해 시청을 넘어 프로그램의 일원이 되었다는 느낌을 제공함		

① ㉠은 표의 내용에 맞지 않는 구분이므로 '시간'으로 수정해야 한다.

② ㉡은 띄어쓰기가 올바르지 않으므로 '각 국'으로 띄어 써야 한다.

③ ㉢은 문맥상 적절하지 않은 단어이므로 '시연'으로 바꿔 써야 한다.

④ ㉣은 문맥상 적절하지 않은 단어이므로 '소정'으로 바꿔 써야 한다.

⑤ ㉤은 조사가 잘못 사용되었으므로 '제공함으로써'로 수정해야 한다.

36. **다음은 H 공사의 성과급 지급기준 및 지급액과 부서별 실적정보이다. 다음 자료를 근거로 판단할 때, 성과등급 2등급에 해당하는 부서의 성과급 지급액 총합은?** (단, 성과급 평가 대상은 A~E 5개 부서뿐이다.)

[성과등급별 지급기준 및 지급액]

구분	지급기준	지급액
1등급	평가 결과 상위 20% 이내에 해당하는 부서	직급별 지급기준액의 152.5%
2등급	평가 결과 상위 20% 초과 40% 이내에 해당하는 부서	직급별 지급기준액의 115%
3등급	평가 결과 상위 40% 초과 80% 이내에 해당하는 부서	직급별 지급기준액의 85%
4등급	평가 결과 상위 80% 초과 100% 이내에 해당하는 부서	직급별 지급기준액의 55%

※ 성과급은 팀별로 성과등급이 책정되며, 팀원 각각의 직급에 따라 지급액이 결정됨

[직급별 지급기준액표]

구분	지급기준액
부장	550만 원
과장	420만 원
대리	320만 원
사원	250만 원

[부서별 실적정보]

구분	팀 구성	실적 점수	경고 감점
A 부서	부장 1명, 대리 1명, 사원 2명	96점	20점
B 부서	과장 1명, 대리 2명, 사원 1명	84점	8점
C 부서	부장 1명, 과장 1명, 사원 2명	92점	14점
D 부서	부장 1명, 과장 1명, 대리 1명, 사원 1명	88점	10점
E 부서	부장 1명, 대리 2명, 사원 1명	86점	0점

- 성과급 평가 결과는 (부서별 실적 점수 × 1.2) − (경고 감점 × 0.2)로 합산 점수를 내며, 합산 점수가 높은 순서대로 순위를 산정하여 평가함

  예 실적 점수가 90점, 경고 감점이 20점인 부서의 성과급 평가 결과는 (90 × 1.2) − (20 × 0.2) = 104점이다.

① 1,506.5만 원 ② 1,575.5만 원 ③ 1,656.0만 원 ④ 1,690.5만 원 ⑤ 1,771.0만 원

37. 다음은 H 은행 계좌로 거래할 때의 수수료에 대한 자료이다. 자료를 근거로 판단한 내용으로 옳지 않은 것은?

[창구 거래]

구분	H 은행으로 송금	타행으로 송금
10만 원 이하	면제	500원
10만 원 초과 100만 원 이하		2,000원
100만 원 초과 500만 원 이하		3,500원
500만 원 초과		4,000원

※ 타행으로 송금 시 1회 송금 최고 한도: 5억 원

[ATM 거래]

구분			영업시간 내		영업시간 외	
			10만 원 이하	10만 원 초과	10만 원 이하	10만 원 초과
H 은행 ATM 이용	출금		면제		400원	500원
	이체	H 은행	면제		면제	
		타행	400원	900원	700원	1,000원
타행 ATM 이용	출금		800원		1,000원	
	이체	H 은행 타행	500원	1,000원	800원	1,000원

※ 1) 영업시간 내 기준: 평일 8:30~18:00, 토요일 8:30~14:00
2) 영업시간 외 기준: 영업시간 내 기준을 제외한 시간 및 일요일(단, 공휴일의 경우 영업시간 내 기준에 해당하더라도 영업시간 외 기준을 적용함)
3) H 은행 ATM을 이용하여 10만 원 이상의 금액을 동일한 날짜에 3회 이상 출금하는 경우 3회차부터 수수료를 50% 감면함

① 공휴일이 아닌 평일 오전 10시에 타행 ATM을 이용하여 5만 원을 이체할 때 H 은행으로 이체하는 경우와 타행으로 이체하는 경우의 수수료는 동일하다.

② H 은행 창구에서 200만 원을 타행으로 송금하는 경우 수수료는 3,500원이다.

③ 토요일 오후 3시부터 같은 날 오후 10시 사이에 H 은행 ATM을 이용하여 20만 원을 총 3번 출금하는 경우 3번째 출금 시 발생하는 수수료는 200원 할인된다.

④ 공휴일 오전 10시에 H 은행 ATM을 이용하여 12만 원을 타행으로 이체하는 경우 수수료는 1,000원이다.

⑤ 타행 ATM을 이용하여 이체하는 경우 영업시간 외에 발생할 수 있는 최소 수수료는 영업시간 내에 발생할 수 있는 최소 수수료보다 300원 더 비싸다.

38. A, B, C, D 4명은 카페에서 커피, 주스, 케이크, 머핀 중 서로 다른 메뉴를 한 가지씩 주문한 후 원형 테이블에 같은 간격으로 둘러앉아 있다. 다음 조건을 모두 고려하였을 때, 4명이 각자 주문한 메뉴를 바르게 연결한 것은?

• A와 D는 서로 이웃하여 앉아 있지 않다. • C는 커피 또는 주스를 주문하였다. • 머핀을 주문한 사람과 커피를 주문한 사람은 서로 마주 보고 앉아 있다. • 케이크를 주문한 사람은 C의 바로 왼쪽에 앉아 있다.

① A – 머핀 ② B – 케이크 ③ C – 커피
④ D – 커피 ⑤ D – 머핀

39. 윤진이는 이달 초 정가가 210만 원인 냉장고를 연이율이 15%인 카드 할부 결제로 구입하였다. 이달부터 매월 말에 일정한 금액으로 10개월간 결제 금액을 모두 상환한다고 할 때, 윤진이가 매달 상환해야 하는 금액은? (단, $(1.15)^{10} = 4.0$, $(1.0125)^{10} = 1.1$로 계산한다.)

① 283,570원 ② 288,750원 ③ 302,550원 ④ 342,230원 ⑤ 366,790원

40. 다음은 재환이가 사무용품 사용 및 관리 수칙을 교육받은 후 정리한 것이다. 이 수칙을 토대로 판단했을 때, 재환이의 행동으로 적절하지 않은 것은?

[사무용품 사용 및 관리 수칙]

1. 컴퓨터 관련

(1) 컴퓨터 로그인 비밀번호는 매주 월요일마다 변경해야 한다.
(2) 각 사무실의 백업 서버가 열리는 매주 금요일마다 컴퓨터 자료를 백업하여 서버에 백업 파일을 업로드해야 한다.
(3) 컴퓨터에 문제가 발생하면 모니터 뒤편에 부착된 매뉴얼을 따른다. 다만, 그 후에도 문제가 해결되지 않으면 자산관리팀(내선 번호 : #**2)에 A/S를 요청한다.
(4) 컴퓨터 전원은 퇴근 전에 반드시 종료하고 멀티탭의 스위치도 꺼야 한다.

2. 프린터 관련

(1) 보고용 서류 외의 업무 참고용 자료는 흑백으로 인쇄해야 한다.
(2) 프린터 잉크 통은 투명하여 잉크의 잔여량 확인이 가능하므로 잔여량이 표시된 선 아래로 내려가면 자산관리팀에 잉크 리필을 신청해야 한다.
(3) 프린터에 용지가 걸리면 프린터 전원을 끄고 뒤쪽의 덮개를 열어 걸린 종이를 제거한 후, 프린터 전원을 다시 켜서 사용한다.
(4) 용지 걸림 외의 문제로 프린터가 작동하지 않으면 프린터 옆에 부착된 매뉴얼을 따른다. 다만, 그 후에도 문제가 해결되지 않으면 자산관리팀에 A/S를 요청한다.

3. 종이 관련

(1) 모든 문서는 사용 후에 즉시 파쇄기에 파쇄해야 한다.
(2) 다이어리, 연구 노트, 아이디어 노트 등은 자산관리팀에서 배부받아 사용하고 A3, A4 용지는 프린트용으로만 사용해야 한다.
(3) A3, A4 용지가 1박스 이하로 남으면 자산관리팀에 용지를 신청해야 한다.

4. 도서 관련

(1) 소장 목적의 도서 구입은 매주 금요일 14시 이전까지 홍보팀에 신청하여 그 다음 주 수요일까지 본인이 직접 수령해야 한다.
(2) 대여 목적의 도서는 홍보팀에 예약 신청한 후 최소 3일 뒤에 수령 가능 여부를 확인해야 한다.

① 인쇄 중에 용지가 걸려 프린터 전원을 끄고 뒤쪽 덮개를 열어 종이를 제거했다.
② 도서를 대여하기 위해 금요일 13시에 홍보팀에 예약 신청한 후 바로 수령 가능 여부를 확인했다.
③ 프린터 잉크의 잔여량이 표시된 선 아래로 내려가 있어 잉크 리필을 신청했다.
④ 회의가 끝난 후 더는 사용하지 않는 회의 자료를 파쇄기에 넣어 파쇄했다.
⑤ 구입 신청한 도서를 수령한 날 컴퓨터 전원과 멀티탭의 스위치를 끄고 퇴근했다.

[41-42] 다음은 A 회사의 광고 수단 선정 매뉴얼 및 광고 수단별 정보를 나타낸 자료이다. 각 물음에 답하시오.

[광고 수단 선정 매뉴얼]

1. 1주 단위로 매주 광고 수단을 선정한다.
2. 같은 달에 이미 선정된 광고 수단을 제외하고 선정한다.
3. 매달 첫째 주는 3백만 원 한도 내에서 광고 수단을 선정하며, 주당 1백만 원씩 한도가 올라간다.
4. 주당 광고 효과가 가장 큰 광고 수단 1가지만 선정한다.
5. 주당 광고 효과는 다음 수식을 적용하여 계산한다.
   주당 광고 효과 = (주당 광고 횟수 × 회당 광고 노출자 수) / 주당 광고 비용

[광고 수단별 정보]

구분	주당 광고 횟수	회당 광고 노출자 수	주당 광고 비용
블로그	20회	3,000명	1,000,000원
소셜 미디어	35회	10,000명	2,000,000원
동영상 플랫폼	70회	10,000명	5,000,000원
인터넷 카페	140회	500명	500,000원
이메일	350회	100명	700,000원

41. A 회사가 7월 1주 차에 선정하는 광고 수단은? (단, 제시되지 않은 내용은 고려하지 않는다.)

① 블로그 ② 소셜 미디어 ③ 동영상 플랫폼 ④ 인터넷 카페 ⑤ 이메일

42. A 회사가 7월 3주 차에 선정하는 광고 수단의 주당 광고 효과는? (단, 제시되지 않은 내용은 고려하지 않는다.)

① 0.05 ② 0.06 ③ 0.09 ④ 0.14 ⑤ 0.175

43. 다음은 전국과 일부 지역의 노후주택 수와 전체주택 수를 나타낸 자료이다. 자료에 대한 설명으로 옳지 않은 것은?

[연도별 전국 노후주택 수와 전체주택 수]

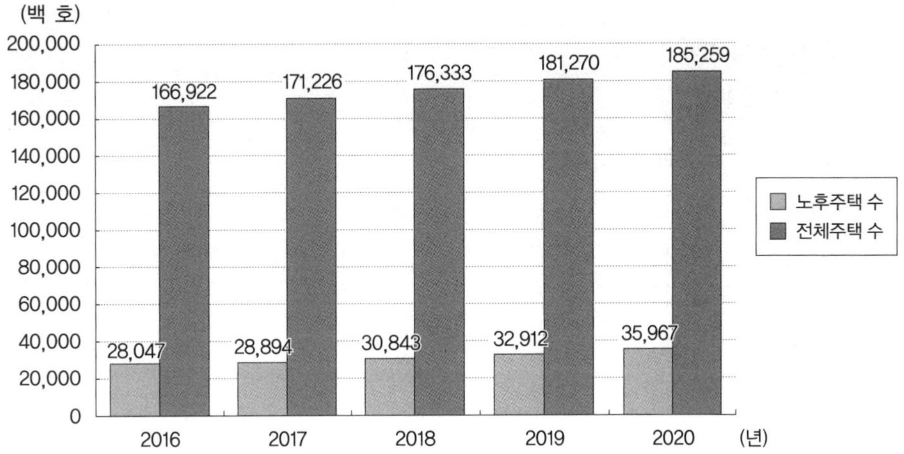

[2020년 지역별 노후주택 수와 전체주택 수]

(단위: 백 호)

구분	노후주택 수	전체주택 수
서울	5,883	30,153
부산	3,074	12,769
대구	1,518	8,098
인천	1,939	10,328
광주	954	5,383
대전	953	4,969
울산	591	3,946

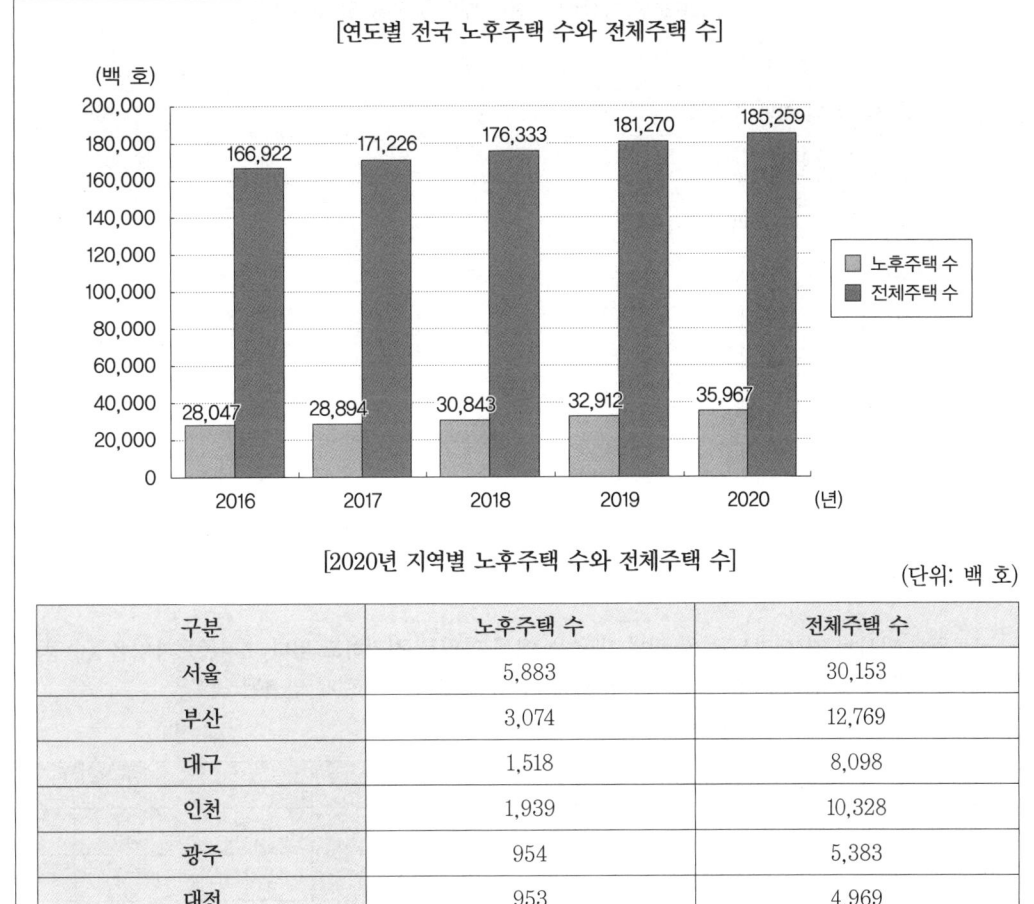

※ 노후주택 비율(%) = (노후주택 수 / 전체주택 수) × 100

※ 출처: KOSIS(통계청, 주택총조사)

① 2020년 노후주택 비율은 서울이 인천보다 더 높다.

② 2017년부터 2020년까지 전국 노후주택 수와 전국 전체주택 수의 전년 대비 증감 추이는 매년 동일하다.

③ 2020년 노후주택 수는 부산이 광주의 3배 이상이다.

④ 2020년 전국 전체주택 수에서 대전 전체주택 수가 차지하는 비중은 전국 노후주택 수에서 대전 노후주택 수가 차지하는 비중보다 크다.

⑤ 2017년부터 2020년까지 전국 노후주택 수의 전년 대비 증가량이 가장 적은 해에 전국 노후주택 비율은 15% 미만이다.

44. 다음은 2024년 쌀과 귀리 생산량의 전년 대비 증감률과 생산 비율을 나타낸 자료이다. 2024년 쌀과 귀리의 총생산량이 2t일 때, 2023년 쌀과 귀리의 생산량을 구하면?

[2024년 생산량의 전년 대비 증감률 및 생산 비율]

구분	쌀	귀리
생산량의 전년 대비 증감률	20%	−20%
생산 비율	75%	25%

	쌀	귀리
①	1,100kg	625kg
②	1,100kg	900kg
③	1,250kg	600kg
④	1,250kg	625kg
⑤	1,250kg	900kg

45. N 은행 인사팀 김 대리는 직원 평가 내용을 엑셀 파일로 정리하고 있다. 〈기존〉 파일을 〈수정〉 파일과 같이 정렬하였다고 할 때, 정렬이 적용된 열과 정렬 방식이 바르게 연결된 것은?

〈기존〉

	A	B	C
1	이름	팀	점수
2	김슬기	인사	17
3	박슬기	재무	15
4	김유진	개발	19
5	송기연	인사	28
6	김보미	재무	22
7	안주희	개발	24
8	정진선	인사	25
9	이혜영	재무	20
10	송선우	개발	23

〈수정〉

	A	B	C
1	이름	팀	점수
2	송기연	인사	28
3	정진선	인사	25
4	안주희	개발	24
5	송선우	개발	23
6	김보미	재무	22
7	이혜영	재무	20
8	김유진	개발	19
9	김슬기	인사	17
10	박슬기	재무	15

	열	정렬 방식
①	이름	오름차순
②	팀	내림차순
③	팀	오름차순
④	점수	내림차순
⑤	점수	오름차순

46. 다음 글에서 설명하고 있는 용어로 적절한 것은?

기초자산의 가치 변동으로 인한 손실 위험을 최소화하기 위하여 고안된 거래 형태로, 주식이나 채권, 통화와 같은 기초자산의 가치가 변동함에 따라 그 가격이 결정된다. 대표적으로는 선물이나 옵션 거래 등이 있다.

① 선도계약 ② 채권 ③ 주식 ④ 파생상품 ⑤ 정기예금

47. 다음 중 한국은행에 대한 설명으로 적절하지 않은 것은?

① 대한민국 유일의 법화 발행기관으로서 은행권과 주화 발행 업무를 담당하고 있다.
② 물가안정을 위해 기준금리와 지급준비율 조절, 공개시장 조작 등의 수단을 통해 통화량을 조절한다.
③ 금융시장에 위기가 발생했을 때 최종적으로 자금을 공급해 주는 최종 대부자의 역할을 한다.
④ 정부와 한국은행은 안정적인 경제 성장이라는 동일한 목표를 추구하기 때문에 한국은행의 통화정책은 정부의 재정정책과 충돌하는 일이 없다.
⑤ 발권은행으로서의 기능, 은행의 은행으로서의 기능, 정부의 은행으로서의 기능을 수행한다.

48. 직접금융과 간접금융을 비교한 설명으로 가장 적절하지 않은 것은?

① 국가가 채권을 발행하여 개인이나 기관투자자로부터 자금을 차입하는 것은 직접금융에 속한다.
② 은행이 예금자로부터 받은 자금으로 기업에게 대출을 해주는 것은 간접금융에 해당한다.
③ 간접금융시장에서는 수익성보다 안정성이 더 높다.
④ 직접금융시장에서는 자금공급자가 직접 투자위험을 부담한다.
⑤ 주식발행을 통한 직접금융은 기업의 경영지배구조에 영향을 주지 않으나, 간접금융은 기업 지배구조에 영향을 미친다는 단점이 있다.

49. 다음 중 경기후행지수를 구성하는 경제지표에 해당하지 않는 것은?

① 소비자 물가지수 변화율 ② 생산자제품 재고지수 ③ 소비재 수입액
④ 취업자 수 ⑤ 수출입 물가비율

50. 다음 중 친환경인증제도에 대한 설명으로 적절하지 않은 것은?

① 합성농약을 사용하지 않았더라도 화학비료를 조금이라도 사용하였다면 무농약농산물 인증을 받을 수 없다.
② 현재 시행되고 있는 친환경농산물 인증 종류는 유기농산물인증과 무농약농산물인증 두 가지이다.
③ 무농약농산물을 원료로 한 가공식품도 친환경인증 대상이 될 수 있다.
④ 유기축산물 인증을 받으려면 유기농산물 재배·생산 기준에 맞게 생산된 유기사료를 급여해야 한다.
⑤ 다년생 작물의 경우 최소 수확 전 3년은 합성농약과 화학비료를 전혀 사용하지 않아야 유기농산물인증을 받을 수 있다.

51. 다음 중 재무비율 분석에 대한 설명으로 옳지 않은 것은?

① 유동비율이 너무 높으면 자산을 효율적으로 활용하지 못하고 있는 것으로 볼 수도 있다.
② 당좌비율은 유동자산에서 재고자산을 차감한 값을 유동부채로 나눈 것이다.
③ 이자보상배율이 1보다 작다면 재무상태가 건실한 기업으로 판단할 수 있다.
④ 자기자본이익률(ROE)은 주주들이 출자한 자본이 얼마나 효율적으로 이용되고 있는지를 나타낸다.
⑤ 총자산회전율은 활동성 지표의 하나로, 매출액을 총자산으로 나누어 측정한다.

52. **다음은 중앙은행의 환율정책 수단과 그 효과에 대한 설명이다. ㉠~㉣을 정책의 목적이 같은 것끼리 올바르게 짝지은 것은?**

㉠ 외환보유액 증가를 통한 달러 매입
㉡ 기준금리 인상을 통한 자본유입 촉진
㉢ 외환시장 개입을 통한 달러 매각
㉣ 기준금리 인하를 통한 자본유입 둔화

	원화 강세 유도 정책	원화 약세 유도 정책
①	㉠, ㉡	㉢, ㉣
②	㉠, ㉣	㉡, ㉢
③	㉡, ㉢	㉠, ㉣
④	㉡, ㉣	㉠, ㉢
⑤	㉢, ㉣	㉠, ㉡

53. **다음 지문의 빈칸에 들어갈 용어로 적절한 것은?**

스미싱(Smishing)은 휴대폰 문자메시지를 뜻하는 SMS와 (　　　)의 합성어로, 문자메시지를 이용한 휴대폰 해킹 기법이다. 주로 할인 쿠폰이나 무료 쿠폰으로 사용자들을 유인하는데, 사용자가 문자메세지에 포함된 링크를 클릭하면 트로이 목마가 주입되어 범죄자가 휴대폰을 통제할 수 있게 된다.

① 파밍　② 피싱　③ 스니핑　④ 스푸핑　⑤ 보이스피싱

54. **다음 글에서 설명하는 것으로 적절한 것은?**

여러 가지 서비스를 이용할 수 있는 애플리케이션으로, 별도의 다른 애플리케이션을 설치하지 않아도 검색, 주문, 송금, 투자, 예매 등과 같은 다양한 서비스를 이용할 수 있다. 예를 들어 A 인터넷 플랫폼의 애플리케이션을 이용해 검색한 상품을 주문하고, 공연 티켓을 예매하는 등 하나의 애플리케이션 안에서 다양한 서비스를 이용할 수 있다. 이와 같은 장점으로 소비자 입장에서는 사용 분야별로 필요한 애플리케이션을 각각 따로 설치할 필요가 없어 편리하다. 다만, 다수의 이용자를 확보하고 있는 대기업의 경우 다른 분야로 사업을 확장하기가 비교적 용이하기 때문에 대기업의 반독점 구조를 심화시키는 문제를 야기할 수 있다.

① 하이브리드 앱　② 웹 앱　③ 슈퍼 앱　④ 네이티브 앱　⑤ 크로스 플랫폼

55. 다음 중 베이시스(Basis)에 대한 설명으로 옳지 않은 것은?

① 베이시스란 선물 가격과 현물 가격의 차이를 의미한다.

② 정상적인 시장이라면 베이시스는 양(+)의 값을 갖는다.

③ 선물이 현물보다 고평가된 상태를 가리켜 콘탱고라고 한다.

④ 베이시스는 만기일이 가까워질수록 0에 수렴한다.

⑤ 백워데이션 추세가 강해지면 매수차익거래가 발생한다.

56. 구축효과 및 유동성 함정에 대한 설명으로 가장 적절한 것은?

① 구축효과란 확대통화정책이 이자율을 하락시켜 민간투자를 위축시키는 현상을 의미한다.

② LM곡선이 수평일 때 무 구축효과가 나타난다.

③ 화폐수요가 폭발적으로 증가해 LM곡선이 수직인 경우를 유동성 함정이라고 한다.

④ 유동성 함정에서는 재정정책은 무력한 반면 통화정책이 큰 효과를 볼 수 있다.

⑤ 스태그플레이션이 발생한 원인을 소명할 수 있는 이론이다.

57. 다음 중 2024년 NH농협은행이 추진한 데이터 사업으로 적절하지 않은 것은?

① 금융상품 비교플랫폼 구축

② 가명/익명데이터를 활용한 비즈니스 확대

③ 딥러닝 기반 실시간 AI 상품추천서비스

④ 마이데이터를 활용한 초개인화 서비스

⑤ 양자 컴퓨팅 활용한 금융정책 안내 서비스

58. 다음 중 옵션에 대한 설명으로 적절하지 않은 것은?

① 다른 조건은 모두 같다면, 콜옵션과 풋옵션 모두 잔존기간이 짧을수록 프리미엄이 높게 형성된다.

② 만기일에 시장가격이 기초자산에 대해 사전에 정한 매입가격보다 낮을 경우, 콜옵션 매수자는 프리미엄만큼의 손실을 본다.

③ 만기일에 행사가격이 시장가격보다 낮을 경우, 풋옵션 매수자는 옵션행사를 포기한다.

④ 우리나라에서는 주가지수 선물과 옵션, 개별주식 선물과 옵션 만기일이 겹치는 3월, 6월, 9월, 12월의 두 번째 목요일을 쿼드러플 위칭데이(Quadruple witching day)라고 한다.

⑤ 기업에서 임직원들의 동기부여를 위해 자사 주식을 시세보다 낮은 가격에 매입하였다가 나중에 팔 수 있도록 하는 제도를 스톡옵션이라고 한다.

59. 다음 사례에서 보험금 지급 청구권자로 옳은 사람은?

> 남편이 아내를 위하여 생명보험을 가입하고 보험수익자를 자녀로 지정하였다. 이후 피보험자인 아내에게 보험사고가 발생하여 보험금 지급사유가 충족되었다.

① 보험계약자인 남편

② 피보험자인 아내

③ 보험수익자인 자녀

④ 남편과 자녀 공동

⑤ 아내와 자녀 공동

60. 다음 중 자산유동화증권(ABS)에 대한 설명으로 적절하지 않은 것은?

① 다양한 형태로 존재하며, 그중 신용도가 낮은 기업들에 대한 은행의 대출채권을 묶어 이를 담보로 발행하는 것은 채권담보부증권이라 한다.

② 조기에 매출채권이나 대출을 현금으로 회수할 수 있다.

③ 금융자산뿐 아니라 실물자산을 기초로 발행되며, 자산의 유동성을 높여주는 특징이 있다.

④ 우리나라에는 1999년 최초 발행되었으며, 금융·기업 구조조정 과정에서 발생한 부실채권을 처리하는 방법으로 많이 활용되었다.

⑤ 기업 또는 은행이 보유한 자산을 근거로 하여 발행하는 증권을 의미한다.

61. **다음 중 농작물재해보험에 대한 설명으로 적절하지 않은 것은?**

① 이상기후, 자연재해로 인해 발생하는 농작물의 피해를 보호해주는 기능을 한다.

② 장미, 국화, 카네이션 등을 재배하는 농가도 농작물재해보험에 가입할 수 있다.

③ 과수작물의 경우 적과전종합위험 보장, 종합위험 보장, 수확전종합위험 보장 등 세 가지 상품이 운영된다.

④ 벼뿐만 아니라 밀과 보리도 특약에 가입하면 병해충 보장을 받을 수 있다.

⑤ 정부는 물론 지방자치단체로부터도 보험료 지원을 받을 수 있다.

62. **다음 중 완전경쟁시장에서 소비자잉여의 감소를 가져오는 요인으로 적절하지 않은 것은?**

① 정부가 완전경쟁시장에 종량세를 부과하는 경우

② 기술 발전으로 생산비용이 감소하여 공급곡선이 우측으로 이동하는 경우

③ 정부가 균형가격보다 높은 수준에서 가격하한제를 실시하는 경우

④ 생산요소 가격 상승으로 공급곡선이 좌상향으로 이동하는 경우

⑤ 정부가 균형가격보다 낮은 수준에서 가격상한제를 실시하는 경우

63. **다음 각 설명에 해당하는 용어가 올바르게 연결된 것은?**

> ㉠ 13.56MHz 대역의 주파수를 사용하여 10cm 이내의 근거리에서 다양한 무선 데이터를 주고받는 비접촉식 통신 기술
> ㉡ 무선 주파수를 이용하여 반도체 칩이 내장된 태그, 라벨, 카드 등의 저장된 데이터를 비접촉 방식으로 읽어내는 인식 기술
> ㉢ 약 50~70m 범위 안에 있는 사용자의 위치를 찾아서 메시지 전송, 모바일 결제 등을 가능하게 하는 스마트폰 근거리 통신 기술

	㉠	㉡	㉢
①	비콘	NFC	RFID
②	비콘	RFID	USN
③	NFC	비콘	USN
④	NFC	RFID	비콘
⑤	NFC	USN	비콘

64. APT 모형과 CAPM모형을 비교한 설명으로 가장 적절하지 않은 것은?

① APT모형은 자산수익률이 여러 개의 공통요인의 영향을 받아 변동한다고 설명한다.

② CAPM모형은 단일 공통요인에 따라 수익률이 변동한다고 설명한다.

③ APT모형의 경우 CAPM모형과 달리 시장 베타만을 사용하여 자산의 위험을 측정하므로, 개별 자산의 고유위험을 더 정확히 반영할 수 있다.

④ 실증 연구 결과에 의해 CAPM모형은 현실 자산가격 변동에 대한 설명력이 부족하다는 한계가 지적되고 있다.

⑤ APT모형과 CAPM모형 모두 자산의 기대수익률을 예측하기 위한 이론적 모형이다.

65. 다음 중 국제협동조합연맹의 협동조합 7대 원칙에 해당하지 않는 것은?

① 조합원의 정치적 참여

② 자발적이고 개방적인 협동조합

③ 조합원에 의한 민주적 관리

④ 교육, 훈련 및 정보 제공

⑤ 지역사회에 대한 기여

66. 다음은 A 재, B 재, C 재의 관계를 나타낸 그래프이다. A 재, B 재, C 재에 해당하는 사례가 바르게 연결된 것은?

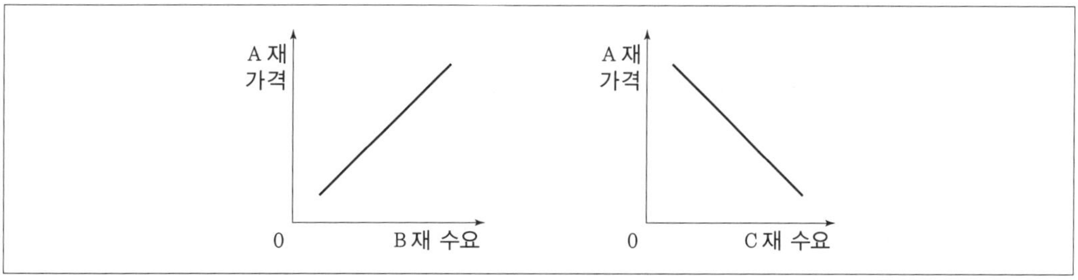

	A 재	B 재	C 재
①	샴푸	치약	린스
②	프린터	잉크	종이
③	연필	볼펜	지우개
④	커피	설탕	홍차
⑤	단팥빵	딸기잼	식빵

67. **다음 글이 설명하는 보험의 기본 원칙은?**

전체 가입자가 납입하는 순보험료 총액과 지급보험금 총액은 같아야 한다는 것을 말하며 지급보험금 총액이 순보험료 총액보다 적으면 보험료는 인하 조정되고, 지급보험금 총액이 순보험료 총액보다 많으면 보험료는 인상 조정된다.

① 급부 반대급부 균등의 원칙

② 수지상등의 원칙

③ 실손보상의 원칙

④ 대수의 법칙

⑤ 이득금지의 원칙

68. **다음 중 한국은행이 기준금리를 인하했을 때 예상되는 영향으로 적절하지 않은 것은?**

① 시중 유동성이 증가하여 투자와 소비가 촉진된다.

② 원화 가치가 하락하여 수출 경쟁력이 개선된다.

③ 예금 금리가 하락하여 가계의 저축 유인이 감소한다.

④ 대출 금리가 하락하여 기업의 투자 비용이 증가한다.

⑤ 채권 가격이 상승하고 주식시장으로 자금이 이동한다.

69. A씨가 500만 원을 연 6% 연복리로 투자하여 1,000만 원을 만들려고 한다. 이 때, A씨가 투자해야 할 기간으로 가장 적절한 것은?

① 5년　② 8년　③ 12년　④ 18년　⑤ 24년

70. 다음 중 정보의 비대칭성으로 인해 발생하는 시장실패 현상과 금융기관의 대응 방안에 대한 설명으로 적절한 것은?

① 역선택은 계약 체결 후 차주의 행동 변화로 발생하는 문제이며, 이를 해결하기 위해 금융기관은 담보 설정을 통한 역선택을 방지해야 한다.

② 도덕적 해이는 우수한 차주가 시장에서 퇴출되는 현상으로, 금융기관은 신용평가 시스템을 통한 선별 기능을 강화하여 이를 예방할 수 있다.

③ 보험 스크리닝은 보험 가입자의 위험 유형을 사전에 구분하는 방법으로, 자기선택 메커니즘을 통해 고위험군과 저위험군을 분리하는 효과를 가진다.

④ 선별은 정보 우위에 있는 당사자가 자신의 유형을 알리기 위해 취하는 행동이며, 신호발송은 정보 열위에 있는 당사자가 상대방의 유형을 파악하기 위한 메커니즘이다.

⑤ 역선택과 도덕적 해이는 모두 계약 체결 이후에 발생하는 문제로, 금융기관은 사후적 모니터링을 통해서만 이러한 문제들을 해결할 수 있다.

약점 보완 해설집 p.34

4회 실전모의고사

[1] 본 실전모의고사는 직무능력평가(NCS)와 직무상식평가 70문항을 80분 이내에 풀이하는 것으로 구성되었으며, 시험 구성에 따른 출제 범위는 다음과 같습니다.

- 직무능력평가(45문항): 의사소통능력, 수리능력, 문제해결능력, 자원관리능력, 정보능력
- 직무상식평가(25문항): 금융 · 경제, 디지털, 농업 · 농촌

[2] 문제 풀이 시작과 종료 시각을 정한 후, 실전처럼 모의고사를 풀어보세요.

____시 ____분 ~ ____시 ____분(총 70문항/80분)

- 해커스ONE 애플리케이션의 학습 타이머를 이용하여 더욱 실전처럼 모의고사를 풀어볼 수 있습니다.
- 모의고사 마지막 페이지 또는 해설집의 '무료 바로 채점 및 성적 분석 서비스' QR코드를 스캔하여 응시인원 대비 본인의 성적 위치를 확인해 보시기 바랍니다.

01. L 사 인사팀에 근무하는 이 대리는 사원들을 대상으로 보고서 작성 교육을 진행하기 위해 회의실을 예약하려고 한다. 이 대리와 양 사원의 대화 내용을 고려하였을 때, 양 사원이 예약할 회의실은?

[L 사 사원 명단]

이름	소속	부서	입사년월	휴무 요일
가	경영기획본부	기획팀	25. 01.	토요일, 일요일
나	생산개발본부	생산 1팀	25. 08.	월요일, 토요일
다	환경안전본부	안전관리팀	24. 12.	수요일, 일요일
라	경영기획본부	마케팅팀	25. 03.	토요일, 일요일
마	경영기획본부	경영지원팀	25. 06.	토요일, 일요일
바	고객관리본부	고객대응팀	24. 11.	화요일, 토요일
사	생산개발본부	개발 1팀	25. 05.	토요일, 일요일
아	고객관리본부	고객대응팀	25. 02.	목요일, 일요일
자	고객관리본부	고객지원팀	25. 04.	토요일, 일요일
차	고객관리본부	고객지원팀	25. 07.	금요일, 토요일
카	환경안전본부	안전관리팀	24. 01.	월요일, 일요일
타	환경안전본부	환경관리팀	25. 03.	화요일, 토요일
파	생산개발본부	생산 2팀	25. 06.	화요일, 일요일

[회의실 정보]

구분	최대 수용 인원	이용 가능 요일	이용 가능 시간
A	6명	월, 수, 금	오전, 오후
B	15명	화, 목, 토	오전
C	10명	월, 화, 수, 금	오전, 오후
D	13명	화, 수, 금, 일	오후
E	8명	금, 토, 일	오전, 오후

이 대리: 양 사원, 이번에 보고서 작성 교육 대상인 사원들의 명단은 공유가 되었나요?

양 사원: 아니요. 아직 교육 대상이 확정되지 않아 명단을 공유하지 못했습니다. 이번 보고서 작성 교육은 어떤 사원들을 대상으로 진행하시나요?

이 대리: 회사에서 보고서 작성에 어려움을 겪는 사원들이 많아서 그에 대한 도움을 주고자 외부 강사를 초청하려고 하는데, 경영기획본부 소속 사원들의 경우 본부장님이 직접 교육을 진행하겠다고 하셔서 경영기획본부 소속 사원들은 제외하고 진행할 겁니다. 또 2024년에 입사한 사원들은 이미 보고서 작성 교육을 들은 경험이 있으니 2025년도에 입사한 사원들로 확정하도록 할게요.

양 사원: 네, 알겠습니다. 확정된 사원 명단 정리하여 전달 드리겠습니다. 경영기획본부 소속 사원들을 제외하고는 휴무 요일이 일정하지 않아서 적절한 요일을 택하여 교육을 진행해야 할 것 같습니다. 휴무 요일에 교육을 듣기 위해 회사에 출근하는 것이 힘들 수 있으니 모두의 휴무 요일이 겹치지 않는 날로 정하면 좋을 것 같습니다.

이 대리: 좋습니다. 그럼 적당한 회의실로 예약까지 좀 부탁드려요. 아, 고객관리본부에서 부서 내부 사정으로 인해 당분간 오후에 별도로 일정을 잡지 말아 달라는 협조문이 내려왔어요. 교육 참석 대상에 고객관리본부 소속 사원이 있다면 교육은 오전으로 잡아야겠네요. 그리고 외부 강사 대기실을 별도로 마련할 예정이라서 회의실 최대 수용 인원은 교육 수강 인원만 고려하시면 됩니다.

양 사원: 네, 대리님. 말씀하신 부분까지 고려하여 회의실 확인하고, 예약 완료한 이후에 관련 내용 정리하여 보고드리겠습니다.

① A ② B ③ C ④ D ⑤ E

02. **다음은 고민구 사원이 작성한 9월 1주 차 유류비 정산 보고서이다. 아래 내용을 바탕으로 고민구 사원이 정산받을 유류비 총금액은?** (단, 고민구 사원 차량의 연비는 12km/L이다.)

유류비 정산 보고서								
부서	영업팀	차량	차량번호	유종 및 유가		담당	검토	승인
이름	고민구	미니 △△	1239	휘발유 : 1,500원/L				
직급	사원							
날짜	항목	운행 내용					주차비 및 통행료	
9/X(월)	행선지	R 대학교	본사				10,000원	
	운행거리	90km	85km					
9/X(화)	행선지	수원지점	본사				2,900원	
	운행거리	25km	22km					
9/X(수)	행선지	군산지점	본사				14,000원	
	운행거리	200km	210km					
9/X(목)	행선지	Q 증권	본사				1,500원	
	운행거리	45km	46km					
9/X(금)	행선지	대전지점	본사				10,000원	
	운행거리	130km	125km					
총운행거리		주차비 및 통행료			TOTAL 비용			

① 160,650원　② 169,720원　③ 176,200원　④ 188,540원　⑤ 200,120원

03. P 회사의 인사팀에서 근무하고 있는 귀하가 성과급 지급 기준에 대한 내용을 참고하여 직원들에게 성과급을 지급하였을 때, 정소라 과장과 홍종민 사원에게 지급한 성과급의 합은?

[성과급 지급 기준]

1. 평가 및 지급 대상
   - 전 직원

2. 평가 방법
   - 팀장의 경우 사장이 내부 평가 기준에 따라 지난 1년간 해당 팀장의 성과 및 역량 등을 평가함
   - 그 외 직원의 경우 팀장이 내부 평가 기준에 따라 지난 1년간 해당 직원의 성과 및 역량 등을 평가함

3. 평가 기준
   - 아래 표와 같이 평가 등급을 4단계로 분류하여 해당 등급의 지급률을 적용함

구분	평가 등급	지급액
S 등급	평가 결과 상위 15% 이내에 해당하는 사람	월 급여액의 170%에 해당하는 금액 (팀장의 경우에는 월 급여액의 180%)
A 등급	평가 결과 상위 15% 초과 45% 이내에 해당하는 사람	월 급여액의 120%에 해당하는 금액 (팀장의 경우에는 월 급여액의 150%)
B 등급	평가 결과 상위 45% 초과 60% 이내에 해당하는 사람	월 급여액의 80%에 해당하는 금액 (팀장의 경우에는 월 급여액의 110%)
C 등급	평가 결과 상위 60% 초과에 해당하는 사람	지급하지 않음

4. 연봉 지급 한도액
   - 아래 표와 같이 직급별 연봉 한도액 내에서 성과급을 지급하도록 함

구분	팀장	부장	과장	대리	사원
연봉 상한액	63,120,000원	53,260,000원	47,610,000원	39,390,000원	32,540,000원
연봉 하한액	52,800,000원	44,400,000원	39,600,000원	32,400,000원	26,400,000원

※ 1) 연봉 = (월 급여액 × 12) + 성과급
2) 연봉 상한액을 초과하는 경우 성과급에서 삭감하도록 함

[A 팀 평가 등급 및 월 급여액]

구분	평가 등급	월 급여액
김민수 팀장	상위 26%	4,650,000원
윤정희 부장	상위 48%	3,920,000원
정소라 과장	상위 8%	3,490,000원
박현준 대리	상위 65%	2,770,000원
홍종민 사원	상위 30%	2,450,000원

① 8,190,000원 ② 8,475,000원 ③ 8,670,000원 ④ 8,873,000원 ⑤ 9,090,000원

04. 다음은 부패영향평가 제도에 대한 자료이다. 다음 자료를 토대로 판단한 내용으로 옳은 것은?

[부패영향평가 제도]

1. 개요
 - 법령, 제도 등의 입안단계에서부터 부패 위험요인을 체계적으로 분석하고 이를 사전에 제거·개선하는 예방적 성격의 부패통제장치
 ※ 추진 근거: 부패방지권익위법 제28조, 동법 시행령 제30조~제32조

2. 평가 대상
 - 법령, 행정규칙, 자치법규, 공공기관 내부규정 등

3. 평가 기준

구분	평가 내용	평가 항목
작용 가능성	행정의 수요자 입장에서 부패 유발요인 작용 가능성 평가	준수 부담의 합리성
		제재 규정의 적정성
		특혜 발생 가능성
내포 가능성	행정의 공급자 입장에서 부패 유발요인 내포 가능성 평가	재량 규정의 구체성·객관성
		위탁·대행의 투명성·책임성
		재정 누수 가능성
발생 개연성	수요자, 공급자 입장이 아닌 행정 절차적 요인으로 인한 부패발생 개연성 평가	접근 용이성
		예측 가능성
통제 준비성	행정 절차 전반에 사적 이해관계 개입 위험성, 소극행정 등 부패통제장치 마련 여부 평가	이해충돌 가능성
		부패방지장치의 체계성
		소극행정 가능성

4. 평가 내용
 - 국민권익위원회에서 행정기관의 법령 제·개정 시 법령안의 부패 유발요인을 법제처 심사 이전 단계에서 평가하여 소관부처에 개선 권고
 - 국민권익위원회에서 부패사건 등 사회적 이슈 사안을 현안 과제로 선정하여 현행 법령, 제도 등에 대한 부패 유발요인 평가 및 개선 권고

① 법령 개정 시 국민권익위원회에서 법령안의 부패 유발요인을 평가하기 전에 법제처에서 먼저 심사를 거친다.

② 부패방지권익위법 시행령 제28조를 추진 근거로 하여 부패영향평가 제도가 시행될 예정이다.

③ 재량 규정이 여러 방향으로 해석될 여지가 있다면 내포 가능성 부문에서 좋은 평가를 받지 못할 가능성이 높다.

④ 법적 구속력이 있는 법령만 부패영향평가 제도의 평가 대상이 된다.

⑤ 부패영향 정도 판단 시 총 4개의 부문에서 총 12개의 항목으로 구분하여 평가한다.

05. 다음은 K 지역의 연도별 119 구급 서비스 현황에 대한 자료이다. 자료에 대한 설명으로 옳은 것은?

[연도별 119 구급 서비스 현황]

구분		2020년	2021년	2022년	2023년	2024년
출동 건수(건)		559,280	483,360	470,120	543,430	567,430
이송 건수(건)		353,240	258,910	276,460	292,420	337,760
구급차 대수(대)		168	154	166	177	183
구급 대원 수(명)	1급 응급구조사	558	532	542	513	485
	2급 응급구조사	445	476	471	483	425
	간호사	167	172	207	204	255
	기타	205	170	235	280	345
	합계	1,375	1,350	1,455	1,480	1,510

※ 응급구조사는 1급 응급구조사와 2급 응급구조사로만 분류됨

① 제시된 기간 중 출동 건수가 가장 적은 해에는 이송 건수도 가장 적다.

② 2020년~2023년 평균 간호사 수는 200명 이상이다.

③ 구급차 1대당 출동 건수는 2023년이 2024년보다 많다.

④ 제시된 기간 동안 응급 구조사가 가장 많은 해에 이송 건수는 300,000건 미만이다.

⑤ 제시된 기간 동안 전체 구급 대원에서 2급 응급구조사가 차지하는 비중은 매년 30% 이상이다.

06. 인사팀에서 근무하는 강 대리가 조 팀장의 요청에 따라 사무용품을 주문하려고 할 때, 사무용품을 주문할 업체는?

> 보낸 사람:	조○○ 팀장 (joyful@business.com)
> 받은 사람	강○○ 대리 (river@business.com)
> 제목	사무용품 주문 요청

강 대리님, 신입사원에게 배부할 사무용품을 주문해야 합니다. 다이어리 300개, 탁상형 달력 400개, 텀블러 300개가 필요하며, 할인 적용 시 금액이 더 저렴한 경우에는 필요 수량 이상으로 구매하셔도 괜찮습니다. 제가 전달 드리는 업체별 판매 가격 및 할인 조건을 고려하여 총비용이 가장 저렴한 업체를 선정하여 구매를 진행해주세요. 배송비 등의 기타 조건은 고려하지 않아도 됩니다.

[업체별 판매 가격 및 할인 조건]

구분	다이어리	탁상형 달력	텀블러	할인 조건
A 업체	6,500원/개	2,000원/개	8,000원/개	탁상형 달력 100개 구매 당 총 금액에서 5만원 할인
B 업체	7,500원/개	2,500원/개	7,000원/개	다이어리 100개 구매 시 탁상형 달력 50개 증정
C 업체	8,000원/개	3,000원/개	7,000원/개	텀블러 1개 구매 시 탁상형 달력 1개 증정
D 업체	7,000원/개	2,500원/개	6,500원/개	텀블러 400개 이상 구매 시 총비용에서 15% 할인
E 업체	6,800원/개	2,200원/개	7,500원/개	다이어리 300개 이상 구매 시 탁상형 달력 100개 증정

① A 업체 ② B 업체 ③ C 업체 ④ D 업체 ⑤ E 업체

07. E 기업은 새로 시작하는 프로젝트의 업무를 맡기기 위해 기존 협력업체 중 한 업체를 선정했다. 협력업체 선정 업무 담당자인 신 주임은 선정된 협력업체와 미팅 일정을 잡고자 한다. 신 주임과 통화하는 협력업체의 담당자는?

[협력업체 선정요건]

- 10일(월)부터 시작하여 19일(수)까지 물품 제작을 끝낼 수 있어야 한다.
- 전체 공임이 낮은 업체를 선정해야 하지만 물품 제작 완료일을 19일(수)보다 이틀 이상 앞당길 수 있다면 물품 제작 기간이 짧은 업체를 선택한다.

[협력업체 등록 명부]

구분	업체명	담당자	Tel.	개당 공임	일일 제작 수량	특이사항
1	유림산업	윤민철 대리	02) XXX - 0354	75원	150개	매주 일요일 휴무
2	신설산업	김시향 사원	02) XXX - 9724	76원	170개	매주 토요일, 일요일 휴무
3	손수산업	문병철 과장	031) XXX - 4416	68원	165개	매주 토요일 휴무
4	유신산업	김성완 주임	043) XXX - 5100	72원	120개	휴무일 없음
5	설수산업	오재규 사원	031) XXX - 0397	90원	180개	매주 일요일 휴무

신 주임: 안녕하세요. E 기업의 담당자 신지혜 주임입니다. 메일로 전달 드렸던 것과 같이 이번 업무 일정은 10일(월)부터 19일(수)까지이고, 제작 완료일은 빠르면 빠를수록 좋습니다. 제작해야 하는 물품 수량은 총 1,350개이고, 1차 제작을 마치면 추후에 2차 제작 일정 및 물품 수량 전달해 드릴 예정입니다. 다음 주 수요일에 찾아뵙고 상세히 설명해 드리겠습니다.

① 윤민철 대리 ② 김시향 사원 ③ 문병철 과장 ④ 김성완 주임 ⑤ 오재규 사원

08. 다음은 역사적 인물에 대한 소개글이다. 수정이 필요한 부분으로 가장 적절하지 않은 것은?

원효대사의 일심사상은 모든 존재와 현상이 하나의 마음, 즉 일심에 뿌리를 두고 있다는 관점이다. 마음은 깨끗하거나 더럽다는 상대적인 구분에서 벗어난 (㉠) 것이며, 인간의 마음이 모든 사물과 현상을 인식하는 중심이라고 말한다. 더 나아가 일심은 진여문과 생멸문이라는 두 측면으로 이해될 수 있는데, 전자는 분별을 초월한 본래의 진실을, 후자는 인연을 따라 전개되는 현상 세계를 가리킨다. 원효는 다양한 불교 경전을 연구하며 각 전통의 차이를 살폈으나, 결국 모든 교리는 궁극적으로 하나의 진리로 수렴된다고 보았다. 따라서 그는 특정 교리나 관념에 ㉡ 얽메이지 않고, '마음의 본질'을 깨닫는 것이 중요하다고 강조했다. 이는 누구든 마음이 바른 상태에 놓일 경우 진정한 깨달음에 이를 수 있다는 믿음에서 비롯된 것이다. 이러한 사상은 주로 왕실과 귀족 중심으로 전개되던 불교 이해를 대중의 일상 속 실천으로 확장하는 데 기여했다. 또한 원효대사는 다양한 사상 간의 통합이 가능하다는 화쟁사상을 펼쳤는데, 이는 ㉢ 상생되는 듯 보이는 ㉣ 두가지 이상의 교리들 사이에서 공통된 진리를 찾아 대립을 조화롭게 해소하려는 사상이다. 특정 학파의 일방적 승리를 목표로 하기보다, 서로 다른 관점이 인연을 따라 연결되어 있다는 연기적 관계를 드러내는 데 의의를 두는 것이다. 이러한 관점은 인간 존재와 우주 만물의 관계를 해석하는 데에도 적용되며, 한국 불교의 특성을 잘 보여주는 사상이라는 점에서 의미가 크다. 원효의 가르침은 오늘날에도 여전히 많은 이들에게 영감을 주며, 현실에서의 다양한 갈등을 ㉤ 극복하는 데 필요한 지혜를 전한다.

① ㉠에는 글의 흐름에 따라 '절대적인'이 들어가야 한다

② ㉡은 맞춤법이 옳지 않으므로 '얽매이지'로 고쳐 써야 한다.

③ ㉢은 문맥상 적절하지 않은 단어이므로 '상충'으로 바꿔 써야 한다.

④ ㉣은 띄어쓰기가 올바르지 않으므로 '두 가지'로 띄어 써야 한다

⑤ ㉤은 띄어쓰기가 올바르지 않으므로 '극복하는데'로 붙여 써야 한다.

09. K 회사에서는 서류 전형을 통과한 지원자 12명의 면접을 진행하였다. 면접관은 가~마 5명이며, 면접 전형에서는 면접 대상 지원자의 50%가 합격한다. 다음의 평가 방법과 지원자별 면접관 점수를 모두 고려하였을 때, 면접에 합격한 지원자 코드를 높은 순위부터 차례로 나열한 것은?

[평가 방법]

- 면접관 5명의 점수 중 최고 점수와 최저 점수를 제외한 평균 점수를 면접 점수로 한다.
- 동일한 최고 점수 및 최저 점수가 있는 경우에는 동일한 점수 중 하나의 점수만 제외한다.
- 면접 점수와 보훈 점수를 합한 점수를 최종 점수로 하며, 최종 점수가 높은 순으로 순위를 매겨 합격자를 결정한다.
- 최종 점수가 동일한 경우, 면접 점수가 높은 지원자에게 더 높은 순위를 부여한다.

[지원자별 면접관 점수]

지원자 코드	보훈 점수	가 면접관	나 면접관	다 면접관	라 면접관	마 면접관
A0823	3점	80점	95점	90점	83점	82점
B0915	8점	79점	81점	83점	91점	82점
A1017	5점	75점	83점	69점	73점	87점
C0530	10점	65점	69점	74점	80점	79점
A0715	8점	90점	81점	87점	75점	75점
B0321	3점	89점	85점	79점	90점	93점
B0930	5점	83점	78점	85점	78점	90점
C0518	0점	78점	84점	93점	81점	77점
A0810	1점	95점	89점	88점	81점	84점
C1205	0점	74점	92점	80점	83점	68점
B1121	10점	58점	75점	69점	78점	81점
C1211	3점	71점	69점	80점	81점	80점

① A0823 – A0715 – B0915 – B0321 – A0810 – B0930

② B0915 – A0715 – A0823 – B0321 – A0810 – B1121

③ B0915 – B0321 – A0810 – A0823 – B0930 – A0715

④ B0321 – B0915 – A0715 – A0823 – A0810 – B0930

⑤ B0321 – B0915 – A0715 – A0810 – A0823 – B0930

10. **다음은 농업정책자금(농기계) 집중상담 운영에 대한 자료이다. 자료를 토대로 운영안을 이해한 내용으로 옳지 않은 것은?**

[○○지점 농업정책자금(농기계) 집중상담 운영안]

○○지점은 영농철을 맞아 농업정책자금에 대한 상담 수요 증가에 대응하기 위하여 8월 XX일에 '1일 집중상담 창구'를 운영한다.

▶ 기본 운영 구조
- 정규 영업시간: 09:00–18:00 (점심시간 12:00–13:00)
- 상담 유형
  - 전문상담: 농림수산업자신용보증기금 연계·소득추정·재무검토 등
  - 일반상담: 계정·기본금리·서류 안내 등
    ※ 일반상담사는 일반상담만을 진행할 수 있고, 전문상담사는 전문/일반상담 모두 진행할 수 있음
- 상담은 원칙상 예약제로 진행되며, 매 시간대별 잔여 시간이 있을 시 현장 대기 고객 접수 가능함
- 1건당 상담 시간: 15분(일반상담), 30분(전문상담)
  ※ 1) 모든 상담은 분할하여 진행될 수 없음
  2) 상담사는 영업시간 내내 상담을 진행하며, 점심시간외 휴식 시간은 없음

▶ 추가 운영 규칙
- 전문상담사가 일반상담을 일부 진행하더라도, 전체 상담 시간의 80% 이상은 전문상담을 진행하여야 함
- 정규 영업시간 내에 상담을 전부 진행할 수 없다면 연장근무로 진행하되, 19:00 이전에 모든 상담을 마쳐야 함

[총 예약 건수]

일반상담	전문상담
65건	43건

[상담사 인건비 및 배치안]

▶ **인건비**: 일반상담사는 22,000원/시간, 전문상담사는 35,000원/시간
※ 점심시간을 제외한 근무시간으로 산정함

배치안	일반상담사	전문상담사
A안	3명	2명
B안	2명	3명
C안	1명	4명

① A안을 선택할 경우 연장근무를 하더라도 예약된 상담을 모두 처리할 수 없다.

② B안을 선택할 경우 예약된 모든 상담을 정규 영업시간 내에 처리할 수 있다.

③ C안을 선택할 경우 연장근무를 한다면 예약된 상담을 모두 처리할 수 있다.

④ 전문상담사의 상담시간 비율 제한이 없다면 인건비를 최소화할 수 있는 배치안은 B안이다.

⑤ 일반상담사와 전문상담사가 각각 점심시간을 제외하고 총 8시간 근무한다면 받는 인건비는 전문상담사가 일반상담사보다 104,000원 더 많다.

11. J 기업은 대학생을 대상으로 광고 아이디어 공모전을 개최하였고 대상 1팀, 최우수상 1팀, 우수상 1팀, 장려상 2팀을 선정하였다. 가, 나, 다, 라, 마 5팀이 입상하였을 때, 우수상을 받은 팀은?

[수상 내역]

구분	상금	혜택
대상(1위)	500만 원	J 기업 인턴십 기회 부여
최우수상(2위)	200만 원	
우수상(3위)	100만 원	J 기업 채용 서류전형 면제
장려상(4위)	각 50만 원	

[입상 현황]

- '라'팀이 받은 상금은 '다'팀이 받은 상금의 두 배이다.
- '가'팀과 '라'팀의 순위 차이는 '다'팀과 '마'팀의 순위 차이와 같고, 네 팀의 순위는 모두 다르다.
- '나'팀 또는 '라'팀은 J 기업 인턴십 기회를 부여받았다.

① 가 ② 나 ③ 다 ④ 라 ⑤ 마

12. 다음은 이소령 고객의 2025년 6월분 전기요금 청구서와 주택용 전력 전기요금표에 관한 자료이다. 이소령 고객의 6월분 전기요금 청구금액은?

[6월분 전기요금 청구서]

청구내역(원)		고객 사항		사용 장소	서울특별시 동작구		
기본 요금	( )	계약 종별	주택용 전력	고객 번호	*******		
전력량 요금	( )	정기 검침일	1일	청구금액	( )	납기일	2025년 7월 30일
역률 요금	0	계량기 번호	345678	사용 기간	2025년 6월 1일~2025년 6월 30일		
대가족 요금	0	계량기 배수	1	고객 전용 지정계좌(예금주 : 한국전력공사)			
다자녀 할인	0	계약 전력	3kWh				
복지 할인	0	가구 수	1가구	AB은행 *****-**-******			
자동납부 할인	0	TV 대수	1대	CH은행 *****-**-******			
인터넷 할인	0	역률	0	HJ은행 *****-**-******			
				SJ은행 *****-**-******			
모바일 할인	0						
전기요금계	( )			※ 위 계좌번호는 고유계좌로 청구금액과 동일하게 입금하면 즉시 수납 처리됨			
부가가치세	( )						
계기 변상금	0						
연체료	0			계량기 지침 비교		전자 세금계산서	
전력 기금	810			당월 지침	******		
가산금	0			전월 지침	******		
원단위 절사	( )	년 월 일 미납 내역		사용량 비교			
당월 요금계	( )	미납 월	금액	당월	210kWh		
미납 요금	0	계	미납 금액 없음	전월	190kWh		
TV 수신료	2,500			전년 동월	195kWh		
청구금액	( )			고객센터	(국번 없이) 000		

※ 1) 전기요금계 = 기본 요금 + 전력량 요금 + 기타 요금 − 기타 할인
2) 부가가치세 = 전기요금계 × 10%
3) 당월 요금계 = 전기요금계 + 부가가치세 + 계기 변상금 + 연체료 + 전력 기금 + 가산금 (단, 계산값은 원 단위 절사한다.)
4) 청구금액 = 당월 요금계 + 미납 요금 + TV 수신료

[주택용 전력(저압·고압) 전기요금표]

기본 요금(원/호)			전력량 요금(원/kWh)		
구간	저압	고압	구간	저압	고압
200kWh 이하 사용	910	730	처음 200kWh까지	93.3	78.3
201~400kWh 사용	1,600	1,260	다음 200kWh까지	187.9	147.3
400kWh 초과 사용	7,300	6,060	400kWh 초과	280.6	215.6

※ 주택용 고객 중 계약 전력이 3kWh 이하인 고객은 저압 요금을 적용함

① 23,540원 ② 26,850원 ③ 27,660원 ④ 36,540원 ⑤ 48,470원

13. N 스포츠웨어 기획팀에 근무하는 김 팀장은 브랜드의 성장을 촉진하고자 3C 분석을 하였다. 3C 분석 결과가 다음과 같을 때, 김 팀장이 선택할 전략으로 적절한 것의 개수는?

3C 분석은 기업이 전략을 수립할 때 고객(Customer), 자사(Company), 경쟁사(Competitor)를 중심으로 시장 상황을 분석하는 기법이다. 그중 고객 분석은 '고객이 자사의 상품이나 서비스에 만족하고 있는지'를, 자사 분석은 '자사가 세운 달성 목표와 현상 간에 차이가 없는지'를, 경쟁사 분석은 '경쟁기업의 우수한 점과 자사의 현상과 차이가 없는지'를 질문을 통해 분석하는 방법이다.

[N 스포츠웨어 3C 분석]

구분	내용
고객 (Customer)	• 가격 대비 성능을 중시하는 소비자 증가 • 기능성 제품과 친환경 소재 사용에 대한 관심 증가 • 온라인 쇼핑에 대한 선호도 증가
자사 (Company)	• 첨단 기능성 소재와 친환경 소재 사용을 강화 • 운동복과 일상복이 결합된 애슬레저 라인 출시 • 오프라인 매장과 온라인 스토어 간의 연계성을 강화하는 옴니채널 전략 추진
경쟁사 (Competitor)	• 글로벌 스포츠웨어 브랜드와 가격 경쟁이 치열 • 유명 디자이너와 협업한 한정판 마케팅 • 스마트웨어와 웨어러블 디바이스 시장을 선도

㉠ 기능성 소재와 지속 가능한 친환경 제품을 내세운 마케팅을 진행한다.
㉡ 글로벌 스포츠웨어 브랜드와 경쟁에서 경쟁력을 확보하기 위해 자사 브랜드의 차별점을 정립한다.
㉢ 온라인 스토어의 접근성을 높이고, 구매 후 오프라인 매장에서 제품을 픽업할 수 있는 서비스를 제공한다.
㉣ 스포츠와 기술을 결합한 스마트웨어 시장에 진출하고, 자체 웨어러블 디바이스를 개발하여 출시한다.

① 0개　② 1개　③ 2개　④ 3개　⑤ 4개

14. 다음은 A 국 가을 무와 고랭지 무의 비목명별 생산비를 나타낸 자료이다. 자료에 대한 설명으로 옳지 않은 것은?

[비목명별 가을 무 생산비]

(단위: 원)

구분	2022년	2023년	2024년
경영비	1,003,740	1,097,604	1,134,614
자가노동비	781,783	673,735	1,041,144
유동자본 용역비	6,928	8,212	7,538
고정자본 용역비	38,565	27,105	45,505
토지자본 용역비	80,326	94,303	114,679
합계	1,911,342	1,900,959	2,343,480

[비목명별 고랭지 무 생산비]

(단위: 원)

구분	2022년	2023년	2024년
경영비	1,249,093	1,529,151	1,272,185
자가노동비	174,100	352,995	472,948
유동자본 용역비	12,065	15,555	9,871
고정자본 용역비	26,521	25,648	33,358
토지자본 용역비	224,328	278,872	248,389
합계	1,686,107	2,202,221	2,036,751

① 2023년 고랭지 무 경영비의 전년 대비 증가액은 280,058원이다.

② 2024년 가을 무 전체 생산비에서 토지자본 용역비가 차지하는 비중은 5% 미만이다.

③ 2023년 고랭지 무 유동자본 용역비의 전년 대비 증가율은 30% 미만이다.

④ 제시된 기간 동안 자가노동비의 평균은 가을 무가 고랭지 무의 3배 이상이다.

⑤ 고랭지 무 생산비가 많은 순서대로 비목명을 나열하면 그 순위는 2023년과 2024년이 동일하다.

15. **다음은 개인종합자산관리계좌(ISA)에 대한 설명이다. 개인종합자산관리계좌(ISA)에 가입한 정 씨의 정보를 토대로 정 씨가 계좌 내 상품을 모두 해지하여 세금을 납부하려고 할 때, 정 씨가 납부해야 하는 상품에 대한 세금은?** (단, 정 씨의 상품은 모두 의무가입기간을 경과하였고, 제시되지 않은 내용은 고려하지 않는다.)

[개인종합자산관리계좌(ISA)]

개인종합자산관리계좌(ISA)란 한 계좌에서 예금, 펀드, 파생결합증권 등 여러 금융상품에 분산 투자하며 비과세 혜택을 받을 수 있는 자산관리계좌이다.

1. 가입대상
   - 직전 3개년도 내 금융소득종합과세대상자가 아닌 19세 이상 국내 거주자
   - 직전 3개년도 내 금융소득종합과세대상자가 아니면서 직전 과세기간에 근로소득이 있는 15세 이상 19세 미만 국내 거주자

2. 납입한도
   - 연간 2천만 원, 총한도 1억 원
     ※ 전년도에 연간 한도인 2천만 원보다 미납한 금액만큼 그다음 해에 추가납입이 가능함

3. 의무가입기간
   - 가입일로부터 3년
     ※ 의무가입기간 내 해지할 경우 소득세, 일반과세 등 세제상 불이익을 받을 수 있음

4. 세제 혜택
   - 금융상품에 가입하여 발생한 계좌 내 모든 이익의 합계에서 모든 손실을 차감한 순이익을 기준으로 특정 이익까지는 비과세이고, 그 이익을 초과했을 경우 9.9%의 분리과세를 부과함

5. 비과세 요건 및 한도

요건	한도
다음 요건 중 하나의 요건에 해당하는 자 • 연간 근로소득이 5,000만 원 이하인 자 • 종합소득이 3,500만 원 이하인 자	400만 원
비과세 한도 400만 원 요건에 해당하지 않는 자	200만 원

[정 씨의 정보]

- 나이: 19세
- 연간 근로소득: 600만 원
- 종합소득: 1,200만 원
- 개인종합자산관리계좌(ISA) 내 상품 현재 가치
  - 펀드: 2,000만 원(투자 금액: 2,200만 원)
  - 예금: 3,000만 원(투자 금액: 2,800만 원)
  - ELS: 2,500만 원(투자 금액: 2,000만 원)

① 99,000원 ② 154,000원 ③ 462,000원 ④ 495,000원 ⑤ 693,000원

16. **다음은 서울 영업본부 H 본부장의 2월 출장 업무 일정 계획표와 교통수단별 운행 정보를 나타낸 것이다. H 본부장은 2월 16일 오후 5시 여의도에 위치한 본사에서 진행될 회의에 참석해야 하며, 회의 준비를 위해 회의 시간보다 1시간 30분 일찍 본사에 도착해야 한다. H 본부장이 2월 16일에 출장 관련 업무를 최대한으로 진행하다가 출발한다고 할 때, 출발 시각으로 적절한 것은?** (단, 사내버스를 제외한 교통수단의 출발지는 각 영업본부와 5분 거리에 있다.)

[출장 업무 일정 계획표]

날짜	2월 6일	2월 7일	2월 8일	2월 9일	2월 10일
업무 내용	- 대전 영업본부 방문 - 지역경제 활성화 계획 회의		경북지역 AI(조류인플루엔자) 방역 현장 방문		
날짜	2월 13일	2월 14일	2월 15일	2월 16일	2월 17일
업무 내용	현장농담 참석	부산 영업본부 방문 및 농가 실익 증진 계획 회의			인천 영업본부 농가 보호 대책 회의
				본사 회의 참석	

[교통수단별 운행 정보]

구분	출발지	도착지	출발지 → 도착지 소요시간	첫차	배차간격	도착지 → 여의도 본사 소요시간
고속버스	대전버스터미널	서울버스터미널	1시간 45분	6:00	15분	35분
	김천버스터미널	서울버스터미널	2시간 40분	7:30	90분	
	부산버스터미널	서울버스터미널	4시간 20분	6:00	30분	
KTX	대전역	서울역	1시간 2분	5:55	45분	30분
	부산역	서울역	2시간 40분	6:10	200분	
ITX-새마을	대전역	서울역	1시간 46분	9:27	160분	
	부산역	서울역	4시간 40분	6:25	180분	
사내버스	대전 영업본부	여의도 본사	2시간 23분	7:00	40분	-
	부산 영업본부	여의도 본사	5시간 20분	9:00	120분	-

① 09:55 ② 10:25 ③ 10:55 ④ 11:50 ⑤ 12:45

17. 다음은 A~E 지역의 가축별 축산 귀농 가구 수를 나타낸 자료이다. 제시된 지역 중 전체 축산 귀농 가구 수가 가장 많은 지역과 전체 축산 귀농 가구 수가 가장 적은 지역의 전체 축산 귀농 가구 수 차이는?

[가축별 축산 귀농 가구 수]

(단위: 가구)

구분	A 지역	B 지역	C 지역	D 지역	E 지역
소	4	49	48	18	18
돼지	38	45	11	37	18
닭	9	25	43	42	46
오리	41	15	36	42	19
사슴	29	39	29	25	7
꿀벌	45	35	34	28	12
기타	31	46	50	36	44

① 64가구 ② 75가구 ③ 87가구 ④ 90가구 ⑤ 92가구

18. Z 수출회사에서는 미국, 일본, 터키, 프랑스, 러시아 국적의 외국인 바이어 5명에게 식사를 대접할 레스토랑을 선정하려고 한다. 후보 레스토랑 정보를 바탕으로 평가 방법에 따른 평가점수의 총점이 가장 높은 레스토랑에서 식사를 한다고 할 때, 외국인 바이어들과 함께 갈 레스토랑은?

[후보 레스토랑 정보]

구분	터키 레스토랑	일본 레스토랑	중국 레스토랑	한국 레스토랑	러시아 레스토랑
1인당 가격	20,000원	17,000원	25,000원	14,000원	34,000원
분위기	조용함	조금 시끄러움	매우 시끄러움	시끄러움	매우 조용함
할인 여부	O	X	O	X	O

[평가 및 선정 방법]

- 1인당 가격이 낮을수록 평가점수가 높으며, 각 1점부터 5점까지 1점씩 차등을 두고 평가한다.
- 분위기가 조용할수록 평가점수가 높으며, 각 1점부터 5점까지 1점씩 차등을 두고 평가한다.
- 레스토랑의 종류와 같은 국적의 바이어가 있으면 3점의 가점이 있다.
- 평가점수의 총점이 동점인 경우 할인이 되는 레스토랑으로 최종 선정한다.

① 터키 레스토랑 ② 일본 레스토랑 ③ 중국 레스토랑
④ 한국 레스토랑 ⑤ 러시아 레스토랑

19. ○○은행의 디지털마케팅부 소속인 J 주임은 외부 업체와의 미팅으로 주간회의에 참석하지 못하여 다음날 회의록을 통해 회의 내용을 확인하였다. 다음 중 J 주임이 가장 먼저 완료해야 할 업무로 가장 적절한 것은?

<table>
<tr><th colspan="4">주간회의록</th></tr>
<tr><td>일시</td><td>20XX년 9월 20일(월) 13:00~14:00</td><td>장소</td><td>3층 제1회의실</td></tr>
<tr><td>참석자</td><td>A 과장, B 계장, C 주임, D 사원, E 사원</td><td>작성자</td><td>E 사원</td></tr>
<tr><th colspan="4">내용</th></tr>
<tr><td colspan="4">
1. 디지털 신규 상품 홍보 준비 업무 점검

<table>
<tr><th>업무</th><th>담당자</th><th>완료일</th></tr>
<tr><td>SNS 및 블로그 상품 출시 홍보 자료 초안 제작 및 배포
※ C 주임이 검수 진행하며, B 계장이 최종 검토한 뒤 배포</td><td>E 사원</td><td>9/22(수) 18시</td></tr>
<tr><td>SNS 및 블로그 상품 출시 보도자료 초안 제작 및 배포
※ J 주임이 검수 진행하며, A 과장이 최종 검토한 뒤 배포</td><td>D 사원</td><td>9/22(수) 18시</td></tr>
<tr><td>모바일 플랫폼 단골 퀴즈 이벤트 기획 관련 부서 회의 참석
※ J 주임은 퀴즈 문제 및 답안 목록 작성하여 회의 시작 전 관련 부서에 공유</td><td>B 계장,
J 주임</td><td>9/21(화) 16~17시</td></tr>
<tr><td>모바일 플랫폼 단골 퀴즈 이벤트 관련 보도자료 초안 제작 및 배포
※ C 주임이 검수 진행하며, A 과장이 최종 검토한 뒤 배포</td><td>D 사원</td><td>9/25(금) 18시</td></tr>
</table>

2. 디지털 금융 소외지역 맞춤형 금융교육 홍보 준비 업무 점검

<table>
<tr><th>업무</th><th>담당자</th><th>완료일</th></tr>
<tr><td>대학생 봉사단 사전 교육 관련 부서별 담당자 회의 참석</td><td>B 계장,
C 주임</td><td>9/21(화) 9~10시</td></tr>
<tr><td>금융교육 홍보 이벤트 기획 관련 부서별 담당자 회의 참석</td><td>A 과장,
J 주임</td><td>9/21(화) 11~12시</td></tr>
<tr><td>금융교육 홍보 자료 인쇄물 제작 요청
※ 9/20(월) 완료 예정이었던 홍보 자료 초안 제작 일정이 반나절 지연되어, E 사원은 홍보 자료를 J 주임에게 최종 검토받은 후 9/21(화) 12시까지 인쇄물 제작 요청 완료할 예정</td><td>E 사원</td><td>9/21(화) 12시</td></tr>
<tr><td>금융교육 관련 보도자료 초안 제작 및 배포
※ J 주임이 크로스 검수하여 진행하며, A 과장이 최종 검토한 뒤 배포</td><td>D 사원</td><td>9/23(수) 12시</td></tr>
</table>
</td></tr>
<tr><td>특이사항</td><td colspan="3">- 회의에 필요한 관련 자료는 최소 회의 시작 2시간 전까지 공유되어야 함
- 타 팀과의 협업을 위한 회의가 있는 경우, 업무 누락 방지 및 원활한 업무 진행을 위해 회의에 참석한 담당자 또는 참석자 중 가장 후임자가 관련 내용을 기록하여 다음 주간 회의에 팀원들에게 해당 내용을 공유해야 함</td></tr>
</table>

① 홍보 자료 인쇄물 제작 요청을 위해 E 사원이 제작한 금융교육 홍보 자료 초안을 최종 검토한다.

② A 과장과 함께 금융교육 홍보 이벤트를 기획하기 위한 관련 부서별 담당자 회의에 참석한다.

③ D 사원이 제작한 SNS 및 블로그 상품 출시 보도자료 초안을 검수하여 피드백을 전달한다.

④ 금융교육 홍보 이벤트 기획을 위한 관련 부서별 담당자 회의에 참석하여 회의 내용을 기록한다.

⑤ 모바일 플랫폼 단골 퀴즈 이벤트 회의 시작 전 관련 부서에 퀴즈 문제와 답안 목록을 공유한다.

20. **다음은 N 은행 ΔΔ대출 상품 안내문의 일부이다. 채무자 A의 상황이 다음과 같을 때, 연체가 발생한 지 73일째 되는 날 A가 납부해야 할 지연배상금은?**

> [N 은행 ΔΔ대출 상품 안내문]
>
> • **원금 및 이자상환 안내**
>   – 원금균등분할상환: 대출 원금을 대출 개월 수만큼 균등하게 분할하고 이자를 더하여 매월 상환하는 방식
>   – 원리금균등분할상환: 대출 원금과 이자의 합계 금액을 대출기간 동안 균등하게 분할하여 매월 상환하는 방식
>
> • **연체이자(지연배상금) 안내**
>   – 이자, 분할상환금, 분할상환원리금을 납부일에 상환하지 않은 경우, 상환하여야 할 금액에 대하여 그 다음 날부터 지연배상금이 부과됨
>   – 대출기간 만료일에 채무를 이행하지 않은 경우, 그다음 날부터 대출금 잔액에 대하여 지연배상금을 부과하되, 지연배상금률이 연 15%를 초과하는 경우에는 연 15%를 적용함
>   – 지연배상금률(%) = 연체일수 × (채무자 대출금리 + 3%) / 365

> [채무자 A의 상황]
>
> • 원금 또는 이자상환 방식: 원리금균등분할상환
> • 대출기간: 3년
> • 대출금액: 7,200만 원
> • 대출금리: 연 4.5%
> • 대출 후 35회 채무를 이행하였으나 36회차 납부일 이후 73일 동안 채무를 이행하지 못함

① 30,000원　② 34,050원　③ 46,050원　④ 64,050원　⑤ 82,050원

21. A 지역의 주민자치위원회는 지역 공공근로자를 유채꽃밭 조성 사업에 투입시킬 예정이다. 유채꽃밭 조성 사업 지침과 공공근로자 인원수 및 1인당 작업 속도를 고려하였을 때, 유채꽃밭을 조성하기 위해 공공근로자가 근무하는 일수는?

[유채꽃밭 조성 사업 지침]

- A 지역의 하천 공원 중 14만 m^2에 유채꽃밭을 조성한다.
- 공공근로자의 근무시간은 09:00~16:00이고, 점심시간은 12:00~13:00이며, 점심시간에는 작업을 진행하지 않는다.
- 공공근로자는 5개 조로 나누어 작업에 투입될 예정이며, 각 조는 일주일 중 서로 다른 요일에 한 번씩만 근무한다.
- 각 조는 성별과 연령대 비율이 모두 같도록 구성한다.

[공공근로자 인원수 및 1인당 작업 속도]

성별	연령대	인원수	1인당 작업 속도
남자	60세 이상~65세 미만	75명	0.3m^2/분
	65세 이상~70세 미만	50명	0.2m^2/분
	70세 이상	30명	0.2m^2/분
여자	60세 이상~65세 미만	85명	0.5m^2/분
	65세 이상~70세 미만	40명	0.3m^2/분
	70세 이상	25명	0.2m^2/분

① 16일　② 17일　③ 18일　④ 19일　⑤ 20일

22. ◇◇공사에 합격한 하반기 신입사원 갑, 을, 병, 정과 경력사원 A, B는 경영지원팀, 기획팀, 인사팀, 회계팀 중 한 곳으로 배치를 받으며, 아무도 배치되지 않는 부서는 없다. 다음 조건을 모두 고려하였을 때, 항상 거짓인 것은?

- 6명 중 경력사원 1명만 회계팀에 배치된다.
- 병은 인사팀에 배치되고, B는 인사팀에 배치되지 않는다.
- 경영지원팀에는 신입사원 2명만 배치되거나 경력사원만 1명 배치된다.
- 정이 기획팀에 배치된다면, 갑도 기획팀에 배치된다.
- 갑이 경영지원팀에 배치된다면, 을은 기획팀에 배치된다.
- 정이 기획팀에 배치되거나 갑이 경영지원팀에 배치된다.

① B는 기획팀에 배치된다.

② 갑은 인사팀에 배치되지 않는다.

③ 경영지원팀에는 2명이 배치된다.

④ 병은 혼자 배치된다.

⑤ 인사팀에는 3명이 배치된다.

23. N 식당을 운영하는 재석이는 사이드 메뉴에 케첩과 마요네즈 소스를 제공한다. 다음 조건을 모두 고려하여 재석이가 소스를 구매했을 때, 옳지 않은 것은?

- 케첩의 구매 가격은 16만 원, 마요네즈의 구매 가격은 25만 원이다.
- M 카드사는 매월 22일에 이벤트를 진행하여 M 카드로 해당 날짜에 소스 구매 시 30% 할인이 적용된다.
- Q 카드사는 월과 일이 동일한 날짜(예. 9월 9일, 12월 12일 등)에 이벤트를 진행하여 Q 카드로 해당 날짜에 소스 구매 시 20% 할인이 적용된다.
- 두 가지 소스 중 한 가지라도 소진하면, 소진한 소스에 해당하는 감정소비비용이 적용된다.
- 케첩의 감정소비비용은 6천 원, 마요네즈의 감정소비비용은 8천 원이다.
- 감정소비비용은 소스를 소진한 날부터 소진한 소스를 구매하기 전날까지 하루 단위로 적용되며, 구매한 날부터는 감정소비비용이 적용되지 않는다.

① 8월 15일에 케첩을 소진하여 8월 22일에 M 카드로 케첩을 구매한 뒤, 9월 8일까지 두 가지 소스를 모두 보유하였지만 9월 9일에 Q 카드로 두 가지 소스를 모두 추가 구매하면 총비용은 482,000원이다.

② 4월 6일에 두 가지 소스를 모두 소진하여 4월 12일에 Q 카드로 케첩을 구매한 뒤, 4월 22일에 M 카드로 마요네즈를 추가 구매하면 총비용은 499,000원이다.

③ 11월 3일에 마요네즈를 소진하여 11월 11일에 Q 카드로 두 가지 소스를 모두 구매한 뒤, 12월 11일까지 두 가지 소스를 모두 보유하였지만 12월 12일에 Q 카드로 마요네즈를 추가 구매하면 총비용은 592,000원이다.

④ 9월 21일까지 두 가지 소스를 모두 보유하였지만 9월 22일에 M 카드로 케첩을 구매한 뒤, 9월 28일에 마요네즈를 소진하여 10월 10일에 Q 카드로 마요네즈를 추가 구매하면 총비용은 416,000원이다.

⑤ 7월 16일까지 두 가지 소스를 모두 보유하였지만 7월 17일에 M 카드로 마요네즈를 구매한 뒤, 7월 21일까지 두 가지 소스를 모두 보유하였지만 7월 22일에 M 카드로 두 가지 소스를 모두 추가 구매하면 총비용은 537,000원이다.

24. 올해 K 기업 에너지 관리부의 승진 후보자는 5명이며, 승진 후보자의 평가 점수는 다음과 같다. 회의록을 고려하였을 때, 승진 후보자 중 승진 대상자로 선정되는 사람은?

<table>
<tr><th colspan="6">회의록</th></tr>
<tr><th>회의 일시</th><td>202X년 3월 3일(화)</td><th>회의 장소</th><td>10층 1회의실</td><th>작성자</th><td>김학주 대리</td></tr>
<tr><th>참석자</th><td colspan="5">김우리 사장, 박관율 이사, 신상순 이사, 이춘석 부장, 남석호 차장</td></tr>
<tr><th>안건</th><td colspan="5">에너지 관리부의 승진 후보자 5명 중 승진 대상자 1명을 선정하기 위함</td></tr>
<tr><th>회의 내용</th><td colspan="5">
1. 에너지 관리부 승진 대상 점수 기준
- 진급 시험 과목 중 1과목이라도 45점 미만인 경우 과락으로 승진 대상자에서 제외한다.
- 전체 점수는 역량평가 30%, 인사평가 30%, 진급 시험 과목 40%의 가중치를 적용하여 합산하며, 전체 점수가 가장 높은 승진 후보자를 승진 대상자로 선정한다.
- 진급 시험 과목은 언어 20%, 수학 30%, 영어 20%, 직무 30%의 가중치를 적용하여 합산한다.

2. 승진 후보자별 평가 점수
<table>
<tr><th rowspan="2">구분</th><th rowspan="2">역량평가
(30%)</th><th rowspan="2">인사평가
(30%)</th><th colspan="4">진급 시험 과목(40%)</th></tr>
<tr><th>언어(20%)</th><th>수학(30%)</th><th>영어(20%)</th><th>직무(30%)</th></tr>
<tr><td>A</td><td>85</td><td>90</td><td>75</td><td>55</td><td>70</td><td>45</td></tr>
<tr><td>B</td><td>95</td><td>75</td><td>50</td><td>100</td><td>45</td><td>100</td></tr>
<tr><td>C</td><td>90</td><td>85</td><td>55</td><td>70</td><td>80</td><td>70</td></tr>
<tr><td>D</td><td>80</td><td>95</td><td>85</td><td>90</td><td>65</td><td>75</td></tr>
<tr><td>E</td><td>90</td><td>95</td><td>90</td><td>35</td><td>85</td><td>85</td></tr>
</table>
</td></tr>
</table>

① A　　② B　　③ C　　④ D　　⑤ E

25. 다음 글의 내용과 일치하지 않는 것은?

> 기원전 6세기 후반에서 5세기 사이의 고대 그리스에서는 철학과 관련된 여러 주장이 펼쳐진다. 이 철학 사상들은 소크라테스 이전 주요 철학 사상으로 활약하였는데, 지역과 이론을 기준으로 크게 두 가지로 구분되었다. 소아시아 서쪽 해안의 이오니아 지방 밀레투스에서 발생한 자연 철학 중심의 분파를 밀레투스학파라 불렀으며, 이탈리아 남부 엘레아를 근거지로 나타난 사상 중심의 분파를 엘레아학파라고 칭했다.
>
> 이오니아 지방에 근거지를 두었다는 점 때문에 이오니아학파라고도 불리는 밀레투스학파는 소크라테스 이전 시기의 그리스 철학 중에서 가장 오래된 것으로 평가받는다. 이 학파에서는 자연현상과 주기의 변화를 설명하고자 신화적 상상이나 종교적 세계관에서 벗어나 자연 내부의 원리 및 근원이 되는 물리적 법칙을 찾기 위해 유물론적 자연 철학을 성립하였다.
>
> 밀레투스학파의 대표적인 학자로는 탈레스, 아낙시만드로스, 아낙시메네스가 꼽힌다. 그중 고대 그리스 7대 현인의 최초 인물로도 여겨지는 탈레스는 물을 만물의 근원으로 여겨, 땅은 물 위에 떠 있는 것이고 모든 것은 물로부터 나온다고 주장하였다. 즉, 하나의 근원 물질이 변화하여 다른 사물을 만들고 다시 이것이 소멸과 생성을 반복한다고 생각하였다.
>
> 이와 달리 엘레아의 제논, 사모스의 멜리소스로 대표되는 엘레아학파의 경우 자연 철학에 기반을 두기보다는 신비주의적이고 형이상학적 철학을 중심으로 하는 분파로 알려져 있다. 이들은 불변하는 하나의 실재가 존재한다고 믿었으며, 감각이나 경험이 아닌 추상적이고 합리적인 사고가 이루어져야만 실재에 가까워질 수 있다고 여겼다.
>
> 또한 절대로 변하거나 사라지지 않는 실재가 세계의 원리이므로 모든 감각이 받아들이는 변화와 차이는 단순히 잘못 인지한 것에 불과하다고 주장했다. 이 과정에서 변증법을 반대하는 주장을 펼치며 오히려 변증법 발전에 영향을 미치기도 하였다. 엘레아학파는 존재론의 기원으로도 여겨진다는 데 의의가 있으며 오늘날까지 심리학, 물리학 등에서 쓰이고 있다.

① 엘레아학파는 자연 철학이 아닌 형이상학적이고 신비주의적인 철학을 중심으로 하는 분파이다.
② 소크라테스 이전 시기의 그리스 철학 중 이오니아학파는 가장 오래된 철학 분파로 여겨진다.
③ 변증법 발전에 공헌한 엘레아학파는 역설적이게도 변증법을 반대하는 주장을 펼친 바 있다.
④ 밀레투스학파의 탈레스는 하나의 근원 물질인 땅이 변화하여 다른 사물을 만들어 낸다고 주장하였다.
⑤ 밀레투스학파와 엘레아학파 모두 소크라테스 이전의 주요 철학 사상으로 활약하였다.

26. 다음은 2024년 X 국의 지역별 봉사활동 참여인원에 대한 자료이다. 자료에 대한 설명으로 옳지 않은 것은?

[지역별 봉사활동 참여 인원]

(단위: 명)

구분	1분기	2분기	3분기	4분기
A 지역	171,173	261,035	233,404	195,256
B 지역	58,290	76,057	73,856	72,321
C 지역	42,474	58,017	53,741	54,082
D 지역	25,056	37,887	32,965	31,784
E 지역	40,942	50,088	50,420	47,813
F 지역	1,452	2,096	2,179	2,254
G 지역	147,305	233,065	197,947	166,555
H 지역	11,581	18,768	16,982	17,152
합계	498,273	737,013	661,494	587,217

① 2분기 대비 4분기 봉사활동 참여 인원의 증감 방향이 A 지역과 다른 지역은 1곳뿐이다.

② 지역별 봉사활동 참여 인원이 많은 지역부터 순서대로 나열하면, 2분기와 3분기는 서로 다르다.

③ 봉사활동 참여 인원은 매 분기 B 지역이 H 지역의 4배 이상이다.

④ 1분기 대비 4분기 F 지역의 봉사활동 참여 인원은 50% 이상 증가하였다.

⑤ 2분기 이후 E 지역의 봉사활동 참여 인원이 직전 분기 대비 처음으로 감소한 분기에 전체 봉사활동 참여 인원은 직전 분기 대비 74,000명 이상 감소하였다.

27. 다음은 제품 평가 기준과 샘플 제품 항목별 테스트 점수이다. 제품 평가 기준을 근거로 판단할 때, A 등급 이상인 샘플 제품의 개수는?

[제품 평가 기준]

• 평가 점수는 항목별 평가 점수의 총합으로 구한다.
• 항목별 평가 점수는 항목별 테스트 점수에 항목별 가중치를 곱하여 구한다.

구분	외관	무게	크기	색상	성능
가중치	0.1	0.1	0.2	0.3	0.3

• 평가 점수를 기준으로 등급을 산정한다.

평가 점수	6점 미만	6점 이상 7점 미만	7점 이상 8점 미만	8점 이상 9점 미만	9점 이상
등급	D	C	B	A	S

[샘플 제품 항목별 테스트 점수]

구분	외관	무게	크기	색상	성능
샘플1	10점	8점	9점	6점	7점
샘플2	5점	7점	9점	7점	8점
샘플3	10점	9점	6점	7점	9점
샘플4	10점	6점	8점	9점	5점

① 0개　② 1개　③ 2개　④ 3개　⑤ 4개

28. 화장품 브랜드 가와 나는 새로 출시될 제품의 디자인을 기획하는 과정에서 최근 3년간 개봉한 영화 중 한 편을 선정하여 콜라보레이션을 진행할 예정이다. 후보로 A, B, C, D 영화가 확정되었으며, 가와 나 브랜드는 서로 다른 영화를 선정한다. 후보 영화의 정보 및 영화를 선정하는 기준을 고려하였을 때, 항상 옳은 것은?

[후보 영화 정보]

후보	시청 연령대	개봉 일자	누적 관객 수	상영 횟수
A	15세 이상	2025 – 03 – 16	4,969,735명	118,255회
B	12세 이상	2024 – 02 – 17	4,706,158명	97,314회
C	15세 이상	2024 – 05 – 26	4,692,663명	131,005회
D	15세 이상	2024 – 08 – 03	5,064,796명	101,447회

[영화 선정 기준]

- 가 브랜드는 출시하는 제품의 대상을 고려하여 시청 연령대가 15세 이상인 영화를 선정한다.
- 나 브랜드는 가 브랜드보다 최근에 개봉한 영화를 선정한다.
- 가와 나 중 한 브랜드는 누적 관객 수가 가장 많은 영화를 선정한다.
- 가 브랜드는 나 브랜드보다 상영 횟수가 많은 영화를 선정한다.

① 나 브랜드는 개봉 일자가 가장 최근인 영화를 선정한다.

② 14세는 가 또는 나 브랜드가 선정하는 영화를 시청할 수 있다.

③ 가 브랜드는 상영 횟수가 가장 많은 영화를 선정한다.

④ 가 브랜드가 선정하는 영화는 나 브랜드가 선정하는 영화보다 누적 관객 수가 많다.

⑤ 나 브랜드가 선정하는 영화는 가 브랜드가 선정하는 영화보다 시청 연령대가 높다.

29. 다음은 국가별 환율에 대한 자료이다. 2015년부터 2018년까지 1달러당 환율의 전년 대비 증감 추이가 매년 변하는 국가의 화폐를 이용하여 2014년에 100달러를 구매하였다. 2014년에 100달러를 구매한 동일한 금액으로 2018년에 구매할 수 있는 달러는 약 얼마인가? (단, 환전 수수료는 고려하지 않고 소수점 둘째 자리에서 반올림하여 계산한다.)

[국가별 1달러당 환율]

구분	2014년	2015년	2016년	2017년	2018년
한국(Won)	1,053.12	1,131.52	1,160.41	1,130.48	1,100.58
중국(Yuan)	6.14	6.23	6.64	6.76	6.62
홍콩(HK$)	7.75	7.75	7.76	7.79	7.84
일본(Yen)	105.94	121.04	108.79	112.17	110.42
대만(NT$)	30.37	31.90	32.32	30.44	30.16
베트남(Dong)	21,148.00	21,697.57	21,935.00	22,370.09	22,602.05

※ 출처: KOSIS(한국은행, 환율)

① 95.7달러　② 95.9달러　③ 98.9달러　④ 100.7달러　⑤ 104.2달러

30. 다음 중 파이썬 3의 출력값으로 가장 적절한 것은?

While문은 파이썬에서 문장을 반복하여 수행해야 하는 경우에 사용되는 가장 간단한 루핑 메커니즘으로, 반복문이라고도 부른다. 이는 특정 조건을 설정하여 조건의 부울값이 True라면 while문 내의 코드를 반복하여 실행하고, 조건의 부울값이 False가 되면 while문 내의 코드를 실행하지 않는다. while문의 특정 조건이 항상 성립될 때에는 무한 반복이 만들어지므로 특정 조건 외에 다른 제어 구조를 통해 while문을 끝내기도 하는데, 이 경우 break문을 사용하기도 한다.

[코드]

```
sum = 0
count = 1

while count < 20 and sum < 30:
    sum = sum + count
    count +=3
    if sum == 25:
        print(sum)
        break
print(sum)
```

① 16　② 22　③ 25　④ 32　⑤ 35

31. 다음은 S 국의 2024년 생산가능인구에 대한 자료이다. 자료에 대한 설명으로 옳지 않은 것은?

[월별 생산가능인구 동향]

(단위: 천 명, %)

구분	취업자	실업자	비경제활동 인구	경제활동 참가율	고용률	실업률
1월	25,445	988	16,806	61.1	58.8	3.7
2월	25,418	1,317	16,540	61.8	58.7	4.9
3월	25,800	1,155	16,358	62.2	59.6	4.3
4월	26,153	1,075	16,120	62.8	60.3	3.9
5월	26,450	1,005	15,932	63.3	61.0	3.7
6월	26,559	1,004	15,859	63.5	61.2	3.6
7월	26,603	975	15,864	63.5	61.2	3.5
8월	26,528	996	15,941	63.3	61.0	(　　)
9월	26,531	986	15,972	63.3	61.0	3.6
10월	26,577	923	16,013	63.2	61.1	3.4
11월	26,592	854	16,091	63.0	61.1	3.1
12월	26,168	867	16,526	62.1	60.1	3.2

※ 1) 생산가능인구 = 취업자 + 실업자 + 비경제활동인구
2) 경제활동참가율(%) = {(취업자 + 실업자) / 생산가능인구} × 100
3) 고용률(%) = (취업자 / 생산가능인구) × 100
4) 실업률(%) = {실업자 / (취업자 + 실업자)} × 100

① 취업자가 증가하고 생산가능인구가 감소하면 고용률은 증가한다.

② 2024년 실업률이 두 번째로 큰 달은 3월이다.

③ 비경제활동인구는 6월부터 매월 전월 대비 증가한다.

④ 11월 생산가능인구는 43,537천 명이다.

⑤ 2024년 경제활동참가율은 매월 61.1% 이상이다.

32. 다음은 □□대학교의 외국인 유학생 관리 방안 보고서이다. 수정이 필요한 부분으로 가장 적절하지 않은 것은?

[외국인 유학생 관리 방안]

1. 현황

최근 ㉠몇년간 외국인 유학생 수가 급격히 증가하여, 현재 약 1,500명의 외국인 유학생이 재학 중임. 이들은 다양한 전공에서 학업을 이어가고 있으며, 특히 경영학, 공학 및 IT 관련 전공에서 높은 비율을 ㉡차치하고 있음.

2. 문제점

1) 특정 학과로의 유학생 몰림 현상으로 인한 내국인 학생 학습권 침해
   - 상대적으로 ㉢출석율이 낮은 유학생들로 인해 수업의 질이 저하되고, 내국인 학생들이 충분한 교육 기회를 보장받지 못하고 있음

2) 외국인 유학생 전담 지원 센터 체계 및 운영의 미흡
   - 외국인 유학생 수가 급격히 증가하고 있지만, 이들을 위한 복지 및 지원 시스템이 부족함

3) 문화적 차이와 언어 장벽으로 인한 소통 문제
   - 외국인 유학생들과 교수진, 내국인 학생 간의 소통이 부족하며 이로 인해 학업에 어려움을 겪는 경우가 많음

3. 해결 방안

1) 유학생 분산 전략
   - 전용 과목 개설 및 한국어 교육 이외 기초 교양, 전공 분야에서의 수강 기회 제공

2) 외국인 유학생 콜센터 운영
   - 상담과 학습 지원 센터의 활발한 운영을 통한 외국인 유학생들의 애로사항 파악 및 지원
   - 상담사는 교내 학생들 중 자원자를 우선으로 하며, ㉣외부 채용 진행

3) 언어 및 문화 소통 증진
   - 영어 또는 제2외국어로 진행되는 수업을 (㉤)하여 교수진과 학생 간의 소통 강화
   - 문화 교류 행사 개최를 통한 상호 이해 증진

4. 기타 제안사항

1) 정기적인 설문조사 실시
   - 유학생과 내국인 학생의 의견을 반영하는 정기적인 설문조사를 실시하여 관리 방안 개선에 활용

2) 안정적 취업 연계를 위한 학술 활동 지원
   - 유학생의 시간제 취업을 교육과정과 연계하여 실시

① 띄어쓰기가 올바르지 않으므로 ㉠을 '몇 년 간'으로 띄어 쓴다.

② 문맥상 적절하지 않은 단어이므로 ㉡을 '차지'로 바꿔 써야 한다.

③ 맞춤법에 따라 ㉢은 '출석률'로 고쳐야 한다.

④ ㉣은 조건이 생략되었으므로 '추가 인원이 필요할 경우'를 추가해야 한다.

⑤ ㉤은 앞뒤 내용을 고려하여 '확대'가 들어가야 한다.

33. 다음은 I 국의 연도별 학생 및 교원 수에 대한 자료이다. 자료에 대한 설명으로 옳은 것은?

[연도별 학생 및 교원 수]

(단위: 명)

구분	2024년		2023년		2022년		2021년	
	학생 수	교원 수	학생 수	교원 수	학생 수	교원 수	학생 수	교원 수
A 지역	1,507,375	94,010	1,546,841	95,398	1,587,612	95,770	1,629,305	96,185
B 지역	592,113	34,555	610,226	35,125	627,615	35,475	648,857	35,752
C 지역	411,916	27,488	426,210	27,691	440,003	27,199	453,771	27,306
D 지역	421,065	27,999	431,117	28,177	439,657	27,994	449,670	28,026
E 지역	313,463	19,159	323,605	19,375	331,665	19,324	341,377	19,330
F 지역	330,007	20,254	340,763	20,411	351,283	20,230	364,388	19,981
G 지역	182,827	13,091	188,030	13,144	193,894	13,210	199,674	13,224

① 2022년부터 2024년까지 D 지역 교원 수의 전년 대비 증감 추이와 F 지역 교원 수의 전년 대비 증감 추이는 동일하다.

② 2024년 교원 1인당 학생 수는 B 지역이 G 지역보다 많다.

③ 2022년부터 2024년까지 E 지역의 평균 학생 수는 324,000명 이상이다.

④ 2021년 A 지역과 C 지역 교원 수의 합은 123,291명이다.

⑤ 제시된 기간 중 D 지역 교원 수가 가장 적은 해에 E 지역의 학생 수는 전년 대비 5% 이상 감소하였다.

[34 - 35] 다음은 P 사의 신규 개발 프로젝트 업무 프로세스와 지사별 담당업무 및 근무시간을 나타낸 것이다. 각 물음에 답하시오.

[업무 프로세스]

- P 사는 신규 개발 프로젝트를 위해 부에노스아이레스 지사, 서울 지사, 베를린 지사와 업무를 진행하였다.
- 업무는 '프론트엔드 개발', '백엔드 개발', '품질 구현 및 테스트'의 순서로 진행된다.
- 선순위 업무 완료 후 담당 지사에 파일을 전달하면 다음 업무가 진행된다.
- 모든 지사는 근무시간 외의 시간에는 업무를 진행하지 않는다.
- 부에노스아이레스 지사는 부에노스아이레스 현지 시각을 기준으로 7월 7일 오전 8시에 업무를 시작한다.

[지사별 담당업무 및 근무시간]

구분	부에노스아이레스 지사	서울 지사	베를린 지사
담당업무	프론트엔드 개발	백엔드 개발	품질 구현 및 테스트
업무소요시간	6시간	15시간	4시간
근무시간	오전 8시~오후 5시	오전 9시~오후 6시	오전 8시~오후 5시
점심시간	오후 12시~오후 1시	오후 1시~오후 2시	오후 12시~오후 1시

[그리니치 표준시 기준 시차]

부에노스아이레스	그리니치	베를린	하노이	서울
−5	0	+1	+7	+9

※ '−'는 그리니치보다 느리다는 것을, '+'는 그리니치보다 빠르다는 것을 의미함

34. 베를린 지사에서 '품질 구현 및 테스트' 업무가 완료되는 베를린 현지 시각은?

① 7월 8일 오후 3시　② 7월 8일 오후 5시　③ 7월 9일 오전 10시
④ 7월 9일 오후 12시　⑤ 7월 9일 오후 2시

35. 베를린 지사로 출장을 간 전 팀장은 '품질 구현 및 테스트' 업무 완료 후 서울 지사로 복귀하려고 한다. 전 팀장이 서울에 가장 일찍 도착하는 항공편을 이용한다고 할 때, 전 팀장의 항공권 비용은? (단, 각 지사에서 공항까지의 거리와 경유에 따른 시간은 고려하지 않는다.)

[항공편 정보]

항공편명	출발지 → 도착지	출발 시각(출발지 기준 시각)	총 비행시간	항공권 비용
A	베를린 → 서울	7월 9일 오후 1시 30분	15시간 20분	1,305,000원
B	베를린 → 서울	7월 9일 오후 5시 45분	14시간 50분	1,264,000원
C	베를린 → 서울	7월 9일 오후 6시 30분	13시간 30분	1,415,000원
D	베를린 → 하노이	7월 9일 오후 2시 30분	10시간 10분	876,000원
E	하노이 → 서울	7월 10일 오전 6시 30분	5시간 10분	468,000원
F	하노이 → 서울	7월 10일 오전 8시 20분	4시간 40분	535,000원

① 1,264,000원　② 1,305,000원　③ 1,344,000원　④ 1,411,000원　⑤ 1,415,000원

36. 다음은 ◇◇공사의 전기설비 점검일지의 일부이다. 각 점검 항목별 점검 일자를 참고하였을 때, 4월 28일에 점검하게 될 항목으로 적절하지 않은 것은?

[전기설비 4월 점검일지]

점검 항목	점검 일자																			
	1	2	3	4	5	6	7	8	9	10	11	12	13	14	15	16	17	18	19	20
차단기 누유 상태	■		■		■		■		■		■		■		■		■		■	
변압기 누유 상태		■		■		■		■		■		■		■		■		■		■
개폐기휴즈 이상 유무	■	■		■	■		■	■		■	■		■	■		■	■		■	■
전동기 부하전류		■	■		■	■		■	■		■	■		■	■		■	■		■
발전기 엔진오일				■						■						■				
축전지 전해액 온도		■							■							■				
축전지 접속단자	■										■									
발전기 동작 상태			■													■				
변압기 큐티클 상태	■									■									■	
피뢰침 접지선 점검		■											■							

※ 점검을 실시한 날에 음영 표시하며, 점검은 점검 항목별로 항상 같은 주기로 이루어짐

① 변압기 누유 상태 ② 개폐기휴즈 이상 유무 ③ 발전기 엔진오일

④ 발전기 동작 상태 ⑤ 변압기 큐티클 상태

37. 10월 팀별 일정과 팀 인원 및 회의실 정보를 토대로 10월 팀별 일정 진행을 위해 회의실을 예약하였을 때, 팀별 일정과 다르게 작성되어 수정이 필요한 날짜는?

[10월 팀별 일정]

구분	내용
총무팀	• 워크숍 일정 회의: 10/3(화) 오후 2시~오후 3시, 10/9(월) 오후 3시~오후 4시
인사팀	• 외부 강사 초청 교육: 10/4(수) 오후 1시~오후 5시 • 면접 일정 회의: 10/12(목) 오후 2시~오후 4시 30분
기획팀	• 굿즈 기획 회의: 10/5(목) 오전 9시~오전 11시 • 옥외 광고물 기획 회의: 10/11(수) 오후 1시~오후 2시
영업팀	• A 사 1차 미팅: 10/2(월) 오전 9시~오전 10시 30분 • A 사 2차 미팅: 10/10(화) 오후 2시~오후 3시 30분
재무팀	• 팀 정기회의: 매주 금요일 오후 1시~오후 2시

※ 1) 모든 팀별 일정은 각 팀의 재직 인원 전원이 참석함
2) 외부 강사 2명이 추가로 참석하는 외부 강사 초청 교육 이외의 팀별 일정에는 팀원을 제외한 외부인이 참석하지 않음

[팀 인원 정보]

구분	총무팀	인사팀	기획팀	영업팀	재무팀
재직 인원	8명	10명	4명	22명	5명

[회의실 정보]

구분	1 회의실	2 회의실	3 회의실	4 회의실	5 회의실
수용 인원	30명	15명	10명	5명	20명

[10월 회의실 예약 일정]

월	화	수	목	금
2	3	4	5	6
1 회의실: 영업팀 (9:00~10:30)	3 회의실: 총무팀 (14:00~15:00)	2 회의실: 인사팀 (13:00~17:00)	4 회의실: 기획팀 (9:00~11:00)	3 회의실: 재무팀 (13:00~14:00)
9	10	11	12	13
3 회의실: 총무팀 (15:00~16:00)	1 회의실: 영업팀 (14:00~15:30)	3 회의실: 기획팀 (11:00~12:00)	1 회의실: 인사팀 (14:00~16:30)	4 회의실: 재무팀 (13:00~14:00)

① 10/3(화) ② 10/5(목) ③ 10/9(월) ④ 10/11(수) ⑤ 10/13(금)

38. ◇◇기업의 대표는 다음 달로 예정된 워크숍 일정에 직원들의 자기 계발에 도움이 될 수 있는 교육 프로그램을 추가할 것을 지시하였다. 워크숍 총괄 업무를 맡은 오 팀장은 교육 프로그램 업체를 C 사로 선정하고, 한 대리에게 C 사의 교육 프로그램에 관한 자료를 조사하여 워크숍 기획 회의에 참석할 것을 요청하였다. 한 대리가 조사한 자료와 워크숍 기획 회의에서 나눈 대화의 일부가 다음과 같을 때, 워크숍 일정에 교육 프로그램을 추가하는 데 필요한 총금액은?

[자아 탐색 프로그램 안내]

• 프로그램 일정

구분	자기 강점의 이해	강점의 실전 적용
9:00~12:00	자기 강점 프로필의 이해 (강점 Top 5 찾기 프로그램)	성과 달성을 위한 코칭 (강점의 상황별 적용)
12:00~13:00	중식	중식
13:00~14:00	팀 구성 및 토론	자기 계발 계획 세우기
14:00~18:00	팀으로 발현되는 강점의 이해 (상호보완적인 팀 강점 적용 프로그램)	테마 간 상호작용 및 역학관계 바로 알기 (테마의 심층 이해)

• 프로그램 교육 비용

구분	자기 강점의 이해	강점의 실전 적용
교육 비용(1인 기준)	55,000원	48,000원
교재 및 교구 비용	20,000원	15,000원
최소 인원	18명	25명

※ 최소 인원이란 교육 진행에 필요한 최소 인원을 의미함

김 대표: 한 대리, 이번 워크숍 일정에 추가할만한 교육 프로그램 관련하여 보고를 올려주셨던데요. 자료를 보면서 간단하게 설명해 줄 수 있나요?

한 대리: 네, 대표님. C 사의 자아 탐색 프로그램에는 '자기 강점의 이해'와 '강점의 실전 적용'이 있습니다. 두 프로그램 모두 오전 9시부터 오후 6시까지 진행되며 사원들의 자기 계발에 큰 도움이 될 수 있을 것으로 판단됩니다.

김 대표: 회사 워크숍에서 진행될 프로그램이니 실전에 적용할 수 있는 '강점의 실전 적용' 프로그램이 좋아 보입니다. 다만 여기 최소 인원이 적혀 있는데 이번 워크숍 참여 인원이 23명이니 아쉽지만 다른 프로그램으로 진행해야겠군요.

한 대리: C 사에 문의해 본 결과, 교육 비용을 최소 인원만큼 결제한다면 프로그램 진행이 가능하다는 답변을 받았습니다. 대신 교재 및 교구 비용은 인원수만큼 구입이 가능하다고 합니다. 그리고 일정표에 포함된 중식은 C 사에서 준비하는 것이 아니라 별도로 준비해야 하는데, 1인당 7,000원으로 예산을 잡았습니다.

오 팀장: 좋네요. 대표님, 이번 기회에 직원들과 함께하는 시간도 가질 겸 대표님께서도 함께 프로그램에 참여하시는 건 어떠신가요?

김 대표: 좋은 생각이에요, 오 팀장. 그럼 저도 참여하겠으니 원래 예정된 인원에 한 명을 추가하여 이 프로그램으로 결정해 관련 업무 진행하세요. 아 참, 워크숍 기간 내 모든 식사는 워크숍이 진행되는 숙소에서 제공해 주기로 되어 있어 식대는 별도로 생각하지 않아도 됩니다.

① 1,449,000원 ② 1,560,000원 ③ 1,575,000원 ④ 1,728,000원 ⑤ 1,968,000원

39. 다음은 채권수익률과 채권 A의 정보에 대한 자료이다. 채권 A는 1년마다 이자가 지급될 때, 채권 A의 현재가치는 약 얼마인가? (단, 채권 A의 현재가치를 구하기 위한 연도별 결괏값은 소수점 둘째 자리에서 반올림하여 계산하고, 문제에 제시되지 않은 내용은 고려하지 않는다.)

> 채권투자에서 가장 중요한 지표는 채권수익률이다. 보통 수익률은 구입할 때의 가격과 판매할 때의 가격 차이, 보유 기간의 현금 흐름에 의해 결정되기 때문에 어느 시점에 얼마의 가격에 판매를 하느냐에 따라 수익률이 달라지지만, 채권은 만기가 정해져 있고 만기 시까지 받는 이자와 만기 시 상환되는 금액을 알 수 있기 때문에 만기까지 보유할 경우 얻을 수 있는 수익률을 계산할 수 있다. 이를 채권의 만기수익률이라고 하는데 V_0를 현재가치, I_t를 t기의 액면이자, F를 액면가, n을 만기까지의 기간, r을 만기수익률이라고 하면 $V_0 = \frac{I_1}{(1+r)} + \frac{I_2}{(1+r)^2} + \cdots + \frac{I_n+F}{(1+r)^n}$이다. 이때 n은 t를 기준으로 결정되는데 만약 만기가 1년인 채권의 이자가 분기별로 지급된다면 만기까지 이자를 지급받는 횟수는 총 4번이므로 n=4가 된다. 또한, I_t는 액면가에 표면금리를 곱한 값이다.

[채권 A의 정보]

액면가	표면금리	만기	만기수익률
10,000원	연 8.8%	3년	10%

① 8,174.3원 ② 8,612.8원 ③ 9,385.7원 ④ 9,701.6원 ⑤ 9,908.2원

40. 철승이는 미국으로 여행을 떠나기 전 원화 580만 원을 달러로 환전하였다. 이후 미국 여행에서 3,325달러를 사용한 뒤 한국에 돌아와 남은 달러를 다시 원화로 환전하였을 때, 철승이가 한국에 돌아와 달러를 환전하여 받은 원화는? (단, 철승이가 원화를 달러로 환전할 때의 환율은 1달러당 1,450원이고, 달러를 원화로 환전할 때의 환율은 1달러당 1,425원이며, 환전 수수료는 고려하지 않는다.)

① 961,875원 ② 978,750원 ③ 994,505원
④ 1,061,875원 ⑤ 1,080,504원

41. A~E 사원은 의사소통능력을 함양하는 방법에 대한 사내 강의를 수강하였다. 다음 중 의사소통능력을 함양하는 방법에 대해 가장 적절하지 않은 내용을 말한 사람은?

A 사원: 적극적인 경청의 중요성에 대해 배운 후, 동료의 이야기에 깊이 관심을 기울이려고 노력하고 있어요. 성공적인 비즈니스를 위해서도 감정과 입장을 이해하는 게 중요하다고 생각해요.
B 사원: 피드백은 상대방의 행동이 나에게 어떤 영향을 미치고 있는지 솔직하게 알려주는 것이에요. 특히 긍정적인 면과 부정적인 면을 균형 있게 전달해야 한다는 점을 새로이 배울 수 있었어요.
C 사원: 비즈니스에서는 '말하지 않아도 안다'는 식의 의사소통이 더 중요하다고 강조하던데요. 일과 관련된 직접적인 대화는 오히려 불필요한 혼란을 초래할 수 있다는 부분에 동의해요.
D 사원: 감정을 억제하는 것이 항상 좋은 건 아니지만, 지나치게 감정에 몰입하면 의사소통이 왜곡될 수 있더라고요. 침착함을 유지하여 의사를 명확하게 표현해야겠다고 생각했어요.
E 사원: 강의를 통해 전문용어를 사용할 때 듣는 사람의 이해도를 고려해야 한다는 걸 깨달았어요. 집단 내의 의사소통에서는 상황에 따라 용어를 신중하게 선택하는 방식이 필요하군요.

① A 사원 ② B 사원 ③ C 사원 ④ D 사원 ⑤ E 사원

42. 다음은 H 기업에서 이번 달에 진행 예정인 프로젝트에 대한 정보이다. 프로젝트 정보를 근거로 판단할 때, 진행 예정인 프로젝트가 모두 완료되기까지 소요되는 총 기간은?

[프로젝트 정보]

- 올해 진행 예정인 프로젝트는 가~라 프로젝트로 총 4개이다.
- 프로젝트에 투입할 수 있는 전문 인력은 총 9명이다.
- 전문 인력은 어떤 프로젝트에도 투입될 수 있지만, 두 개 이상의 프로젝트에 동시에 투입될 수는 없다.
- 프로젝트에는 필수 전문 인력이 모두 동시에 투입되어야 진행된다.
- 프로젝트별로 필수 전문 인력 수만큼 투입된다면, 모든 프로젝트는 개별적으로 진행할 수 있다.
- 프로젝트 진행 순서는 총 기간이 가장 짧게 소요되도록 진행한다.

[진행 예정 프로젝트]

구분	가 프로젝트	나 프로젝트	다 프로젝트	라 프로젝트
필수 전문 인력 수	4명	5명	3명	7명
프로젝트 소요 기간	5일	4일	7일	10일

① 15일 ② 19일 ③ 21일 ④ 23일 ⑤ 26일

43. 귀하는 가정용 에너지의 수요를 예측하기 위해 최종 에너지원별 가정용 에너지 소비량을 조사하였다. 다음 엑셀 시트에서 최종 에너지원별 가정용 에너지 소비량의 합계가 1,200 이상인 달의 개수를 구하려고 할 때, [G11] 셀에 입력할 함수식으로 가장 적절한 것은?

	A	B	C	D	E	F	G	H
1	최종 에너지원별 가정용 에너지 소비량 (단위: 천 TOE)							
2	구분	6월	7월	8월	9월	10월	11월	
3	석탄	7	5	8	31	84	82	
4	석유	186	160	177	238	278	324	
5	도시가스	320	239	172	220	510	984	
6	전력	453	505	740	550	441	468	
7	열	49	37	25	42	123	230	
8	신재생	21	23	28	23	24	22	
9	합계	1,036	969	1,150	1,104	1,460	2,110	
10								
11	최종 에너지원별 가정용 에너지 소비량의 합계가 1,200 이상인 달의 개수							

① =SUMIF(B9:G9, “< =1200”)

② =SUMIF(G11, B3:G8, “> =1200”)

③ =COUNTIF(B9:G9, “> =1200”)

④ =COUNTIF(G11, “> =1200”, B9:G9)

⑤ =COUNTIF(B9:G9, “< =1200”, B3:G8)

44. 다음은 특·광역시 및 전국의 예금은행 예금액에 대한 자료이다. 자료에 대한 설명으로 옳은 것은?

[특·광역시별 예금은행 예금액]

(단위: 백억 원)

구분	2016년	2017년	2018년	2019년	2020년
서울	62,807	66,469	72,876	79,116	89,837
부산	7,993	8,177	8,098	9,014	10,106
인천	4,027	4,301	4,434	4,676	5,195
광주	2,407	2,424	2,410	2,526	2,857
대전	2,861	3,060	3,091	3,391	3,873
대구	4,716	4,836	4,844	5,211	5,716
울산	1,608	1,590	1,589	1,665	1,823
세종	571	774	1,186	1,165	1,403

[연도별 전국 예금은행 예금액]

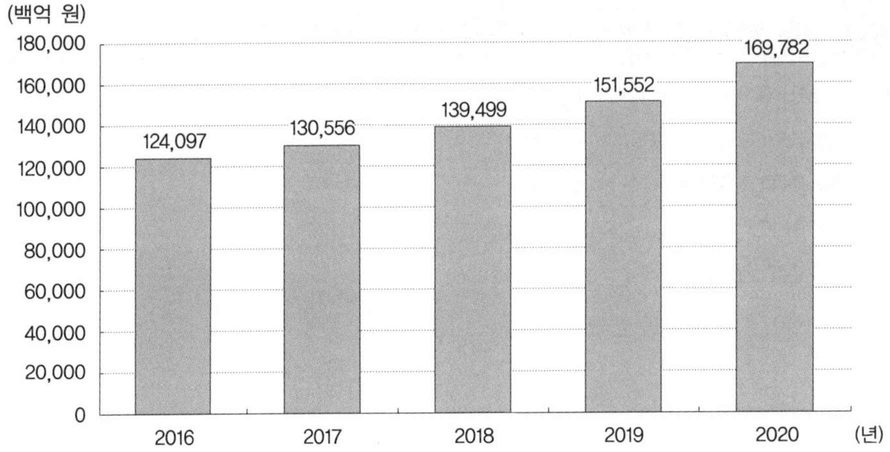

※ 출처: KOSIS(한국은행, 통화금융통계)

① 2017년부터 2020년까지 예금은행 예금액의 전년 대비 증감 추이가 전국과 매년 동일한 특·광역시는 총 5곳이다.

② 2018년 예금은행 예금액의 전년 대비 증가량은 서울이 세종보다 6,005백억 원 더 많다.

③ 2017년 전국 예금은행 예금액에서 부산 예금은행 예금액이 차지하는 비중은 5% 이상이다.

④ 제시된 기간 중 인천과 대전의 예금은행 예금액의 차이가 가장 큰 해는 2020년이다.

⑤ 제시된 기간 중 대구 예금은행 예금액이 가장 많은 해에 전국 예금은행 예금액은 대구 예금은행 예금액의 30배 이상이다.

45. N 은행에서 근무하는 박 사원은 팀 공용 노트북 2대를 구매하기 위해 A~E 노트북의 사양을 비교하여 표로 정리하였다. 팀장님께 전달받은 구매 기준을 토대로 판단할 때, 박 사원이 구매할 노트북은?

[A~E 노트북 사양]

구분	A 노트북	B 노트북	C 노트북	D 노트북	E 노트북
CPU	i5	i3	i7	i3	i7
화면 크기	16인치	17.3인치	17인치	16인치	17인치
디스플레이 특징	광시야각	광시야각	눈부심 방지	광시야각	눈부심 방지
무게	1.15kg	1.17kg	1.15kg	2.03kg	998g
운영 체제	윈도우10	미포함	윈도우11	윈도우10	윈도우11
메모리 용량	32GB	16GB	64GB	8GB	32GB
저장 용량	512GB	256GB	256GB	128GB	1TB
카메라	1080p	720p	1080p	720p	1080p
가격	1,314,000원	992,000원	1,999,800원	798,000원	1,638,000원

※ E 노트북 2대 이상 구매 시 노트북 1대당 10% 할인된 가격으로 구매 가능함

> 박 사원, 노트북 구매 시 메모리 용량은 16GB 이상, 저장 용량은 256GB 이상인 제품으로 선택해 주세요. 윈도우는 반드시 포함되어 있어야 하고, 화상 회의를 위해 카메라 화소는 720p 이상인 제품으로 구매해야 해요. 주로 회의실에서 사용할 용도이기는 하지만 가끔 외부 미팅에서도 사용할 수 있으므로 편의성을 고려해 1.2kg이 넘지 않는 제품이 좋겠고, 총예산은 300만 원이므로 그 한도 내에서 결제해 주셔야 해요. 아! 디스플레이는 눈부심 방지 기능이 있는 제품이 좋을 것 같은데, 해당 기능이 없는 제품을 구매하는 것이 30만 원 이상 더 저렴하다면 눈부심 방지 기능이 없는 제품으로 구매 부탁드려요.

① A 노트북 ② B 노트북 ③ C 노트북 ④ D 노트북 ⑤ E 노트북

46. 다음의 그래프는 실효성 있는 가격하한제가 시행된 시장의 상황을 나타낸다. 이 상황에 대한 설명으로 적절하지 않은 것은?

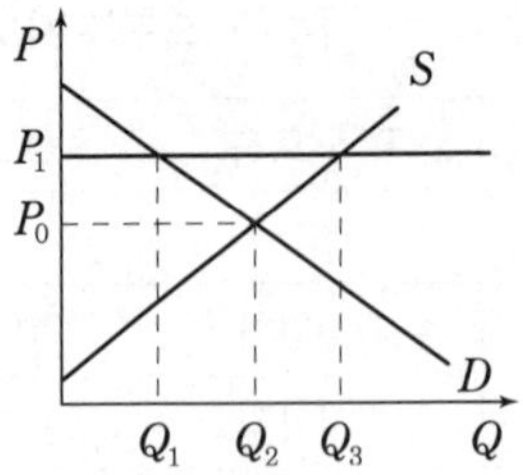

① 가격하한제 시행 전 균형가격과 균형거래량은 각각 P_0, Q_2이다.

② 가격하한제 시행 후 실제 거래량은 Q_1이 된다.

③ 가격하한제로 인해 $Q_3 - Q_1$만큼의 초과공급이 발생한다.

④ 소비자잉여는 감소하고 생산자잉여는 증가한다.

⑤ 가격하한제 시행 후 거래량이 Q_2에서 Q_3로 증가한다.

47. 다음 중 평가절하 정책을 시행했을 때 나타나는 특징으로 적절하지 않은 것의 개수는?

> ㉠ 자국 화폐의 가치가 하락한다.
> ㉡ 국내 물가가 하락한다.
> ㉢ 수출은 감소하고 수입은 증가하여 경상수지가 악화된다.
> ㉣ 외채 상환에 대한 부담이 감소한다.
> ㉤ 환율이 상승한다.

① 1개 ② 2개 ③ 3개 ④ 4개 ⑤ 5개

48. 다음 글에서 설명하고 있는 용어로 적절한 것은?

> 투자자금의 평균회수기간을 의미하는 말로, 채권에서 발생하는 현금 흐름의 가중평균만기로 채권 가격의 이자율 변화에 대한 민감도를 측정하기 위한 척도로 활용된다.

① 코스피 ② 엥겔지수 ③ 듀레이션 ④ VaR ⑤ 영업용순자본비율

49. **다음 중 협동조합 기본법에 대한 설명으로 적절하지 않은 것은?**

① 총 출자좌수가 200좌일 경우 협동조합원 1명의 출자좌수는 60좌를 넘어서는 안 된다.

② 협동조합은 정기총회일 일주일 전까지 사업보고서 등의 결산보고서를 감사에게 제출해야 하며, 해당 결산보고서와 감사의 의견서를 정기총회에 제출하여 승인받아야 한다.

③ 협동조합 및 협동조합연합회 등은 공직선거에서 특정 정당을 지지하는 행위를 해서는 안 된다.

④ 국가는 협동조합에 대한 이해 증진 및 협동조합의 활동 장려를 위해 매년 8월 첫째 토요일을 협동조합의 날로 지정한다.

⑤ 협동조합원의 의결권 또는 선거권은 협동조합원의 대리인이 행사할 수 있으며, 대리인이 행사한 경우라도 해당 협동조합원이 출석한 것으로 본다.

50. **다음 중 절대우위에 대해 바르게 말하고 있는 사람을 모두 고르면?**

- **수민**: 국가 중에서도 석유, 광물자원, 농산물 등 천연자원이 풍부한 국가들은 절대우위에 있어.
- **윤기**: 한 국가가 다른 국가에 비해 더 적은 기회비용으로 어떤 재화나 서비스를 생산하는 경우를 말해.
- **정욱**: 절대우위 품목은 다른 국가보다 월등하게 뛰어난 기술로 단위당 생산비용을 낮춘 재화야.
- **남수**: 두 국가 사이에 절대우위가 성립되기 위해서는 국가 간 생산 요소의 이동이 없어야 하지.

① 수민, 정욱　② 윤기, 남수　③ 수민, 윤기, 정욱

④ 수민, 윤기, 남수　⑤ 윤기, 정욱, 남수

51. 다음은 콜라 시장의 수요와 공급을 나타낸 그래프이다. 공급 곡선이 아래와 같이 이동하는 요인으로 적절한 것을 모두 고르면?

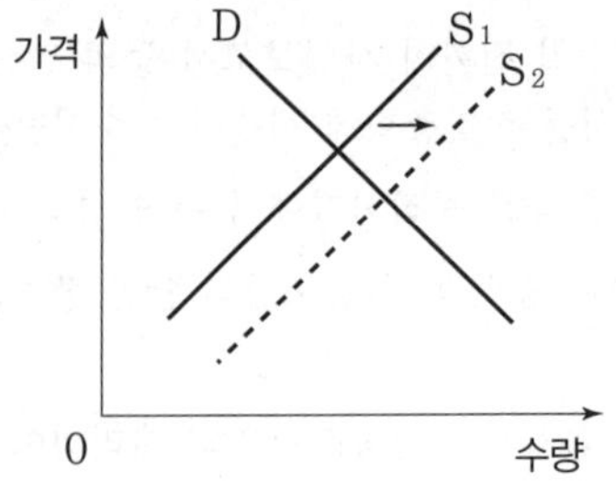

㉠ 콜라를 만드는 데 사용되는 주원료인 설탕의 가격이 하락하였다. ㉡ 주로 콜라와 함께 소비되는 피자의 가격이 하락하였다. ㉢ 콜라와 비슷한 가격으로 판매되던 사이다의 가격이 인하되었다. ㉣ 콜라 공급처의 수가 급격하게 증가하였다.

① ㉠, ㉢　② ㉠, ㉣　③ ㉡, ㉢　④ ㉠, ㉡, ㉣　⑤ ㉡, ㉢, ㉣

52. 다음 파생상품에 관한 설명 중 ㉠~㉣에 들어갈 내용이 바르게 연결된 것은?

• (㉠)거래에서는 증거금을 예치하고 일일정산을 통해 손익을 결제한다. • (㉡)거래는 계약 당사자가 자유롭게 계약 조건을 설정할 수 있다. • 기초자산을 특정 가격에 매도할 수 있는 권리는 (㉢)이고, 기초자산을 특정 가격에 매수할 수 있는 권리는 (㉣)이다.

	㉠	㉡	㉢	㉣
①	선물	선도	풋옵션	콜옵션
②	선도	선물	풋옵션	콜옵션
③	선물	선물	콜옵션	풋옵션
④	선도	선도	콜옵션	풋옵션
⑤	선물	선도	콜옵션	풋옵션

53. **다음 각 설명에 해당하는 용어를 순서대로 바르게 나열한 것은?**

- 인터넷상의 데이터 서버에 프로그램을 두고 필요할 때마다 사용자의 컴퓨터나 스마트폰으로 불러와서 사용하는 인터넷 기반의 컴퓨터 기술
- 각종 기관과 기업 등에 흩어져 있는 자신의 정보를 한꺼번에 관리 및 통제하고 자신의 신용, 자산 관리 등에 능동적으로 활용하는 것
- 인간 두뇌의 정보처리 방식을 모방해 컴퓨터가 스스로 인지, 추론, 판단하게 학습시키는 기술

① 클라우드 컴퓨팅 – 오픈 API – 데이터마이닝

② 클라우드 컴퓨팅 – 마이데이터 – 딥러닝

③ 그리드 컴퓨팅 – 오픈 API – 딥러닝

④ 그리드 컴퓨팅 – 마이데이터 – 데이터마이닝

⑤ 에지 컴퓨팅 – 오픈 API – 딥러닝

54. **다음 중 장단기 금리 역전에 대해 바르게 설명한 사람을 모두 고르면?**

- **갑:** 장기채권의 금리가 단기채권의 금리와 같거나 그보다 더 낮아지는 현상을 가리키지.
- **을:** 장단기 금리 차가 축소되거나 역전되는 시기에 D의 공포에 관한 기사를 많이 볼 수 있어.
- **병:** 오퍼레이션 트위스트 정책으로 인해 장단기 금리 역전 현상이 발생할 수도 있어.
- **정:** 장단기 금리 역전 시 은행의 대출 심사가 강화될 가능성이 높아져.

① 갑, 을　② 갑, 병　③ 을, 정　④ 갑, 병, 정　⑤ 을, 병, 정

55. 완전경쟁시장에서 생산 과정 중 외부비용이 발생하는 상황을 가정할 때, 코즈의 정리에 관한 설명으로 적절한 것을 모두 고른 것은?

> ㉠ 거래비용이 0인 경우 피해자와 가해자 간 협상으로 사회적 최적 생산량이 달성된다.
> ㉡ 거래비용이 매우 큰 경우에도 소유권이 명확하면 항상 효율적 해결이 가능하다.
> ㉢ 거래비용이 0이고 소유권이 명확한 경우, 피해자에게 소유권을 부여하든 가해자에게 부여하든 최종 결과는 동일하다.
> ㉣ 외부효과가 존재하면 정부개입 없이는 절대 효율적 시장균형이 달성될 수 없다.
> ㉤ 거래비용이 큰 경우 초기 소유권 배분이 최종 자원배분의 효율성에 영향을 미칠 수 있다.

① ㉠, ㉡ ② ㉠, ㉢ ③ ㉡, ㉣ ④ ㉢, ㉤ ⑤ ㉠, ㉢, ㉤

56. 다음 중 비과세 및 세금우대 금융상품에 대한 설명으로 적절하지 않은 것은?

① 대표적인 비과세 상품으로는 개인종합자산관리계좌(ISA)가 있으며, 만 19세(근로소득이 있는 경우 만 15세) 이상이면 누구나 가입 가능하다.
② 개인종합자산관리계좌(ISA)에서 발생한 순수익 중 200만 원까지는 비과세지만, 초과금액에 대해서는 20%의 고율과세를 적용받는다.
③ 청년우대형 주택청약종합저축은 연소득 3,600만 원 이하인 경우 가입이 가능하다.
④ 주택청약종합저축은 매년 납입액 300만 원까지 불입액의 40% 소득공제 혜택이 있다.
⑤ 재외동포와 외국인도 주택청약종합저축에 가입할 수 있다.

57. 다음 중 물가상승과 금리하락이 동시에 나타날 수 있는 경우로 적절한 것은?

① 중앙은행이 경기과열을 억제하기 위해 기준금리를 인상하는 경우
② 정부가 재정지출을 대폭 확대하여 총수요가 급격히 증가하는 경우
③ 중앙은행이 경기침체 대응을 위해 양적완화 정책을 시행하는 초기 단계
④ 원유가격 급등으로 인한 비용인상 인플레이션이 발생하는 경우
⑤ 경기회복으로 고용이 개선되고 소비수요가 점진적으로 증가하는 경우

58. 다음 중 개인의 경상소득에 해당하지 않는 것은?

① 상여금 및 수당 ② 기초연금 ③ 임대소득
④ 주식 배당금 ⑤ 결혼 축의금

59. 자금이 부족한 스타트업이나 예술가, 사회활동가 등이 인터넷이나 소셜 미디어를 통해 불특정 다수의 개인으로부터 자금을 투자받는 방식은?

① 빅테크 ② 블록체인 ③ 소셜본드
④ 그림자 금융 ⑤ 크라우드 펀딩

60. 다음 중 NH농협은행에 대한 설명으로 가장 적절하지 않은 것은?

① NH농협은행의 출범 연도는 2012년이다.
② 2015년 NH농협은행은 은행권 최초로 핀테크 오픈 플랫폼 서비스를 출시하였다.
③ 종이 없는 미래형 금융점포를 개설한 이듬해 P2P 금융 증서 블록체인 서비스를 출시하였다.
④ NH농협은행의 대주주는 농협금융지주의 지분을 100% 소유하고 있는 농협중앙회이다.
⑤ NH농협은행의 비전은 사랑받는 은행, 일등은행, 민족은행이다.

61. **다음은 노동만을 생산요소로 하여 직선인 생산 가능 곡선상에서 X재와 Y재만을 생산하는 갑국과 을국의 생산량을 나타낸 것이다. 이에 대한 설명으로 적절하지 않은 것은?**

구분	갑국		을국	
	X재	Y재	X재	Y재
생산량(개)	4	16	12	24

① 을국은 X재 생산과 Y재 생산 모두에 절대우위를 가진다.

② X재 1개 생산의 기회비용은 을국이 갑국보다 더 작다.

③ 갑국은 Y재, 을국은 X재를 특화하여 생산해야 교역이 성사될 수 있다.

④ X재와 Y재의 교역 조건이 1:2일 때 갑국과 을국 모두 교역을 통해 이득을 얻을 수 있다.

⑤ 두 나라가 X재와 Y재를 1:2.5로 교환할 경우, 교역 후 갑국은 X재 2개와 Y재 11개를 동시에 소비할 수 있다.

62. **다음 중 패시브펀드에 대한 설명으로 적절한 것을 모두 고르면?**

㉠ 펀드매니저가 시장 상황에 따라 포트폴리오 구성을 적극적으로 변경한다.
㉡ 시장지수의 등락에 따라 수익률이 결정된다.
㉢ 액티브펀드에 비해 거래비용과 운용보수가 상대적으로 높다.
㉣ 지수 추종을 통해 추적오차를 최소화한다.

① ㉠, ㉢　　② ㉠, ㉣　　③ ㉡, ㉢　　④ ㉡, ㉣　　⑤ ㉢, ㉣

63. **다음 지문의 빈칸에 들어갈 용어로 적절한 것은?**

IT 기술을 기반으로 새로운 금융 서비스를 제공하는 (　　　)은/는 금융회사가 금융을 IT 기술에 접목해 활용한 서비스를 제공하는 것과 달리 IT 기업이 IT 기술에 금융을 접목한 금융 혁신이다. 알리바바 창업자인 마윈 회장이 2016년 한 세미나에서 알리바바가 금융 혁신을 이끌 수 있다는 비전을 제시하려는 의도를 가지고 처음 언급한 개념이다.

① 핀테크　　② 마이데이터　　③ 오픈뱅킹　　④ 오픈 API　　⑤ 테크핀

64. 다음은 2025년 8월 기준 각국의 동일한 브랜드 커피 가격과 환율 정보이다. 일물일가의 법칙에 관한 분석으로 적절한 것은?

국가	현지 커피가격	USD 1 대비 시장환율	USD 환산가격
미국	4.00 USD	1.00 USD	4.00 USD
한국	5,200 KRW	1,300 KRW	4.00 USD
일본	500 JPY	150 JPY	3.33 USD
영국	3.60 GBP	0.80 GBP	4.50 USD

① 일본에서는 해당 커피가 상대적으로 저평가되어 있어 차익거래 기회가 존재한다.
② 영국에서 커피를 수입하여 다른 국가에서 판매하면 이익을 얻을 수 있다.
③ 한국과 미국의 커피가격이 같으므로 모든 상품에서 일물일가의 법칙이 성립한다.
④ 거래비용이 0이라면 장기적으로 모든 국가의 USD 환산 커피가격은 4.00달러로 수렴할 것이다.
⑤ 현재 상황에서는 일물일가의 법칙이 전혀 작동하지 않고 있다.

65. 다음 설명에 해당하는 자본예산편성기법은?

자본예산편성과 관련하여 투자 시 발생하는 현금흐름 총유입액의 현재가치에서 현금흐름 총유출액의 현재가치를 차감한 가치를 기준으로 투자안의 수익성을 평가하는 방법이다. 현금흐름의 시간 가치를 반영할 수 있을 뿐만 아니라 가치 가산 성립의 원칙, 유일 해(unique solution)의 존재 등을 확인할 수 있어 자본예산편성기법 중 가장 뛰어난 방법으로 평가받는다.

① 회수기간법 ② 내부수익률법 ③ 순현재가치법
④ 회계적이익률법 ⑤ 수익성지수법

66. 다음 중 대출에 대한 설명으로 적절하지 않은 것은?

① 카드론은 일반적으로 제1금융권 대출 금리에 비해 이자 수준이 높다.

② 수익권 담보대출의 담보인정비율은 예·적금 담보인정비율에 비해 높은 수준이다.

③ 주택 이외의 부동산담보대출은 일반적으로 주택담보대출 금리에 비해 고금리가 적용된다.

④ 역모기지론의 금리는 일반 주택담보대출에 비해 저금리가 적용된다.

⑤ 모기지론의 금리는 일반 주택자금대출 금리에 비해 저금리가 적용된다.

67. 다음 밑줄 친 ㉠, ㉡으로 대표되는 재화의 유형에 대한 설명으로 옳지 않은 것은?

- 대한민국 국민이라면 누구나 경찰에 의한 ㉠ 치안 서비스를 받을 수 있다.
- 일부 어선의 남획으로 인해 ㉡ 밍크고래가 멸종 위기에 처해 있다.

① ㉠은 비경합성과 비배제성의 성격을 가진다.

② ㉡에 대한 비용을 부담하지 않은 사람은 ㉡을 사용하지 못하게 할 수 있다.

③ ㉠은 무임승차의 문제, ㉡은 과잉 소비로 인한 고갈의 문제가 발생한다.

④ ㉡에 대한 개인의 소비는 다른 개인의 소비에 영향을 미치게 된다.

⑤ ㉡을 사유화시킨다면 보다 효율적으로 관리될 것이다.

68. 옵션 거래의 매수자(옵션 보유자)에 대한 설명으로 가장 적절한 것은?

① 프리미엄을 받을 권리가 있다.

② 옵션 행사 여부를 선택할 권리가 있다.

③ 옵션 매도자에게 손실에 대한 보상을 요구할 권리가 있다.

④ 만기일까지 반드시 옵션을 행사해야 할 의무가 있다.

⑤ 프리미엄 지급 없이 옵션을 매수할 권리가 있다.

69. 김씨가 대출 3억 원과 보유 현금 1억 원으로 총 4억 원의 부동산에 투자하였다. 이후 부동산 가격이 6억 원으로 상승했을 때, 김씨의 자기자본 기준 수익률은? (단, 대출잔액은 변동이 없다고 가정함)

① 150% ② 175% ③ 200% ④ 225% ⑤ 250%

70. 다음 중 BIS가 제시한 글로벌 금융위기의 거시적 요인에 해당하는 것은?

① 위험자산에 대한 투자 확대
② 오랫동안 지속된 낮은 실질금리
③ 정책당국의 적절한 규제 미수행
④ 위험선호의 확산
⑤ 리스크 평가 및 관리 부실

약점 보완 해설집 p.50

부록

직무상식 기출&출제예상개념

금융·경제

디지털

농업·농촌

금융·경제

정확히 알지 못하는 내용은 박스(□)에 체크하며 복습해보세요.

001 □ **유량변수**	'일정 기간'에 측정할 수 있는 지표로, 소득, GDP(국내총생산), 국제수지, 수출, 수입, 소비, 투자, 수요량 및 공급량 등이 포함됨 기출
002 □ **저량변수**	'일정 시점'에서 측정할 수 있는 지표로, 재고량, 통화량, 노동량, 자본량, 국부, 외채, 외환 보유고 등이 포함됨
003 □ **기회비용**	여러 가지 가능성 중 하나를 선택했을 때 그 한 가지 선택 때문에 포기하게 되는 다른 가능성의 이익을 비용으로 표시한 것으로, 명시적 비용과 암묵적 비용으로 구성됨 기출
004 □ **비교우위**	한 나라가 다른 나라에 비해 더 적은 기회비용으로 어떤 재화나 서비스를 생산할 때 비교우위를 갖는다고 말함 기출
005 □ **절대우위**	한 나라가 다른 나라에 비해 어떤 재화나 서비스를 생산하는 데 드는 단위당 생산비가 더 적을 때 절대우위를 갖는다고 말함 기출
006 □ **헥셔-오린 정리**	비교우위의 원인을 각국의 생산 요소의 부존량 차이 및 요소 집약도의 차이로 설명하는 근대적인 무역이론으로, 헥셔-오린 정리에 따르면 각국은 상대적으로 부존량이 풍부한 생산 요소를 집약적으로 사용해야 하는 재화의 생산에 비교우위를 갖게 됨 기출
007 □ **경제적 지대**	토지, 노동, 자본 등과 같이 공급이 제한되어 있거나 공급 탄력성이 비탄력적인 생산 요소에서 공급자가 기회비용 이상으로 얻는 추가 소득 기출
008 □ **재화의 종류**	· **대체재**: 서로 대체할 수 있는 관계에 있는 재화로, 같거나 유사한 효용을 가지고 있어 경쟁 관계에 놓이는 재화 · **보완재**: 서로 보완하는 관계에 있는 재화로, 두 재화를 함께 소비할 때 효용이 증대되는 재화
009 □ **한계 효용 체감의 법칙**	소비하는 재화의 양이 증가할수록 소비자가 느끼는 추가적인 만족도는 점차 감소하는 것 기출
010 □ **탄력성**	· **수요의 가격탄력성**: 재화의 가격 변화에 따라 재화의 수요량이 변화하는 정도를 측정하는 지표로, 수요의 가격탄력성에는 재화의 성격, 대체재의 수, 재화에 대한 지출액이 가계소득에서 차지하는 비중, 가격 변화에 적응할 시간, 시장의 범위 등이 영향을 미침 기출 · **수요의 교차탄력성**: 한 재화의 가격 변화가 다른 재화의 수요량에 미치는 영향을 나타내는 지표로, 대체재는 그 값이 양(+)의 값이 되며 보완재는 그 값이 음(-)의 값이 됨 기출 · **수요의 소득탄력성**: 소비자의 소득 변화에 따라 재화의 수요량이 변화하는 정도를 측정하는 지표

011 ☐ 무차별 곡선	소비자에게 동일한 효용 수준을 주는 재화의 수량 조합을 나타낸 곡선으로, 이 곡선 위의 점에 해당하는 수량의 조합이 실현되면 어느 조합이나 소비자에게 동일한 만족을 주기 때문에 차별이 없다고 표현하며, 무차별 곡선은 우하향하고 대체로 원점을 향하여 볼록한 형태를 취함 기출
012 ☐ 등량 곡선	동일한 수준의 생산량을 산출하기 위해 필요한 생산 요소의 조합을 나타낸 곡선으로, 주로 노동과 자본의 조합을 연결하는 경우가 많으며, 등량 곡선은 우하향하고 대체로 원점을 향하여 볼록한 형태를 취함 기출 · **한계 기술 대체율**: 생산자가 한 생산 요소의 투입량을 한 단위 줄였을 때, 동일한 생산 수준을 유지하기 위해 증가시켜야 하는 다른 생산 요소의 양
013 ☐ 최저 가격제	최저 임금제와 같이 가격이 일정 수준 이하로 떨어지지 않도록 제한하는 제도로, 가격 상한제라고도 하며 생산자를 보호하기 위해 시행되지만 초과 공급이 발생하고 사회적 후생손실이 발생할 수 있는 문제가 생김 기출
014 ☐ 최고 가격제	이자율 상한제와 같이 가격이 일정 수준 이상으로 오르지 않도록 제한하는 제도로, 가격하한제라고도 하며 인플레이션을 막고 소비자를 보호하기 위해 시행되지만 초과 수요가 발생하여 암시장이 발생할 수 있는 문제가 생김 기출
015 ☐ 한계 생산물	생산 요소가 한 단위 증가할 때 더 늘어나는 생산량으로, 재화를 생산하기 위하여 노동을 한 단위 더 투입하였을 때 증가하는 생산량을 노동의 한계 생산물, 재화를 생산하기 위하여 자본을 한 단위 더 투입하였을 때 증가하는 생산량을 자본의 한계 생산물이라고 함 기출 · **한계 생산물 가치**: 한계 생산물에 시장 가격을 곱한 것으로, 하나의 생산 요소를 한 단위 더 투입하였을 때 늘어나는 생산량을 시장에 팔 때 받을 수 있는 금액
016 ☐ 규모의 경제	투입되는 생산 요소의 양이 증가할수록 생산비는 절약되고 이익은 증가하는 현상으로, 신규 기업에 대한 진입장벽으로 작용할 수 있으며, 모든 생산 요소를 일정 비율 증가시켜 생산량이 그 비율 이상으로 증가할 때는 규모에 대한 수확 체증, 모든 생산 요소의 증가율과 생산량의 증가율이 같을 때는 규모에 대한 수확 불변, 모든 생산 요소의 증가율이 생산량의 증가율을 상회할 때는 규모에 대한 수확 체감이라고 함 기출
017 ☐ 규모의 불경제	생산량이 증가함에 따라 생산비가 감소하지 않고 오히려 증가하는 현상 기출
018 ☐ 독점 시장	시장 지배력을 가진 하나의 기업에 의해서 재화와 서비스가 제공되는 시장 형태로, 완전한 진입장벽이 존재함 기출
019 ☐ 독점적 경쟁 시장	진입과 퇴거가 자유로운 시장에서 다수의 기업이 종류는 동일하더라도 디자인, 기능, 품질 등에 있어 차별화된 제품을 생산하는 시장 형태 기출
020 ☐ 과점 시장	소수의 기업이 서로 대체할 수 있는 유사한 제품을 생산하며 경쟁하는 시장 형태로, 높은 진입장벽이 존재함 기출
021 ☐ 완전 경쟁 시장	진입장벽이 존재하지 않으며 동질의 상품이 거래되는 시장 형태로, 시장에 참여하는 경제 주체가 다수이기 때문에 누구도 가격에 영향을 미칠 수 없고, 모든 시장 참가자가 상품의 가격과 품질에 대한 완전한 정보를 갖고 있음 기출

022 ☐ 시장실패	공공재, 규모의 경제, 외부효과 등의 요인 때문에 시장이 제 기능을 발휘하지 못해 자원의 효율적 배분 및 소득의 균등한 분배가 제대로 이루어지지 못하는 상태 기출
023 ☐ 정부실패	시장실패를 바로잡기 위해 정부가 시장에 개입한 것이 예기치 못한 결과를 발생시키거나 오히려 시장의 상태를 더욱 악화시키는 것
024 ☐ 공공재	국방 서비스, 도로 등과 같이 모든 사람이 공동으로 이용할 수 있는 재화나 서비스로, 비배제성과 비경합성이라는 특징을 가짐 기출 · **무임승차자의 문제**: 공공재는 비용을 부담하지 않는 사람의 사용을 배제할 수 없기 때문에 사람들이 공공재 생산에 드는 비용은 부담하지 않으면서 공공재를 소비하려는 경향을 보이게 됨
025 ☐ 외부효과	어떤 사람의 경제활동이 의도치 않게 다른 사람에게 이익을 주거나 피해를 주게 되는 시장실패의 원인 중 하나로, 시장에 의해 자율적으로 통제되기 어렵기 때문에 정부가 직접 개입하여 해결하는 것이 일반적이지만, 세금 부과, 보조금 지급, 당사자 간 협상 등으로 해결하기도 함 기출 · **외부경제**: 한 생산자나 소비자의 행위가 제삼자에게 긍정적인 효과를 미치지만, 그에 대한 대가를 전혀 받지 못하는 것 · **외부불경제**: 한 생산자나 소비자의 행위가 제삼자에게 부정적인 효과를 미치지만, 그에 대한 대가를 전혀 지불하지 않는 것
026 ☐ 정보의 비대칭성	경제적 이해관계에 놓인 당사자들 중 한쪽이 다른 한쪽보다 우월한 정보를 가지고 있는 것 · **도덕적 해이**: 정보가 불투명하거나 비대칭적이어서 상대방의 행동을 예측하기 어렵거나 본인이 최선을 다해도 자신에게 돌아오는 혜택이 거의 없을 때 발생하는 것으로, 정보가 불균형한 상황을 이용해 상대방의 이익에는 반하지만 자신에게는 유리한 행동을 하는 것 · **역선택**: 보험사가 개별 가입자의 건강 상태나 사고 확률을 잘 알지 못해 평균적인 건강 수준에 기초해 보험료를 책정할 경우, 실제로 건강한 사람은 보험 가입을 꺼리고 건강하지 않은 사람들만 보험에 가입하게 되어 보험사의 재정이 악화되는 것처럼 정보의 불균형으로 인해 자신에게 불리한 의사결정을 하는 것
027 ☐ 코즈의 정리	소유권이 잘 확립되고 거래비용이 적거나 없을 때, 정부의 개입 없이도 시장 참여자의 자발적인 협상으로 외부효과 문제가 해결될 수 있다는 이론 기출
028 ☐ 내시균형	게임의 각 참여자가 다른 참여자들의 전략을 주어진 것으로 예상하고 자신에게 최적의 전략을 선택할 때, 그 결과가 균형을 이룰 수 있는 최적 전략의 조합 기출 · **우월전략**: 상대방의 전략 선택과 관계없이 자신의 이득을 더욱 크게 만드는 전략
029 ☐ 애로우의 불가능성 정리	완비성, 이행성, 파레토 원칙, 비독재성(민주성), 독립성 등 사회효용함수가 지녀야 할 속성 5가지를 제시하여, 5가지 속성을 모두 만족시키는 사회효용함수는 존재할 수 없음을 증명한 이론 기출
030 ☐ 실업유형	· **구조적 실업**: 기술진보에 따른 자본의 유기적 구성 고도화로 야기되는 실업으로, 4차 산업혁명으로 산업 구조가 고도화되고 기술 혁신이 이루어지면서 낮은 기술 수준의 기능 인력에 대한 수요가 감소하여 대량의 실업이 발생할 것으로 예상됨 기출

	· **마찰적 실업**: 이직 시 불충분한 취업 정보로 인해 일시적으로 발생하는 실업 · **계절적 실업**: 주로 건설업이나 농업 분야에서 계절적 요인으로 인해 발생하는 실업 · **경기적 실업**: 경기 불황으로 인해 노동 수요가 부족하여 발생하는 실업
031 ☐ **필립스 곡선**	임금 상승률과 실업률의 관계를 나타내는 그래프로, 실업률이 높아질수록 임금 상승률이 낮아지는 반비례 관계를 보임
032 ☐ **로렌츠 곡선**	소득 분포의 불평등한 정도를 측정하는 곡선으로, 가로축을 소득 인원 누적 비율, 세로축을 소득 금액 누적 비율로 나타내며, 이 곡선과 45도 직선의 대각선(완전균등선) 사이의 면적이 넓을수록 불평등도가 심하다고 판단하고 곡선과 대각선이 일치하면 소득의 분포가 균등하다고 판단함 기출
033 ☐ **지니계수**	소득 분포의 불평등도를 측정하기 위한 계수로, 로렌츠 곡선에서 완전균등선과 로렌츠 곡선 사이의 불평등 면적을 완전균등선 아래의 면적으로 나누어 계산한 값으로 나타내며, 그 수치가 0에 가까울수록 소득 분포가 평등하다고 판단함 기출
034 ☐ **엥겔지수**	가구의 생계비 중에서 음식비가 차지하는 비율을 나타낸 것으로, 일반적으로 소득이 증가함에 따라 가계의 총지출에서 식품이 차지하는 비율은 감소하는 경향을 보임 기출
035 ☐ **슈바베지수**	가구의 생계비 중에서 주거비가 차지하는 비율을 나타낸 것으로, 슈바베지수가 높을수록 가구의 주택 부담 능력이 떨어진다고 판단함
036 ☐ **앳킨슨지수**	사회 구성원의 주관적인 가치판단을 반영하여 소득 분포의 불평등도를 측정하기 위한 지수로, 평가자가 소득 분포를 불평등하다고 여길수록 앳킨슨 지수는 커짐 기출
037 ☐ **GDP**	Gross Domestic Product(국내총생산)의 약자로, 국적과 관계없이 한 나라의 국경 내에서 모든 경제 주체가 일정 기간 생산활동에 참여하여 창출한 최종 재화와 서비스의 시장 가치 기출
038 ☐ **GNP**	Gross National Product(국민총생산)의 약자로, 국경에 관계없이 한 나라의 국민이 일정 기간 국내와 국외에서 생산한 최종 재화와 서비스의 시장 가치 기출
039 ☐ **GNI**	Gross National Income(국민총소득)의 약자로, 국경에 관계없이 한 나라의 국민이 일정 기간 생산활동에 참여하여 벌어들인 소득
040 ☐ **항상소득가설**	소득은 정기적이고 확실한 항상소득과 임시적인 수입인 일시소득으로 구분되며 이때 소비는 항상소득으로 인해 결정된다는 이론으로, 이를 제창한 밀턴 프리드먼은 항상소득의 비중이 클수록 소비성향이 높고, 일시소득의 비중이 클수록 저축성향이 높아진다고 분석함 기출
041 ☐ **한계소비성향**	새롭게 늘어난 소득 중 소비에 쓰는 금액의 비율을 의미하는 것으로, 보통 저소득층일수록 한계소비성향이 높은 것으로 알려져 있음 기출 · **한계저축성향**: 늘어난 소득 중 저축에 해당하는 금액의 비율
042 ☐ **인플레이션 (Inflation)**	화폐 가치가 하락하고 물가 수준이 지속적으로 상승하는 현상 기출 · **인플레이션의 영향**: 실질 소득이 감소하고 실물 자산의 가치가 상승하기 때문에 금융 자산 보유자, 채권자, 수출업자, 봉급생활자, 연금생활자는 불리해지고, 실물 자산 보유자, 채무자, 수입업자는 유리해짐

043 ☐ **인플레이션 유형**	· **수요견인 인플레이션**: 상품에 대한 수요가 지속적으로 상승할 때 물가가 함께 상승하는 현상으로, 총수요가 증가하여 총수요곡선이 우측으로 이동하는 경우에 발생하는 인플레이션 기출 · **비용인상 인플레이션**: 상품 생산을 위한 비용이 지속적으로 상승할 때 물가가 함께 상승하는 현상으로, 총공급이 감소하여 총공급곡선이 좌측으로 이동하는 경우에 발생하는 인플레이션
044 ☐ **초인플레이션 (Hyperinflation)**	1년에 수백 % 이상으로 물가가 상승하는 경우로, 일반적으로 정부나 중앙은행이 과도하게 통화량을 증대시키는 경우에 발생함 기출
045 ☐ **피셔 효과**	실질 이자율과 예상 인플레이션율의 합이 명목 이자율과 같다는 이론으로, 예상 인플레이션이 1% 오를 경우 명목 이자율도 1% 오른다고 봄 기출
046 ☐ **먼델-토빈 효과**	명목 이자율의 변화와 예상 인플레이션율이 1대1의 관계가 성립하지 않고, 인플레이션에 대한 예상에 변화가 있을 경우 명목 이자율의 변화분은 예상 인플레이션율의 변화분보다 낮은 정도로 오른다는 이론
047 ☐ **디플레이션 (Deflation)**	통화량의 축소에 따라 물가가 하락하고 경제 활동이 침체되는 현상
048 ☐ **피구 효과**	물가의 하락으로 자산의 실질 가치가 상승하면 소비 지출이 증가한다는 이론
049 ☐ **스태그플레이션 (Stagflation)**	불황기에 물가가 계속 상승하여 경기 침체와 물가 상승이 동시에 일어나고 있는 상태 기출
050 ☐ **경기종합지수**	경기의 과거, 현재, 미래를 따로따로 나타내어 만든 경기 지수로, 장기적인 추세 변동·주기적인 경기 변동·돌발적인 불규칙 변동 등을 감안하고 개별 지표에 가중치를 두어 만듦 기출 · **경기선행지수**: 재고순환지표, 경제심리지수, 기계류 내수 출하지수(선박 제외), 건설수주액, 장단기 금리차, 코스피 지수, 수출입 물가비율 등의 지표로 구성됨 · **경기동행지수**: 광공업 생산지수, 서비스업 생산지수, 소매판매액지수, 비농림어업 취업자 수, 수입액, 내수 출하지수 등의 지표로 구성됨 · **경기후행지수**: 취업자 수, 소비자 물가지수 변화율, 소비재 수입액, 생산자제품 재고지수, 회사채 유통수익률 등의 지표로 구성됨
051 ☐ **경기 변동 이론**	자본주의 경제의 독특한 현상인 경기 변동의 여러 양상을 분석하고, 그 원인을 규명하고자 하는 경제학 이론 · **실물적 경기 변동 이론**: 기술 수준의 변화, 생산성 변화와 같은 실물적 요인이 경기 변동의 주된 요인이라고 주장하는 이론 기출 · **화폐적 경기 변동 이론**: 신용 창조, 수축과 같은 화폐적 요인이 경기 변동의 주된 요인이라고 주장하는 이론

052 ☐ **재정정책**	정부가 재정의 수입과 지출을 조정하여 국민경제를 조정하는 정책 기출 · **확장적 재정정책**: 국공채를 재원으로 하면서 재정 규모를 확대하여 경기를 부양하려는 정책 · **긴축적 재정정책**: 재정 규모를 축소하고 가능한 한 조세를 재원으로 하여 경기 과열을 억제하려는 정책
053 ☐ **구축효과**	스태그플레이션이 재정 지출 확대만으로 해결되지 않는 이유를 설명한 이론으로, 정부가 경기 활성화를 위해 재정 지출을 늘림에도 오히려 투자와 소비가 위축되는 현상
054 ☐ **통화정책**	중앙은행은 지급준비율(금융기관의 총예금액에 대한 현금준비 비율), 국공채(중앙은행이 시장에 참여하여 보유하고 있던 유가증권), 기준금리(중앙은행의 금융통화위원회가 매달 회의를 통해 결정하는 금리), 금융중개지원대출(중앙은행이 시중은행별로 정해놓은 한도 내에서 저금리로 돈을 대출해주는 제도) 등을 통하여 통화량을 조절할 수 있음 기출 · 지급준비율 인상 → 통화량 감소, 지급준비율 인하 → 통화량 증가 · 국공채 매각 → 통화량 감소, 국공채 매입 → 통화량 증가 · 기준금리 인상 → 통화량 감소, 기준금리 인하 → 통화량 증가 · 금융중개지원대출 자금 축소 → 통화량 감소, 금융중개지원대출 자금 확대 → 통화량 증가
055 ☐ **중앙은행**	특별법에 기초하여 설립된 한 나라의 금융 정책과 통화 정책의 중심적인 기관으로, 한국의 한국은행, 미국의 연방준비제도(FRB), 영국의 잉글랜드은행이 대표적이며, 발권은행으로서의 기능, 은행의 은행으로서의 기능, 정부의 은행으로서의 기능을 수행함
056 ☐ **유동성 함정**	중앙은행이 금리를 낮춰 통화량을 늘렸음에도 불구하고 기업의 생산 및 투자나 가계의 소비가 늘지 않아 경기가 활성화되지 않는 상태 기출
057 ☐ **본원통화**	중앙은행 지급준비금 계정에 예치된 금융기관 자금과 시중에 유통되고 있는 현금을 합한 것 기출
058 ☐ **기축통화**	국제간의 결제나 금융 거래의 기본이 되는 화폐를 의미하는 것으로, 과거에는 영국의 파운드가 사용되었으나 현재는 미국의 달러가 기축통화의 역할을 하고 있음 기출
059 ☐ **구매력 평가지수 (PPP)**	국가 간의 환율은 각국의 구매력에 의해 결정된다는 구매력 평가설을 바탕으로 한 지수로, 전 세계적으로 팔리고 있는 제품의 가격을 통해 각국의 화폐 가치와 물가 수준을 비교한 것
060 ☐ **환율**	자국 통화와 외국 통화의 교환비율로, 한 단위의 외화를 얻기 위해 지불해야 하는 자국 통화의 양 기출 · **환율의 변동**: 외화의 수요와 공급에 의해 결정됨(외환시장에서의 수요 증가 및 공급 감소 → 환율 상승, 외환시장에서의 수요 감소 및 공급 증가 → 환율 하락) · **환율 상승(원화 약세)의 영향**: 수출 증가 및 수입 감소, 경상수지 개선, 국내 물가 상승, 외채 상환 부담 증가 · **환율 하락(원화 강세)의 영향**: 수출 감소 및 수입 증가, 경상수지 악화, 국내 물가 하락, 외채 상환 부담 감소

061 ☐ **환율 정책**	· **고정환율**: 단기적으로 기준 환율을 고정하고 환율의 변동 폭을 작은 범위 내로 한정하는 제도로, 환율 변동 폭에 제한이 있기 때문에 환율이 그 제한선의 상한이나 하한에 달했을 때 정부나 금융기관의 환율시장 개입이 필요해지게 되고, 결과적으로 국제수지 상황에 의해 금융정책이 좌우되는 경우가 많아지게 됨 기출 · **변동환율**: 기준 환율을 고정하지 않고 변동 폭도 규제하지 않은 환율 제도로, 국제수지 상황에 따라 환율이 자동적으로 조정되기 때문에 정부나 금융기관의 환율시장 개입이 필요하지 않고, 금융정책도 국내의 정책 목적에 따라 운용할 수 있게 됨 기출
062 ☐ **환포지션**	외국환은행이 원화를 지불하고 매입한 외환금액과 원화를 받고 매도한 외환금액과의 차액, 즉 외화채권의 재고량을 의미하는 것으로, 대표적으로 오버 보트 포지션(Over bought position), 오버 솔드 포지션(Over sold position), 스퀘어 포지션(square position)이 있음 기출
063 ☐ **국제수지**	일정 기간 한 나라와 다른 나라 사이에서 이루어진 경제적 거래를 체계적으로 집계한 것으로, 경상수지(상품수지 + 서비스수지 + 본원소득수지 + 이전소득수지)와 자본 및 금융계정으로 구성됨
064 ☐ **보호무역**	자기 나라의 산업을 보호·육성하기 위하여 국가가 대외 무역을 간섭하고 수입에 여러 가지 제한을 두는 무역으로, 19세기에 독일, 미국 등지에서 자기 나라의 산업을 보호하기 위하여 채택함 · **신보호무역주의**: 선진국들이 무역과 외화에 대한 규제 조치를 강화하기 위하여 내세운 새로운 보호무역주의 경향으로, 관세, 세이프 가드 등의 방식으로 진행되며, 전통적인 후진국이 자국 시장을 보호하기 위하여 각종 규제를 행하는 전통적 보호무역주의와는 차이가 있음 기출
065 ☐ **마샬-러너의 조건**	환시세절하(평가절하)가 국제수지를 개선시키도록 하기 위해서는 외국과 자국이 지니는 수입 수요 탄력성의 합이 1보다 커야 한다는 조건으로, 만일 양국의 수입 수요 탄력성의 합이 1보다 작을 때는 평가절하되더라도 수지는 악화되며, 반면 1보다 클 때는 평가절상이 수지를 악화시킴 기출
066 ☐ **J커브 효과**	무역수지의 개선을 위해 환율의 상향 조정을 유도하더라도 그 초기에는 무역수지가 오히려 악화되었다가 상당 기간이 지난 후에야 개선되는 현상으로, 환율의 변동과 무역수지와의 관계를 나타냄 기출
067 ☐ **주식회사**	주식을 발행함으로써 여러 사람으로부터 자본을 조달받는 회사로, 7인 이상의 주주가 유한책임사원이 되어 설립되며 자본과 경영이 분리되는 회사의 대표적 형태임 기출
068 ☐ **유한회사**	1인 이상 50인 이하의 유한책임사원으로 구성된 회사로, 사원들은 회사에 출자 의무를 부담하고 회사 채무에 대하여서는 출자액의 한도 내에서만 책임을 지며, 원칙적으로 소유와 경영이 분리된 구조임
069 ☐ **유한책임회사**	1인 이상 50인 이하의 유한책임사원으로 구성된 회사로, 사원들은 회사에 출자 의무를 부담하고 회사 채무에 대하여서는 출자액의 한도 내에서만 책임을 지며, 출자한 사원 모두가 경영에 참여하는 구조임
070 ☐ **합명회사**	2인 이상의 무한책임사원으로 구성된 회사로, 원칙적으로 무한책임사원은 회사에 출자하고 회사의 채무에 대해 회사와 연대하여 변제할 책임이 있음

071 ☐ **합자회사**	두 사람 이상이 자본을 대어 만드는 회사로, 유한책임사원과 무한책임사원으로 구성되며 무한책임사원은 업무의 집행에 관한 권리 및 의무를 지니고, 유한책임사원은 재산에 대한 한정된 권한 및 감독권을 지님
072 ☐ **이자보상배율**	기업이 수입에서 얼마를 이자 비용으로 쓰고 있는지를 나타내는 수치로, 기업의 채무 상환능력을 보여줌 기출 · **이자보상배율의 계산**: 영업이익을 이자 비용으로 나누어 계산하는데, 이때 이자보상배율이 1이면 영업활동에서 창출한 돈을 이자지급비용으로 다 사용한다는 의미이고, 이자보상배율이 1보다 크면 이자를 지불하고 나서도 영업활동에서 창출한 돈이 남는다는 의미이며, 이자보상배율이 1보다 작으면 영업활동에서 창출한 돈으로 금융비용조차 지불할 수 없는 잠재적 부실기업이라는 의미임
073 ☐ **적대적 M&A**	인수 대상 기업의 동의 없이 행해지는 기업 인수 합병 · **적대적 M&A의 공격전략**: 곰의 포옹, 공개매수, 시장매집, 위임장 대결, 토요일 밤 특별작전, 흑기사 등 · **적대적 M&A의 방어전략**: 차등의결권제도, 백기사, 시차 임기제, 왕관의 보석, 포이즌 필, 황금 낙하산 등 기출
074 ☐ **주식**	자금 조달을 목적으로 발행하는 출자증권
075 ☐ **채권**	국가, 지방 자치 단체, 은행, 회사 등이 사업에 필요한 자금을 차입하기 위해 발행하는 유가증권으로, 발행 주체, 보증 여부, 담보제공 여부, 이자지급방법 등에 따라 다양하게 구분됨
076 ☐ **RP**	Repurchase Agreement(환매조건부채권)의 약자로, 금융기관이 일정 기간 후 확정 금리를 보태어 되사는 조건으로 발행하는 채권
077 ☐ **금리 역전 현상**	장기채권 수익률이 단기채권 수익률보다 낮은 보기 드문 현상으로, 보통은 경기침체의 전조로 해석함 기출
078 ☐ **오퍼레이션 트위스트**	중앙은행이 장기국채를 매입하고 단기국채를 매도함으로써 장기금리를 끌어내리고 단기금리는 올리는 공개시장 조작방식 기출
079 ☐ **펀드(Fund)**	불특정 다수의 투자자로부터 신탁받은 자금을 주식, 채권, 부동산 등 다양한 자산에 분산투자하여 얻은 이익을 투자지분에 따라 배분하는 간접투자상품으로, 투자대상, 투자전략 등에 따라 다양하게 구분됨
080 ☐ **ETF**	Exchange Traded Fund의 약자로, 인덱스 펀드를 거래소에 상장해 주식처럼 증권시장에서 직접 거래할 수 있고 즉시 사고팔 수 있도록 한 펀드 기출
081 ☐ **MMF**	Money Market Fund의 약자로, 단기금융상품에 집중적으로 투자해 발생한 수익을 투자자들에게 돌려주는 실적배당상품 기출
082 ☐ **ABS**	Asset-Backed Securities(자산유동화증권)의 약자로, 금융기관 및 기업이 부동산을 비롯한 여러 가지 형태의 자산 중 일부를 담보로 발행하는 증권을 의미하며, 주요 자산유동화증권에는 CDO(부채담보부증권), CARD, ABCP, 부동산 PF ABS 등이 있음 기출

083 ☐ 파생상품	주식과 채권 같은 전통적인 금융상품을 기초 자산으로 하여 새로운 현금 흐름을 만드는 증권으로, 위험을 감소시키거나 새로운 금융상품을 만들어 내는 기능을 하며 대표적인 파생상품으로는 선도 거래와 선물, 옵션, 스와프 등이 있음 기출
084 ☐ 선물	장래의 일정한 시기에 상품이나 금융자산을 인도한다는 조건으로 매매 계약을 하는 거래 종목 · **선도 거래**: 미래의 일정한 시점에 쌍방이 합의한 가격에 자산의 인도를 요구할 수 있는 계약인 점은 선물과 비슷하지만, 정형화된 거래소를 통해 거래가 이루어지는 선물과 달리 장외시장에서 거래 당사자끼리 혹은 딜러를 통해 거래가 진행됨
085 ☐ 옵션(Options)	거래 당사자 간에 미리 정한 가격으로 특정 시점에 일정 자산을 사거나 팔 수 있는 권리 기출 · **콜옵션**: 자산을 살 수 있는 권리 · **풋옵션**: 자산을 팔 수 있는 권리
086 ☐ 스와프(Swap)	두 개의 금융자산 또는 부채에서 파생되는 미래의 서로 다른 자금 흐름을 교환하기로 하는 계약으로, 대표적으로 통화스와프, 금리스와프 등이 있음
087 ☐ CDS	Credit Default Swap(신용부도스와프)의 약자로, 부도가 발생하여 채권이나 대출 원리금을 돌려받지 못할 경우를 대비한 신용파생상품
088 ☐ 베이시스(Basis)	선물 가격과 현물 가격의 차이 기출 · **콘탱고**: 베이시스가 양의 값을 띄는 정상 시장 · **백워데이션**: 베이시스가 음의 값을 띄는 역조 시장
089 ☐ 파생결합증권	파생 금융상품과 유가증권을 결합하여 기초 자산의 가치 변동에 따라 수익률이 결정되는 증권으로, 개별 기업 주가나 주가지수 외에도 합리적으로 가격을 매길 수 있다면 이자율, 환율, 주가, 신용, 실물 등 무엇이든 기초 자산이 될 수 있으며, 대표적으로 주식워런트증권(ELW), 주가연계증권(ELS), 상장지수증권(ETN) 등이 있음
090 ☐ ELS	Equity-Linked Securities(주가연계증권)의 약자로, 특정 주식의 가격이나 지수에 연계되어 투자수익이 결정되는 유가증권이며 원금 또는 최저 수익률을 보장하면서 만기에 주가가 일정 조건을 충족하면 약속한 수익률을 지급함 기출
091 ☐ CD	Certificate of Deposit(양도성 예금 증서)의 약자로, 제삼자에게 양도가 가능한 무기명식의 정기 예금을 의미하며 만기일에 증서의 마지막 소유자가 원금과 이자를 얻게 됨 기출
092 ☐ 공매도	주가 하락에서 생기는 차익금을 노리고 주권을 실제로 가지고 있지 않거나 가지고 있더라도 상대에게 인도할 의사 없이 신용거래로 환매하는 행위 기출
093 ☐ 서킷브레이커 (Circuit breakers)	코스피 지수나 코스닥 지수가 일정 수준 이상 하락하는 경우 투자자들이 냉정하게 투자 판단을 할 수 있도록 시장에서의 모든 매매 거래를 일시 중단하는 제도로, 우리나라의 경우 코스피 지수나 코스닥 지수가 직전 매매 거래일의 종가 대비 8% 이상 떨어진 상태가 1분간 지속되면 1단계, 15% 이상 떨어진 상태가 1분간 지속되고 1단계 발동 지수 대비 1% 이상 추가 하락한 경우 2단계 서킷브레이커가 발동되어 각각 20분간 매매 거래가 중단되며, 20% 이상 급락하고 2단계 발동 지수 대비 1% 이상 추가 하락한 경우 3단계 서킷브레이커가 발동되어 당일 장 운영이 종료됨 기출

094 ☐ 사이드카 (Sidecar)	시장 상황이 급변할 경우 프로그램매매의 호가 효력을 일시적으로 제한함으로써 프로그램매매가 주식시장에 미치는 충격을 완화하고자 하는 제도로, 코스닥의 경우 코스닥 150지수 선물 가격이 6% 이상 상승·하락하고 코스닥 150지수 현물 가격이 3% 이상 상승·하락한 상태가 1분간 지속될 때, 코스피의 경우 코스피 200지수 선물의 가격이 5% 이상 상승·하락한 상태가 1분간 지속될 때 발동되어 프로그램매매 매수호가 또는 매도호가의 효력을 5분간 정지함 기출
095 ☐ 예금자보호제도	금융회사가 파산 등으로 인해 고객의 금융자산을 지급하지 못할 경우 예금보험공사가 예금의 일부 또는 전액을 돌려주는 것으로, 2022년을 기준으로 1인당 원금과 소정의 이자를 합해 1인당 최고 5,000만 원까지 보호됨 기출
096 ☐ DSR	Debt Service Ratio(총부채원리금상환비율)의 약자로, 주택담보대출은 물론 신용대출, 카드론 등 모든 대출금에 대한 원리금 상환액을 연간소득으로 나누어 대출한도를 정하는 계산 비율 기출
097 ☐ LTV	Loan To Value ratio(주택담보대출비율)의 약자로, 주택을 담보로 돈을 빌릴 때 적용하는 담보 주택의 실제 가치 대비 대출 가능 비율 기출
098 ☐ DTI	Debt To Income(총부채상환비율)의 약자로, 금융부채 상환능력을 소득으로 따져서 대출한도를 정하는 계산 비율을 의미하며 대출상환액이 소득의 일정 비율을 넘지 않도록 제한하기 위해 시행됨 기출
099 ☐ 그림자 금융	은행과 비슷한 역할을 하지만, 중앙은행의 감독을 받지 않는 금융 회사 기출
100 ☐ 순현재가치법	투자로 인해 발생하는 현금흐름 총유입액의 현재가치에서 총유출액의 현재가치를 차감한 순현재가치를 이용하여 투자안을 평가하는 방법으로, 순현재가치가 0보다 클 때 투자가치가 있는 것으로 판단함 기출
101 ☐ 회수기간법	투자를 했을 때 그 투자로 인해 발생하는 현금흐름으로부터 투자자금을 모두 회수하기까지 걸리는 기간을 재무관리자가 사전에 정해놓은 회수기간과 비교하여 투자안을 평가하는 방법으로, 회수기간이 짧을수록 비교 우위에 있는 투자안으로 평가함 기출
102 ☐ 자본자산가격결정 모형(CAPM)	투자자들의 투자활동을 통해 자본시장이 균형상태를 이룰 때 주식이나 채권 등 자본자산의 기대수익률과 위험의 관계를 설명하는 모형으로, 개별종목의 총위험이 시장과 연관되어 나타나는 체계적 위험과 시장과 관계없이 나타나는 비체계적 위험으로 분류하고 비체계적 위험은 분산투자에 의해 제거될 수 있다고 설명함 기출
103 ☐ 기업 공개(IPO)	개인이나 소수 주주로 구성되어 폐쇄성을 띠고 있는 기업이 법정 절차와 방법에 따라 그 주식을 일반 대중에게 분산하고 재무 내용을 공시하는 일 기출
104 ☐ 공시제도	기업의 주요 내용을 공개적으로 게시하는 제도로, 발행시장 공시와 유통시장 공시로 분류됨 · **발행시장 공시**: 증권 신고서, 투자 설명서, 증권발행 실적보고서 등 · **유통시장 공시**: 정기공시(사업 보고서, 반기 보고서, 분기 보고서 등), 지분공시(주식 등의 대량보유 상황보고서 등), 특수공시(공개매수 신고서 등), 주요사항 보고서 ,수시공시, 공정공시 기출

105 ☐ MSCI지수	MSCI Barra가 작성하여 발표하는 글로벌 주가 지수로 전 세계 시장을 대상으로 한 대형 투자 펀드의 주요 지표로 활용되며, 미국계 자산운용사들이 운용 기준으로 중요하게 참고하는 지수
106 ☐ 공포지수(VIX)	시장 상황에 대한 정보와 함께 주가에 영향을 주는 요소 중 하나인 투자자들의 심리를 수치로 표현한 지표로, VIX가 50이라고 한다면 향후 한 달 동안 주가가 상승과 하락을 반복하며 50%의 변동성을 보일 것이라고 예상하는 투자자들이 많다는 것을 의미
107 ☐ 디파이	블록체인 기술을 기반으로 정부나 기업과 같은 중앙기관의 개입 없이 오직 인터넷만 연결되어 있으면 누구나 금융 서비스를 이용할 수 있는 형태의 분산형 금융 시스템
108 ☐ 박스권	주가가 정해진 범위 내에서 상승과 하락을 반복하는 현상
109 ☐ 스톡옵션	기업이 임직원들에게 권리행사기간 동안 권리행사가격으로 자사주를 일정 수량 매입할 수 있는 법적 권리를 부여하는 보상 제도
110 ☐ 스프레드	금융 시장에서 두 가격 또는 두 금리 간 차이를 의미함
111 ☐ 인사이트 펀드	정부가 아닌 민간 투자회사가 전 세계 시장을 대상으로 제한 없이 투자하며, 높은 위험과 높은 수익을 추구하는 펀드
112 ☐ 테이퍼링	출구전략의 하나로서, 미국 중앙은행이 통화 유동성을 관리하기 위해 양적완화 정책의 규모를 단계적으로 줄여나가는 것
113 ☐ 파킹	기업 인수를 위해 주식을 사들이는 투자자가 자신의 매집 사실을 숨기기 위해 해당 주식을 자신의 브로커나 증권회사에 맡기는 것
114 ☐ 프로토콜 경제	탈중앙화를 통해 다양한 경제주체들이 직접 연결되어 활동하는 경제 모델로, 거래수수료나 사용수수료 등을 지불하지 않아도 되는 특징이 있음 기출
115 ☐ 슈퍼사이클	공급이 제한된 상품의 장기적인 가격 상승 추세
116 ☐ 더블딥	경기침체 이후 일시적으로 회복 국면을 거쳤다가 다시 침체 상태로 돌아가는 이중 침체 현상
117 ☐ TRS	Total Return Swap의 약자로, 기초자산의 위험을 전부 이전하는 대신 수수료를 받는 거래 방식이며, 자산운용사가 증권사에 증거금을 제공하고 자산을 매입해 손익을 인수하는 형태
118 ☐ 경제고통지수	미국 경제학자 오쿤이 고안한 지표로 국민들이 체감하는 경제적 삶의 질을 수치로 나타내며, 인플레이션율과 실업률을 합산해 산출함
119 ☐ P2P대출	기존 금융회사의 중개 없이 온라인 플랫폼을 통해 개인과 개인이 직접 돈을 빌려주고 이자를 받는 새로운 방식으로, 자금 중개에 대한 수수료만 취하며, 대출금 상환에 대한 보증 책임은 지지 않음

120 ☐ 신파일러	금융거래기록이 거의 없어 신용평가 시 불리한 영향을 받은 가능성이 높은 사람을 의미함
121 ☐ KIKO	Knock-In Knock-Out의 약자로, 수출기업이 환율 하락으로 인한 환차손 위험을 줄이기 위해 은행과 체결하는 파생금융상품 계약의 일종이며, 환율이 일정 수준 이하로 하락하면 이익을 얻을 수 있지만 환율이 일정 수준을 초과해 상승할 경우 큰 손실이 발생할 수 있음
122 ☐ ETF	Exchange Traded Fund의 약자로, KOSPI200이나 특정 자산을 기준으로 만들어진 상장지수펀드임. 지수에 포함된 10개 이상의 종목들을 골라 펀드 포트폴리오를 구성하며, 증권거래소에 상장되어 있어 일반 주식처럼 자유롭게 사고 팔 수 있음 기출
123 ☐ PIR	Price to Income Ratio의 약자로, 주택 가격 변동을 평가할 때 소득 수준 변화를 함께 반영하기 위해 만들어진 지표이며, 가구소득 대비 주택가격의 비율로 측정함
124 ☐ SDR	Special Drawing Rights의 약자로, 국제통화기금이 달러화와 금의 한계를 보완하기 위해 1969년에 도입한 가상의 국제통화로, IMF와 각국 정부 및 중앙은행 간의 거래에 사용됨
125 ☐ 구인배율	노동시장의 수요와 공급 상황을 나타내는 지표로, 전체 일자리 수를 취업 희망자 수로 나누어 계산함. 해당 수치가 높을수록 기업이 인력을 구하기 어려워지고, 낮을수록 구직자가 일자리를 찾기 힘든 것을 의미함
126 ☐ 국민부담률	국민이 부담하는 세금과 사회보장 기금을 합산한 금액이 국내총생산에서 차지하는 비율로, 조세부담률에 사회보장부담률을 합산한 지표
127 ☐ 디폴트	공채, 사채, 은행 대출 등은 계약에 따라 원리금 상환 시기, 이자율, 이자 지급일 등이 사전에 정해져 있지만, 채무자가 경제적 어려움 등으로 인해 이러한 조건을 지키지 못하고 이자나 원리금을 제때 상환하지 못하는 상태 기출
128 ☐ 확장실업률	표면적인 실업률로는 파악하기 어려운 체감 실업 수준을 보다 정확하게 반영하기 위해 고용의 질적 요소를 포함해 산출한 지표로, 주당 36시간 이하로 일하면서 추가 취업을 희망하는 시간 관련 추가 취업가능자나 구직 활동 여부와 관계없이 일할 의사와 능력이 있는 잠재경제활동인구 등을 포함하여 계산함
129 ☐ 피셔효과	물가상승률과 명목이자율 사이의 1:1 대응 관계를 나타내는 공식으로, 통상적으로 '명목이자율=실질이자율+물가상승률'의 형태로 표현됨 기출
130 ☐ 프레카리아트	'불안정한'을 뜻하는 이탈리아어 'Precario'와 '무산 노동자 계급'을 뜻하는 영어 'Proletariat'의 합성어로, 인간의 노동이 대부분 AI로 대체된 사회에서 임시직이나 프리랜서 형태의 단순 업무에 종사하며 낮은 임금을 생계를 이어가는 계층
131 ☐ 한계기업	재무 상태가 악화되어 영업이익으로도 이자 비용을 충당하지 못하고, 경쟁력 저하로 인해 지속적인 성장이 어려운 기업을 말하며, 좀비기업이라도 함
132 ☐ 카니발리제이션	한 기업에서 새롭게 출시한 상품이 기존에 판매하던 다른 상품의 판매량, 수익 또는 시장 점유율을 감소시키는 현상

디지털

정확히 알지 못하는 내용은 박스(□)에 체크하며 복습해보세요.

133 □ ICT	정보를 주고받는 것은 물론 개발, 저장, 처리, 관리하는 데 필요한 모든 기술 기출
134 □ 4차 산업혁명	정보통신기술(ICT)의 융합으로 이루어지는 차세대 산업혁명을 의미하는 것으로, '초연결', '초지능', '초융합'을 특징으로 하며 인공지능(AI), 사물인터넷(IoT), 로봇기술, 드론, 자율주행 자동차, 가상현실(VR) 등이 대표적인 기술 사례임 기출
135 □ 스마트시티	첨단 정보통신기술(ICT)을 이용해 도시 구석구석이 신경망처럼 연결되어 도시 생활 속에서 유발되는 교통 문제, 환경 문제, 시설 비효율 등이 해결된 편리하고 쾌적한 도시 기출
136 □ IoT	Internet of Things(사물인터넷)의 약자로, 사물에 센서를 장착하여 사람의 개입 없이도 사물이 스스로 인터넷을 통해 실시간으로 데이터를 수집하고 교환할 수 있게 하는 기술 기출
137 □ AI	Artificial Intelligence(인공지능)의 약자로, 인간의 지능이 가지는 학습, 추리, 적응, 논증 따위의 기능을 갖춘 컴퓨터 시스템 · **머신러닝(Machine learning)**: 인공지능 연구의 한 분야로, 인간의 학습능력과 같은 기능을 컴퓨터에서 실현하는 기술 기출 · **딥러닝(Deep learning)**: 머신러닝의 한 분야로, 인간 두뇌의 정보처리 방식을 모방해 컴퓨터가 사물을 분별하도록 학습시키는 기술
138 □ 딥페이크	AI(인공지능) 기술을 이용해 제작된 가짜 동영상 또는 제작 프로세스 자체 기출
139 □ AR	Augmented Reality(증강현실)의 약자로, 현실 세계의 배경이나 이미지에 3차원의 가상 이미지를 겹쳐서 보여주는 발전된 가상현실 기술 기출
140 □ VR	Virtual Reality(가상현실)의 약자로, 컴퓨터 기술을 응용하여 인공적인 상황이나 환경을 구축하고 그 안에서 인간이 마치 실제 주변 상황, 환경과 상호작용하는 것처럼 느끼도록 만드는 기술 기출
141 □ MR	Mixed Reality(혼합현실)의 약자로, 현실과 가상이 접목되어 물리적 객체와 가상 객체가 상호 작용할 수 있는 스마트 환경을 제공하는 기술 기출
142 □ 비트코인	2009년 사토시 나카모토라는 필명을 가진 프로그래머가 개발한 최초의 가상 디지털 화폐로, 일반적인 화폐와 달리 통화를 관리하는 중앙기구가 존재하지 않고 발행량이 정해져 있으며, 컴퓨터를 이용하여 수학 문제를 풀면 발행받을 수 있음

143 ☐ 블록체인	은행이나 증권사 등과 같은 공인된 금융기관이 아닌 거래 참여자들에게 거래 장부를 분산 배치해 해킹을 막는 네트워크 기술로, 대표적으로 블록에 금전 거래 내역을 저장하여 거래에 참여하는 모든 사용자에게 거래 내역을 공개하고, 거래 때마다 이를 대조하여 데이터 위조를 막는 방식을 가상 통화에 사용하고 있으며, 이 밖에도 예술품의 진품 감정, 위조화폐 방지, 전자시민권 발급 등 다양한 분야에 활용되고 있음
144 ☐ 메타버스 (Metaverse)	웹상에서 아바타를 이용하여 현실 세계와 같은 사회·경제·문화 활동이 이루어져 가상 세계와 현실 세계의 경계가 허물어지는 3차원 가상 세계
145 ☐ 빅데이터	크기가 방대하고 형태가 다양하며, 생성부터 유통까지의 시간도 빨라 기존 시스템으로는 관리와 분석이 어려운 정형 또는 비정형 데이터로, 일반적으로 데이터 규모가 수십 테라바이트 혹은 수십 페타바이트 이상의 속성인 크기(Volume), 대용량의 데이터를 빠르게 처리하고 분석할 수 있는 속성인 속도(Velocity), 다양한 종류의 데이터를 가지고 있는 속성인 다양성(Variety)이 대표적인 특징임 기출
146 ☐ 핀테크	'금융(Finance)'과 '기술(Technology)'의 합성어로, IT 기술을 기반으로 한 새롭고 차별화된 금융상품 및 서비스를 의미하며 크라우드 펀딩, 모바일 결제 및 송금, 개인 자산관리 등이 포함됨
147 ☐ 금융규제 샌드박스	금융소비자의 편익을 증대시키기 위해 혁신금융 서비스를 지정하여, 지정된 서비스에 대해 인가·영업 과정에서 적용되는 규제를 유예 및 면제하는 제도 기출
148 ☐ 레그테크	'규제(Regulation)'와 '기술(Technology)'의 합성어로, AI를 활용하여 금융회사의 내부 통제와 복잡한 금융규제를 용이하게 하는 정보기술 기출
149 ☐ 테크핀	'기술(Technology)'과 '금융(Finance)'의 합성어로, 금융회사가 주도하는 기술에 의한 금융서비스인 핀테크와는 달리 IT 업체가 주도하는 기술에 금융을 접목한 혁신 서비스 기출
150 ☐ 오픈 뱅킹	각 은행이 송금·결제망을 표준화하여 기업과 은행권이 공동으로 이용할 수 있도록 개방한 공동결제시스템으로, 하나의 애플리케이션으로 모든 은행의 계좌 조회, 결제, 송금 등의 업무를 진행할 수 있음 기출
151 ☐ 펌뱅킹	컴퓨터 시스템을 통신 회선으로 연결하여 기업과 금융 기관이 온라인으로 처리하는 은행 업무로, 입·출금, 자동 인출, 예금 잔액 조회, 급여 계산 등의 서비스가 제공됨 기출
152 ☐ 마이데이터	개인이 자신의 정보를 적극적으로 관리 및 통제하는 것을 넘어서 이러한 정보를 신용이나 자산관리에 능동적으로 활용하는 과정까지 포괄하는 개념으로, 2021년 12월 1일에 시범 서비스를 시작하여 2022년 1월 5일부터 전면 시행되었으며, 개인은 마이데이터로 인해 여러 금융회사에 분산되어 있는 자신의 금융 정보를 한꺼번에 확인할 수 있고, 업체에 자신의 정보를 제공하여 맞춤 상품이나 서비스를 추천받을 수 있게 됨 기출
153 ☐ 공동인증서	전자서명법 개정으로 민간 인증서가 도입되면서 공인인증서에 부여된 독점적 지위가 2020년 12월 10일부로 소멸하였고, 이에 따라 공인인증서의 명칭이 공동인증서로 변경됨 기출

154 ☐ FIDO	Fast IDentity Online의 약자로, 온라인 환경에서 ID나 비밀번호 없이 생체인식 기술을 활용해 본인을 인증하는 시스템 **기출**
155 ☐ 전자 서명	전자 상거래나 인터넷 뱅킹 등에서 컴퓨터와 같은 디지털 기기를 이용하여 신원을 확인할 때 사용하는 전자적 형태의 정보 **기출**
156 ☐ 공개키 암호화 방식	상대방은 암호 방식을 가지고 외부에 공개된 암호키를 이용하여 정보를 보내고, 자신은 자신만이 가진 복호키를 이용하여 수신된 정보를 해독할 수 있도록 한 정보 암호화 방식 **기출** · **비밀키 암호화 방식**: 송신자가 미리 정해진 키를 이용하여 암호화한 후 보내면 수신자는 같은 키를 이용하여 암호문을 복호화할 수 있도록 한 정보 암호화 방식
157 ☐ 해시 함수	짧은 길이의 값이나 키로 변환하여 주소에서 문자열을 보다 빨리 찾을 수 있도록 하는 연산기법으로, 데이터의 무결성 검증, 메시지 인증에 사용함 **기출**
158 ☐ DID	Decentralized Identifiers(분산 식별자)의 약자로, 블록체인과 같은 분산 네트워크 기술을 기반으로 본인 인증을 하는 시스템
159 ☐ 에지 컴퓨팅 (Edge computing)	최근 사물인터넷 기기의 확산으로 데이터양이 증가하면서 이를 효율적으로 처리하기 위해 고안된 방식으로, 분산된 소형 서버를 통해 실시간으로 데이터를 처리하는 컴퓨팅 기술 **기출**
160 ☐ 클라우드 컴퓨팅 (Cloud computing)	사용자가 필요한 소프트웨어를 자신의 컴퓨터에 설치하지 않고도 인터넷 접속을 통해 언제든 사용할 수 있고, 동시에 각종 IT 기기로 데이터를 손쉽게 공유할 수 있는 컴퓨팅 기술
161 ☐ 크라우드 펀딩 (Crowd funding)	인터넷이나 소셜 미디어를 통해 불특정 다수의 개인으로부터 자금을 투자받는 방식으로, P2P 대출형, 투자형, 후원형, 기부형 등으로 세분화 됨 **기출** · **P2P 대출형**: 대출 계약 체결을 통해 투입된 자금에 대한 이자와 같은 금전적 보상을 받는 형태 · **투자형**: 펀딩에 대한 대가로 주식 또는 채권을 얻어 배당금 및 이자 등의 금전적 보상을 받는 형태 · **후원형**: 펀딩을 받아 제작하기로 약속한 제품이나 서비스를 자금 공급자에게 제공하는 형태 · **기부형**: 금전적 혹은 기타 보상을 전제로 하지 않으며 특별한 대가가 없이 프로젝트를 지지 및 후원하는 형태
162 ☐ 워터마크	텍스트, 이미지, 비디오, 오디오 등의 원본 데이터에 원래 소유주의 고유 마크를 사람의 시각이나 청각으로 구별할 수 없게 삽입하는 기술 **기출**
163 ☐ 로즈 다이어그램	나이팅게일이 크림 전쟁이 일어난 당시 전투보다 전염병과 영양실조 등으로 인한 사망자가 더 많다는 사실을 깨닫고, 병원의 위생에 대한 중요성을 사람들에게 알리기 위해 시각화하여 만든 다이어그램 **기출**

164 ☐ 디파이	'탈중앙화(Decentralize)'와 '금융(Finance)'의 합성어로, 인터넷 연결만 가능하다면 정부나 기업 등 중앙기관의 통제 없이 블록체인 기술을 통해 결제, 송금, 예금, 대출, 투자 등 다양한 금융 서비스를 이용할 수 있는 탈중앙화된 금융 시스템이며, 투자자에게 투명성을 제공하여 건전한 금융 시스템을 만들 수 있고 거래 비용 절감과 더불어 금융 서비스의 진입 장벽을 낮출 수 있음
165 ☐ 한국판 뉴딜	코로나19 이후 경기 침체와 일자리 충격 등의 상황을 회복하기 위해 마련한 국가 발전 전략으로, 2025년까지 디지털 뉴딜, 그린 뉴딜, 안전망 강화 3가지 축의 분야별 투자 및 일자리 창출이 이루어짐
166 ☐ RFID	Radio Frequency IDentification의 약자로, 무선 주파수를 이용하여 반도체 칩이 내장된 태그, 라벨, 카드 등에 저장된 데이터를 비접촉으로 읽어내는 인식 시스템 기출
167 ☐ 슈퍼 앱	다양한 서비스를 지원하는 애플리케이션으로, 하나의 애플리케이션만 있으면 별도로 다른 애플리케이션을 설치하지 않고도 송금, 투자, 쇼핑 등의 여러 가지 서비스를 이용할 수 있음 기출
168 ☐ 하이브리드 앱	기본 기능은 HTML 등의 웹 표준 기술을 기반으로 구현하고, 패키징은 모바일 운영 체제(OS)별로 구현하는 애플리케이션 기출
169 ☐ 공개 소프트웨어	· **프리웨어(Freeware)**: 누구나 무료로 제한 없이 사용할 수 있는 소프트웨어 · **셰어웨어(Shareware)**: 정식 제품을 구매하기 전 무료로 사용해볼 수 있도록 한 소프트웨어로, 기한 또는 일부 기능에 제한을 둠 · **라이트웨어(Liteware)**: 정식 제품에서 몇 가지 기능을 제외하고 무료로 사용할 수 있도록 배포하는 소프트웨어 · **네그웨어(Negware)**: 무료로 사용할 수 있는 소프트웨어지만, 사용자 등록을 하지 않을 경우 지속적으로 경고 메시지를 띄움
170 ☐ 인터넷 범죄	· **피싱(Phishing)**: 개인정보를 불법으로 알아내 이를 이용하는 금융 사기 수법을 통칭하는 말 · **파밍(Pharming)**: 악성 프로그램에 감염된 PC를 조작하여 가짜 사이트에 접속하도록 유도해 정보를 빼내는 사기 수법 · **스미싱(Smishing)**: 문자 메시지(SMS)를 통해 사용자의 스마트폰에 악성코드를 주입해 정보를 빼내는 사기 수법 · **스푸핑(Spoofing)**: 직접적인 시스템 침입은 하지 않지만 가짜로 구성된 웹사이트로 이용자를 속여 정보를 빼내는 사기 수법 · **스누핑(Snooping)**: 네트워크상에서 남의 정보를 염탐하여 불법으로 가로채는 사기 수법
171 ☐ 기억 장치	· **RAM**: Random Access Memory의 약자로, 기억된 정보를 읽거나 쓸 수 있으며 다른 정보를 기억시킬 수도 있는 기억 장치로, 전원이 끊어질 경우 기록된 정보도 날아가기 때문에 휘발성 메모리라고도 함 · **ROM**: Read Only Memory의 약자로, 한번 기억된 정보를 빠른 속도로 읽을 수 있지만 변경할 수는 없는 기억 장치로, 전원이 끊어져도 기록된 정보가 날아가지 않기 때문에 비휘발성 메모리라고도 함

농업·농촌

정확히 알지 못하는 내용은 박스(□)에 체크하며 복습해보세요.

172 □ **협동조합**	경제적으로 약소한 처지에 있는 소비자, 농·어민, 중소기업자 등이 각자의 생활이나 사업의 개선을 위하여 만든 협력 조직으로, 불특정 다수를 주주로 하여 무한 이익을 추구하며, 투자자들이 보유 주식에 비례하여 소유권을 가지고 있는 주식회사와 달리 조합원에 대한 서비스 향상을 목표로 하고, 출자 액수와 관계없이 1인 1개의 의결권과 선거권을 가짐 기출
173 □ **협동조합기본법**	협동조합의 설립운영에 관한 기본적인 사항을 규정하여 자주적·자립적·자치적인 협동조합 활동을 촉진하고, 사회통합과 국민경제의 균형 있는 발전에 기여하는 것을 목적으로 함 기출 · **주요 내용**: 출자 액수에 관계없이 1인 1개의 의결권과 선거권 부여, 일반협동조합과 사회적협동조합 2개의 법인격, 5인 이상 자유롭게 설립 가능, 3개 이상의 협동조합이 모여야 연합회 설립 가능, 7월 첫 토요일은 협동조합의 날로, 그 전 1주간은 협동조합 주간으로 설정 등
174 □ **ICA**	프랑스의 협동조합 지도자인 보와브의 제안으로 전 세계 협동조합과 조합원의 이익 증진을 위해 창설된 국제협동조합연맹으로, 대한민국은 농업협동조합, 신용협동조합, 새마을금고, 산림조합중앙회, 수산업협동조합, iCOOP생협이 회원으로 가입되어 있음
175 □ **주요 해외 협동조합 사례**	· **로치데일 협동조합**: 1844년에 영국 랭커셔주에 설립된 소비자 협동조합으로, 질 낮은 생필품을 고가에 구입하는 등 당시 자본가들의 횡포에 시달리는 저임금 노동자들을 보호하기 위해 설립되었으며, 오늘날 협동조합의 시초라고 할 수 있음 기출 · **덴마크 주택협동조합**: 1920~50년대 노동자 계급의 주거 환경을 개선하기 위해 덴마크에 설립된 주택협동조합으로, 덴마크에서는 협동조합형 주택이 전체 주택에서 많은 비중을 차지함 · **FC 바르셀로나**: 스페인의 명문 축구 클럽으로, 축구 팬들이 출자하여 설립한 협동조합임 · **썬키스트**: 미국의 오렌지 농민들과 협동조합인의 독과점 횡포에 대응하기 위해 출범한 판매협동조합 연합회로, 출하량에 비례하여 의결권을 차등 배분하는 비례투표제를 채택하고 있음 · **미그로스**: 생필품의 유통마진을 줄여 저렴한 가격으로 판매하는 스위스의 소비자 협동조합 · **AP통신**: 미국의 언론사들이 조합원이 되어 설립한 협동조합으로, 과거 뉴욕의 신문사들이 입항하는 선박으로부터 유럽의 뉴스를 공동취재하기 위해 설립한 항구조합이 기원이 됨 · **몬드라곤 협동조합**: 스페인에 있는 세계 최대의 노동자 협동조합으로, 제조, 은행, 교육 유통 등 다양한 분야에 진출하여 있으며 정부 지원 없이 성장한 협동조합으로 유명함

176 ☐ **협동조합 7대 원칙**	ICA(국제협동조합연맹)가 1995년 100주년 총회에서 발표한 협동조합 정체성에 대한 선언 **기출** · 자발적이고 개방적인 협동조합 · 조합원에 의한 민주적 관리 · 조합원의 경제적 참여 · 자율과 독립 · 교육, 훈련 및 정보 제공 · 협동조합 간의 협동 · 지역사회에 대한 기여
177 ☐ **농협**	농업생활력의 증진과 농민의 지위 향상을 위해 설립된 협동조합
178 ☐ **농협의 미션 및 비전**	· **미션**: 농업인의 경제적·사회적·문화적 지위를 향상시키고 농업의 경쟁력 강화를 통하여 농업인의 삶의 질을 높이며, 국민 경제의 균형 있는 발전에 이바지함(농협법 제1조) · **비전**: 농업이 대우받고 농촌이 희망하며 농업인이 존경받는 함께하는 100년 농협 **기출** · **NH농협은행의 비전**: 사랑받는 은행, 일등 은행, 민족 은행
179 ☐ **농협의 핵심가치**	농협의 비전 실현을 위한 핵심가치 **기출** · 국민에게 사랑받는 농협 · 농업인을 위한 농협 · 지역 농축협과 함께하는 농협 · 경쟁력있는 글로벌 농협
180 ☐ **농협의 인재상**	· **농협의 인재상**: 시너지 창출가, 행복의 파트너, 최고의 전문가, 정직과 도덕성을 갖춘 인재, 진취적 도전가 · **NH농협은행의 인재상**: 최고의 금융전문가, 소통하고 협력하는 사람, 사회적 책임을 실천하는 사람, 변화를 선도하는 사람, 고객을 먼저 생각하는 사람
181 ☐ **NH Wave**	농협의 새로운 커뮤니케이션 브랜드인 NH 이미지를 보조하는 그래픽 모티브로, 인간과 자연을 위한 새로운 물결을 나타내며 상생, 화합, 조화와 변화, 새로운 바람을 상징함
182 ☐ **농협이 하는 일**	· **교육지원 부문**: 농·축협 육성·발전지도·영농 및 회원 육성·지도, 농업인 복지 증진, 농촌사랑·또 하나의 마을 만들기 운동, 농정 활동 및 교육사업·사회공헌 및 국제 협력 활동 동 · **경제 부문**: 농업경제사업(영농자재공급, 산지유통혁신, 도매사업, 소비지유통 활성화, 안전한 농식품 공급 및 판매), 축산경제사업(축산물 생산, 도축, 가공, 유통, 판매 사업, 축산 지도, 지원 및 개량 사업, 축산 기자재 공급 및 판매) · **금융 부문**: 상호금융사업(농촌지역 농업금융 서비스 및 조합원 편익 제공, 서민금융 활성화), 농협금융지주(종합금융그룹)

183 ☐ **농협의 주요 연혁**	농협은 농업인의 자주적인 협동조직을 바탕으로 농업인의 삶의 질을 높이고, 국민경제의 균형 있는 발전에 이바지함을 목적으로 설립되어, 한국 농협과 국민경제의 균형 있는 발전에 이바지해왔음 기출 · **1961년**: 종합농협으로 출범 · **1963년**: ICA 준회원으로 가입, 이후 1972년 정회원으로 승격됨 · **2000년**: 농업협동조합중앙회, 축산업협동조합중앙회 및 인삼업협동조합중앙회로 분산되어 있던 중앙조직을 통합하여 일원화하는 통합 농협중앙회 체제 구축 · **2011년**: 농협법 개정을 통해 경제사업과 신용사업 체제를 전문화시켜 지역 농축협과 농업인들의 실질적인 권익을 향상시킬 수 있는 역량을 강화 · **2012년**: 농협법 개정 및 농산물 유통 체계 혁신과 금융경쟁력 강화를 위한 사업 분할을 통해 수평적 조직으로 재편 · **2019년**: ICAO(국제협동조합농업기구) 서울총회 개최 · **2020년**: 비전 2025 "함께하는 100년 농협" 선포
184 ☐ **한국의 농업·농촌 운동**	농협은 시대변화에 부응한 농업·농촌 운동을 전개하고 있음 · **새농민 운동**: 1965년부터 현재까지 진행되고 있는 농협의 농업·농촌 운동으로, 농민 스스로 농촌사랑의 선구자 역할을 할 수 있도록 도우며, 새농민 운동 정신을 잘 실천하는 농업인을 대상으로 새농민상을 시상하고 있음 · **신토불이 운동**: 1989년부터 현재까지 진행되고 있는 농협의 농업·농촌 운동으로, 우리 농산물 애용에 대한 국민적 관심을 촉발하고 있음 · **농도불이 운동**: 1996년부터 2020년까지 진행된 농협의 농업·농촌 운동으로, 농촌과 도시의 상생을 도모하며 농산물 직거래 사업을 추진하였음 · **농촌사랑 운동**: 2003년부터 현재까지 진행되고 있는 농협의 농업·농촌 운동으로, 농촌을 가꾸어 국민의 건강을 지킴으로써 농업인과 도시민 모든 사람의 질을 높이고 있음 · **식사랑농사랑 운동**: 2011년부터 2015년까지 진행된 농협의 농업·농촌 운동으로, 바른 식생활 문화를 전파하고 농산물 소비를 촉진하였음 · **또 하나의 마을 만들기**: 2016년부터 현재까지 진행되고 있는 농협의 농업·농촌 운동으로, 명예이장 위촉 등 도농 교류 활성화, 농업의 공익적 가치 확산, 깨끗하고 아름다운 농촌마을 가꾸기 등을 전개해 나가고 있음 · **국민과 함께하는 도농상생활성화**: 2020년부터 진행되고 있는 농협의 농업·농촌 운동으로, 농촌 봉사활동을 전개해 나가고 있음
185 ☐ **지력 증진**	작물의 생장에 영향을 미치는 종합적인 토양의 성질인 지력(地力)을 높이는 일로, 토양 개량재 사용, 화학 비료 사용, 객토, 깊이갈이 등이 있음 기출

186 ☐ 정밀농업	각종 정보통신기술을 이용하여 농업의 효율을 향상시키는 방식으로, 적정 수준의 수확량과 품질을 유지함과 동시에 비료 등의 투입 자원을 최소화할 수 있어 환경적으로도 안정적인 생산체계를 만들 수 있을 것으로 기대되고 있으며, 정밀 농업은 대상물의 위치를 결정하는 위치정보시스템, 생육 상태나 토양 특성 등을 측정하는 센싱시스템, 센싱시스템으로 수집된 정보를 기반으로 위치 정보를 만드는 지도화 시스템, 농업 자제의 투입을 조절하는 제어 시스템을 필요로 함 기출
187 ☐ 농업진흥지역	농지를 효율적으로 이용하고 보전하기 위하여 지정된 지역으로, 농업진흥구역과 농업보호구역으로 구분됨 · **농업진흥구역**: 농업의 진흥을 도모하여야 하는 지역으로서 농림축산식품부장관이 정하는 규모로 농지가 집단화되어 농업 목적으로 이용할 필요가 있는 지역 · **농업보호구역**: 농업진흥구역의 용수원(用水源) 확보, 수질 보전 등 농업 환경을 보호하기 위하여 필요한 지역
188 ☐ 농작물재해보험	농가의 경영불안을 해소하고 소득안정을 기하기 위해 시행하는 제도로, 태풍 및 우박 등 자연재해로 인해 발생하는 농작물의 피해를 적정하게 보전해주는 내용을 골자로 함
189 ☐ 친환경농산물인증 제도	합성농약, 화학비료 및 항생·항균제 등 화학자재를 사용하지 않거나 사용을 최소화하고 농업·축산업·임업 부산물의 재활용 등을 통하여 농업생태계와 환경을 유지 보전하면서 생산된 농산물(축산물 포함)을 의미함 기출 · **유기농산물**: 유기합성농약과 화학비료를 사용하지 않고 재배한 농산물 · **무농약농산물**: 유기합성농약은 사용하지 않고 화학비료는 권장시비량의 1/3이하를 사용하여 재배한 농산물
190 ☐ 법정가축전염병	수의 가축의 전염병 발생과 전파를 막기 위하여 법률로 정한 가축 전염병을 통틀어 이르는 말로, 피해 정도에 따라 제1종, 제2종, 제3종으로 구분되며 제1종에는 구제역, 돼지열병(돼지콜레라 포함), 고병원성 조류인플루엔자 등이 해당되며, 제2종에는 가금 콜레라, 광견병 등이, 제3종에는 저병원성 조류인플루엔자 등이 포함됨

해커스 농협은행 6급 NCS+직무상식 실전모의고사

개정 5판 1쇄 발행 2025년 9월 26일

지은이	해커스 NCS 취업교육연구소
펴낸곳	㈜챔프스터디
펴낸이	챔프스터디 출판팀
주소	서울특별시 서초구 강남대로61길 23 ㈜챔프스터디
고객센터	02-537-5000
교재 관련 문의	ejob.Hackers.com 해커스잡 사이트(ejob.Hackers.com) 교재 Q&A 게시판
학원 강의 및 동영상강의	ejob.Hackers.com
ISBN	978-89-6965-669-8 (13320)
Serial Number	05-01-01

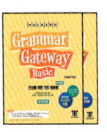

해커스

농협은행 6급 NCS+직무상식

실전모의고사

약점 보완 해설집

해커스잡

해커스

농협은행 6급 NCS+직무상식 실전모의고사

약점 보완 해설집

해커스

바로 채점 및 성적 분석 서비스

1회 실전모의고사

정답

p.26

01	②	직무능력	문제해결능력	26	③	직무능력	자원관리능력	51	②	직무상식	금융·경제상식
02	④	직무능력	수리능력	27	②	직무능력	문제해결능력	52	①	직무상식	디지털상식
03	③	직무능력	문제해결능력	28	⑤	직무능력	수리능력	53	①	직무상식	금융·경제상식
04	②	직무능력	수리능력	29	④	직무능력	문제해결능력	54	③	직무상식	금융·경제상식
05	②	직무능력	문제해결능력	30	②	직무능력	의사소통능력	55	③	직무상식	금융·경제상식
06	②	직무능력	문제해결능력	31	②	직무능력	수리능력	56	④	직무상식	농업·농촌상식
07	④	직무능력	자원관리능력	32	④	직무능력	정보능력	57	④	직무상식	금융·경제상식
08	②	직무능력	의사소통능력	33	③	직무능력	정보능력	58	④	직무상식	금융·경제상식
09	④	직무능력	수리능력	34	③	직무능력	문제해결능력	59	③	직무상식	금융·경제상식
10	④	직무능력	문제해결능력	35	①	직무능력	수리능력	60	④	직무상식	금융·경제상식
11	①	직무능력	문제해결능력	36	③	직무능력	문제해결능력	61	①	직무상식	금융·경제상식
12	①	직무능력	수리능력	37	③	직무능력	자원관리능력	62	⑤	직무상식	금융·경제상식
13	③	직무능력	정보능력	38	⑤	직무능력	의사소통능력	63	①	직무상식	농업·농촌상식
14	②	직무능력	문제해결능력	39	⑤	직무능력	문제해결능력	64	④	직무상식	디지털상식
15	③	직무능력	의사소통능력	40	②	직무능력	자원관리능력	65	④	직무상식	금융·경제상식
16	③	직무능력	수리능력	41	④	직무능력	수리능력	66	③	직무상식	금융·경제상식
17	③	직무능력	수리능력	42	①	직무능력	수리능력	67	④	직무상식	금융·경제상식
18	⑤	직무능력	자원관리능력	43	②	직무능력	의사소통능력	68	④	직무상식	금융·경제상식
19	③	직무능력	문제해결능력	44	④	직무능력	문제해결능력	69	①	직무상식	금융·경제상식
20	①	직무능력	문제해결능력	45	④	직무능력	자원관리능력	70	③	직무상식	금융·경제상식
21	④	직무능력	문제해결능력	46	②	직무상식	금융·경제상식				
22	⑤	직무능력	의사소통능력	47	③	직무상식	금융·경제상식				
23	④	직무능력	수리능력	48	②	직무상식	금융·경제상식				
24	④	직무능력	자원관리능력	49	③	직무상식	농업·농촌상식				
25	①	직무능력	문제해결능력	50	⑤	직무상식	금융·경제상식				

실력 점검표

제한 시간 내에 푼 문제 수	맞힌 문제 수	정답률
/70	/70	%

※ 정답률(%) = (맞힌 개수/전체 개수) × 100

해설

01 직무능력 - 문제해결능력 정답 ②

고객이 원하는 차량 정보에 따르면 차종은 최소 준중형이어야 하며, 연식은 2020년식 이상이어야 하고, 애견을 동반할 수 있어야 하므로 경형인 A 차량, 연식이 2019년식인 D 차량, 반려견 동반이 불가능한 C 차량은 제외한다. 남은 B 차량과 E 차량 중 1일 렌트비가 가장 저렴한 차량을 선택하므로 1일 렌트비가 더 저렴한 'B 차량'을 선택한다. 이때 1일은 24시간을 기준으로 계산하므로 9월 5일 오후 4시에 대여해서 9월 8일 오후 4시에 반납하는 경우 렌트비와 카시트 대여비는 3일 기준으로 계산한다. 이에 따라 고객이 지불할 비용은 총 (36,400 × 3) + (5,900 × 3) = 126,900원이다.

따라서 고객이 여행 기간 동안 선택할 차량은 B 차량이고, 지불할 비용은 126,900원이다.

02 직무능력 - 수리능력 정답 ④

특용작물의 도매소득률은 2023년에 (3,062 / 5,451) × 100 ≒ 56.2%, 2024년에 (3,405 / 6,226) × 100 ≒ 54.7%로 매년 50% 이상이므로 옳은 설명이다.

오답 체크

① 2023년 시설채소와 시설과수를 제외한 농작물의 평균 도매소득은 (897 + 1,668 + 3,880 + 3,062) / 4 ≒ 2,376.8천 원으로 2,500천 원 미만이므로 옳지 않은 설명이다.

② 제시된 농작물 중 총소득이 가장 많은 농작물은 2023년에 시설과수, 2024년에 시설채소로 동일하지 않으므로 옳지 않은 설명이다.

③ 식량작물의 도매소득률은 2023년에 (897 / 1,919) × 100 ≒ 46.7%, 2024년에 (837 / 1,962) × 100 ≒ 42.7%로 2024년에 전년 대비 감소하였으므로 옳지 않은 설명이다.

⑤ 2023년 대비 2024년에 도매소득이 감소한 농작물은 식량작물과 시설과수로, 2023년 식량작물과 시설과수의 소매소득의 합은 1,022 + 6,743 = 7,765천 원이므로 옳지 않은 설명이다.

03 직무능력 - 문제해결능력 정답 ③

청렴마일리지 적립 기준에서 항목별 총점수는 최대 인정 점수를 초과할 수 없으며, 청렴 활동에서 윤리교육의 최대 인정 점수는 15점이라고 하였으므로 E 인턴이 인재개발원, 권익위 청렴연수원, 사내 감사실에서 주관하는 정규 윤리교육을 모두 수강하여 총 20점을 받을 수 있다는 설명은 적절하지 않은 내용이다.

오답 체크

① 청렴 활동에서 사내 사회봉사에 참여할 경우 시간당 1점이 적립되고, 연간 최대 10시간이 인정된다고 하였으므로 적절한 내용이다.

② 임직원 행동 방침에서 임직원의 금품 수령 사실을 신고할 경우 35점이 적립된다고 하였으므로 적절한 내용이다.

④ 청렴 활동에서 청렴 행사에 참여할 경우 회당 3점이 적립되고, 청렴 경진 대회에 참가하였으나 수상하지 못할 경우 회당 1점이 적립된다고 하였으므로 적절한 내용이다.

⑤ 청렴 활동에서 청탁금지법에 위배되는 상황을 신고할 경우 20점이 적립되고, 임직원 행동 방침에서 임직원의 선물 청탁 사실을 연합하여 신고할 경우 대표자 1명에게만 40점이 적립된다고 하였으므로 적절한 내용이다.

04 직무능력 - 수리능력 정답 ②

복리 상품 만기 시 받는 원리금은 원금 × (1 + 이자율)^{기간}임을 적용하여 구한다.

지민이는 1월 1일에 300만 원을 입금하고, 월 이자율은 3%이므로 지민이가 받을 복리 상품의 원리금은 300 × (1 + 0.03)^{12} ≒ 300 × 1.4 ≒ 420만 원이다.

단리 상품 만기 시 받는 원리금은 원금 × {1 + (이자율 × 기간)}임을 적용하여 구하므로 지민이가 받을 단리 상품의 원리금은 300 × {1 + (0.03 × 12)} = 408만 원이다.

따라서 1년 뒤 지민이가 받을 두 상품의 원리금 차이는 420 − 408 ≒ 12만 원이다.

05 직무능력 - 문제해결능력 정답 ②

ⓔ 표적집단면접은 6~8인으로 구성된 그룹이 특정 주제에 대해 논의하는 과정에서 숙련된 사회자의 컨트롤 기술을 통해 구성원들의 의견을 도출하는 방법이므로 적절하지 않은 설명이다.

ⓜ 표적집단면접을 진행할 때는 확실한 판정이 가능한 것만 판정을 하고, 확실하지 않은 경우는 판정을 내려서는 안되므로 적절하지 않은 설명이다.

따라서 표적집단면접에 대한 설명으로 적절하지 않은 것의 개수는 2개이다.

06 직무능력 - 문제해결능력

정답 ②

제시된 조건에 따르면 10월 첫째 주 월요일부터 둘째 주 금요일까지 2주간 팀원 8명 모두가 수요일을 제외한 평일에 한 번씩 당직 근무를 한다. 주임은 팀 내에서 가장 먼저 당직 근무를 하며, 부장과 주임은 당직 근무를 하루 차이로 실시하므로 주임은 10월 첫째 주 월요일, 부장은 10월 첫째 주 화요일에 당직 근무를 한다. 또한, 동일한 직급의 팀원은 서로 같은 주나 같은 요일에 당직 근무를 할 수 없으므로 차장 1명과 사원 1명은 10월 첫째 주 목요일 또는 금요일에 당직 근무를 하고, 나머지 차장 1명, 나머지 사원 1명, 과장, 대리는 10월 둘째 주에 당직 근무를 한다. 이때 과장은 대리보다 3일 늦게 당직 근무를 하므로 대리가 10월 둘째 주 월요일이면 과장은 10월 둘째 주 목요일, 대리가 10월 둘째 주 화요일이면 과장은 10월 둘째 주 금요일에 당직 근무를 한다. 과장은 사원들보다 늦게 당직 근무를 하므로 나머지 사원 1명은 10월 둘째 주 월요일 또는 화요일 또는 목요일에 당직 근무를 한다. 10월 첫째 주에 당직 근무하는 차장과 사원이 당직 근무를 하는 요일에 따라 가능한 경우는 다음과 같다.

경우 1. 10월 첫째 주 목요일에 차장, 10월 첫째 주 금요일에 사원이 당직 근무를 하는 경우

구분	월요일	화요일	수요일	목요일	금요일
첫째 주	주임	부장	X	차장	사원
둘째 주	대리	사원	X	과장	차장
	차장	대리		사원	과장

경우 2. 10월 첫째 주 목요일에 사원, 10월 첫째 주 금요일에 차장이 당직 근무를 하는 경우

구분	월요일	화요일	수요일	목요일	금요일
첫째 주	주임	부장	X	사원	차장
둘째 주	사원	대리	X	차장	과장

따라서 대리는 10월 둘째 주 월요일 또는 화요일에 당직 근무를 하므로 항상 참인 설명이다.

오답 체크

① 사원 1명이 금요일에 당직 근무를 한다면, 나머지 사원은 화요일 또는 목요일에 당직 근무를 하므로 항상 참인 설명은 아니다.

③ 부장과 같은 요일에 당직 근무를 하는 사람은 사원 또는 대리이므로 항상 참인 설명은 아니다.

④ 차장 2명은 월요일 또는 목요일 또는 금요일에 당직 근무를 하므로 항상 참인 설명은 아니다.

⑤ 과장은 목요일 또는 금요일에 당직 근무를 하므로 항상 참인 설명은 아니다.

07 직무능력 - 자원관리능력

정답 ④

제시된 [은행별 소비자 만족도]에 따르면 상품 다양성에 대한 소비자 만족도가 가장 높은 은행은 A와 E이고, 이자율·수수료에 대한 소비자 만족도가 가장 높은 은행은 B와 E이다.

따라서 상품 다양성과 이자율·수수료를 가장 중요하게 생각하는 고객이 방문할 은행으로 가장 적절한 곳은 E이다.

08 직무능력 - 의사소통능력

정답 ②

한글 맞춤법 제42항에 따라 의존명사는 앞말과 띄어 써야한다. 따라서 의존 명사인 '채'는 앞말과 띄어 써야 하므로 '못한 채'는 수정이 필요한 부분으로 가장 적절하지 않다.

오답 체크

① ㉠의 앞 문장에서 법률이나 각종 규제에 효력이 일정 기간이 지나면 상실되도록 한다고 하였으므로 ㉠을 제도나 법률 따위를 만들어서 정한다는 의미의 '제정'으로 바꿔 쓰는 것은 적절하다.

③ ㉢의 앞 문장에서는 소유자의 재산권 침해 문제에 대해 다루고 있다. 따라서 장기 미집행 도시계획시설이 침해하는 것은 개인의 '재산권'일 것이므로 ㉢에 '재산권'이 들어가는 것은 적절하다.

④ '전략'과 '계획'은 모두 목표를 달성하기 위한 방향이나 방법을 체계적으로 세운 것을 뜻하는 단어로 의미가 중복되어 불필요한 반복이 발생하므로 ㉣을 '대응 계획'으로 수정하는 것은 적절하다.

⑤ 한글 맞춤법 제43항에 따라 단위를 나타내는 명사는 띄어 쓰므로 ㉤을 '3,000억 원'으로 수정하는 것은 적절하다.

09 직무능력 - 수리능력

정답 ④

연료비 $= \frac{\text{주행 거리}}{\text{연비}} \times$ 리터당 요금임을 적용하여 구하면 다음과 같다.

구분	주행거리 (km)	연비 (km/L)	리터당 요금 (원/L)	왕복연료비
A	270	20	2,300	(270 / 20) × 2,300 = 31,050원
B		15	1,800	(270 / 15) × 1,800 = 32,400원
C		14	1,750	(270 / 14) × 1,750 ≒ 33,750원
D		18	2,050	(270 / 18) × 2,050 = 30,750원
E		16	1,920	(270 / 16) × 1,920 = 32,400원

따라서 연료비가 가장 적은 차량은 D이다.

10 직무능력 - 문제해결능력 정답 ④

첫 번째 명제와 여섯 번째 명제에서 A 위원이 발언하면 F 위원이 발언하고, A 또는 F 위원 중 발언하지 않는 위원이 있다. 이때 A 위원이 발언하면 F 위원이 항상 발언하므로 A 또는 F 위원 중 발언하지 않는 위원이 있다는 조건에 모순되어 A 위원은 발언하지 않음을 알 수 있다. 또한 여섯 번째 명제에서 D 위원은 발언하지 않고, 다섯 번째 명제의 대우에서 D 위원이 발언하지 않으면 E 위원도 발언하지 않는다. 이때 두 번째 명제의 대우에서 E 위원이 발언하지 않으면 B 위원도 발언하지 않으며, 네 번째 명제의 대우에서 B 위원이 발언하지 않으면 C 위원이 발언하지 않으므로 F 위원의 발언 여부에 따라 가능한 경우는 다음과 같다.

경우 1. F 위원이 발언한 경우

구분	A	B	C	D	E	F
발언 여부	X	X	X	X	X	O

경우 2. F 위원이 발언하지 않은 경우

구분	A	B	C	D	E	F
발언 여부	X	X	X	X	X	X

따라서 B 위원은 발언하지 않으므로 항상 거짓인 설명이다.

오답 체크

① 경우 1, 2에 따르면 C 위원은 발언하지 않으므로 항상 참인 설명이다.

② 경우 1, 2에 따르면 A 위원은 발언하지 않으므로 항상 참인 설명이다.

③ 경우 1에 따르면 F 위원이 발언할 수도 있으므로 항상 거짓인 설명은 아니다.

⑤ 경우 2에 따르면 F 위원이 발언하지 않는 경우, E 위원도 발언하지 않으므로 항상 참인 설명이다.

11 직무능력 - 문제해결능력 정답 ①

농촌 일손돕기 활동 관련 총 지출 비용 = {(활동 인원 1인당 식사비 + 활동 인원 1인당 교통비) × 총 활동 인원} + 물품 구매 총액 + 물품 배송비 총액임을 적용하여 구하면, A 지점의 농촌 일손돕기 활동 관련 총 지출 비용은 {(7,000 + 10,000) × (30 + 20)} + (210,000 + 80,000) + 0 = 1,140,000원이므로 옳지 않은 설명이다.

오답 체크

② 농기계 및 안전 보조구 지원 활동에서 구매한 물품은 품목별 주문 금액이 30만 원 이상일 경우 배송비가 면제되며, 30만 원 미만일 경우 품목별로 배송비 5,000원이 추가됨에 따라 K 기업이 구매한 농기계 및 안전 보조구 중 주문 금액이 30만 원 미만인 무릎 보호대에만 배송비가 추가되어 배송비 총액은 5,000원이므로 옳은 설명이다.

③ B 지점의 배 솎기 활동 관련 총 지출 비용은 {(7,000 + 10,000) × 10} + 140,000 + 0 = 310,000원이므로 옳은 설명이다.

④ K 기업의 활동 인원에 대한 식사비와 교통비의 총액은 (7,000 + 10,000) × (30 + 20 + 10 + 20 + 20) = 1,700,000원이므로 옳은 설명이다.

⑤ C 지점의 파종 작업 활동과 화분 분갈이 활동의 인원은 각각 20명으로 동일하므로 활동 인원에 대한 식사비와 교통비의 총액은 (7,000 + 10,000) × 20 = 340,000원으로 서로 동일하지만, 물품 구매 총액은 파종 작업 활동이 화분 분갈이 활동보다 (100,000 + 37,000) - 80,000 = 57,000원 더 크므로 옳은 설명이다.

12 직무능력 - 수리능력 정답 ①

㉠ 기타를 제외하고, 2024년 구매자 수의 전년 대비 변화량은 패션·의류가 1,850 - 1,800 = 50만 명, 화장품이 930 - 900 = 30만 명, 식품이 2,600 - 2,500 = 100만 명, 생활·가전이 1,530 - 1,500 = 30만 명, 도서·문구가 450 - 440 = 10만 명, 스포츠·레저가 820 - 800 = 20만 명, 여행·티켓이 1,300 - 1,200 = 100만 명, 디지털콘텐츠가 1,050 - 1,000 = 50만 명, 인테리어가 720 - 700 = 20만 명이다. 이때 5,000백 명 = 50만 명이므로 전년 대비 변화량이 5,000백 명 이하인 상품군은 패션·의류, 화장품, 생활·가전, 도서·문구, 스포츠·레저, 디지털콘텐츠, 인테리어 7개이므로 옳은 설명이다.

㉢ 2023년 전체 구매자 수에서 식품 구매자 수가 차지하는 비중은 (2,500 / 12,150) × 100 ≒ 20.6%이고, 2024년 전체 주문건수에서 식품 주문건수가 차지하는 비중은 (6.7 / 25.3) × 100 ≒ 26.5%이므로 옳은 설명이다.

오답 체크

㉡ 전체 주문건수에서 도서·문구 주문건수가 차지하는 비중은 2023년에 (0.6 / 23.3) × 100 ≒ 2.6%, 2024년에 (0.6 / 25.3) × 100 ≒ 2.4%이므로 옳지 않은 설명이다.

㉣ 2024년 인테리어 매출액의 전년 대비 증가율은 {(1,172 - 1,005)/1,005} × 100 ≒ 16.6%로 20% 미만이므로 옳지 않은 설명이다.

13 직무능력 - 정보능력 정답 ③

제시된 코드는 (i + j) / 2.0을 출력하므로 i에 80을, j에 50을 입력하면 (80 + 50) / 2.0 = 65.0이다.
따라서 출력값으로 가장 적절한 것은 65.0이다.

14 직무능력 - 문제해결능력 정답 ②

[그리니치 표준시 기준 시차]에 따르면 지사별 서울과의 시차는 멕시코 시티가 15시간, 런던이 8시간, 모스크바가 6시간, 자카르타가 2시간, 상파울루가 14시간이다. 이에 따라 서울 시각 기준으로 [지사별 보고서 제출 시각]을 나타내면 다음과 같다.

구분	보고서 제출 시각
멕시코 시티(+15시간)	9월 5일 오후 7시 30분
런던(+8시간)	9월 5일 오후 5시 50분
모스크바(+6시간)	9월 5일 오후 8시 20분
자카르타(+2시간)	9월 5일 오후 10시 10분
상파울루(+14시간)	9월 6일 오후 5시 40분

따라서 본사 시각 기준으로 가장 먼저 보고서를 제출한 지사는 런던이다.

15 직무능력 - 의사소통능력 정답 ③

김○○ 사원이 진행해야 하는 업무 순서는 다음과 같다.

09:30 이후 즉시	신용카드 신규 발급 관련 서류 안내 전화
~11:30	고객 대출 신청서 승인 여부 전달
~12:30	부서 회의 관련 파일 최종 검토
13:00~14:00	부서 회의
14:00~15:00	고객 문의 확인
15:00~	유선상담 진행
~익일 09:00	신용카드 신규 발급 요청 검토
~익일 17:00	내부 감사 필요 서류 정리 및 전달

따라서 E-mail의 내용을 고려하여 김○○ 사원이 완료해야 하는 업무 중 세 번째 순서로 가장 적절한 것은 부서 회의 관련 파일 최종 검토이다.

16 직무능력 - 수리능력 정답 ③

먼저 거래처에서 송금하는 금액을 달러화 기준으로 정리하여 송금 수수료를 파악한다. 미화 환산율은 유럽연합 EUR이 1.16, 일본 JPY가 0.92(100엔 기준)이므로 유로화와 엔화는 각각 5,000 × 1.16 = 5,800달러, (60,000 / 100) × 0.92 = 552달러이므로 유로화는 USD 5,000 초과 USD 10,000 이하에 해당하여 송금 수수료가 7,000원, 엔화는 USD 5,000 이하에 해당하여 송금 수수료가 5,000원이다. 송금받을 때의 환율은 유럽연합 EUR이 1,400원/유로, 일본 JPY가 1,110원/100엔이므로 유로화와 엔화는 각각 5,000유로 × 1,400원/유로 = 7,000,000원, 60,000엔 × 1,110원/100엔 = 666,000원이고, 수취은행 수수료는 송금액에서 차감한다.
따라서 귀사가 원화로 출금할 수 있는 총금액은 7,000,000 + 666,000 - 7,000 - 5,000 = 7,654,000원이다.

17 직무능력 - 수리능력 정답 ③

원리금 균등 상환 방식에 따라 매기간 상환해야 하는 원리금 = 저당대부액 × 저당상수임을 적용하여 구한다.
동현이는 20년 만기로 연 이자율 3%에 5억 원을 대출받았으므로 저당대부액은 500,000,000원, 저당상수는 0.067이다.
따라서 동현이가 매년 상환해야 하는 원리금은 500,000,000 × 0.067 = 33,500,000원이다.

18 직무능력 - 자원관리능력 정답 ⑤

[회의실 선택 조건]에 따라 최대 수용 인원이 90명 이상이어야 하므로 A 회의실은 선택할 수 없고, 화상 회의 설비가 갖춰져 있어야 하므로 C 회의실도 선택할 수 없으며, 시간당 요금이 40,000원 이하여야 하므로 E 회의실을 제외한 B, D 회의실 중 하나를 선택해야 하지만 빔 프로젝터를 사용할 수 있는 경우에는 요금에 제한을 두지 않으므로 E 회의실도 선택할 수 있다. 이때 1~3을 모두 충족한다면 음향 장비의 성능이 높은 회의실을 우선적으로 선택한다는 조건에 따라 B, D, E 회의실 중 가장 높은 성능의 음향 장비를 보유한 E 회의실을 우선적으로 선택한다.
따라서 총무팀이 선택할 회의실은 E 회의실이다.

19 직무능력 - 문제해결능력 정답 ③

[열차 승차권 운임]에 따르면 일반실 승차권 20매 이상 구매 시 일반실 승차권 요금의 10%가 할인되므로 갑이 구매한 특실 어른 승차권 5매, 일반실 어른 승차권 30매의 가격은 (83,700 × 5) + (59,800 × 0.9 × 30) = 418,500 + 1,614,600 = 2,033,100원이다. [열차 승차권 환불 위약금]에 따르면 주중 승차권을 출발 2일 전에 취소할 경우 400원 × 인원수의 환불 위약금이 부과되므로 갑에게 환불 위약금으로 부과되는 금액은 400 × 35 = 14,000원이다.
따라서 갑이 환불받은 금액은 2,033,100 - 14,000 = 2,019,100원이다.

20 직무능력 - 문제해결능력 정답 ①

쟁점 분석의 첫 번째 단계인 '핵심이슈 설정'은 현재 수행하고 있는 업무에 가장 큰 영향을 미치는 문제를 설정한 후, 사내·외 고객 인터뷰, 설문조사 등 관련 자료를 통해 본질적인 문제점을 파악하는 단계이다. 다음으로 '가설 설정'은 본인의 직관, 경험, 지식, 정보 등에 의존하여 이슈의 일시적 결론에 대한 가설을 설정하는 단계로, 이때 설정된 가설은 관련자료를 통해 검증할 수 있어야 할 뿐만 아니라 표현이 간단하고 논리적이며 객관적이어야 한다. 마지막으로 '분석결과 이미지 결정' 절차에서는 설정한 가설을 가설검증계획에 따라 분석결과를 미리 이미지화한다.

따라서 ㉠~㉢에 대해 잘못 이야기하고 있는 사람은 진수이다.

21 직무능력 - 문제해결능력 정답 ④

제시된 조건에 따르면 A 고객의 불만은 B 고객의 불만보다 먼저 접수되었고, A 고객과 B 고객의 불만 접수 사이에 한 건의 불만이 접수되었다. 또한, D 고객과 E 고객의 불만은 연달아 접수되었고, B 고객의 불만이 E 고객의 불만보다 나중에 접수되었으므로 D 고객과 E 고객의 불만은 A 고객과 B 고객의 불만보다 먼저 접수되었다. 이때 C 고객의 불만이 다섯 번째로 접수되었으므로 A 고객의 불만은 네 번째, B 고객의 불만은 여섯 번째로 접수되었고, G 고객의 불만은 C 고객의 불만보다 먼저 접수되었다. 이에 따라 불만이 접수된 순서는 다음과 같다.

1	2	3	4	5	6	7
D 또는 E 또는 G	D 또는 E	D 또는 E 또는 G	A	C	B	F

따라서 불만 사항이 가장 마지막으로 접수된 고객은 F이다.

22 직무능력 - 의사소통능력 정답 ⑤

주기적으로 실시되는 교육에 참여하여 보안 의식의 수준이나 정도 따위를 끌어올린다는 의미이므로 수정이 필요한 부분으로 가장 적절하지 않다.

오답 체크

① 비정상 트래픽은 시스템 성능을 떨어뜨리는 요인이므로 정도, 수준, 능률 따위가 떨어져 낮아진다는 의미의 '저하'로 수정해야 한다.

② 알 수 없는 발신자로부터의 이메일이나 링크를 조심하라고 했으므로 분명하지 아니하거나 분명하지 못하다는 의미의 '불분명한'으로 수정해야 한다.

③ 비밀번호를 주기적으로 변경하라고 했으므로 기한이나 기간이 일정하게 정하여져 있다는 의미의 '정기적인'으로 수정해야 한다.

④ 개인 장비 사용은 기본적으로 금지하되, 특별한 경우에만 예외적으로 허용 가능하므로 '원칙적으로'로 수정해야 한다.

23 직무능력 - 수리능력 정답 ④

전체 근로자 수 = 55세 이상 근로자 수 / (전체 근로자 수에서 55세 이상 근로자 수가 차지하는 비중 / 100)임을 적용하여 구한다.

제시된 기간 동안 A 업종과 B 업종의 전체 근로자 수는 다음과 같다.

구분	A 업종	B 업종
2020년	1,815 / 0.15 = 12,100명	18,800 / 0.08 = 235,000명
2021년	1,353 / 0.11 = 12,300명	27,720 / 0.12 = 231,000명
2022년	1,638 / 0.13 = 12,600명	25,245 / 0.11 = 229,500명
2023년	1,116 / 0.09 = 12,400명	28,992 / 0.12 = 241,600명
2024년	1,233 / 0.1 = 12,330명	32,130 / 0.135 = 238,000명

따라서 B 업종의 전체 근로자 수가 가장 많은 2023년에 A 업종 전체 근로자 수의 전년 대비 증감량은 12,400 - 12,600 = -200명이다.

24 직무능력 - 자원관리능력 정답 ④

△△기업의 재무팀은 예상 지출 비용에서 한 가지 항목을 삭제하여 총 예산을 초과하지 않도록 예산안을 수정하려고 한다. 총 예상 지출 비용은 150,000 + 1,200,000 + 400,000 + 100,000 + 200,000 + 30,000 + 50,000 = 2,130,000원으로 총 예산에서 2,130,000 - 1,980,000 = 150,000원이 초과되었다. 이때 호텔 임대비는 150,000원이지만 송년회를 진행하기 위해 반드시 필요한 지출이므로 삭제해서는 안 된다. 또한, 현수막·풍선, 명찰, 초대장 및 방명록 중 한 가지를 예산안에서 삭제해도 총 예산을 초과하므로 삭제했을 때 총 예산을 초과하지 않는 음료 및 주류와 이벤트 선물 중 한 가지를 예산안에서 삭제한다. 이때 최대한 총 예산에 가깝게 예산안을 수정해야 하므로 둘 중 금액이 낮은 항목을 삭제해야 한다.

따라서 음료 및 주류보다 금액이 낮은 이벤트 선물을 삭제한다.

25 직무능력 - 문제해결능력 정답 ①

'4. 월 지원금 계산식'에 따르면 A의 월 통상임금의 80%는 $160 \times 0.8 = 128$만 원으로 월 지원금은 $128 \times \frac{40-15}{40} = 80$ 만 원이다.

따라서 A가 9개월 동안 지급받게 될 지원금의 총액은 $80 \times 9 = 720$만 원이므로 옳은 설명이다.

오답 체크

② B의 월 통상임금의 80%는 $240 \times 0.8 = 192$만 원으로 상한액인 150만 원을 넘어 월 지원금은 $150 \times \frac{40-20}{40} = 75$만 원이고, 6개월 동안 지급받게 될 지원금의 총액은 $75 \times 6 = 450$만 원이므로 옳지 않은 설명이다.

③ C의 월 통상임금의 80%는 $180 \times 0.8 = 144$만 원으로 월 지원금은 $144 \times \frac{40-20}{40} = 72$만 원이고, 12개월 동안 지급받게 될 지원금의 총액은 $72 \times 12 = 864$만 원이므로 옳지 않은 설명이다.

④ D의 월 통상임금의 80%는 $200 \times 0.8 = 160$만 원으로 상한액인 150만 원을 넘어 월 지원금은 $150 \times \frac{40-30}{40} = 37.5$만 원이고, 3개월 동안 지급받게 될 지원금의 총액은 $37.5 \times 3 = 112.5$만 원이므로 옳지 않은 설명이다.

⑤ E의 월 통상임금의 80%는 $220 \times 0.8 = 176$만 원으로 상한액인 150만 원을 넘어 월 지원금은 $150 \times \frac{40-25}{40} = 56.25$만 원이고, 10개월 동안 지급받게 될 지원금 총액은 $56.25 \times 10 = 562.5$만 원이므로 옳지 않은 설명이다.

26 직무능력 - 자원관리능력 정답 ③

[부산 박람회 개회식 정보 및 교통편 정리]에 따르면 부산 박람회는 목요일 오후 2시부터 9시까지 부산 H 호텔에서 진행되며, 종료 2시간 30분 전까지 입장 가능하므로 귀하는 오후 6시 30분까지 부산 H 호텔에 도착해야 한다. 귀하는 회의 종료 시각인 오후 1시에 회사에서 출발하여 김포공항 또는 서울역으로 이동한다. 비행기는 출발시각 20분 전까지 김포공항에 도착해야 탑승 가능하며, 김해공항 도착 후 10분의 하차 시간이 발생하고, KTX와 새마을호는 출발시각 5분 전까지 서울역에 도착해야 탑승 가능하며, 부산역 도착 후 5분의 하차 시간이 발생한다. 또한, 김해공항이나 부산역에 도착 후 H 호텔 이동 교통편에 탑승하고 H 호텔에 도착하는 데 10분이 소요되므로 교통편에 따른 경로별 시각은 다음과 같다.

교통편	경로별 시간
비행기	회사(13:00) → 김포공항 도착(15:10) → 김포공항 출발(15:30) → 김해공항 도착(16:25) → H 호텔 이동 교통편 탑승(16:45)
KTX	회사(13:00) → 서울역 도착(14:00) → 서울역 출발(15:00) → 부산역 도착(17:40) → H 호텔 이동 교통편 탑승(17:55)
새마을호	회사(13:00) → 서울역 도착(14:00) → 서울역 출발(14:30) → 부산역 도착(19:10) → H 호텔 이동 교통편 탑승(19:25)

새마을호는 도착시각이 오후 6시 30분 이후이므로 이용할 수 없고, 비행기와 KTX가 이용 가능하다. 이에 따라 비행기로 도착 후 H 호텔 이동 교통편은 모두 이용 가능하므로 H 호텔 이동 교통편 중 가장 저렴한 버스나 도시철도를 이용하게 되면 비행기 이용 시 귀하가 지불할 총비용은 1,300 + 75,000 + 1,300 = 77,600원이고, KTX로 도착 후 H 호텔 이동 교통편 중 이용 가능한 교통편은 소요시간이 35분 이하인 택시뿐이므로 KTX 이용 시 귀하가 지불할 총비용은 1,300 + 58,000 + 15,000 = 74,300원이다. 귀하는 선택 가능한 교통편 중 가장 저렴한 교통편을 선택하므로 KTX와 택시를 이용한다.

따라서 귀하가 지불할 총비용은 74,300원이다.

27 직무능력 - 문제해결능력 정답 ②

회의록 내용과 업체별 현수막 제작 비용 정보에 따르면 총 제작 비용은 다음과 같다.

구분	A 업체	B 업체
양면형 배너	(10,500 + 1,000 + 2,500 + 23,000) × 2 = 74,000	(9,000 + 2,000 + 3,000 + 25,000) × 2 = 78,000
단면형 배너	(10,500 + 1,000 + 2,500 + 15,000) × 2 = 58,000	(9,000 + 2,000 + 3,000 + 17,000) × 2 = 62,000
외벽 현수막	10,500 + 2,000 + 3,000 = 15,500	9,000 + 3,000 + 3,000 = 15,000
무대 현수막	10,500 + 2,900 + 2,500 = 15,900	9,000 + 4,800 + 3,000 = 16,800
정사각형 현수막	(10,500 + 1,000) × 3 = 34,500	(9,000 + 1,500) × 3 = 31,500
배송비	무료	무료
합계	197,900원	203,300원

이에 따라 A, B업체 중 배송비를 포함한 총 제작 비용이 더 저렴한 업체는 A 업체로 총 제작 비용은 197,900원이다.

따라서 주문 업체와 총 제작 비용을 바르게 연결한 것은 ②이다.

28 직무능력 - 수리능력

정답 ⑤

2023년 통화의 대외가치가 기준시점 대비 고평가된 국가는 C 국, E 국, G 국, I 국, J 국 5곳이고, 저평가된 국가는 A 국, B 국, D 국, F 국, H 국 5곳으로 동일하므로 옳지 않은 설명이다.

오답 체크

① 실질실효환율 지수가 100 이상이면 해당 통화의 대외가치가 기준시점보다 고평가된 것으로 간주하여 2021~2024년 동안 매년 통화의 대외가치가 기준시점 대비 고평가된 국가는 E 국 1개뿐이므로 옳은 설명이다.

② 2024년 A 국의 실질실효환율 지수는 전년 대비 {(96.6 - 91.0) / 96.6} × 100 ≒ 5.8% 감소하였으므로 옳은 설명이다.

③ 2024년 C 국 통화의 대외가치는 기준시점 대비 {(100 - 87.7) / 100} × 100 = 12.3% 저평가되었으므로 옳은 설명이다.

④ 제시된 국가 중 실질실효환율 지수가 가장 작은 국가는 2021년에 H 국, 2022년에 F 국이므로 옳은 설명이다.

29 직무능력 - 문제해결능력

정답 ④

총 3,000ml의 물비누를 구매한다고 하였으므로 A~D 업체별 물비누 용량에 따른 가격과 배송비를 고려하여 총 지불 금액을 계산한다.

제시된 자료에 따르면 A 업체 물비누의 경우 1통당 용량이 150ml이므로 총 3,000/150 = 20통의 물비누를 구매해야 한다. 물비누 1통당 가격이 2,250원이고 배송비가 2,000원이므로 총 지불 금액은 (20×2,250) + 2,000 = 47,000원이다.

B 업체 물비누의 경우 1통당 용량이 250ml이므로 총 3,000/250 = 12통의 물비누를 구매해야 한다. 물비누 1통당 가격이 3,800원이고 배송비가 없으므로 총 지불 금액은 12×3,800 = 45,600원이다.

C 업체 물비누의 경우 1통당 용량이 500ml이므로 총 3,000/500 = 6통의 물비누를 구매해야 하지만 2통을 구매하면 1통이 무료 증정되어 3통을 받을 수 있으므로 4통을 구매하면 6통을 받을 수 있다. 물비누 1통당 가격이 11,400원이고 배송비가 3,000원 발생하므로 총 지불 금액은 (4×11,400) + 3,000 = 48,600원이다.

D 업체 물비누의 경우 1통당 용량이 300ml이므로 총 3,000/300 = 10통을 구매해야 하지만 3통을 구매하면 1통이 무료 증정되어 4통을 받을 수 있으므로 8통을 구매하면 10통을 받을 수 있다. 물비누 1통당 가격이 5,400원이고 배송비가 없으므로 총 지불 금액은 8×5,400 = 43,200원이다.

따라서 물비누를 가장 저렴하게 구매할 수 있는 업체는 D이다.

30 직무능력 - 의사소통능력

정답 ②

㉡ 제논은 세계의 다양한 사물이 실제로 존재하며 계속해서 운동·변화를 겪는다고 가정했을 때, 아킬레우스와 거북이의 역설과 같은 모순이 발생한다고 주장하며 파르메니데스의 가설이 참임을 논증하였으므로 적절한 설명이다.

오답 체크

㉠ 현실에서는 아킬레우스가 거북이를 따라잡을 수 있으며 제논의 주장은 이러한 경험적 사실에 위배되기 때문에 역설이라 불린다고 했으므로 실제 관찰 결과와도 일치한다는 것은 적절하지 않은 내용이다.

㉢ 귀류법은 어떤 명제의 부정이 참이라고 가정할 때 모순이 발생함을 통해 원래의 명제가 참임을 증명하는 방법이므로 적절하지 않은 내용이다.

31 직무능력 - 수리능력

정답 ②

전체 이용권 구매건수 대비 30일권이 차지하는 비중은 2020년에 (50 / 200) × 100 = 25.0%, 2021년에 (58 / 222) × 100 ≒ 26.1%, 2022년에 (66 / 245) × 100 ≒ 26.9%, 2023년에 (77 / 268) × 100 ≒ 28.7%, 2024년에 (78 / 281) × 100 ≒ 27.8%이고, 전체 공공자전거 대여소 수에서 도심지역과 주거지역의 대여소 수의 합이 차지하는 비중은 2020년에 (390 / 600) × 100 = 65.0%, 2021년에 (425 / 656) × 100 ≒ 64.8%, 2022년에 (455 / 702) × 100 ≒ 64.8%, 2023년에 (485 / 751) × 100 ≒ 64.6%, 2024년에 (510 / 795) × 100 ≒ 64.2%이므로 옳지 않은 설명이다.

오답 체크

① 2021년 이후 공공자전거 대여소 수는 모든 권역에서 전년 대비 매년 증가하였으므로 옳은 설명이다.

③ 전체 공공자전거 대여소 1개당 전체 이용권 구매건수는 2021년에 2,220,000 / 656 ≒ 3,384건, 2022년에 2,450,000 / 702 ≒ 3,490건으로 전년 대비 증가하였으므로 옳은 설명이다.

④ 2020년 대비 2022년 공공자전거 대여소 수의 증가율은 공원이 {(75 - 60) / 60} × 100 = 25.0%, 상업지역이 {(110 - 95) / 95} × 100 ≒ 15.8%로 공원이 더 높으므로 옳은 설명이다.

⑤ 비회원권 구매건수의 전년 대비 증가량은 2021년에 28 - 25 = 3만 건, 2022년에 30 - 28 = 2만 건, 2023년에 31 - 30 = 1만 건, 2024년에 33 - 31 = 2만 건이므로 옳은 설명이다.

[32-33]

32 직무능력 - 정보능력

정답 ④

'외국인 유실물 총 반환 건수'를 찾기 위해서는 외국인 유실물에 해당하는 행을 찾아 합계의 열 번호에 해당하는 값을 찾아야 한다.
따라서 열 방향의 표나 범위에서 원하는 값을 찾을 때 사용하는 VLOOKUP 함수가 적절하며, VLOOKUP 함수식인 '=VLOOKUP(검색값, 검색 범위, 열 번호, 옵션)'을 적용한다. 이때 VLOOKUP 함수의 옵션이 TRUE 또는 1이면 검색값보다 작거나 같은 값 중에서 가장 근접한 값을 찾고, FALSE 또는 0이면 검색값과 정확한 값을 찾으므로 [E13] 셀의 값을 찾기 위해서는 옵션이 '0'이어야 한다. 이에 따라 '=VLOOKUP(B9, B2:E9, 2, 0)'이 된다.

오답 체크

① , ② HLOOKUP 함수를 사용하여 외국인 유실물의 총 반환 건수를 찾기 위한 함수식은 '=HLOOKUP(C2, B2:E9, 8, 0)'이다.

⑤ LOOKUP 함수를 사용하여 외국인 유실물의 총 반환 건수를 찾기 위한 함수식은 '=LOOKUP(B9, B3:B9, C3:C9)'이다.

더 알아보기

HLOOKUP 함수	· 행 방향의 표나 범위에서 원하는 값을 찾을 때 사용하는 함수 · 범위의 첫 번째 행에서 검색값과 같은 데이터를 찾은 후 검색값이 있는 열에서 지정된 행 번호 위치에 있는 데이터를 입력함 식 =HLOOKUP(검색값, 검색 범위, 행 번호, 옵션)
VLOOKUP 함수	· 열 방향의 표나 범위에서 원하는 값을 찾을 때 사용하는 함수 · 범위의 첫 번째 열에서 검색값과 같은 데이터를 찾은 후 검색값이 있는 행에서 지정된 열 번호 위치에 있는 데이터를 입력함 식 =VLOOKUP(검색값, 검색 범위, 열 번호, 옵션)
LOOKUP 함수	· 배열이나 한 행 또는 한 열 범위에서 원하는 값을 찾을 때 사용하는 함수 식 =LOOKUP(검색값, 검색 범위, 결과 범위)

33 직무능력 - 정보능력

정답 ③

1호선과 2호선의 도시철도 유실물 반환 건수에서 '반환 건수가 두 번째로 큰 값'을 찾기 위해서는 1호선과 2호선의 도시철도 유실물 반환 건수에 해당하는 영역을 찾아 값이 두 번째로 큰 셀을 찾아야 한다.
따라서 지정한 범위의 셀 값 중 k번째로 큰 값을 구하고자 할 때 사용하는 LARGE 함수가 적절하며, LARGE 함수식인 '=LARGE(지정한 범위, k)'를 적용하면 '=LARGE(D3:E9, 2)'가 된다.

오답 체크

① MAX는 지정한 범위의 셀 값 중 가장 큰 값을 구하고자 할 때 사용하는 함수이므로 적절하지 않다.

② MIN은 지정한 범위의 셀 값 중 가장 작은 값을 구하고자 할 때 사용하는 함수이므로 적절하지 않다.

④ SMALL은 지정한 범위의 셀 값 중 k번째로 작은 값을 구하고자 할 때 사용하는 함수이므로 적절하지 않다.

⑤ MID는 지정한 셀 값에서 중간에 있는 일정한 문자를 추출하고자 할 때 사용하는 함수이므로 적절하지 않다.

34 직무능력 - 문제해결능력

정답 ③

'4. 지원 내용 - 1)'에 따르면 채무보다 많은 재산을 가진 차주의 경우 원금 조정에 대한 지원은 없으므로 옳은 내용이다.

오답 체크

① '3. 지원 한도'에 따르면 1인당 신청 횟수는 1회로 제한되므로 옳지 않은 내용이다.

② '5. 유의 사항'에 따르면 기초생활수급자 등의 취약계층은 원금 감면이 최대 90%까지 가능하므로 옳지 않은 내용이다.

④ '2. 지원 대상'에 따르면 90일 이상 장기 연체 등으로 부실이 이미 발생한 대출자 외에도 부실로 이어질 가능성이 큰 대출자도 지원 대상에 포함되므로 옳지 않은 내용이다.

⑤ '4. 지원 내용 - 2)'에 따르면 부실 우려 차주의 거치 기간은 최대 3년이므로 옳지 않은 내용이다.

35 직무능력 - 수리능력

정답 ①

평균 총 자외선지수가 전월 대비 감소한 달은 9월부터 12월까지이며, 이 중 평균 총 자외선지수의 전월 대비 감소량이 가장 큰 달은 그래프의 기울기가 가장 가파른 11월이다.
따라서 11월 총 자외선지수의 최댓값은 최솟값의 5.6 / 0.8 = 7배이다.

36 직무능력 - 문제해결능력 정답 ③

주제와 본질적으로 유사한 사물이나 상황에서 힌트를 얻어 새로운 아이디어를 얻는 방법은 비교발상법에 해당하며, 대표적인 방법으로는 NM법과 시네틱스법(Synectics)이 있으므로 바르게 연결된 것은 ③이다.

더 알아보기

창의적사고의 개발 방법

자유연상법	· 어떤 생각에서 다른 생각을 계속해서 떠올리는 작용을 통해 생각나는 것을 계속해서 열거해 나가는 방법 · 대표기법: 브레인스토밍, 6색 사고 모자 기법
비교발상법	· 주제와 본질적으로 닮은 것을 힌트로 하여 새로운 아이디어를 얻는 방법 · 대표기법: NM법, 시네틱스법(Synectics)
강제연상법	· 각종 힌트에서 강제로 결합하거나 연결 지어 발상하는 방법 · 대표기법: 속성열거법, 희망점열거법, 체크리스트법, 결점열거법

37 직무능력 - 자원관리능력 정답 ③

이 주임이 백 과장의 피드백에 따라 업무 마감 기한, 업무 세부 내용의 수, 업무 요청 일자 순으로 고려하여 수립한 업무 진행 순서는 'A 제품 판매 지수 관련 자료 제출 - 기획 세미나 참석 - 1/4분기 업무 보고 - 워크숍 예산 수립 - 경쟁사 물품 조사 - 신제품 전략 기획'이다. 이때 4월 5일에 식목일 행사 후 물품을 정리하는 업무를 추가로 진행해야 하므로 '식목일 행사 물품 정리' 업무를 가장 먼저 진행하게 된다.

따라서 이 주임이 다섯 번째로 진행해야 하는 업무로 가장 적절한 것은 '워크숍 예산 수립'이다.

38 직무능력 - 의사소통능력 정답 ⑤

이 글은 국민과 농민의 이익을 보호하기 위해 농산물 가격 지지 제도가 시행되고 있으며, 이처럼 정부가 시장 가격에 개입하여 의도적으로 가격을 통제하는 가격 정책은 실효성을 얻기 위해 시장 균형가격보다 낮거나 높은 수준에서 최고 가격과 최저 가격이 형성되어 의도와 달리 각종 부작용을 유발할 수 있다는 내용이므로 이 글의 중심 내용으로 가장 적절한 것은 ⑤이다.

오답 체크

① 가격 정책의 실효성 제고와 원활한 기능 수행을 위한 보조 제도의 필요성에 대해서는 다루고 있지 않으므로 적절하지 않은 내용이다.

② 농산물 가격을 일정하게 유지하는 농산물 가격 지지 제도에 대해 서술하고 있지만, 글 전체를 포괄할 수 없으므로 적절하지 않은 내용이다.

③ 최고 가격제와 최저 가격제의 이해득실을 따져 실행 여부를 결정해야 하는지에 대해서는 다루고 있지 않으므로 적절하지 않은 내용이다.

④ 실효성을 얻고자 시장 균형가격을 고려한 가격 형성에 대해 서술하고 있지만, 글 전체를 포괄할 수 없으므로 적절하지 않은 내용이다.

39 직무능력 - 문제해결능력 정답 ⑤

제시된 조건에 따르면 민지는 40일 동안 매일 하루 10시간씩 자유석 또는 스터디룸에서 공부할 예정이다. 먼저 공부 1일 차부터 4일 간격으로 4인 스터디룸을 5시간씩 이용할 예정이므로 40일 동안 4인 스터디룸은 총 1 + (40 - 1) / 4 = 10.75 → 10회 이용한다. 이에 따라 민지가 스터디룸에서 공부하는 시간은 10 × 5 = 50시간이며, [독서실 이용 안내]에 따르면 4인실은 시간당 8,000원이므로 40일 동안의 스터디룸 이용 요금은 총 50 × 8,000 = 400,000원이고, 이때 정액권을 사용하면 더 저렴하므로 20만 원권을 2개 구입하여 190,000 × 2 = 380,000원에 스터디룸을 이용할 수 있다. 다음으로 자유석 이용 시 시간권, 정액권, 정기권 모두 사용할 수 있으며, 자유석을 이용하여 공부할 시간은 1일 중 자유석과 스터디룸에서 5시간씩 공부하는 10일과 1일 10시간을 모두 자유석에서 공부하는 40 - 10 = 30일에 해당하는 (5 × 10) + (10 × 30) = 350시간이다. 이에 따라 시간권 사용 시 이용 요금은 200시간권, 100시간권, 50시간권의 합인 160,000 + 85,000 + 45,000 = 290,000원이다. 한편 당일 사용 시 자유석 이용 요금은 기본 1시간당 2,000원, 초과 1시간당 1,000원이며, 10시간에 10,000원임에 따라 자유석에서 5시간씩 공부하는 10일과 10시간씩 공부하는 30일의 이용 요금의 합은 {2,000 + (1,000 × 4)} × 10 + (10,000 × 30) = 360,000원이다. 이에 따라 정액권 사용 시 이용 요금은 20만 원권, 10만 원권, 5만 원권의 합인 190,000 + 95,000 + 48,000 = 333,000원과 정액권을 사용하지 않는 10,000원의 합인 343,000원이고, 정기권 사용 시 이용 요금은 14일권과 28일권을 사용하여 130,000 + 220,000 = 350,000원이므로 시간권이 가장 저렴하다. 또한 개인 사물함은 30일 단위로 이용할 수 있으므로 8,000원인 30일권 2장을 구입해야 한다.

따라서 민지가 40일 동안 독서실을 가장 저렴하게 이용한다고 할 때 지불해야 하는 최소 금액은 380,000 + 290,000 + (8,000 × 2) = 686,000원이다.

40 직무능력 - 자원관리능력 정답 ②

제시된 자료에 따르면 고객이 요청한 이용 인원은 128명이고, 8월 첫째 주나 둘째 주에 연이은 3일간 16시부터 20시까지 이용 가능한 홀 중 가장 저렴한 홀로 예약한다고 하였으므로 규모가 110석인 E 홀은 제외하여 생각한다. 이때, 평일 16시~18시는 오후에 해당하여 평일 이용 요금이 적용되고, 평일 18시~20시는 야간에 해당하여 제시된 평일 이용 요금의 50%가 가산된 요금이 적용되며, 토·일에는 시간대에 관계없이 토·일 이용 요금이 동일하게 적용된다. 고객은 [8월 문화회관 예약 현황]에 따라 연달아 3일간 16시~20시에 예약이 없는 홀 중 가장 저렴한 홀을 예약하므로 A~D 홀의 예약 가능일과 총 이용 요금은 다음과 같다.

구분	예약 가능일	총 이용 요금
A 홀	12일(목), 13일(금), 14일(토)	{(25,000 × 2) + (25,000 × 1.5 × 2)} × 2 + (40,000 × 4) = 410,000원
B 홀	7일(토), 8일(일), 9일(월)	{(35,000 × 4) × 2} + {(20,000 × 2) + (20,000 × 1.5 × 2)} = 380,000원
C 홀	6일(금), 7일(토), 8일(일)	{(23,000 × 2) + (23,000 × 1.5 × 2)} + {(38,000 × 4) × 2} = 419,000원
D 홀	예약 불가	예약 불가

따라서 고객이 이용하게 될 홀의 총 대관 요금은 380,000원이다.

41 직무능력 - 수리능력 정답 ④

2016년 4,428.6루블은 4,428.6 / 67.1 = 66달러이고, 66달러로 환전할 수 있는 폴란드 화폐는 66 × 3.9 = 257.4즈워티이므로 옳지 않은 설명이다.

오답 체크

① 2018년 211.2위안은 211.2 / 6.6 = 32달러, 3,201.6엔은 3,201.6 / 110.4 = 29달러로 211.2위안이 3,201.6엔보다 32 - 29 = 3달러 더 많은 금액이므로 옳은 설명이다.

② 2017년 49,764원을 달러로 환전한 금액은 49,764 / 1,131.0 = 44달러이고 이를 3년 뒤인 2020년에 다시 한국 화폐로 환전하면 44 × 1,180.3 = 51,933.2원으로 그 차이는 51,933.2 - 49,764.0 = 2,169.2원이므로 옳은 설명이다.

③ 제시된 국가 중 2017년 이후 1달러당 환율이 매년 전년 대비 상승한 국가는 터키 1개국이므로 옳은 설명이다.

⑤ 2019년 1달러당 환율의 전년 대비 감소율은 필리핀이 {(52.7 - 51.8) / 52.7} × 100 ≒ 1.7%, 태국이 {(32.3 - 31.0) / 32.3} × 100 ≒ 4.0%이므로 옳은 설명이다.

빠른 문제 풀이 Tip

⑤ 감소율의 분자와 분모의 크기를 비교하여 계산한다.
2019년 1달러당 환율의 전년 대비 감소율에서 분자에 해당하는 감소량은 필리핀이 52.7 - 51.8 = 0.9, 태국이 32.3 - 31.0 = 1.3으로 필리핀이 태국보다 작고, 분모에 해당하는 2018년 환율은 필리핀이 52.7, 태국이 32.3으로 필리핀이 태국보다 크므로 감소율은 태국이 필리핀보다 큼을 알 수 있다.

42 직무능력 - 수리능력 정답 ①

연령대별 5천만 원 미만의 금전 피해를 경험한 응답자 수에서 5천만 원 이상의 금전 피해를 경험한 응답자 수를 뺀 값을 구하면, 10대가 1,000 × (0.011 - 0.001) = 10명, 20대가 2,000 × (0.012 - 0.009) = 6명, 30대가 2,000 × (0.014 - 0.022) = -16명, 40대가 3,000 × (0.013 - 0.011) = 6명, 50대가 2,000 × (0.015 - 0.013) = 4명, 60대 이상이 1,000 × (0.012 - 0.007) = 5명이다.

따라서 5천만 원 미만의 금전 피해를 경험한 총 응답자 수와 5천만 원 이상의 금전 피해를 경험한 총 응답자 수의 차이는 10 + 6 - 16 + 6 + 4 + 5 = 15명이다.

43 직무능력 - 의사소통능력 정답 ②

문서적 의사소통은 언어적 의사소통에 비해 권위감이 있으며, 내용 전달의 정확성을 높이기 쉽고, 동일 내용을 여러 사람에게 효과적으로 전달할 수 있어 전달성이 높다. 또한 문서 형태로 보관할 수 있어 보존성도 크다는 특징을 가진다. 반면 언어적인 의사소통은 문서적 의사소통에 비해 정확성을 기하기 힘든 경우가 있지만 대화를 통해 상대방의 반응이나 감정을 살필 수 있고, 상황에 맞춰 표현과 내용을 조정할 수 있어 유동성이 있다는 특징을 가진다.

따라서 (가)에 해당하는 특징은 ㉠, ㉢, ㉣, (나)에 해당하는 특징은 ㉡, ㉤이다.

44 직무능력 - 문제해결능력 정답 ④

제시된 조건에 따르면 정은 두 번째 순서로 번호표를 발행받았고, 정은 기와 연달아 번호표를 발행받았으므로 기는 첫 번째 또는 세 번째 순서로 번호표를 발행받았다. 경이 번호표를 발행받은 순서는 네 번째가 아니고, 정이 번호표를 발행받은 순서는 경이 번호표를 발행받은 순서와 이웃하지 않으므로 경이 번호표를 발행받은 순서는 첫 번째 또는 세 번째 순서가 아니다. 또한, 무가 번호표를 발행받은 순서는 가장 마지막이 아니고, 경은 무보다 먼저 번호표를 발행받았으므로 경은 다섯 번째, 무는 여섯 번째로 번호표를 발행받았다. 이때, 을은 경보다 늦은 순서로 번호표를 발행받았으므로 가장 마지막 순서로 번호표를 발행받았다. 앱으로 번호표를 발행받은 사람은 모두 경 보다 먼저 번호표를 발행받았으며, 앱으로 번호표를 발행받은 사람들 사이에 한 명이 지점에서 번호표를 발행받았으므로 앱으로 번호표를 발행받은 사람은 첫 번째와 세 번째 순서 또는 두 번째 네 번째 순서로 번호표를 발행받았다. 이때 기는 앱으로 번호표를 발행받은 두 명보다 먼저 번호표를 발행받았으므로 기는 첫 번째 순서로 번호표를 발행받았음을 알 수 있다.

구분	1	2	3	4	5	6	7
고객	기	정	갑 또는 병	갑 또는 병	경	무	을
발행 방법	지점	앱	지점	앱	지점	지점	지점

따라서 갑이 지점에서 세 번째 순서로 번호표를 발행받았을 때, 병은 네 번째 순서로 앱으로 번호표를 발행받았으므로 항상 참인 설명이다.

오답 체크

① 갑은 세 번째 또는 네 번째 순서로 번호표를 발행받았고, 기는 첫 번째 순서로 번호표를 발행받았으므로 항상 거짓인 설명이다.

② 무는 지점에서 번호표를 발행받았으나 갑은 지점 또는 앱으로 번호표를 발행받았으므로 항상 참인 설명은 아니다.

③ 정과 경 사이 순서로 번호표를 발행받은 사람은 갑과 병 두 사람이므로 항상 거짓인 설명이다.

⑤ 을은 가장 마지막 순서로 번호표를 발행받았으므로 항상 거짓인 설명이다.

45 직무능력 - 자원관리능력 정답 ④

'강사료'에 따르면 박사학위를 소지하지 않은 4, 5급 공무원은 기본 1시간에 100,000원을 지급받으며, 강의시간 산출 시 30분 미만은 30분으로 계산하여 강사료의 50%를 지급하고, 30분 이상은 1시간으로 계산함에 따라 40분간 강의를 진행한 정은 100,000원을 지급받으므로 옳은 내용이다.

오답 체크

① '단순 인건비'에 따르면 단순 인건비는 1인/1일당 50,000원이며, 식비와 교통비가 포함되므로 갑이 일용직 형태로 고용되어 3일간 일한 경우, 150,000원 외에 교통비는 별도로 지급받을 수 없으므로 옳지 않은 내용이다.

② '원고료'에 따르면 원고료는 A4용지 1장 기준 15,000원이며, 파워포인트 자료의 경우 표지와 목차를 제외한 슬라이드 2장을 A4 1장으로 인정하므로 표지와 목차 각 1장을 포함한 파워포인트 자료 슬라이드 16장은 A4 7장으로 인정되어 105,000원을 지급받으므로 옳지 않은 내용이다.

③ '회의 참석비'에 따르면 회의 참석비는 2시간 이내의 경우 100,000원, 2시간 초과의 경우 200,000원을 지급하며 1일 2회 이상 참석할 경우 참석 시간이 가장 긴 1회에 한하여 지급하므로 사업의 효율적인 준비를 위한 세미나에 2시간 참석한 뒤, 같은 날 사업의 효율적인 진행을 위한 회의에 2시간 참석한 병은 100,000원을 지급받으므로 옳지 않은 내용이다.

⑤ '자문료'에 따르면 단체가 사업을 수행하는 데 있어 결정적인 도움을 줄 수 있는 일정한 자격을 갖춘 자의 자문에 대한 사례비는 단위사업당 200,000원으로 200,000원을 두 차례 지급받을 수 없으므로 옳지 않은 내용이다.

46 직무상식 - 금융·경제상식 정답 ②

제시된 글은 '카르텔'에 대한 설명이다.

오답 체크

① 콘체른: 생산, 유통, 금융 따위의 다양한 업종의 기업들이 법적으로 독립되어 있으면서 특정 은행이나 기업을 중심으로 긴밀하게 관련되어 있는 기업 결합 형태

③ 트러스트: 같은 업종의 기업이 경쟁을 피하고 보다 많은 이익을 얻을 목적으로 자본에 의하여 결합하여, 개별 기업의 독립성이 사라지는 독점 형태

④ 지주회사: 다른 회사의 주식을 보유함으로써 그 회사를 독점적으로 지배하는 회사

⑤ 신디케이트: 기업 독점 형태의 하나로, 몇 개의 기업이 하나의 공동 판매소를 두고 가맹 기업의 제품을 공동 판매 또는 공동 구입을 하는 조직

47 직무상식 - 금융·경제상식 정답 ③

기펜재는 열등재 중 소득효과의 절댓값이 대체효과의 크기를 넘어서기 때문에 가격이 오를수록 수요가 늘어 수요곡선이 우상향하므로 적절하지 않다.

48 직무상식 - 금융·경제상식 정답 ②

재산권이 명확히 정립되어 있고 거래비용이 없다면 외부효과로 인해 발생할 수 있는 비효율성을 시장에서 해결할 수 있다는 이론은 '코즈의 정리'이다.

오답 체크

① 세이의 법칙: 공급이 수요를 창출한다는 법칙

③ 피구 효과: 임금 및 물가 하락 시 사람들이 보유한 화폐 자산의 실질 가치가 증대되고, 그 자산가치의 증대가 소비를 늘려 고용이 확대된다는 이론

④ 구축 효과: 정부의 재정지출 확대가 오히려 기업의 투자 위축을 유도한다는 이론

⑤ 플라자 합의: 프랑스, 독일, 일본, 미국, 영국으로 구성된 G5의 재무장관들이 외환시장 개입에 의한 달러화 강세를 시정하도록 결의한 사항

49 직무상식 - 농업·농촌상식 정답 ③

농협이 선포한 비전2030의 핵심가치는 '국민에게 사랑받는 농협', '농업인을 위한 농협', '지역 농축협과 함께하는 농협', '경쟁력 있는 글로벌 농협'이므로 핵심가치에 해당하는 것은 ㉢, ㉣로 총 2개이다.

50 직무상식 - 금융·경제상식 정답 ⑤

소득 분배가 불평등하다고 여길수록 앳킨슨 지수는 커지므로 적절하지 않다.

51 직무상식 - 금융·경제상식 정답 ②

주택 임대료는 소비자 물가지수에 포함되지만, 생산자 물가지수에는 포함되지 않으므로 적절하지 않다.

52 직무상식 - 디지털상식 정답 ①

㉠은 고립성(Isolation), ㉡은 일관성(Consistency), ㉢은 원자성(Atomicity), ㉣은 영속성(Durability)에 대한 설명이다.

53 직무상식 - 금융·경제상식 정답 ①

절대소득가설에 의하면 소득에 대한 소비의 비율인 평균소비성향은 한계소비성향보다 항상 크므로 적절하지 않다.

54 직무상식 - 금융·경제상식 정답 ③

실질이자율은 명목이자율에 인플레이션율을 빼서 구하므로 적절하지 않은 설명이다.

오답 체크

⑤ 인플레이션 상황에서는 투자자가 상승한 물가에 대응하여 보상받기 위해 더 높은 수익률을 요구하므로 명목이자율이 실질이자율보다 높아진다.

더 알아보기

명목이자율과 실질이자율

명목이자율	· 화폐 1단위를 일정 기간 빌리는 대가로 지불한 화폐액 · 인플레이션을 고려하지 않은 표면상의 이자율 · 실제 거래에서 적용되는 이자율
실질이자율	· 인플레이션을 감안한 이자의 실질 구매력을 나타내는 이자율 · 실제 구매력 증가분을 측정 · 예상 인플레이션율과 실제 인플레이션율 차이에 따라 대출자와 차입자의 손익 결정
피셔효과	· 명목이자율 = 실질이자율 + 인플레이션율 · 명목이자율과 실질이자율의 관계를 나타냄

55 직무상식 - 금융·경제상식 　정답 ③

중앙은행이 경기침체에 대응하여 양적완화 정책을 시행하는 초기 단계에서는, 양적완화로 시중 유동성이 대폭 공급되어 시장 금리가 하락하는 금리하락, 통화량 증가로 인한 화폐가치 하락과 인플레이션 기대심리 상승하는 물가상승과 같은 현상이 나타날 수 있다.

오답 체크

① 기준금리를 인상하면 금리상승, 총수요 감소로 물가하락 압력 현상이 나타날 수 있다.

② 재정지출을 확대하면 총수요 증가로 물가상승, 자금수요 증가로 금리상승 현상이 나타날 수 있다.

④ 비용인상 인플레이션이 발생하면 물가상승, 중앙은행의 긴축정책으로 금리상승 현상이 나타날 수 있다.

⑤ 경기가 회복되면 소득증가로 물가상승 현상이, 자금수요 증가로 금리상승 현상이 나타날 수 있다.

56 직무상식 - 농업·농촌상식 　정답 ④

정밀농업을 현장에 적용시키기 위해 필요한 시스템에는 위치정보 시스템, 센싱 시스템, 지도화 시스템, 그리고 제어 시스템이 해당한다.

57 직무상식 - 금융·경제상식 　정답 ④

㉠ 원/달러 환율이 상승하면 국내 물가가 상승하고, 환율이 하락하면 국내 물가가 하락하므로 국내 물가 안정은 환율 하락의 영향이다.

㉡ 교역조건은 수출품 가격을 수입품 가격으로 나눈 것으로 원/달러 환율이 상승하면 교역조건이 악화되고, 환율이 하락하면 교역조건이 개선되므로 교역조건 악화는 환율 상승의 영향이다.

㉢ 원/달러 환율이 상승하면 수출이 증가하고 수입이 감소하여 경상수지가 개선되고, 환율이 하락하면 수출이 감소하고 수입이 증가하여 경상수지가 악화되므로 경상수지 개선은 환율 상승의 영향이다.

㉣ 원/달러 환율이 상승하면 외채를 상환할 때 지불해야 하는 원화 액수가 증가하고, 환율이 하락하면 외채를 상환할 때 지불해야 하는 원화 액수가 감소하므로 외채 상환 부담 감소는 환율 하락의 영향이다.

따라서 ㉠~㉣을 환율 변동의 방향이 같은 것끼리 올바르게 짝지으면 ㉠, ㉣과 ㉡, ㉢이다.

58 직무상식 - 금융·경제상식 　정답 ④

㉡ A 기업은 B 기업이 마케팅 비용을 확대할 경우 시장 진입을 포기하는 것이 유리하며, B 기업이 마케팅 비용을 유지할 경우 시장에 진입하는 것이 유리하여 우월전략이 존재하지 않으므로 옳은 설명이다.

㉢ A 기업이 시장에 진입할 경우와 시장 진입을 포기할 경우 모두 B 기업은 마케팅 비용을 유지하는 것이 이득이기 때문에 B 기업은 마케팅 비용을 유지하는 것이 우월전략이므로 옳은 설명이다.

㉣ A 기업이 시장에 진입한다면 B 기업은 마케팅 비용을 확대할 경우 50, 마케팅 비용을 유지할 경우 60의 이득을 얻기 때문에 더 큰 보수를 얻는 마케팅 비용 유지 전략을 선택할 것이므로 옳은 설명이다.

오답 체크

㉠ B 기업은 항상 우월전략인 마케팅 비용 유지를 선택할 것이며, B 기업이 마케팅 비용을 유지한다면 A 기업은 시장에 진입할 것이다. 따라서 내시균형은 A 기업이 시장에 진출하고 B 기업이 마케팅 비용을 유지하는 경우 1개이므로 옳지 않은 설명이다.

더 알아보기

- **내시균형:** 게임의 각 참여자가 다른 참여자들의 전략을 주어진 것으로 예상하고 자신에게 최적의 전략을 선택할 때, 그 결과가 균형을 이룰 수 있는 최적 전략의 조합
- **우월전략:** 상대방의 전략 선택과 관계없이 자신의 이득이 최대가 되는 전략

59 직무상식 - 금융·경제상식 정답 ③

다우-존스식은 지수 산출에 채용된 종목의 규모와는 상관없이 산출된 가격을 평균해 보는 방식이므로 적절하지 않은 설명이다.

60 직무상식 - 금융·경제상식 정답 ④

제시된 지문은 부유층 노인들이 자신의 재산을 숨기고 기초연금을 받으려 한다는 내용이므로 정보가 불균형한 상황을 이용해 상대방의 이익에는 반하지만 자신에게는 유리한 행동을 하는 도덕적 해이와 관련 있다.

④ 은행은 대출자의 파산 가능성을 정확하게 예측할 수 없으므로 평균적인 파산 가능성을 고려해 대출금리를 책정한다. 그러면 상대적으로 대출 상환 능력이 있는 사람은 대출을 포기하고, 파산 가능성이 큰 사람만 은행에서 차입하려 하기 때문에 은행은 대출원금을 회수하지 못할 가능성이 커진다. 따라서 정보의 불균형으로 인해 자신에게 불리한 의사결정을 하는 역선택과 관련 있다.

61 직무상식 - 금융·경제상식 정답 ①

KOSPI 200 지수는 (비교시점 시가총액 ÷ 기준시점 시가총액) × 100)으로 계산한다.

62 직무상식 - 금융·경제상식 정답 ⑤

제시된 내용은 총부채상환비율을 의미하는 'DTI(Debt To Income ratio)'에 대한 설명이다.

오답 체크

① RTI(Rent To Interest ratio): 임대업이자상환비율을 의미하는 것으로, 부동산임대업을 위해 대출을 받고자 하는 사람의 예상 연간 임대소득을 연간 이자 비용으로 나누어 이자 상환능력을 측정하는 계산 비율

② DSR(Debt Service Ratio): 총부채원리금상환비율을 의미하는 것으로, 주택담보대출은 물론 신용대출, 카드론 등 모든 대출금에 대한 원리금 상환액을 연간소득으로 나누어 대출한도를 정하는 계산 비율

③ LTV(Loan To Value ratio): 주택담보대출비율을 의미하는 것으로, 주택을 담보로 돈을 빌릴 때 적용되는 담보주택의 실제 가치 대비 대출금액 비율

④ DTA(Debt To Asset ratio): 자산대비부채비율을 의미하는 것으로, 대출자의 자산에서 부채가 차지하는 비율

63 직무상식 - 농업·농촌상식 정답 ①

우리나라에서는 1963년 국제협동조합연맹에 가입한 농협중앙회가 1972년 정회원으로 승격된 이후 수협, 신협, 새마을금고, 산림조합중앙회, iCOOP 생협 등이 회원으로 가입하였으므로 적절하지 않다.

64 직무상식 - 디지털상식 정답 ④

1GB는 1,024MB와 데이터 양이 동일하다.

65 직무상식 - 금융·경제상식 정답 ④

기준금리를 인상하면 상장기업의 수익성이 감소하고, 대체 투자상품인 채권 수익률이 상승하여 국내 주가지수가 하락하므로 적절하지 않다.

오답 체크

①, ③ 기준금리를 인상하면 기업은 이자 상환 부담이 커져 투자를 줄이게 되며, 경제 성장 둔화 및 물가 하락이 이어지므로 적절하다.

② 다른 나라의 금리 변동 없이 국내 금리만 상승하면 국내 원화 표시 자산의 수익률이 상대적으로 높아져 해외 자본이 유입됨에 따라 원화 가치가 상승하며, 원화 표시 수입품의 가격이 하락하여 수입품에 대한 수요가 증가하므로 적절하다.

⑤ 기준금리를 인상하면 예금 이자수입이 증가하고, 대출 이자가 늘어나 가계는 저축을 늘리고, 소비를 줄이게 되므로 적절하다.

66 직무상식 - 금융·경제상식 정답 ③

금융구조는 비소구 금융방식이 원칙이며, 실무에서는 일반적으로 제한적 소구 금융방식이 적용되므로 적절하지 않다.

67 직무상식 - 금융·경제상식 정답 ④

㉣ 완전탄력적 수요곡선을 가진 시장에서는 수요곡선이 수평선 형태로 나타나며, 이는 소비자가 특정 가격에서만 구매할 의사가 있음을 의미한다. 이에 따라 소비자의 최대 지불 용의 가격과 실제 시장 가격이 일치하여 소비자 잉여는 0이 되므로 지불 용의 가격이 시장 가격보다 높다는 것은 적절하지 않은 설명이다.

따라서 대체효과와 소비자 잉여에 대한 설명으로 적절한 것은 ㉠, ㉡, ㉢이다.

더 알아보기

- **대체효과**: 실질소득을 일정하게 유지한 상태에서 상대가격 변화로 인한 수요량 변화를 의미하며, 가격 상승 시 항상 수요량 감소 방향으로 작용하고 재화의 성질(정상재/열등재)과 무관하게 동일한 방향성을 갖는다.
- **소득효과**: 명목소득은 동일하지만 가격 변화로 인한 실질소득 변화가 수요량에 미치는 영향으로, 정상재의 경우 가격 상승 시 수요량이 감소하고 열등재의 경우 가격 상승 시 수요량이 증가하는 방향으로 작용한다.
- **소비자 잉여**: 소비자가 재화에 대해 지불할 의사가 있는 최대 금액(유보가격)과 실제 시장가격의 차이로, 수요곡선 아래와 시장가격선 위의 삼각형 면적으로 측정된다.
- **완전탄력적 수요**: 수요의 가격탄력성이 무한대인 상황으로 수평선 형태의 수요곡선을 가지며, 공급 변화 시 가격은 고정되지만 거래량이 변화하므로 소비자 잉여는 여전히 변동할 수 있다.

68 직무상식 - 금융·경제상식 정답 ④

중앙은행은 급격한 환율 변동을 억제하고 안정화시키기 위해 외환시장에 적극적으로 개입하며, 구두개입뿐만 아니라 중앙은행이 직접 외환시장에서 달러를 매입하거나 매도하는 직접개입도 실시하므로 경준이의 말은 옳지 않은 설명이다.

더 알아보기

중앙은행의 외환시장 개입(스무딩 오퍼레이션)

직접개입	· 직접 외환시장에서 달러를 사들이거나 팔아 외환시장의 안정을 기함 · 환율이 급락하면 달러를 매입하고, 환율이 급등하면 달러화를 매각하는 등의 방법을 사용함
구두개입	· 외환시장에 개입하겠다는 의사를 여러 경로를 통해 밝힘으로써 외환시장을 안정시킴

69 직무상식 - 금융·경제상식 정답 ①

제시된 내용은 진입과 퇴거가 자유로운 시장에서 다수의 기업이 차별화된 재화를 생산하는 시장 형태인 독점적 경쟁 시장에 대한 설명이다. 영화 상영 시장을 지배하는 소수의 기업이 담합하듯 동일한 가격대를 유지하고 있는 ①은 과점 시장의 사례에 해당한다.

70 직무상식 - 금융·경제상식 정답 ③

완전경쟁시장에서는 균형조건 $P = MC = 10$이 성립한다. 수요함수 $Q = 50 - P$에서 균형수량은 $Q = 50 - 10 = 40$이 되고, 소비자잉여는 $\frac{1}{2} \times (50 - 10) \times 40 = 800$이다.

독점시장에서는 이윤극대화 조건 $MR = MC$가 성립한다. 수요함수 $Q = 50 - P$에서 한계수입함수는 $MR = 50 - 2Q$이므로 $50 - 2Q = 10$에서 독점 생산량은 $Q = 20$이다. 독점가격은 $P = 50 - 20 = 30$이 되고, 소비자잉여는 $\frac{1}{2} \times (50 - 30) \times 20 = 200$이다.

따라서 독점으로 인한 소비자잉여 감소분은 $800 - 200 = 600$이다.

2회 실전모의고사

바로 채점 및 성적 분석 서비스

정답

p.78

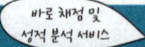

01	①	직무능력	문제해결능력	26	③	직무능력	의사소통능력	51	①	직무상식	금융·경제상식
02	③	직무능력	자원관리능력	27	⑤	직무능력	수리능력	52	③	직무상식	금융·경제상식
03	⑤	직무능력	문제해결능력	28	②	직무능력	문제해결능력	53	①	직무상식	디지털상식
04	②	직무능력	문제해결능력	29	⑤	직무능력	문제해결능력	54	⑤	직무상식	금융·경제상식
05	⑤	직무능력	수리능력	30	②	직무능력	수리능력	55	③	직무상식	금융·경제상식
06	⑤	직무능력	자원관리능력	31	②	직무능력	자원관리능력	56	④	직무상식	금융·경제상식
07	③	직무능력	문제해결능력	32	⑤	직무능력	문제해결능력	57	③	직무상식	금융·경제상식
08	②	직무능력	의사소통능력	33	⑤	직무능력	자원관리능력	58	④	직무상식	금융·경제상식
09	③	직무능력	수리능력	34	②	직무능력	자원관리능력	59	②	직무상식	금융·경제상식
10	④	직무능력	자원관리능력	35	④	직무능력	수리능력	60	①	직무상식	농업·농촌상식
11	④	직무능력	문제해결능력	36	③	직무능력	문제해결능력	61	③	직무상식	금융·경제상식
12	③	직무능력	수리능력	37	④	직무능력	자원관리능력	62	④	직무상식	금융·경제상식
13	⑤	직무능력	문제해결능력	38	④	직무능력	문제해결능력	63	④	직무상식	농업·농촌상식
14	⑤	직무능력	의사소통능력	39	②	직무능력	문제해결능력	64	④	직무상식	금융·경제상식
15	④	직무능력	문제해결능력	40	④	직무능력	수리능력	65	③	직무상식	금융·경제상식
16	①	직무능력	문제해결능력	41	④	직무능력	의사소통능력	66	①	직무상식	금융·경제상식
17	④	직무능력	자원관리능력	42	⑤	직무능력	문제해결능력	67	②	직무상식	디지털상식
18	④	직무능력	수리능력	43	②	직무능력	수리능력	68	③	직무상식	금융·경제상식
19	②	직무능력	정보능력	44	④	직무능력	수리능력	69	④	직무상식	금융·경제상식
20	⑤	직무능력	정보능력	45	②	직무능력	자원관리능력	70	③	직무상식	금융·경제상식
21	③	직무능력	의사소통능력	46	④	직무상식	금융·경제상식				
22	②	직무능력	문제해결능력	47	⑤	직무상식	금융·경제상식				
23	③	직무능력	수리능력	48	④	직무상식	농업·농촌상식				
24	④	직무능력	수리능력	49	①	직무상식	금융·경제상식				
25	④	직무능력	의사소통능력	50	③	직무상식	금융·경제상식				

실력 점검표

제한 시간 내에 푼 문제 수	맞힌 문제 수	정답률
/70	/70	%

※ 정답률(%) = (맞힌 개수/전체 개수) × 100

해설

01 직무능력 - 문제해결능력 정답 ①

투자금액이 5,000,000원인 갑이 ○○은행에서 판매하는 5개의 펀드에 1년간 투자한다고 할 때, 펀드별 실투자금과 총 보수율에 따른 예상 순수익은 다음과 같다.

구분	실투자금	총 보수율	예상 순수익
A 펀드	5,000,000원	0.54+0.33+0.02+0.01 =0.9%	(5,000,000×0.337) -(5,000,000×0.009) =1,640,000원
B 펀드	5,000,000원	0.14+0.14+0.01+0.01 =0.3%	(5,000,000×0.316) -(5,000,000×0.003) =1,565,000원
C 펀드	5,000,000원	0.41+0.35+0.03+0.01 =0.8%	(5,000,000×0.327) -(5,000,000×0.008) =1,595,000원
D 펀드	5,000,000원	0.44+0.52+0.03+0.01 =1.0%	(5,000,000×0.334) -(5,000,000×0.01) =1,620,000원
E 펀드	(1-0.005)× 5,000,000 =4,975,000원	0.64+0.52+0.03+0.01 =1.2%	{5,000,000× (0.342-0.005)} -(4,975,000×0.012) =1,625,300원

따라서 갑이 투자할 펀드는 예상 순수익이 가장 높은 A 펀드이다.

02 직무능력 - 자원관리능력 정답 ③

제시된 자료에 따르면 J 기업 영업팀에서 주문한 메인 메뉴는 모둠회(중) 2접시, 참치회(대) 1접시, 산오징어(소) 2접시이므로 (55,000×2)+80,000+(15,000×2)=220,000원이고, 추가 메뉴는 매운탕 2개이므로 (7,000×2)=14,000원이며, 주류는 소주 4병, 맥주 5병이므로 (4,000×4)+(5,000×5)=41,000원이다. 이때 J 기업 직원은 전체 금액에서 10% 할인받을 수 있으므로 영업팀이 지불해야 할 회식비는 (220,000+14,000+41,000)×0.9=247,500원이다.

03 직무능력 - 문제해결능력 정답 ⑤

'1. 상품 개요 - 계약 기간 및 저축 장려금'에 따르면 계약 기간은 24개월이고, 13개월 이상 저축한 사람은 적금 납입 원금의 4%가 저축 장려금으로 지급되어 중도해지 없이 계약 기간 동안 매월 15만 원씩 적립한 사람은 만기에 저축 장려금으로 150,000×24×0.04=144,000원을 받으므로 옳지 않은 내용이다.

오답 체크

① '1. 상품 개요 - 적립 방법'에 따르면 매월 50만 원까지 적립할 수 있어 1년간 최대 50×12=600만 원을 저축할 수 있으므로 옳은 내용이다.

② '1. 상품 개요 - 기본 이율'에 따르면 기본 이율은 연 5.0%이고, '2. 우대 이율'에 따르면 우대 이율은 최대 2개까지 중복 적용이 가능하며, 우대 이율이 높은 이율부터 우선 적용함에 따라 급여이체 우대 이율과 첫 거래 우대 이율을 적용하면 최대 연 5.0+0.5+0.5=6.0%의 최종 이율이 적용되므로 옳은 내용이다.

③ '2. 우대 이율'에 따르면 자동이체 우대 이율은 신규일이 포함된 월부터 만기 전전달까지 자동이체 등 창구 이외의 채널을 이용하여 N 은행 입출금통장에서 적금으로 납입된 월이 6개월 이상인 경우 0.3%p의 연이율이 적용되며 적금 만기 달인 12월에 적금을 해지함에 따라 1월부터 12월까지의 기간 중 총 10개월 동안 자동이체를 한 적금 가입자에게 0.3%p의 우대 이율이 적용되므로 옳은 내용이다.

④ '1. 상품 개요 - 대상 요건'에 따르면 나이 요건은 가입일 현재 만 19세 이상 만 34세 이하이고, '3. 유의 사항'에 따르면 병적증명서로 현역병 등 병역 이행이 증명되는 경우 그 기간을 가입일 현재의 만 나이에서 빼고 계산한 나이가 만 34세 이하인 경우 나이 요건을 충족함에 따라 만 35세인 자의 현역병 근무 기간을 제외하면 만 35-2=33세로 나이 요건을 충족하므로 옳은 내용이다.

04 직무능력 - 문제해결능력 정답 ②

㉠ 올해 여름철 폭염으로 인해 채소 가격이 급등하였고, 젊은 소비자들 사이에서 탄수화물 섭취를 줄이고 단백질 섭취를 늘리려는 경향이 나타나고 있다는 눈앞에 있는 정보에서 김밥의 수익성과 인기가 감소할 것이라는 가치 있는 정보를 이끌어냈다. 이를 통해 현재 시점에서 김밥 전문점을 창업하는 것이 바람직하지 않고, 트렌드에 맞는 사업 아이템을 발굴해야 한다는 결론을 도출한 것은 "어떻게 될 것인가?", "어떻게 해야 한다"라는 내용을 포함하는 논리적 사고 개발 방법인 So what 방법이다.

㉡ 커피 프랜차이즈 A 사는 자사 음료 중 고당 음료 판매가 급감하는 반면, 경쟁사의 저당 음료 매출은 증가하고 있으며, 고객 설문조사에서 음료 종류가 다양하지 않다는 응답이 가장 높게 나타난다는 보조 메시지들을 분석하여 저당 음료에 대한 수요가 높고 더 다양한 음료를 원하고 있다는 메인 메시지를 도출하였다. 이 메인 메시지들을 종합하여 새로운 저당 음료를 출시해야 한다는 최종 정보를 도출해 내는 논리적 사고 개발 방법은 피라미드 구조화 방법이다.

05 직무능력 - 수리능력 정답 ⑤

2020년 이후 논벼 재배면적의 전년 대비 감소량은 2020년에 798 - 778 = 20천 ha, 2021년에 778 - 754 = 24천 ha, 2022년에 754 - 737 = 17천 ha, 2023년에 737 - 730 = 7천 ha, 2024년에 730 - 726 = 4천 ha임에 따라 2020년 이후 논벼 재배면적이 전년 대비 가장 많이 감소한 2021년에 논벼 재배면적 천 ha당 볏짚 생산량은 전년 대비 6,256 - 6,162 = 94톤 증가하였으므로 옳지 않은 설명이다.

오답 체크

① 2020년 이후 논벼 재배면적과 볏짚 생산량은 모두 전년 대비 매년 감소하였으므로 옳은 설명이다.

② 2021년 논벼 재배면적 천 ha당 볏짚 생산량은 전년 대비 {(6,256 - 6,162) / 6,162} × 100 ≒ 1.53% 증가했으므로 옳은 설명이다.

③ 제시된 기간 동안 연평균 볏짚 생산량은 (4,808 + 4,794 + 4,717 + 4,566 + 4,495 + 4,125) / 6 ≒ 4,584천 톤으로 4,500톤 이상이므로 옳은 설명이다.

④ 2022년 논벼 재배면적은 3년 전 대비 798 - 737 = 61천 ha 감소했으므로 옳은 설명이다.

06 직무능력 - 자원관리능력 정답 ⑤

[갑, 을, 병의 휴무 일정]에 따르면 2일, 3일, 5일, 9일, 10일에는 갑, 을, 병 3명이 모두 근무하고, 4일, 7일, 8일에는 3명 중 2명이 근무하며 6일에는 아무도 근무하지 않는다. [점검 수칙]에서 본부는 3명의 인원이 투입되어 2일 동안 연이어 점검한다고 하였으므로 근무하는 인원이 3명인 2일, 3일, 5일, 9일, 10일 중 2일 동안 연이어 점검 가능한 날은 2일과 3일 또는 9일과 10일이다. 이 중 강원본부는 9일에 점검이 불가하므로 2일과 3일에 점검한다. 이때, 3일과 8일에만 점검 가능한 원주전력지사는 8일에 점검해야 하며, 8일에 근무하는 인원은 2명이므로 원주전력지사만 점검한다. 다음으로 2명 이상이 근무하는 4일, 5일, 7일, 9일, 10일 중 동해전력지사는 4일에 점검하고, 태백전력지사는 5일에 점검해야 한다. 이에 따라 각 지사의 점검 가능 일정과 남은 근무 인원을 고려하여 점검이 가능한 가장 빠른 날짜에 점검하면 5일에 근무하는 인원은 3명이므로 태백전력지사를 해당일에 점검하는 인원을 제외한 1명이 점검 가능한 양구지사를 점검하고, 7일에 근무하는 인원은 2명이므로 점검 가능한 철원지사와 화천지사를 점검하며, 9일에 근무하는 인원은 3명이므로 남은 홍천지사, 원주지사, 인제지사를 점검할 수 있다. 이에 따른 일자별 요일과 점검하는 사업장은 다음과 같다.

구분	요일	점검 사업장
2일	토요일	강원본부
3일	일요일	강원본부
4일	월요일	동해전력지사
5일	화요일	태백전력지사, 양구지사
6일	수요일	-
7일	목요일	철원지사, 화천지사
8일	금요일	원주전력지사
9일	토요일	홍천지사, 원주지사, 인제지사
10일	일요일	-

따라서 토요일과 일요일만 점검이 가능한 사업장인 원주지사는 9일에 점검하므로 옳은 내용이다.

07 직무능력 - 문제해결능력 정답 ③

'2. N 은행 승진 평가 기준'에 따라 승진 후보자의 항목별 등급과 최종등급은 다음과 같다.

구분	성과 기여도	조직 협조도	업무 달성도	업무 난이도	사내 평가	최종등급
갑	1	3	4	4	1	1 + 3 + 4 + 4 + 1 = 13
을	1	4	2	2	2	1 + 4 + 2 + 2 + 2 = 11
병	2	2	2	2	3	2 + 2 + 2 + 2 + 3 = 11
정	3	3	1	1	3	3 + 3 + 1 + 1 + 3 = 11
무	2	1	3	3	3	2 + 1 + 3 + 3 + 3 = 12

'1. N 은행 승진 대상자 선정 기준 - 2)'에 따라 최종등급이 동일한 경우 정량항목 평가 점수의 합이 가장 높은 사람이 승진하므로 최종등급이 동일한 을, 병, 정의 정량항목 평가 점수의 합은 다음과 같다.

구분	성과 기여도	조직 협조도	업무 달성도	업무 난이도	합계
을	20	6	19	10	20 + 6 + 19 + 10 = 55
병	18	15	22	9	18 + 15 + 22 + 9 = 64
정	14	11	24	15	14 + 11 + 24 + 15 = 64

'1. N 은행 승진 대상자 선정 기준 - 2)'에 따라 정량항목 평가 점수의 합도 동점인 경우 연차가 가장 높은 사람이 승진하므로 정량항목 평가 점수의 합이 동점인 병의 연차는 14년, 정의 연차는 13년임에 따라 승진 대상자는 병이다.

08 직무능력 - 의사소통능력 정답 ②

이 글은 비행기 날개에서 발생하는 공기 흐름과 압력 차이를 먼저 사례로 제시하고, 이를 설명하기 위해 '유체역학'과 '베르누이 정리'의 개념을 정의하며 원리를 해설하고 있다.
따라서 정의와 예시를 사용하여 현상을 설명한다는 것이 가장 적절하다.

09 직무능력 - 수리능력 정답 ③

정기적금의 복리(기말불) = $\frac{\text{월 납입금} \times \{(1+\text{월 이자율})^{\text{기간}}-1\}}{(1+\text{월 이자율})-1}$임을 적용하여 구한다.
호령이는 연 이자율이 6%인 월 복리 비과세 적금 상품에 가입하여 매월 마지막 날에 100만 원씩 3년 동안 적립하므로 매월 마지막 날에 적립하는 월 납입금은 1,000,000원이고, 월 이자율은 6 / 12 = 0.5%이며, 기간은 3 × 12 = 36개월이다. 이때 매월 마지막 날에 적립하므로 기말불 공식이 적용된다.
따라서 3년 후 호령이가 만기해지하며 받을 수 있는 총금액은 $\frac{1{,}000{,}000 \times \{(1+0.005)^{36}-1\}}{(1+0.005)-1} = \frac{1{,}000{,}000 \times 0.2}{0.005} = 40{,}000{,}000$원이다.

10 직무능력 - 자원관리능력 정답 ④

그리니치 표준시 기준으로 서울은 +(135 / 15) = +9시간, 로마는 +(15 / 15) = +1시간, 상파울루는 -(45 / 15) = -3시간, 시드니는 +(150 / 15) = +10시간이므로 서울 시각을 기준으로 로마는 1 - 9 = -8시간, 상파울루는 -3 - 9 = -12시간, 시드니는 10 - 9 = +1시간이다. 이때 서울 현지 시각은 11월 2일 오전 8시이고, 서울 본부의 담당자 甲은 오늘 오후 4시까지 1차 작업을 마치겠다고 했으므로 11월 2일 오후 4시에 1차 작업을 종료함을 알 수 있다. 이후 로마 지사의 담당자 乙은 1차 검수에 5시간이 소요된다고 했으므로 서울 시각 기준 11월 2일 오후 9시에 1차 검수를 종료함을 알 수 있다. 또한, 서울 시각 기준 11월 2일 오후 9시는 상파울루 시각 기준 11월 2일 오전 9시이므로 상파울루 지사의 담당자 丙은 상파울루 시각 기준 11월 3일 오전 9시에 2차 검수를 종료함을 알 수 있다. 마지막으로 상파울루 시각을 기준으로 시드니는 10 - (-3) = +13시간이므로 상파울루 시각 기준 11월 3일 오전 9시는 시드니 시각 기준 11월 3일 오후 10시이고, 시드니 개발센터의 담당자 丁은 수신 후 시드니 시각 기준으로 2시간 후에 최종 배포하겠다고 했으므로 시드니 시각 기준 11월 4일 오전 12시에 프로젝트를 최종 배포한다.
따라서 시드니는 서울보다 1시간 빠르므로 서울 시각을 기준으로 한 프로젝트 최종 배포 시각은 11월 3일 오후 11시이다.

11 직무능력 - 문제해결능력 정답 ④

[ATM 거래]에 따르면 영업시간 내 기준을 제외한 시간 및 일요일에는 영업시간 외 기준이 적용되고, H 은행 ATM을 이용하여 10만 원 이상의 금액을 동일한 날짜에 3회 이상 출금하는 경우 3회차부터 수수료가 50% 감면되므로 갑이 거래한 일별 거래내용 및 수수료는 다음과 같다.

구분	거래내용 및 수수료
11/7 (월)	H 은행 ATM 이용 - 영업시간 내 10만 원 초과 출금: 면제 - 영업시간 외 10만 원 초과 출금: 500원
11/10 (목)	타행 ATM 이용 - 영업시간 내 10만 원 초과 이체: 1,000원
11/22 (화)	창구 거래 - H 은행으로 송금: 면제 - 타행으로 10만 원 초과 100만 원 이하 송금: 2,000원
11/27 (일)	H 은행 ATM 이용 - 영업시간 외 10만 원 이하 출금(1~2회차): 400 × 2 = 800원 - 영업시간 외 10만 원 이하 출금(3회차): 400 / 2 = 200원

따라서 갑이 11월에 지불한 수수료의 총액은 500 + 1,000 + 2,000 + 800 + 200 = 4,500원이다.

12 직무능력 - 수리능력 정답 ③

남성 대표자 19,000명과 여성 대표자 4,000명을 대상으로 조사하였을 때, 재배 품목별로 성별 대표자 수와 그 차이는 다음과 같다.

구분	남성 대표자 수	여성 대표자 수	차이
농산물 생산	19,000 × 0.295 = 5,605명	4,000 × 0.253 = 1,012명	5,605 - 1,012 = 4,593명
축산물 생산	19,000 × 0.067 = 1,273명	4,000 × 0.044 = 176명	1,273 - 176 = 1,097명
농축산물 가공업	19,000 × 0.198 = 3,762명	4,000 × 0.270 = 1,080명	3,762 - 1,080 = 2,682명
농축산물 유통업	19,000 × 0.306 = 5,814명	4,000 × 0.324 = 1,296명	5,814 - 1,296 = 4,518명
농업 서비스업	19,000 × 0.030 = 570명	4,000 × 0.007 = 28명	570 - 28 = 542명
농어촌 관광	19,000 × 0.037 = 703명	4,000 × 0.042 = 168명	703 - 168 = 535명
기타	19,000 × 0.067 = 1,273명	4,000 × 0.060 = 240명	1,273 - 240 = 1,033명

따라서 재배 품목별 남성 대표자 수와 여성 대표자 수의 차이가 가장 큰 재배 품목의 성별 대표자 수의 차이는 4,593명이다.

빠른 문제 풀이 Tip

전체 남성 대표자 수와 전체 여성 대표자 수의 배수로 계산한다. 전체 남성 대표자 수는 19,000명, 전체 여성 대표자 수는 4,000명으로 전체 남성 대표자 수가 전체 여성 대표자 수의 19,000/4,000=4.75배이다. 이에 따라 근삿값인 5배로 계산하면 남성 대표자의 재배 품목 비중을 5배 한 값과 여성 대표자의 재배 품목 비중의 차이는 농산물 생산이 (29.5×5)−25.3≒122.2%이고, 농축산물 유통업이 (30.6×5)−32.4≒120.6%이다. 이때 나머지 재배 품목은 남성 대표자의 재배 품목 비중에서 5배를 한 값이 100%를 넘지 못하므로 남성 대표자 수와 여성 대표자 수의 차이도 100% 미만이다.
따라서 농산물 생산과 농축산물 유통업의 성별 대표자 수 차이를 각각 구하면 농산물 생산이 (19,000×0.295)−(4,000×0.253)=4,593명, 농축산물 유통업이 (19,000×0.306)−(4,000×0.324)=4,518명으로 농산물 생산의 성별 대표자 수 차이가 4,593명으로 가장 큼을 알 수 있다.

13 직무능력 - 문제해결능력 정답 ⑤

제시된 조건에 따르면 예적금 창구, 대출 창구, 외화 창구, 대기석에는 각각 플라스틱 의자, 나무 의자, 가죽 소파, 패브릭 소파 중 하나가 놓여 있다. A~D 4명의 고객은 서로 다른 의자에 앉아 있으며, C 고객은 외화 창구에 놓여 있는 의자에 앉아 있고, 대출 창구에는 나무 의자가 놓여 있으므로 A 고객이 앉아 있는 가죽 소파는 예적금 창구 또는 대기석에 놓여 있다. 이때 A 고객이 앉아 있는 가죽 소파가 예적금 창구에 놓여 있다면 대기석에는 가죽 소파 또는 패브릭 소파가 놓여 있으므로 패브릭 소파는 대기석에 놓여 있어야 하지만 패브릭 소파는 예적금 창구 또는 외화 창구에 놓여 있다는 조건에 모순되므로 A 고객이 앉아 있는 가죽 소파는 대기석에 놓여 있음을 알 수 있다. B 고객이 앉아 있는 의자의 종류에 따라 가능한 경우는 다음과 같다.

경우 1. B 고객이 플라스틱 의자에 앉아 있는 경우

예적금 창구	대출 창구	외화 창구	대기석
B	D	C	A
플라스틱 의자	나무 의자	패브릭 소파	가죽 소파

경우 2. B 고객이 나무 의자에 앉아 있는 경우

예적금 창구	대출 창구	외화 창구	대기석
D	B	C	A
플라스틱 의자 또는 패브릭 소파	나무 의자	플라스틱 의자 또는 패브릭 소파	가죽 소파

따라서 D 고객이 대출 창구에 놓여 있는 의자에 앉아 있다면, C 고객은 패브릭 소파에 앉아 있으므로 항상 참인 설명이다.

오답 체크

① C 고객이 패브릭 소파에 앉아 있다면, D 고객은 나무 의자 또는 플라스틱 의자에 앉아 있으므로 항상 참인 설명은 아니다.
② A 고객은 대기석에 놓여 있는 의자에 앉아 있으므로 항상 거짓인 설명이다.
③ 외화 창구에는 플라스틱 의자 또는 패브릭 소파가 놓여 있으므로 항상 참인 설명은 아니다.
④ B 고객이 대출 창구에 놓여 있는 의자에 앉아 있다면, D 고객은 플라스틱 의자 또는 패브릭 소파에 앉아 있으므로 항상 참인 설명은 아니다.

14 직무능력 - 의사소통능력 정답 ⑤

'비판'은 현상이나 사물의 옳고 그름을 판단하여 밝히거나 잘못된 점을 지적한다는 의미로, ⓔ에는 비판과 함께 쓸 수 있는 유사한 의미의 단어가 들어가야 한다.
따라서 칭찬하며 감탄한다는 의미로, 비판과 반대 의미의 단어인 '찬탄'으로 바꿔 쓰는 것은 가장 적절하지 않다.

오답 체크

① 글의 흐름상 다다이즘은 기존의 전통과 관습에 대해 거스르고 반항하는 예술 운동이므로 '반발'로 수정하는 것은 적절하다.
② 빈칸 뒤 문장을 확인하였을 때, 주어가 없으므로 '이들은'이 들어가는 것은 적절하다.
③ '지평선'은 물리적인 풍경을 의미하므로 '사물의 전망이나 가능성 따위를 비유적으로 이르는 말'이라는 의미의 '지평'으로 바꿔 쓰는 것은 적절하다.
④ 맞춤법에 따라 '피륙의 조각'이라는 의미의 '헝겊'으로 고쳐쓰는 것은 적절하다.

15 직무능력 - 문제해결능력 정답 ④

ⓛ 소비자가 로컬푸드 직매장을 이용하면 일반 매장에서 사는 것보다 더 낮은 가격에 농축산물을 구매한다. 이에 따라 생산자와 소비자가 로컬푸드 직매장을 이용하면 일반 매장에서보다 낮은 가격으로 농축산물이 거래되므로 항상 옳은 설명이다.
ⓡ 농축산물 유통 구조를 개선하기 위한 방안 중 하나는 직거래 활성화이고, 농축산물 유통 구조가 개선되면 농축산물 유통 비용이 낮아지므로 직거래가 활성화되면 농축산물 유통 비용은 낮아진다. 이에 따라 농축산물 유통 비용이 낮아지지 않으면 직거래는 활성화되지 않으므로 항상 옳은 설명이다.

오답 체크

㉠ 농축산물 유통 구조가 개선되면 농축산물 유통 비용은 낮아지지만 농축산물 유통 구조가 개선되지 않으면 농축산물 유통 비용이 낮아질 수 없는지는 알 수 없으므로 항상 옳은 설명은 아니다.

㉢ 생산자가 로컬푸드 직매장을 이용하여 농축산물 중간 유통 단계가 적어지면 농가 실질 소득이 높아지지만 농축산물 중간 유통 단계가 많아지면 농가 실질 소득이 높아지는지는 알 수 없으므로 항상 옳은 설명은 아니다.

16 직무능력 - 문제해결능력 정답 ①

㉠ 신용거래 이력이 없는 사회초년생의 경우, 꾸준한 급여 이체나 공과금 납부 등을 통해 신용점수를 높일 수 있고, 신용점수가 높을수록 더 낮은 금리로 더 많은 금액을 대출할 수 있으므로 항상 옳은 설명이다.

오답 체크

㉡ 신용카드 한도를 전부 사용하는 습관은 신용점수를 떨어뜨리는 요인이고, 신용점수가 낮으면 대출 및 신용카드 발급에 제한이 생기므로 항상 옳지 않은 설명이다.

㉢ 건강보험료나 통신요금을 연체하면 신용점수는 하락하지만, 신용점수가 높은 사람이 건강보험료나 통신요금을 연체하지 않고 꾸준히 납부하였는지는 알 수 없으므로 항상 옳은 설명은 아니다.

㉣ 체크카드를 6개월간 월 30만 원 이상 사용하면 최대 40점의 가점을 받을 수 있고, 신용점수가 낮으면 신용카드 발급에 제한이 생기지만, 체크카드를 6개월간 월 30만 원 이상 하지 않으면 신용카드 발급에 제한이 생기는지는 알 수 없으므로 항상 옳은 설명은 아니다.

17 직무능력 - 자원관리능력 정답 ④

제시된 조건에 따르면 6,000만 원의 예산 내에서 서비스 품질 지수가 최대가 되어야 한다. [대안별 소요 예산 및 서비스 품질 지수 상승분]에 따르면 모든 대안을 이용하는 경우 소요 예산은 500 + 300 + 2,000 + 800 + 3,000 + 1,000 + 200 + 300 + 600 = 8,700만 원이다. 모든 대안을 이용하는 경우 예산을 2,700만 원 초과함에 따라 소요 예산의 합이 2,700만 원 이상이면서 서비스 품질 지수 상승분이 낮은 대안들을 제외하기 위해 100만 원당 서비스 품질 지수 상승분을 구하면 다음과 같다.

A	B	C	D	E	F	G	H	I
1	3.3	3.5	2.5	4	1.6	6	6	3.5

이에 따라 소요 예산의 합이 2,700만 원 이하로 100만 원당 서비스 품질 지수 상승분이 낮은 대안부터 A, D, F를 제외하면 소요 예산은 500 + 1,000 + 800 = 2,300만 원이므로 400만 원 이상 소요되는 대안을 추가로 제외해야 한다. 이때, 남은 대안 중 1가지 대안만 제외하는 경우 소요 예산이 400만 원 이상이면서 서비스 품질 지수 상승분이 가장 낮은 I는 서비스 품질 지수 상승분이 21이고, 2가지 대안을 제외하는 경우 소요 예산의 합이 400만 원 이상이면서 서비스 품질 지수 상승분 합이 가장 낮은 B, G는 서비스 품질 지수 상승분의 합이 10 + 12 = 22이므로 I를 추가로 제외해야 예산 내에서 서비스 품질 지수가 최대가 된다. 이에 따라 제외하는 대안은 A, D, F, I이다.
따라서 6,000만 원의 예산 내에서 최대로 향상시킬 수 있는 서비스 품질 지수 상승분은 10 + 70 + 120 + 12 + 18 = 230이다.

18 직무능력 - 수리능력 정답 ④

2024년 조사에 응답한 종사자 규모가 5~9인인 법인 수가 전년 대비 20% 증가하였다면, 2023년 조사에 응답한 종사자 규모가 5~9인인 법인 수는 5,100 / 1.2 = 4,250개임에 따라 2023년 정보화 투자 타당성이 없다고 응답한 종사자 규모가 5~9인인 법인 수는 4,250 × 0.906 = 3,850.5개로 4,000개 미만이므로 옳지 않은 설명이다.

오답 체크

① 2024년 농업법인의 정보화 추진 계획을 수립한 법인 수는 종사자 규모가 2~4인인 법인이 7,600 × 0.400 = 3,040개, 1인인 법인이 8,200 × 0.330 = 2,706개임에 따라 종사자 규모가 2~4인인 법인이 1인인 법인보다 많으므로 옳은 설명이다.

② 2023년과 2024년 조사에 응답한 법인 중 종사자 규모가 10~49인인 전체 법인 수가 2,300개로 서로 동일하다면, 2024년 종사자 규모가 10~49인인 법인 중 투자 타당성이 있다고 응답한 법인 수는 전년 대비 2,300 × (0.178 - 0.152) = 59.8개 증가함에 따라 50개 이상 증가하였으므로 옳은 설명이다.

③ 2024년 종사자 규모별 투자 타당성이 있다고 응답한 법인의 비율이 26.4%로 가장 큰 50인 이상 규모에서 정보화 추진 계획을 수립하지 않은 법인 수는 200 × (1 - 0.530) = 94개이므로 옳은 설명이다.

⑤ 2024년 종사자 규모별 투자 타당성이 있다고 응답한 법인 수는 1인이 8,200 × 0.098 = 803.6개, 2~4인이 7,600 × 0.124 = 942.4개, 5~9인이 5,100 × 0.166 = 846.6개, 10~49인이 2,300 × 0.178 = 409.4개, 50인 이상이 200 × 0.264 = 52.8개임에 따라 투자 타당성이 있다고 응답한 법인 수가 가장 많은 종사자 규모는 2~4인이므로 옳은 설명이다.

19 직무능력 - 정보능력

정답 ②

㉣ Alt + W는 창 메뉴를 보는 단축키이고, 수식 메뉴를 보는 단축키는 Alt + M이므로 적절하지 않다.
㉦ Alt + F2는 다른 이름으로 저장하는 단축키이고, 차트를 삽입하는 단축키는 Alt + F1이므로 적절하지 않다.
㉧ Alt + Page Down은 한 화면 오른쪽으로 이동하는 단축키이고, 한 화면 왼쪽으로 이동하는 단축키는 Alt + Page Up이므로 적절하지 않다.
㉨ Ctrl + K는 하이퍼링크를 삽입하는 단축키이고, 표를 만드는 단축키는 Ctrl + L이므로 적절하지 않다.

따라서 Excel 단축키에 대한 설명으로 적절하지 않은 것의 개수는 4개이다.

더 알아보기

Excel 단축키

· Ctrl

Ctrl + F1	탭 메뉴 닫기	Ctrl + F	찾기 및 바꾸기
Ctrl + F2	인쇄 미리 보기	Ctrl + A	전체 선택하기
Ctrl + F3	이름 정의하기	Ctrl + C	복사하기
Ctrl + F4	창 닫기	Ctrl + V	붙여넣기
Ctrl + F5	창 최소화하기	Ctrl + K	하이퍼링크 삽입하기
Ctrl + F9	창 내리기	Ctrl + L	표 만들기
Ctrl + F11	새 매크로 시트 실행하기	Ctrl + Home	A1 셀로 이동하기
Ctrl + F12	파일 열기	Ctrl + Space Bar	열 전체 선택하기

· Alt

Alt + F1	차트 삽입하기	Alt + M	수식 메뉴 보기
Alt + F2	다른 이름으로 저장하기	Alt + P	페이지 레이아웃 보기
Alt + F4	종료하기	Alt + W	창 메뉴 보기
Alt + N	삽입하기	Alt + Page Up	한 화면 왼쪽으로 이동하기
Alt + H	홈 메뉴 보기	Alt + Page Down	한 화면 오른쪽으로 이동하기

· Shift

Shift + F2	메모 편집하기	Shift + F10	바로가기 메뉴 보기
Shift + F3	함수 마법사 사용하기	Shift + F11	새 시트 삽입하기
Shift + F4	다음 내용 찾기	Shift + F12	다른 이름으로 저장하기

· 기타

Ctrl + Shift + ;	현재 시간 나타내기	Ctrl + Shift + ←	왼쪽 방향으로 데이터가 있는 셀까지 선택하기
Ctrl + Shift + F12	인쇄하기	Ctrl + Shift + →	오른쪽 방향으로 데이터가 있는 셀까지 선택하기
Ctrl + Shift + ↑	위쪽 방향으로 데이터가 있는 셀까지 선택하기	Ctrl + Shift + Space Bar	아래쪽 데이터 모두 선택하기
Ctrl + Shift + ↓	아래쪽 방향으로 데이터가 있는 셀까지 선택하기	Ctrl + Shift + O	메모가 있는 셀 전체 선택하기

20 직무능력 - 정보능력

정답 ⑤

리스트의 자리표는 0번부터 시작하며, remove(x) 함수를 이용할 경우 리스트 내 첫 번째 순서로 등장하는 x 값이 삭제됨에 따라 A.remove(3)은 A 리스트의 요소 2인 3을, A.remove(1)은 A 리스트의 요소 1인 1을 삭제하여 A 리스트는 A = [2, 1, 5, 4, 3, 2]가 된다. 이때 insert(a, b) 함수를 이용할 경우 리스트 내 A[a]가 가리키는 위치에 b가 삽입되므로 A.insert(2, 5)에 따라 A 리스트는 A = [2, 1, 5, 5, 4, 3, 2]가 되며, A[-4]는 A 리스트의 네 번째 마지막 요소를 가리키므로 요소 4인 5를 가리킨다.

따라서 파이썬 3의 출력값은 5이다.

21 직무능력 - 의사소통능력

정답 ③

B 씨는 A 씨의 말이 다 끝나기도 전에 저녁 메뉴에 대해 질문하였으므로 상대방이 말하는 내용에 대해 관심을 기울이지 않고 동문서답하고 있고, 주의 깊게 들어달라는 A 씨의 부탁에도 재미있는 이야기나 하자며 말을 돌렸으므로 상대방의 부정적 감정을 회피하기 위해 주제를 바꾸거나 농담으로 넘기려 하는 방해요인을 겪고 있다.

따라서 B 씨가 겪고 있는 경청의 방해요인으로 적절한 것은 ㉡, ㉢이다.

22 직무능력 - 문제해결능력 정답 ②

제시된 조건에 따르면 F 과장은 평소 출근 시간인 8시 42분보다 26분 일찍 출근하여 8시 16분에 출근하였고, C 주임은 F 과장보다 8분 늦게 출근하였으므로 8시 24분에 출근하였다. 또한, A 사원은 C 주임보다 13분 일찍 왔으므로 8시 11분에 출근하였고, B 주임은 주간회의에 혼자 지각하였으므로 가장 마지막으로 출근하였음을 알 수 있다. D 대리와 E 대리 사이에는 3명의 직원이 출근하였으므로 기획본부 사무실 직원들의 월요일 출근 순서는 'D 대리 또는 E 대리 - A 사원 - F 과장 - C 주임 - D 대리 또는 E 대리 - B 주임'이다.

따라서 네 번째로 출근한 직원은 C 주임이다.

23 직무능력 - 수리능력 정답 ③

단리식 이자 = 매월 납입액 × $\frac{\text{운용 개월 수} \times (\text{운용 개월 수} + 1)}{2}$ × $\frac{\text{연이율}}{12}$임을 적용하여 구한다.

A 고객은 5년째 농협과 거래 중이고 전월 급여이체실적이 150만 원이므로 농협 3년 이상 거래 고객, 급여이체실적(전월 50만원 이상) 조건을 만족하여 기본 금리 2.2%에 우대 금리 0.2%가 적용되므로 총 2.2 + 0.2 = 2.4%의 연이율이 적용된다.

A 고객은 6개월 동안 매월 100만 원씩 적립하므로 2024년 7월 만기일에 납입 원금은 1,000,000 × 6 = 6,000,000원이고, 이자는 1,000,000 × $\frac{6 \times (6+1)}{2}$ × $\frac{0.024}{12}$ = 42,000원이다.

따라서 2024년 7월 A 고객의 만기 지급액은 6,000,000 + 42,000 = 6,042,000원이다.

24 직무능력 - 수리능력 정답 ④

2023년 A 국의 수입액 대비 수출액의 비율은 5,892 / 6,135 ≒ 0.96이며, 2024년 B 국의 수입액 대비 수출액의 비율은 4,588 / 4,908 ≒ 0.93으로, 2023년 A 국의 수입액 대비 수출액의 비율은 2024년 B 국의 수입액 대비 수출액의 비율보다 크므로 옳지 않은 설명이다.

오답 체크

① 수출액은 A 국이 2021년에 5,285억 달러, 2022년에 5,591억 달러, 2023년에 5,892억 달러, 2024년에 6,175억 달러이며, B 국이 2021년에 3,668억 달러, 2022년에 3,981억 달러, 2023년에 4,233억 달러, 2024년에 4,588억 달러로, 2022년 이후 A 국과 B 국의 수출액은 각각 매년 전년 대비 증가하였으므로 옳은 설명이다.

② 수출액이 수입액보다 커 무역수지 = 수출액 - 수입액이 양수인 해는 A 국이 2021년과 2024년이고, B 국이 2022년과 2023년으로, 제시된 기간 동안 A 국과 B 국 모두 무역수지가 흑자를 기록한 해는 없으므로 옳은 설명이다.

③ 2022년 이후 A 국 수입액의 전년 대비 증가율은 2022년에 {(5,791 - 4,813) / 4,813} × 100 ≒ 20.3%, 2023년에 {(6,135 - 5,791) / 5,791} × 100 ≒ 5.9%, 2024년에 {(5,713 - 6,135) / 6,135} × 100 ≒ -6.9%로 2022년 이후 A 국 수입액의 전년 대비 증가율이 가장 큰 해는 2022년이며, 2022년에 B 국 수입액은 3,784억 달러로 제시된 기간 중 가장 적으므로 옳은 설명이다.

⑤ 제시된 기간 동안 B 국의 무역수지가 적자를 기록한 해인 2021년과 2024년에 B 국 수입액의 합은 4,217 + 4,908 = 9,125억 달러이므로 옳은 설명이다.

[25 - 26]

25 직무능력 - 의사소통능력 정답 ④

이 글은 생산 요소인 노동과 자본의 요소집약도가 달라 타국보다 보유량이 상대적으로 풍부한 생산 요소를 집약적으로 사용하는 재화의 생산에 비교우위를 갖게 된다는 헥셔-오린 정리와 함께 자본이 풍부한 미국이 노동 집약적인 재화를 수출한다는 사례를 통해 헥셔-오린 정리와 모순되는 내용을 제시한 레온티예프의 역설을 이야기하며, 생산 요소를 보는 관점에 따라 두 이론이 다양하게 해석된다는 내용이므로 이 글의 중심 내용으로 가장 적절한 것은 ④이다.

오답 체크

① 글 전체에서 레온티예프의 역설이 헥셔-오린 정리로 그 타당성을 입증했는지에 대해서는 다루고 있지 않으므로 적절하지 않은 내용이다.

② 글 전체에서 헥셔-오린 정리와 레온티예프의 역설을 하나의 이론으로 볼 수 있도록 해석해야 한다는 내용에 대해서는 다루고 있지 않으므로 적절하지 않은 내용이다.

③ 글 전체에서 대부분의 국가가 자국의 생산연관표를 통해 요소부존비율 검증을 거친 후 수출할 재화를 결정하는지에 대해서는 다루고 있지 않으므로 적절하지 않은 내용이다.

⑤ 글 전체에서 헥셔-오린 정리에 따라 자국에 상대적으로 풍부한 생산 요소를 이용하여 재화를 생산해야 하는지에 대해서는 다루고 있지 않으므로 적절하지 않은 내용이다.

26 직무능력 - 의사소통능력 정답 ③

2문단에서 헥셔-오린 정리가 성립하기 위해서는 국제적으로 생산 요소는 이동할 수 없고 재화만이 이동 가능하다는 조건이 반드시 충족해야 한다고 하였으므로 생산 요소의 이동이 가능해야 한다는 조건은 헥셔-오린 정리가 성립하기 위한 조건 중 하나가 아님을 알 수 있다.

오답 체크

① 1문단에서 상대적으로 노동이 풍부한 국가는 노동의 상대적 가격이 더 저렴하여 노동 집약적인 재화를 생산하며, 자본이 풍부한 국가는 자본의 상대적 가격이 더 저렴하여 자본 집약적인 재화를 생산한다고 하였고, 3문단에서 레온티예프는 헥셔 - 오린 정리에 따르면 자본집약적 재화를 수출해야 하는 자본풍부국인 미국이 반대로 자본 집약적인 재화는 수입하고 오히려 노동 집약적인 재화를 수출한다는 것을 보여주었다고 하였으므로 적절한 내용이다.

② 1문단에서 상대적으로 자본이 풍부한 국가는 자본의 상대적 가격이 더 저렴하여 자본 집약적인 재화를 생산한다고 하였고, 4문단에서 인적 자본을 자본으로 본다면 수출하는 재화를 자본 집약적인 재화라고 판단할 수 있다고 하였으므로 적절한 내용이다.

④ 1문단에서 상대적으로 노동이 풍부한 국가는 노동의 상대적 가격이 더 저렴하여 노동 집약적인 재화를 수출한다고 하였고, 2문단에서 해당 내용은 헥셔에 의해 처음 연구가 이루어졌으며, 이후 오린이 더욱 발전시켜 이를 헥셔-오린 정리라고 부르게 되었다고 하였으므로 적절한 내용이다.

⑤ 2문단에서 헥셔-오린 정리가 성립되기 위한 조건에서 두 개의 국가, 두 개의 재화, 두 개의 생산 요소가 존재해야 한다고 하였으므로 적절한 내용이다.

27 직무능력 - 수리능력 정답 ⑤

자전거보행자겸용도로가 자전거전용도로의 1,360.82 / 106.10 ≒ 12.8배인 강원도와 1,339.10 / 15.40 ≒ 87.0배인 제주특별자치도 중 자전거전용도로의 길이가 가장 긴 지역은 강원도이다.

따라서 강원도의 전체 자전거도로가 전국의 전체 자전거도로에서 차지하는 비중은 {(106.10 + 1,360.82 + 61.25 + 152.16) / (3,683.70 + 18,954.93 + 867.82 + 1,742.67)} × 100 ≒ 6.7%이다.

빠른 문제 풀이 Tip

자전거전용도로의 10배와 자전거보행자겸용도로의 길이를 비교한다.

구분	자전거전용도로 ×10(km)	길이 비교	자전거보행자 겸용도로(km)
서울특별시	1,809.6	>	843.46
부산광역시	446.2	>	444.80
대구광역시	1,185.1	>	936.37
인천광역시	2,677.2	>	772.62
광주광역시	1,286.4	>	510.60
대전광역시	1,267.7	>	655.67
울산광역시	1,252.2	>	529.07
세종특별자치시	499.6	>	130.58
경기도	6,497.1	>	4,646.32
강원도	1,061.0	<	1,360.82
충청북도	2,486.3	>	807.64
충청남도	2,725.1	>	1,171.61
전라북도	2,745.9	>	1,238.39
전라남도	2,280.4	>	926.85
경상북도	4,126.9	>	1,398.22
경상남도	4,336.3	>	1,242.81
제주특별자치도	154.0	<	1,339.10

따라서 자전거보행자겸용도로가 자전거전용도로의 10배 이상인 강원도와 제주특별자치도 중 자전거전용도로의 길이가 더 긴 강원도의 전체 자전거도로가 전국의 전체 자전거도로에서 차지하는 비중은 {(106.10 + 1,360.82 + 61.25 + 152.16) / (3,683.70 + 18,954.93 + 867.82 + 1,742.67)} × 100 ≒ 6.7%이다.

28 직무능력 - 문제해결능력 정답 ②

㉣ 해외주식 실시간 소수점거래 서비스 개발을 통해 소비자 유입을 유도하며 리테일 점유율을 확보하는 전략은 MZ세대의 해외주식 투자에 대한 관심 증가라는 기회를 포착하여 리테일 점유율 10% 하락이라는 약점을 보완하는 WO 전략이므로 윤 과장이 분석한 결과에 대응하는 전략으로 가장 적절하지 않다.

오답 체크

㉠ 국내 증권사 중 ESG 채권 발행 1위라는 강점을 살려 ESG 채권 발행의 성장세라는 기회를 포착하는 SO 전략이므로 적절하다.

㉡ MZ세대의 해외주식 투자에 대한 관심 증가라는 기회를 포착하여 이자수익에 편중된 수익구조라는 약점을 보완하는 WO 전략이므로 적절하다.

㉢ 범중화권 네트워크를 활용한 글로벌 네트워크 확보라는 강점을 살려 MTS 수요 증가에 증권사 대거 참여라는 위협을 회피하는 ST 전략이므로 적절하다.

29 직무능력 - 문제해결능력 정답 ⑤

빈칸에 들어갈 용어는 '비판적 사고'로, 어떤 주제나 주장 등을 적극적으로 분석하고 종합하며 평가하는 능동적인 사고라는 것이 옳은 설명이다.

오답 체크

①, ④ 창의적 사고에 대한 설명이다.

②, ③ 논리적 사고에 대한 설명이다.

30 직무능력 - 수리능력 정답 ②

㉠ 사과 판매 건수 대비 감귤 판매 건수의 비율은 2021년에 2,200 / 1,150 ≒ 1.9, 2022년에 2,300 / 1,190 ≒ 1.9, 2023년에 2,440 / 1,270 ≒ 1.9, 2024년에 2,520 / 1,320 ≒ 1.9로, 2021년 이후 매년 감귤 판매 건수는 사과 판매 건수의 2배 미만이므로 옳은 설명이다.

㉢ 2024년 판매 건수의 전년 대비 증가율은 감귤이 {(2,520 - 2,440) / 2,440} × 100 ≒ 3.3%, 사과가 {(1,320 - 1,270) / 1,270} × 100 ≒ 3.9%, 매실이 {(950 - 900) / 900} × 100 ≒ 5.6%, 재첩이 {(453 - 445) / 445} × 100 ≒ 1.8%, 고추장이 {(370 - 355) / 355} × 100 ≒ 4.2%로, 2024년 판매 건수의 전년 대비 증가율이 가장 큰 특산물은 매실이므로 옳은 설명이다.

오답 체크

㉡ 전체 특산물 판매 건수에서 재첩과 고추장 판매 건수의 비중의 차이는 2020년에 {(420 - 310) / 4,670} × 100 ≒ 2.4%, 2021년에 {(415 - 330) / 4,915} × 100 ≒ 1.7%, 2022년에 {(430 - 345) / 5,125} × 100 ≒ 1.7%, 2023년에 {(445 - 355) / 5,410} × 100 ≒ 1.7%, 2024년에 {(453 - 370) / 5,613} × 100 ≒ 1.5%로, 2020년을 제외하고는 전체 특산물 판매 건수에서 재첩과 고추장 판매 건수가 차지하는 비중의 차이는 2.0% 미만이므로 옳지 않은 설명이다.

㉣ 2022년 이후 제시된 5종류의 특산물 모두 판매 건수의 전년 대비 증감 추이가 증가, 증가, 증가로 동일하므로 옳지 않은 설명이다.

31 직무능력 - 자원관리능력 정답 ②

U 씨는 사원 2명과 선발대를 구성하여 6월 13일 일요일과 6월 14일 월요일 총 1박 2일로 출장을 계획했으며, 리조트에서 제공하는 패키지 상품을 이용하므로 '1. 상품 종류'에 따라 주중 패키지를 이용한다. 또한, '2. 상품 정보'에 따라 모든 패키지의 기준 인원은 2인이며, 기준 인원 초과 시 1인당 15,000원의 추가 요금이 발생하여 U 씨와 사원 2명은 예약 시 15,000원을 추가로 결제해야 한다. 이때, 객실 외 기타 서비스 추가 요금은 별도로 이용 시 결제하므로 예약 시에는 고려하지 않는다. 이에 따라 주중 패키지 중 객실 + 라운지 패키지에서 두 번째로 저렴한 룸의 가격은 247,000원이며, 예약 시 15,000원의 추가 요금이 발생한다.
따라서 예약할 때 지불해야 하는 총 요금은 247,000 + 15,000 = 262,000원이므로 옳은 내용이다.

오답 체크

① '1. 상품 종류'에 따르면 주중 패키지 중 155,000원이 가장 저렴한 패키지이자 룸이며, 15,000원의 인원 추가 요금이 발생하여, 예약 시 지불해야 하는 총 요금은 155,000 + 15,000 = 170,000원이므로 옳지 않은 내용이다.

③ '1. 상품 종류'에 따르면 주중 패키지로 객실 + 조식 패키지는 이용할 수 없으므로 옳지 않은 내용이다.

④ '4. 취소, 변경 및 환불 안내'에 따르면 예약 당일 취소 시 입실일과 무관하게 예약할 때 결제한 총 요금의 100%가 환불되고, '1. 상품 종류'에 따라 객실 + 카페 패키지의 로열 스위트룸은 210,000원이며, 15,000원의 인원 추가 요금이 발생함에 따라 10일에 객실 + 카페 패키지의 로열 스위트 룸을 예약한 뒤, 당일에 취소하였다면 환불받는 금액은 210,000 + 15,000 = 225,000원이므로 옳지 않은 내용이다.

⑤ '4. 취소, 변경 및 환불 안내'에 따르면 입실일 1일 전 취소 시 예약할 때 결제한 총 요금의 80%가 공제 후 환불되고, '1. 상품 종류'에 따라 주중에 객실 + 라운지 패키지의 디럭스 룸은 223,000원이며, 15,000원의 인원 추가 요금이 발생함에 따라 객실 + 라운지 패키지의 디럭스 룸을 예약하고, 입실일 1일 전인 12일에 취소하였다면 환불받는 금액은 (223,000 + 15,000) × 0.2 = 47,600원이므로 옳지 않은 내용이다.

32 직무능력 - 문제해결능력 정답 ⑤

'2. 근속 승진 제도'에 따르면 입사 연도를 기준으로 특정 계급으로 승진하는 데 걸리는 시간은 소방사(9급 상당)가 6개월, 소방교(8급 상당)가 4년 6개월, 소방장(7급 상당)이 9년 6개월, 소방위(6급 상당(을))가 16년, 소방경(6급 상당(갑))이 24년이다. 이에 따라 제시된 소방공무원 5명의 현재 계급에서 다음 계급까지 남은 연수는 다음과 같다.

구분	현재 계급 → 다음 계급	근속 연수	남은 연수
임윤철	7급 상당 → 6급 상당(을)	14년 6개월	16년 - 14년 6개월 = 1년 6개월
김형범	9급 상당(소방사) → 8급 상당	1년 9개월	4년 6개월 - 1년 9개월 = 2년 9개월
박종원	8급 상당 → 7급 상당	5년 11개월	9년 6개월 - 5년 11개월 = 3년 7개월
윤정수	6급 상당(을) → 6급 상당(갑)	22년 2개월	24년 - 22년 2개월 = 1년 10개월
이현철	8급 상당 → 7급 상당	8년 6개월	9년 6개월 - 8년 6개월 = 1년

따라서 2024년 9월 1일을 기준으로 5명 중 다음 계급으로 가장 먼저 승진하는 사람은 남은 연수가 가장 짧은 이현철이다.

33 직무능력 - 자원관리능력 정답 ⑤

A는 SNS에 후기 게시글을 작성 후 인증하였으므로 SNS 후기 할인이 적용 가능하지만, 재등록 이전에 8주 간 강아지를 맡겼고 한 번에 최대 4주까지 등록할 수 있다는 점을 고려하면 이미 재등록 할인을 받았음을 알 수 있다. 이에 따라 A는 SNS 후기 할인을 받을 수 있을 것이므로 A가 지불할 요금은 500,000 × (1 - 0.15) = 425,000원이다. B는 4kg인 강아지 한 마리와 10kg인 강아지 한 마리를 2주 간 유치원에 맡겨 다견 할인을 받을 수 있고, 둘 중 가장 무게가 많이 나가는 10kg인 강아지에게 할인이 적용되므로 B가 지불할 요금은 100,000 + {250,000 × (1 - 0.4)} = 250,000원이다. C는 5년 전에 본원을 이용했던 친구의 추천으로 7kg인 강아지를 3주간 맡겼지만, 친구 추천 할인은 추천한 친구가 현재 본원 이용 중인 경우에만 적용 가능하므로 받을 수 있는 할인이 없어 C가 지불할 요금은 225,000원이다.

따라서 A, B, C가 각각 지불할 요금을 바르게 연결한 것은 ⑤이다.

34 직무능력 - 자원관리능력 정답 ②

제시된 조건에 따르면 우 사원이 본사에서 출발하여 5개 지역본부를 한 번씩 방문하는 경로와 이동 거리는 다음과 같다.

이동 경로	이동 거리
본사 → S 본부 → B 본부 → C 본부 → I 본부 → K 본부	314 + 397 + 276 + 152 + 319 = 1,458km
본사 → C 본부 → B 본부 → S 본부 → I 본부 → K 본부	230 + 276 + 397 + 32 + 319 = 1,254km
본사 → K 본부 → I 본부 → S 본부 → B 본부 → C 본부	31 + 319 + 32 + 397 + 276 = 1,055km
본사 → K 본부 → I 본부 → C 본부 → B 본부 → S 본부	31 + 319 + 152 + 276 + 397 = 1,175km

따라서 최단 이동 거리는 1,055km이다.

35 직무능력 - 수리능력 정답 ④

2021년 집중호우 피해농가 1가구당 집중호우 피해면적은 33,020 / 47,580 ≒ 0.69ha로 0.75ha 미만이므로 옳지 않은 설명이다.

오답 체크

① 2022년 피해농가 수는 전년 대비 47,580 - 42,170 = 5,410가구 감소하였으므로 옳은 설명이다.

② 2023년 작물의 집중호우 피해면적은 36,500 × 0.31 = 11,315ha이므로 옳은 설명이다.

③ 과수의 집중호우 피해면적 비중이 2023년과 2024년이 동일하다면 2023년과 2024년의 과수의 집중호우 피해면적의 차이는 (36,500 - 32,400) × 0.23 = 943ha이므로 옳은 설명이다.

⑤ 제시된 기간 동안 집중호우 피해농가 수가 많은 순서대로 나열했을 때와 집중호우 피해면적이 큰 순서대로 나열했을 때 모두 2023년, 2021년, 2024년, 2022년 순이므로 옳은 설명이다.

36 직무능력 - 문제해결능력 정답 ③

제시된 창고별 물품 무게 및 개수에 따라 각 창고에 있는 물품의 총 무게를 계산하면 다음과 같다.

A	B	C	D
2,750kg	750kg	2,750kg	2,000kg

제시된 화물자동차 종류별 정보에 따라 창고 A, C, D에 있는 물품의 총 무게는 1톤 이상~3톤 미만으로 중형 화물자동차를, 창고 B에 있는 물품의 총 무게는 1톤 미만으로 소형 화물자동차를 이용해야 한다. 이때 창고 A와 D 사이의 거리는 120km이지만 화물자동차는 1대당 최대 100km까지 이동할 수 있어, 창고 A 또는 D로 물품을 운송하는 것은 불가능하다. 이에 따라 창고 B, C 중 한 곳으로 물품을 운송할 수 있고, 창고 사이의 거리를 고려한 운임 비용을 계산한다.

먼저 창고 B로 운송할 경우 창고 A, C, D의 중형 화물자동차로 각각 40km, 40km, 80km를 이동하여 (40+40+80)×800=128,000원의 운임 비용이 발생한다.
그다음 창고 C로 운송할 경우 창고 A, D의 중형 화물자동차로 각각 80km, 40km를 이동하고 창고 B의 소형 화물자동차로 40km를 이동하여 {(80+40)×800}+(40×450)=114,000원의 운임 비용이 발생한다.
따라서 운임 비용이 가장 적게 드는 창고는 C이다.

37 직무능력 - 자원관리능력 정답 ④

제시된 자료에 따르면 자원관리 과정에서 첫 번째로 해야 할 일은 필요한 자원의 종류와 양을 파악하는 것이다. 이 단계에서는 구체적으로 어떤 활동에 어떤 자원이 필요하고, 어느 정도 필요한지를 파악해야 한다.
따라서 비품 구매를 진행하기 전에 필요한 비품의 양을 조사하는 업무를 가장 먼저 진행하는 것이 적절하다.

38 직무능력 - 문제해결능력 정답 ④

문제해결 절차는 '문제 인식' → '문제 도출' → '원인 분석' → '해결안 개발' → '실행 및 평가'의 5단계로 진행된다.
㉢ '문제 인식' 단계에 해당한다.
㉠ '문제 도출' 단계에 해당한다.
㉤ '원인 분석' 단계에 해당한다.
㉣ '해결안 개발' 단계에 해당한다.
㉡ '실행 및 평가' 단계에 해당한다.
따라서 문제해결 절차를 순서대로 바르게 나열한 것은 ④이다.

39 직무능력 - 문제해결능력 정답 ②

12/5(월)~12/9(금) 중 오후 시간대에 면접관 3명 모두가 2시간의 면접을 진행할 수 있는 요일은 12/6(화)이며, 시간대는 15:30 이후이다.
따라서 박 차장이 결정할 면접 요일과 시간대는 12/6(화) 16:00~18:00이다.

오답 체크

① 면접관 1의 정기회의 시간과 겹치므로 적절하지 않은 시간대이다.
③ 면접관 3의 외부 교육 시간과 겹치므로 적절하지 않은 시간대이다.
④ 면접관 2의 휴무이므로 적절하지 않은 요일이다.
⑤ [실무진 면접 공지]에서 공지한 오후 시간대를 벗어나므로 적절하지 않은 시간대이다.

40 직무능력 - 수리능력 정답 ④

가축분뇨 발생량과 정화 처리량의 전년 대비 증감 추이는 2020년부터 증가, 감소를 반복하므로 옳은 설명이다.

오답 체크

① 가축분뇨 자원화 처리량이 전년 대비 감소한 2020년, 2021년, 2023년 중 그래프의 기울기가 가장 가파른 2021년에 전년 대비 감소량이 가장 크므로 옳지 않은 설명이다.
② 가축분뇨 발생량이 가장 많은 해는 2024년이지만, 가축분뇨 위탁 처리량이 가장 많은 해는 2021년이므로 옳지 않은 설명이다.
③ 2020년 전체 가축분뇨 처리량에서 정화 처리량이 차지하는 비중은 {9,837 / (9,837+36,388+129,426)} × 100 ≒ 5.6%이므로 옳지 않은 설명이다.
⑤ 2022년 가축분뇨 자원화 처리량의 전년 대비 증가율은 {(131,039－118,319) / 118,319} × 100 ≒ 10.8%이므로 옳지 않은 설명이다.

41 직무능력 - 의사소통능력 정답 ④

제시된 문서는 공문서이고, 공문서는 날짜 다음에 요일을 괄호로 표기한 경우 마침표를 찍지 않는 것이 원칙이므로 적절하지 않은 내용이다.

오답 체크

① 공문서는 복잡한 내용을 '-다음-' 또는 '-아래-'를 통해 항목별로 구분해야 하므로 적절한 내용이다.
② 공문서는 한 장에 담아내는 것이 원칙이므로 적절한 내용이다.
③ 공문서는 회사 외부로 전달되는 문서로 육하원칙이 정확하게 드러나도록 작성해야 하므로 적절한 내용이다.
⑤ 공문서는 반드시 '끝'자로 마무리해야 하므로 적절한 내용이다.

42 직무능력 - 문제해결능력 정답 ⑤

제시된 조건에 따르면 직급이 낮은 직원보다 직급이 높은 직원이 먼저 발표하고, 직급이 같은 경우 직책이 있는 직원이 직책이 없는 직원보다 먼저 발표하므로 8명의 직원을 직급과 직책 유무를 고려하여 발표 순서를 정리하면 다음과 같다.

구분	월	화	수	목	금
오전	-	(마)	(아)	(사)	(바)
오후	(다)	(나)	(라)	(가)	-

이때 홍보팀 직원인 (다), (라)는 오전 시간대에 발표하지 않으며, 같은 시간대에 같은 부서 직원이 연달아 발표하지 않는다.
따라서 수요일 오전 발표자는 (아)이다.

43 직무능력 – 수리능력 정답 ②

지역별 전체 농업기계 보유 대수는 A 지역이 1,636+1,236+2,930+711+2,487=9,000대, B 지역이 2,489+383+852+1,750+3,326=8,800대, C 지역이 2,456+1,045+963+257+3,679=8,400대, D 지역이 1,203+1,920+2,682+1,037+158=7,000대로 A 지역이 가장 많다.
따라서 A 지역에서 농업기계 한 대를 뽑았을 때, 그 농업기계가 동력경운기일 확률은 (1,636/9,000)×100 ≒ 18%이다.

44 직무능력 – 수리능력 정답 ④

업무상 손상건수가 많은 순서대로 발생 형태를 나열하면 2023년에 전도 – 신체반응·과도한 힘동작 – 충돌·접촉 – 기타 – 협착·감김 순으로 협착·감김이 5번째로 많고, 2024년에 전도 – 신체반응·과도한 힘동작 – 충돌·접촉 – 기타 – 수산/동물에 의한 상해 순으로 수산/동물에 의한 상해가 5번째로 많으므로 업무상 손상건수가 5번째로 많은 발생 형태가 협착·감김인 해는 2023년이다.
따라서 2023년 전체 어업인의 업무상 손상 발생률은 {(1,907+842)/(48,646+36,336)}×100 ≒ 3.2%이다.

45 직무능력 – 자원관리능력 정답 ②

[H 공사 근무지 내외 출장비 지원 규정]에 따르면 조 팀장이 근무지 내에서 출장을 갔을 때 지원받을 수 있는 출장비의 최대 지원 가능 금액은 교통비 10,000원/1회, 식비 10,000원/1끼, 일비 15,000원/1일이고, 근무지 외에서 출장을 갔을 때 지원받을 수 있는 출장비는 숙박비 80,000원/1일, 교통비 30,000원/1회, 식비 10,000원/1끼, 일비 20,000원/1일이다. 또한, 지원 규정 이내의 비용 발생 시 실비로 지원하고, 초과되는 비용 발생 시 최대 지원 가능 금액만 지원한다. 이에 따라 H 공사에서 조 팀장에게 실제로 지원한 숙박비는 80,000+80,000=160,000원, 교통비는 (5,000×2)+25,000+(1,500×8)+30,000=77,000원, 식비는 (8,000+10,000)+(10,000×3)+(10,000×3)+(8,000+9,000)=95,000원, 일비는 15,000+20,000=35,000원이다.
따라서 H 공사가 조 팀장에게 실제로 지원한 출장비는 160,000+77,000+95,000+35,000=367,000원이므로 조 팀장이 생각한 지원받을 수 있는 출장비와의 차이는 377,000−367,000=10,000원이다.

46 직무상식 – 금융·경제상식 정답 ④

$\frac{매출액}{총자산}$은 총자산회전율을 구하는 공식으로, ROA는 $\frac{순이익}{총자산}$으로 계산한다.

47 직무상식 – 금융·경제상식 정답 ⑤

극대성은 애로우의 불가능성 정리에 포함되지 않는다.

더 알아보기

애로우의 불가능성 정리: 애로우는 사회효용함수가 지녀야 할 속성 5가지를 제시하면서, 이들은 서로 모순되기 때문에 5가지 속성을 모두 만족시키는 사회효용함수는 존재할 수 없음을 밝힘

완비성	모든 사회상태를 비교·평가할 수 있는 것을 의미함
이행성	A를 B보다 선호하고 B를 C보다 선호한다면 A를 C보다 더 선호해야 한다는 것으로, 집합적 합리성을 의미함
파레토 원칙	모든 사회구성원들이 A보다 B를 선호한다면 사회도 A보다 B를 선호해야 한다는 것을 의미함
비독재성 (민주성)	사회구성원 중에서 어느 한 명의 선호에 의해 사회 전체의 선호가 결정되지 않는다는 것을 의미함
독립성	사회상태를 비교할 때 이 사회상태와 관련 없는 제3의 선택 가능성은 아무런 영향을 주지 못한다는 것을 의미함

48 직무상식 – 농업·농촌상식 정답 ④

온탕침법은 일정한 기간 동안 파종종자를 더운 물에 침지시켜 병원균 포자나 유해미생물을 살균, 예방하는 방법으로, 지력 증진과는 관련이 없으므로 적절하지 않다.

49 직무상식 – 금융·경제상식 정답 ①

제시된 글은 '보통주'에 대한 설명이다.

오답 체크

② 혼합주: 이익 배당, 건설 이자 배당, 남아 있는 재산의 분배 따위에서 한편으로는 보통주에 우선하면서 다른 한편으로는 보통주보다 뒤지는 권리를 가지는 주식

③ 우선주: 보통주에 비하여 이익이나 이자의 배당 또는 남아 있는 재산의 분배 따위의 재산적 이익에 관하여 우선적 지위에 있는 주식

④ 전환주식: 발행 후, 주주(株主)의 희망에 따라 일정한 조건 아래에서 다른 종류의 주식으로 전환할 수 있는 권리를 인정받은 주식

⑤ 상환주식: 주식과 사채의 성격을 절충한 형태로, 회사가 일시적인 자금 조달을 위해 발행하며, 장래에 액면 금액이나 그 이상으로 상환하고 소각한다는 조건이 붙은 주식

50 직무상식 - 금융·경제상식 정답 ③

완전보완재의 무차별곡선은 L자 형태를 가지며 꺾이는 지점에서 최적해가 결정되지만, 이것이 내부해가 존재하지 않는다는 의미는 아니며, 완전보완재에서도 예산제약 하에서 내부해가 존재하므로 적절하지 않은 설명이다.

더 알아보기

- **무차별곡선의 성질**: 우하향하며 서로 교차하지 않고, 원점에서 멀수록 높은 효용을 나타냄. 일반적으로 원점에 대해 볼록한 형태를 가지며 이는 한계대체율 체감의 법칙 때문임
- **한계대체율(MRS, Marginal Rate of Substitution)**: 동일한 효용 수준을 유지하면서 한 재화 1단위를 포기할 때 필요한 다른 재화의 수량으로, 무차별곡선의 기울기를 나타내며 $MRS = -\Delta Y/\Delta X$로 구함
- **예산제약선**: 소비자의 소득과 재화의 가격으로 결정되는 소비 가능한 영역의 경계선으로, 기울기는 두 재화의 상대가격($-Px/Py$)을 나타냄
- **소비자 균형**: 예산제약 하에서 효용을 극대화하는 지점으로, 일반적으로 무차별곡선과 예산제약선이 접하는 점에서 달성되며 이때 $MRS = Px/Py$ 조건이 성립함

51 직무상식 - 금융·경제상식 정답 ①

㉠, ㉡ 기준금리가 하락하면 채권 가격이 상승하고, 채권 수익률은 하락한다.

㉢ 채권의 만기가 길수록 채권가격에 대한 변동성이 증가한다.

더 알아보기

말킬의 채권가격정리

- 채권가격은 수익률과 반대방향으로 움직인다.
- 채권의 잔존기간이 길수록 같은 수익률 변동에 대한 가격 변동폭이 커진다.
- 채권수익률 변동에 의한 채권 가격 변동은 만기가 길수록 증가하지만 그 증감률은 체감한다.
- 만기가 동일하다면, 채권수익률 하락으로 인한 채권 가격 상승폭은 동일한 폭의 채권수익률 상승으로 인한 채권 가격 하락폭보다 크다.
- 표면이자율이 높을수록 동일한 크기의 수익률 변동에 대한 가격 변동률이 작아진다.

52 직무상식 - 금융·경제상식 정답 ③

제시된 그래프에서 기존의 균형가격 P_0에 Q_0만큼 거래될 때의 소비자잉여는 (A+B+D)이고 생산자잉여는 (C+E)이므로 순사회편익은 (A+B+C+D+E)가 된다. 그러나 가격하한제로 가격이 P_1으로 인상되어 거래량이 Q_1으로 줄어드는 경우 소비자잉여는 A, 생산자잉여는 (B+C)이므로 (D+E)만큼의 사회적 후생 손실이 발생하며 순사회편익은 (A+B+C)가 된다. 따라서 그래프에 대한 설명으로 옳은 것은 ㉡과 ㉣이다.

오답 체크

㉠ 가격하한제 시행 이후 소비자잉여는 (A+B+D)에서 (B+D)만큼 감소하여 A가 되므로 옳지 않은 설명이다.

㉢ 가격하한제 시행 이후 생산자잉여는 (C+E)에서 (B+C)로 변화하므로 옳지 않은 설명이다.

53 직무상식 - 디지털상식 정답 ①

제시된 내용은 'VoIP'에 대한 설명이다.

오답 체크

② IPv6(Internet Protocol version 6): IPv4보다 데이터 처리 속도가 빠르며, 인터넷 주소 공간을 128비트로 확장시킨 차세대 인터넷 핵심 기술

③ IPTV(Internet Protocol Television): 초고속 인터넷 망을 이용하며, 이용자가 편리한 시간에 원하는 프로그램을 볼 수 있는 양방향 TV 서비스

④ VDSL(Very high - data rate Digital Subscriber Line): 기존 전화망을 이용하여 빠른 속도로 많은 데이터를 전송하는 초고속 인터넷 서비스

⑤ Ping(Packet Internet Grouper): 다른 호스트에 IP 데이터그램이 도착할 수 있는지 TCP/IP 프로토콜을 사용하는 응용 프로그램을 통해 검사하는 프로그램

54 직무상식 - 금융·경제상식 정답 ⑤

기축통화는 자유로운 교환 및 대체가 제한되지 않아야 하므로 적절하지 않다.

55 직무상식 - 금융·경제상식 정답 ③

양도성예금증서와 환매조건부채권은 비보호 금융상품이므로 옳지 않은 설명이다.

오답 체크

④ 농협은행 및 수협은행 본·지점의 예금은 예금자보호법에 따라 보호되나 농·수협 지역조합의 예금은 예금자보호법에 따른 보호 대상이 아니며, 각 중앙회가 자체적으로 설치, 운영하는 「상호금융예금자보호기금」을 통해 보호하므로 옳은 설명이다.

56 직무상식 - 금융·경제상식 정답 ④

경제활동인구에 해당하지 않는 사람은 '사회복무요원'이다.

57 직무상식 - 금융·경제상식 정답 ③

모든 자산의 기대수익률과 체계적 위험인 베타 간의 선형관계를 나타내는 것은 증권시장선이므로 적절하지 않다.

오답 체크

① 자본자산가격결정모형은 모든 투자자는 위험회피형이며, 기대효용을 극대화할 수 있도록 투자한다고 가정하므로 적절하다.

② 증권시장선의 위쪽 자산은 과소평가되어 있는 자산이고, 증권시장선의 아래쪽 자산은 과대평가되어 있는 자산이므로 적절하다.

④ 증권시장선과 자본시장선의 공통점은 자본시장이 균형인 상태에서 기대수익률이 위험과 선형관계를 갖고 결정된다는 것이므로 적절하다.

⑤ 무위험자산의 수익률은 상수이기 때문에 자본시장선상에 있는 포트폴리오의 수익률 분포는 시장포트폴리오의 수익률 분포와 동일한 특성을 가지며, 이에 따라 자본시장선상에 있는 포트폴리오 수익률과 시장포트폴리오의 수익률 간 상관계수는 항상 1이므로 적절하다.

58 직무상식 - 금융·경제상식 정답 ④

생산요소 가격 상승은 공급곡선을 좌상방으로 이동시켜 거래량을 감소시키고, 소비자 선호도 증가는 수요곡선을 우상방으로 이동시켜 거래량을 증가시킨다. 따라서 두 효과가 상반되어 균형거래량 변화는 각 효과의 상대적 크기에 따라 결정되므로 불확실하다.

오답 체크

① 생산비용이 감소하고 소득이 증가하면 거래량은 확실히 증가 가격변화만 불확실하다.

② 원자재 가격이 상승하고 대체재 가격이 하락하면 균형거래량은 확실히 감소한다.

③ 생산기술이 개선되고 보완재 가격이 하락하면 균형거래량은 확실히 증가한다.

⑤ 정부 보조금과 소비자 소득 감소가 발생하면 균형가격 변화는 불확실하다.

59 직무상식 - 금융·경제상식 정답 ②

ETF는 자산운용회사에서 발행하고, ETN은 증권회사에서 발행하므로 옳지 않은 설명이다.

60 직무상식 - 농업·농촌상식 정답 ①

농업진흥지역은 농지법에 따라 시·도지사가 지정 및 고시하는 지역을 의미하므로 적절하지 않은 설명이다.

61 직무상식 - 금융·경제상식 정답 ③

일반적으로 경기 침체 시 정부는 정부 지출 확대, 조세 인하 등과 같은 확대 재정정책을 취해 총수요를 증가시키며, 중앙은행은 지급준비율 인하, 국·공채 매입, 기준금리 인하, 금융중개지원대출 자금 확대 등과 같은 확대 통화정책을 취해 통화량을 증가시킨다.

ⓒ 중앙은행이 지급준비율을 인상하면 시중은행이 적립해두어야 할 자금이 많아져 통화량이 감소하므로 적절하지 않다.

더 알아보기

지급준비율: 시중은행이 예금자들의 인출 요구에 대비하여 총예금액 중 의무적으로 자체 금고에 보유하거나 중앙은행에 예탁해야 하는 비율

62 직무상식 - 금융·경제상식 정답 ④

통화정책 수립 및 기준금리 결정은 한국은행의 고유 업무이며, 금융감독원의 업무 범위에 해당하지 않는다. 금융감독원은 금융기관 감독, 소비자 보호, 금융시스템 안정성 확보 등의 업무를 담당하지만, 통화정책을 비롯한 기준금리 결정, 화폐 발행 등의 업무는 중앙은행인 한국은행이 독립적으로 수행한다.

63 직무상식 - 농업·농촌상식 정답 ④

비전2030에 따르면 농협의 혁신 전략은 농업인·국민과 함께 「농사같이(農四價值)운동」 전개, 중앙회 지배구조 혁신과 지원체계 고도화로 「농축협 중심」의 농협 구현, 디지털 기반 「생산·유통 혁신」으로 미래 농산업 선도, 농업소득 향상, 「금융부문 혁신」과 「디지털 경쟁력」을 통해 농축협 성장 지원, 「미래경영」과 「조직문화 혁신」을 통해 새로운 농협으로 도약이다.

따라서 스마트 기술 기반 「생산·판매 혁신」으로 농가경쟁력 강화, 소득증대 달성은 적절하지 않다.

64 직무상식 - 금융·경제상식 정답 ④

만기 시 원금교환에 적용되는 환율은 초기 거래 계약 시점에 적용하였던 현물환율이므로 적절하지 않은 설명이다.

65 직무상식 - 금융·경제상식 정답 ③

A 재의 가격이 상승하면 B 재의 수요가 감소하고 가격이 하락하므로 A 재와 B 재는 보완재 관계이며, A 재의 가격이 상승하면 C 재의 수요가 증가하고 가격이 상승하므로 A 재와 C 재는 대체재 관계이다.
따라서 A 재, B 재, C 재에 대한 설명으로 옳은 것은 ㉠, ㉢이다.

오답 체크

㉡ A 재의 보완재인 B 재의 가격이 상승하면 A 재의 수요도 감소하므로 옳지 않은 설명이다.

㉣ 대체재 관계인 A 재와 C 재의 교차탄력성은 양(+)의 값을 가지므로 옳지 않은 설명이다.

더 알아보기

- **대체재**: 서로 대체할 수 있는 관계에 있는 재화로, 같거나 유사한 효용을 가지고 있어 경쟁관계에 놓이는 재화
- **보완재**: 서로 보완하는 관계에 있는 재화로, 두 재화를 함께 소비할 때 효용이 증대되는 재화
- **수요의 교차탄력성**: 한 재화의 가격 변화가 다른 재화의 수요량에 미치는 영향을 나타내는 수치로, 대체재는 교차탄력성이 양(+)의 값을 가지며 보완재는 교차탄력성이 음(-)의 값을 가짐

66 직무상식 - 금융·경제상식 정답 ①

㉠ 단기균형에서 기업은 $P \geq AVC$일 때 생산을 계속하므로 조업 중단점에서 $P = AVC$ 조건이 성립한다.

㉡ 장기균형에서 기업은 경제적 이윤이 0인 정상이윤을 얻으므로 $P = MC = AC$이다.

㉢ 이윤극대화 조건 $P = MC$에서 $12 = 2Q + 4$이므로 $Q = 4$이다.

67 직무상식 - 디지털상식 정답 ②

온 디맨드 컴퓨팅은 모든 IT 자원이 수요에 따라 능동적으로 배분된다는 특징이 있으므로 적절하지 않다.

68 직무상식 - 금융·경제상식 정답 ③

기업 공개는 기업의 소유권인 주식이 시장에서는 매매 대상이 되는 만큼 경영권 분산의 위험이 존재한다는 단점이 있으므로 적절하지 않은 설명이다.

69 직무상식 - 금융·경제상식 정답 ④

㉡ 파생상품에는 선물, 옵션, 스왑 등이 있다.

㉢ 파생상품을 통해 현물가격의 변동에 따라 발생 가능한 손실을 현물과 반대되는 포지션으로 매수·매도하여 위험을 상쇄하는 헤지거래가 가능하다.

오답 체크

㉠ 파생상품은 레버리지 효과로 인해 손실 가능성이 오히려 확대될 수 있다. 파생상품은 헤지 목적으로 사용할 경우 위험 감소 효과가 있지만, 투기 목적으로 사용하면 손실이 크게 확대될 수 있다.

㉣ 금융자산 외의 농·축산물 등의 실물자산도 기초자산으로 삼을 수 있다.

70 직무상식 - 금융·경제상식 정답 ③

공리주의는 한계효용체감의 법칙에 따라 부유층에서 빈곤층으로 완전히 평등해질 때까지 계속해서 소득을 재분배해야 한다고 보므로 적절하다.

오답 체크

① 개인의 자유와 재산권을 절대적으로 보장하며, 정부의 재분배 정책에 반대하는 것은 자유지상주의 관점이며, 공리주의는 사회적 효용 증진을 위해 재분배를 지지하므로 적절하지 않다.

② 자유지상주의는 개인의 자유와 재산권을 절대시하며 재분배에 반대하므로 적절하지 않다.

④ 자유방임주의는 정부개입을 최소화하고 시장 메커니즘을 신뢰하므로 적절하지 않다.

⑤ 공리주의는 결과적 평등을 추구하며, 자유지상주의는 기회의 평등을 중시하므로 적절하지 않다.

더 알아보기

- **공리주의**: 결과의 평등 추구, 적극적 재분배
- **자유지상주의**: 과정의 공정성 추구, 재분배 반대
- **자유방임주의**: 시장 자율성 추구, 정부개입 최소화

바로 채점 및
성적 분석 서비스

3회 실전모의고사

정답

p.132

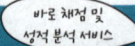

01	②	직무능력	자원관리능력	26	⑤	직무능력	정보능력	51	③	직무상식	금융·경제상식
02	③	직무능력	문제해결능력	27	⑤	직무능력	의사소통능력	52	③	직무상식	금융·경제상식
03	⑤	직무능력	수리능력	28	⑤	직무능력	문제해결능력	53	②	직무상식	디지털상식
04	③	직무능력	자원관리능력	29	⑤	직무능력	문제해결능력	54	③	직무상식	디지털상식
05	①	직무능력	의사소통능력	30	②	직무능력	수리능력	55	⑤	직무상식	금융·경제상식
06	①	직무능력	문제해결능력	31	②	직무능력	자원관리능력	56	②	직무상식	금융·경제상식
07	④	직무능력	문제해결능력	32	⑤	직무능력	수리능력	57	⑤	직무상식	농업·농촌상식
08	②	직무능력	자원관리능력	33	⑤	직무능력	문제해결능력	58	①	직무상식	금융·경제상식
09	④	직무능력	수리능력	34	④	직무능력	수리능력	59	③	직무상식	금융·경제상식
10	②	직무능력	수리능력	35	②	직무능력	의사소통능력	60	①	직무상식	금융·경제상식
11	①	직무능력	수리능력	36	④	직무능력	자원관리능력	61	④	직무상식	농업·농촌상식
12	②	직무능력	의사소통능력	37	③	직무능력	문제해결능력	62	②	직무상식	금융·경제상식
13	②	직무능력	자원관리능력	38	③	직무능력	문제해결능력	63	④	직무상식	디지털상식
14	④	직무능력	문제해결능력	39	②	직무능력	수리능력	64	③	직무상식	금융·경제상식
15	③	직무능력	수리능력	40	②	직무능력	자원관리능력	65	①	직무상식	농업·농촌상식
16	④	직무능력	의사소통능력	41	②	직무능력	문제해결능력	66	③	직무상식	금융·경제상식
17	③	직무능력	문제해결능력	42	④	직무능력	문제해결능력	67	②	직무상식	금융·경제상식
18	①	직무능력	자원관리능력	43	⑤	직무능력	수리능력	68	④	직무상식	금융·경제상식
19	①	직무능력	문제해결능력	44	④	직무능력	수리능력	69	③	직무상식	금융·경제상식
20	④	직무능력	의사소통능력	45	④	직무능력	정보능력	70	③	직무상식	금융·경제상식
21	④	직무능력	수리능력	46	④	직무상식	금융·경제상식				
22	⑤	직무능력	자원관리능력	47	④	직무상식	금융·경제상식				
23	②	직무능력	문제해결능력	48	⑤	직무상식	금융·경제상식				
24	②	직무능력	자원관리능력	49	⑤	직무상식	금융·경제상식				
25	⑤	직무능력	수리능력	50	①	직무상식	농업·농촌상식				

실력 점검표

제한 시간 내에 푼 문제 수	맞힌 문제 수	정답률
/70	/70	%

※ 정답률(%) = (맞힌 개수/전체 개수) × 100

01 직무능력 - 자원관리능력 정답 ②

정산 규정에 따라 계산한 직원 A~D의 총정산액은 다음과 같다.

- A: 출장지가 프랑크푸르트로 2등급 도시에 해당하며 출장 기간 중 7월 5일과 7월 6일은 주말에 해당하므로 일당은 (0.6+1+0+0+1+0.6)×140,000=448,000원, 숙박비는 120×1,500×5=900,000원, 교통비는 40,000×6=240,000원, 해외지출금은 400×1,500=600,000원, 해외지출 카드 수수료는 600,000×0.018=10,800원이다. 이에 따라 A의 총정산액은 448,000+900,000+240,000+600,000+10,800=2,198,800원이다.
- B: 출장지가 도쿄로 1등급 도시에 해당하며 출장 기간 중 7월 5일과 7월 6일은 주말에 해당하지만, 7월 6일 교육 일정은 승인된 주말 활동에 해당하여 기본일당의 150%가 적용되므로 일당은 (0+1.5+1+1+1+0.6)×160,000=816,000원, 숙박비는 (22,000/100)×1,000=220,000원/박이지만 최대 180,000원/박임을 적용하여 180,000×5=900,000원, 교통비는 40,000×6=240,000원, 해외지출금은 (80,000/100)×1,000=800,000원, 해외지출 카드 수수료는 800,000×0.018=14,400원이다. 이에 따라 B의 총정산액은 816,000+900,000+240,000+800,000+14,400=2,770,400원이다.
- C: 출장지가 밀라노로 2등급 도시에 해당하며 출장 기간 중 7월 5일과 7월 6일은 주말에 해당하므로 일당은 (0.6+0+0+1+1+0.6)×140,000=448,000원, 숙박비는 140×1,500=210,000원/박이지만 최대 180,000원/박임을 적용하여 180,000×5=900,000원, 교통비는 40,000×6=240,000원, 해외지출금은 420×1,500=630,000원, 해외지출 카드 수수료는 630,000×0.018=11,340원이다. 이에 따라 C의 총정산액은 448,000+900,000+240,000+630,000+11,340=2,229,340원이다.
- D: 출장지가 방콕으로 3등급 도시에 해당하며 출장 기간 중 7월 12일과 7월 13일은 주말에 해당하므로 일당은 (0.6+1+1+1+1+0+0+0.6)×120,000=624,000원, 숙박비는 (4,000/40)×1,300×7=910,000원, 교통비는 40,000×8=320,000원, 해외지출금은 300×1,300=390,000원, 해외지출 카드 수수료는 390,000×0.018=7,020원이다. 이에 따라 D의 총정산액은 624,000+910,000+320,000+390,000+7,020=2,251,020원이다.

따라서 총정산액이 가장 높은 직원은 B, 세 번째로 높은 직원은 C이다.

02 직무능력 - 문제해결능력 정답 ③

오 대리는 오전 8시에 집에서 출발하여 본사에서 1시간 동안 회의를 하고, 오전 10시까지 A 지점에 방문해야 하므로 집에서 출발해 본사를 들러 A 지점까지 이동하는 데 소요되는 시간이 1시간 이하여야 한다. 이에 따라 도보로 본사에서 A 지점까지 이동하는 경우 67분이 소요되므로 본사에서 A 지점까지 도보로 이동하지 않는다. 또한, 10시에 A 지점에서 거래처 담당 직원을 만나 거래처에 10시 30분까지 도착해야 하므로 A 지점에서 거래처까지 이동하는 데 이동 소요 시간은 30분 이하여야 한다. 이에 따라 버스로 A 지점에서 거래처까지 이동하는 경우 45분이 소요되므로 A 지점에서 거래처까지 버스로 이동하지 않는다. 이때 모든 이동 구간에서 택시의 이동 거리가 가장 짧지만, 교통비 한도가 15,000원이고, 집 → 본사, 본사 → A 지점, A 지점 → 거래처 이동 구간별 택시 교통비가 각각 5,300원, 8,800원, 10,000원이며, A 지점 → 거래처 이동 구간의 최소 교통비가 2,350원이므로 택시는 최대 1번만 탈 수 있다. 각 이동 구간별 택시를 1번 이용하여 최단 거리로 이동할 때 교통비 및 이동 거리는 다음과 같다.

집 → 본사	본사 → A 지점	A 지점 → 거래처	교통비	거리
택시 (14분)	지하철 (12분)	지하철 (21분)	5,300+1,250+2,350 =8,900원	2.0+4.3+14.4 =20.7km
도보 (37분)	택시 (8분)	지하철 (21분)	8,800+2,350 =11,150원	2.1+4.0+14.4 =20.5km
도보 (37분)	지하철 (12분)	택시 (18분)	1,250+10,000 =11,250원	2.1+4.3+13.2 =19.6km

따라서 오 대리가 사용할 수 있는 교통비 한도 15,000원 내에서 최단 거리로 이동하는 경우는 도보, 지하철, 택시 순으로 이동하는 경우이므로 총 이동 소요 시간은 37+12+18=67분이다.

03 직무능력 - 수리능력 정답 ⑤

㉠ 2020년 건강보험 총진료비 7,257−796=6,461백억 원과, 총약품비 1,787−166=1,621백억 원의 평균은 (6,461+1,621)/2=4,041백억 원이므로 옳지 않은 설명이다.

㉢ 2021~2024년 총약품비의 합은 1,787+(1,787+147)+{(1,787+147)+57}+2,121=7,833백억 원으로 8,000백억 원 미만이므로 옳지 않은 설명이다.

㉣ 2024년 총진료비의 전년 대비 증감량 8,814 - (8,032 + 80) = 702백억 원과 같은 해 총약품비의 전년 대비 증감량 2,121 - {(1,787 + 147) + 57} = 130백억 원의 차이는 702 - 130 = 572백억 원으로 600백억 원 미만이므로 옳지 않은 설명이다.

오답 체크

㉡ 2023년 건강보험 총진료비는 8,032 + 80 = 8,112백억 원임에 따라 2024년 건강보험 총진료비의 전년 대비 증가율은 {(8,814 - 8,112) / 8,112} × 100 ≒ 8.7%로 10% 미만이므로 옳은 설명이다.

04 직무능력 - 자원관리능력 정답 ③

제시된 조건에 따르면 주말은 근무하지 않으며 재택근무가 아닌 날에는 사무실에서 근무하고, 재택근무 기간의 간격은 휴가를 포함한 근무일을 기준으로 정한다. 갑은 1일에 재택근무를 하고, 5일 간격으로 재택근무를 하므로 1일, 8일, 15일, 22일에 재택근무를 한다. 을은 1일에 재택근무를 하고, 4일 간격으로 재택근무를 하므로 1일, 5일, 11일, 17일, 23일에 재택근무를 한다. 병은 2일에 재택근무를 하고, 5일 간격으로 재택근무를 하므로 2일, 9일, 16일, 23일에 재택근무를 한다. 정은 3일에 재택근무를 하고, 3일 간격으로 재택근무를 하므로 3일, 8일, 11일, 16일, 19일, 24일에 재택근무를 한다. 또한, 갑은 4일에, 을은 18일에, 병은 26일에, 정은 10일에 휴가를 사용하므로 재택근무를 하거나 휴가를 사용하는 날짜는 다음과 같다.

월요일	화요일	수요일	목요일	금요일
1일	2일	3일	4일	5일
갑, 을	병	정	갑	을
8일	9일	10일	11일	12일
갑, 정	병	정	을, 정	
15일	16일	17일	18일	19일
갑	병, 정	을	을	정
22일	23일	24일	25일	26일
갑	을, 병	정		병

따라서 갑, 을, 병, 정이 모두 사무실에서 근무하는 날짜는 12일, 25일이므로 가능한 회의 날짜 중 가장 빠른 날짜는 12일이다.

05 직무능력 - 의사소통능력 정답 ①

㉠의 앞에서는 판소리의 구성에 대해 이야기하고 있으므로 동화, 야담, 만담 따위를 여러 사람 앞에서 말로써 재미있게 이야기함의 '구연'이 적절하다.

따라서 어떤 내용이 구체적인 사실로 나타나게 함의 '구현'으로 수정하는 것은 가장 적절하지 않다.

오답 체크

② '수많은'은 '수많다'라는 형용사에서 나온 활용형이기 때문에 하나의 단어로 취급하므로 '수많은'으로 붙여 쓰는 것이 적절하다.

③ ㉢의 앞 문장에서는 동편제에 대해 설명하고 있고 뒤에서는 서편제에 대해 설명하고 있으며 두 소리제의 특성이 서로 대비되므로, 상반된 내용을 자연스럽게 연결하는 접속부사 '반면에'가 들어가는 것이 적절하다.

④ ㉣의 뒷 문장에서 광복 후 판소리에 대한 학술적 연구가 활발히 이루어지고 국가 차원의 보존·전승 정책이 마련되면서 전통 예술로서의 가치를 재조명받게 되었다고 하였으므로 해당 문장에는 판소리가 조명받지 못하는 상황이었음을 알 수 있다. 따라서 어떤 힘에 눌려 졸아들고 기를 펴지 못한다는 의미의 '위축'으로 바꿔 쓰는 것이 적절하다.

⑤ 희로애락의 한자는 喜(기쁠 희), 怒(성낼 노), 哀(슬플 애), 樂(즐길 락)이며 한글 맞춤법 제52항에 따라 한자어의 경우에 본음으로도 나고 속음으로도 발음되는 것은 그 소리에 따라 적으므로 '희로애락'으로 바꿔 쓰는 것이 적절하다.

06 직무능력 - 문제해결능력 정답 ①

갑, 을, 병, 정 중 1명만 진실을 말함에 따라 을이 진실을 말한 경우 갑, 병, 정은 거짓을 말하므로 을과 정의 말에 따라 을과 병은 아파트에 거주한다. 이때 병의 말에 따라 갑과 정은 같은 주거형태에 거주하고 있지만, 이는 아무도 거주하지 않는 주거형태는 없다는 조건에 모순되므로 을은 거짓을 말하였음을 알 수 있다. 나머지 갑, 병, 정 중 진실을 말한 사람에 따라 가능한 경우는 다음과 같다.

경우 1. 갑이 진실을 말한 경우

갑(진실)	을(거짓)	병(거짓)	정(거짓)
주택	오피스텔	아파트	주택

경우 2-1. 병이 진실을 말한 경우 - 아파트에 거주하는 사람이 2명인 경우

<table>
<tr><th>갑(거짓)</th><th>을(거짓)</th><th>병(진실)</th><th>정(거짓)</th></tr>
<tr><td rowspan="2">아파트</td><td>주택</td><td rowspan="4">아파트</td><td>오피스텔</td></tr>
<tr><td>오피스텔</td><td>주택</td></tr>
<tr><td>주택</td><td>오피스텔</td><td rowspan="2">아파트</td></tr>
<tr><td>오피스텔</td><td>주택</td></tr>
</table>

경우 2-2. 병이 진실을 말한 경우 - 오피스텔에 거주하는 사람이 2명인 경우

갑(거짓)	을(거짓)	병(진실)	정(거짓)
주택	오피스텔	아파트	오피스텔
오피스텔			주택

경우 3. 정이 진실을 말한 경우

갑(거짓)	을(거짓)	병(거짓)	정(진실)
아파트	주택	오피스텔	아파트
	오피스텔	주택	

따라서 병이 오피스텔에 거주하면 을은 주택에 거주하므로 항상 거짓인 설명이다.

오답 체크

② 을이 주택에 거주하면 병은 아파트 또는 오피스텔에 거주하므로 항상 거짓인 설명은 아니다.

③ 진실을 말한 사람은 갑, 병, 정 중 1명이므로 항상 거짓인 설명은 아니다.

④ 진실을 말한 사람이 정인 경우 갑과 정은 모두 아파트에 거주하므로 항상 거짓인 설명은 아니다.

⑤ 갑이 진실을 말했을 때 가능한 경우의 수는 1가지이므로 항상 참인 설명이다.

07 직무능력 - 문제해결능력 정답 ④

'4. 중도해지 가능 여부'에 따르면 국민연금의 경우 국외 이주 등으로 연금을 받을 수 없는 상황에서는 납부한 연금보험료에 이자를 적용하여 일시금으로 지급하므로 옳은 설명이다.

오답 체크

① '2. 지급 금액 비교'에 따르면 개인연금은 약정 금액을 기준으로 지급되고, 물가상승률이 반영된 연금으로 지급하는 것은 국민연금이므로 옳지 않은 설명이다.

② '4. 중도해지 가능 여부'에 따르면 국민연금은 노후소득보장제도로서 중도해지가 불가능하며, 개인의 선택에 따라 중도해지를 할 수 있는 것은 개인연금이므로 옳지 않은 설명이다.

③ '3. 지급 기간 비교'에 따르면 개인연금은 일정 기간 지급받는 방법과 평생 지급받는 방법 중 한 가지 방법을 택하여 받을 수 있으므로 옳지 않은 설명이다.

⑤ '3. 지급 기간 비교'에 따르면 개인연금 수급자가 사망한 후에는 지정인 또는 법정 상속인에게 약정 금액이 지급되므로 옳지 않은 설명이다.

08 직무능력 - 자원관리능력 정답 ②

제시된 자료에 따르면 현장 예약을 이용할 경우에는 2일 동안의 기본요금과 주유비를 지급해야 한다. 이때 중형차의 연비는 12km/L이고, 렌터카로 이동한 거리는 총 600km이므로 600 / 12 = 50L에 해당하는 주유비를 지급한다. 이에 따라 현장 예약 시 총 렌트 비용은 60,000 × 2 + 50 × 1,400 = 190,000원이다. 온라인 예약을 이용할 경우에는 2일 동안의 기본요금과 주행비를 지급해야 한다. 이때, 전체 요금의 10% 할인을 받으므로 온라인 예약 시 총 렌트 비용은 (70,000 × 2 + 600 × 150) × 0.9 = 207,000원이다.

따라서 선민이가 이용한 예약 방법은 현장 예약이며, 총 렌트 비용은 190,000원이다.

09 직무능력 - 수리능력 정답 ④

J 씨는 대출 금리가 연 6%인 직장인 우대 대출 상품을 2년 만기 일시상환 조건으로 8,000만 원을 대출받았으므로 2년 동안 상환한 이자는 80,000,000 × 0.06 × 2 = 9,600,000원이다. 이때, 대출 금액이 5천만 원 초과 1억 원 이하이므로 수수료로 인지세액 7만 원의 50%인 35,000원을 납부해야 한다.

따라서 J 씨가 2년 동안 상환한 총금액은 80,000,000 + 9,600,000 + 35,000 = 89,635,000원이다.

10 직무능력 - 수리능력 정답 ②

㉠ 반려동물을 양육하고 있는 사람 3,000 × 0.4 = 1,200명 중 햄스터를 양육하고 있는 사람은 1,200 × 0.12 = 144명이므로 옳지 않은 설명이다.

따라서 자료에 대한 설명 중 옳지 않은 것의 개수는 1개이다.

오답 체크

㉡ 반려동물을 양육하고 있지 않은 사람은 양육 경험이 없는 사람과 양육 경험은 있으나 양육하고 있지 않는 사람 비중의 합인 34.2 + 25.8 = 60.0%로 3,000 × 0.6 = 1,800명이므로 옳은 설명이다.

㉢ 반려동물 양육 경험이 있는 사람은 양육 경험은 있으나 양육하고 있지 않은 사람과 양육하고 있는 사람 비중의 합인 25.8 + 40.0 = 65.8%로 3,000 × 0.658 = 1,974명이고, 반려동물 양육 경험이 없는 사람은 3,000 - 1,974 = 1,026명으로 반려동물 양육 경험이 있는 사람은 양육 경험이 없는 사람보다 1,974 - 1,026 = 948명 더 많으므로 옳은 설명이다.

㉣ 반려동물을 양육하고 있는 사람은 강아지가 42.5%, 고양이가 28.5%, 햄스터가 12.0%, 토끼가 3.5%, 기타가 19.0%로 전체 종의 양육 비율 합은 42.5 + 28.5 + 12.0 + 3.5 + 19.0 = 105.5%이며, 전체 종의 양육 비율의 합이 100%를 초과하여 두 종 이상의 반려동물을 양육하고 있는 사람이 있으므로 옳은 설명이다.

11 직무능력 - 수리능력 정답 ①

주가순자산비율 = 주가 / 1주당 순자산가치, 주가수익률 = 주가 / 1주당 순이익임을 적용하여 구한다.
2023년 기업별 주가순자산비율 및 주가수익률은 다음과 같다.

구분	주가순자산비율	주가수익률
A 기업	56,200 / 55,610 ≒ 1.01	56,200 / 5,700 ≒ 9.86
B 기업	48,800 / 49,180 ≒ 0.99	48,800 / 4,100 ≒ 11.90
C 기업	72,400 / 71,020 ≒ 1.02	72,400 / 6,900 ≒ 10.49
D 기업	66,500 / 66,000 ≒ 1.01	66,500 / 6,700 ≒ 9.93
E 기업	80,300 / 81,300 ≒ 0.99	80,300 / 7,200 ≒ 11.15

2023년 주가순자산비율을 기준으로 자산가치가 증시에서 고평가되고 있는 기업은 주가순자산비율이 1보다 큰 A, C, D 기업이다.
따라서 A, C, D 기업 중 2023년 주가수익률이 가장 높은 C 기업의 주가수익률은 약 10.49이다.

빠른 문제 풀이 Tip

주가순자산비율(PBR) = 주가 / 1주당 순자산가치이고, PBR이 1보다 클 때 자산가치가 고평가되는 것으로 해석할 수 있으므로 주가와 1주당 순자산가치를 비교한다.
주가가 1주당 순자산가치보다 클 경우 PBR이 1보다 크므로 주가가 1주당 순자산가치보다 큰 A 기업, C 기업, D 기업이 주가순자산비율을 기준으로 증시에서 고평가되고 있음을 알 수 있다. 이에 따라 A 기업, C 기업, D 기업의 주가수익률을 구하면 A 기업이 56,200 / 5,700 ≒ 9.86, C 기업이 72,400 / 6,900 ≒ 10.49, D 기업이 66,500 / 6,700 ≒ 9.93으로 2023년 주가수익률이 가장 높은 C 기업의 주가수익률은 약 10.49임을 알 수 있다.

12 직무능력 - 의사소통능력 정답 ②

문서 작성 시 문서이해에 필요하지 않은 경우 한자 사용을 자제해야 하므로 '사업 시행 목적'이 단순하게 제시된 것 같아 한자를 사용한 수준 높은 단어로 구성된 문장을 추가하는 것은 적절하지 않다.

오답 체크

① 사업 시행 목적, 사업 기획 방향, 사업 시행 계획, 사업 기대 효과로 체계적으로 목차가 구성되어 전체 기획 내용의 흐름을 파악할 수 있으므로 기획안이 한눈에 들어온다는 것은 적절하다.

③ 기획서는 효과적으로 내용이 전달되어야 하는데 '사업 기획 방향'의 내용이 구분 없이 나열되어 있으므로 서비스 개요(공동 소유 플랫폼 구축, 구독 시스템 도입, 전문적인 관리)와 차별화 전략(사용자 맞춤형 옵션, 환경친화적 접근)으로 소분류 하여 가독성을 높이는 것은 적절하다.

④ '사업 시행 계획'의 기능 검증 및 개선 사항 확인은 2단계 시험 운영에 해당하며, 최종 서비스 런칭 및 첫 분기 목표치 달성은 3단계 공식 출시에 해당하는 목표이므로 수정하는 것은 적절하다.

⑤ '사업 기대 효과'의 마지막 문장인 '자동차 소유에 대한 새로운 패러다임을 제시하며, 다수의 사람들이 편리하고 저렴하게 타사 차량을 이용할 수 있게 함'에서 '타사'는 '자사'로 수정되어야 하므로 최종 점검하여 제출하는 것은 적절하다.

13 직무능력 - 자원관리능력 정답 ②

최소한의 경비를 쓰기 위해서 선택해야 하는 교육장은 다음과 같다.
1, 5일차에는 총 150명을 인원 구분 없이 수용해야 하므로 본점 B 연수실과 외부 강당을 대여하는 것이 가장 유리하고, 신입 상담사와 기존 상담사를 구분하여 분반으로 운영하는 2~4일차에는 각각 강사 및 운영 직원을 포함하여 60명, 90명의 인원을 수용할 수 있어야 하므로 90명을 수용하기 위해서는 외부 강당을, 60명을 수용하기 위해서는 본점 A 연수실 또는 혁신센터 강의실을 대여할 수 있다. 이때 2~4일차에는 신입 상담사 대상으로 노트북과 헤드셋을 대여한다는 조건에 따라 노트북을 무료로 대여해주는 혁신센터 강의실을 선택하는 것이 더 저렴하다는 것을 알 수 있다. 이에 따라 교육장 대여에 필요한 비용은 '1, 5일차 대여료' + '2~4일차 대여료' = {(600,000 × 2) + (1,200,000 × 2)} + {(750,000 × 3) + (1,200,000 × 3)} = 9,450,000원이다.
교육용 장비 대여의 경우 혁신센터 강의실을 대여함에 따라 노트북 대여는 무료이며, 신입 상담사 50명을 대상으로 20대 이상의 헤드셋을 3일간 대여하므로 7,000 × 50 × 3 = 1,050,000원이다. 통합학습 시스템은 각 강의실의 입실 인원 기준으로 계정을 대여해야 한다는 조건에 따라 1, 5일 차에 본점 B 연수실에 1계정, 외부 강당에 2계정이 필요하여 2 × 3 × 200,000 = 1,200,000원, 2~4일 차에 혁신센터 강의실에 2계정, 외부 강당에 2계정이 필요하여 3 × 4 × 200,000 = 2,400,000원이므로 총 1,200,000 + 2,400,000 = 3,600,000원이다. 이에 따라 교육용 장비 대여에 드는 비용은 총 1,050,000 + 3,600,000 = 4,650,000원이다.
따라서 프로그램 운영에 따른 최소 경비는 9,450,000 + 4,650,000 = 14,100,000원이다.

14 직무능력 - 문제해결능력 정답 ④

㉠ 인공지능을 활용하여 미래에 업무 효율을 높이고자 하는 것은 미래상황에 대응하는 장래 경영전략의 문제로, "앞으로 어떻게 할 것인가"에 대한 문제를 다루는 것이므로 '설정형' 문제에 해당한다.

㉡ 시장을 분석하여 잠재적으로 발생할 가능성이 있는 서버 과부하와 이로 인한 서비스 장애를 예측하고 있는 것은 현재의 상황을 개선하거나 효율을 높이기 위한 문제 중 지금 현재는 문제가 아니지만 계속해서 현재 상태로 진행할 경우 일어날 수 있는 문제이므로 '탐색형' 문제에 해당한다.

㉢ 무선 청소기의 배터리 수명과 충전 시간에 대한 고객 불만이 증가하면서 브랜드 이미지 훼손에 대한 우려가 커진 현재 상황에 직면하였고, 이를 해결하기 위해 기존 구매 고객에게 배터리 무상 교체 서비스를 제공하는 등의 방안을 고민하는 것이므로 '발생형' 문제에 해당한다.

따라서 사례와 문제의 유형을 바르게 짝지은 것은 ④이다.

15 직무능력 - 수리능력 정답 ③

2021년 전체 관람객 수에서 외국인 관람객 수가 차지하는 비중은 (3,849 / 13,716) × 100 ≒ 28.1%이므로 옳은 설명이다.

오답 체크

① 2024년 상반기 무료 관람객 수가 가장 많은 달은 5월이고, 유료 관람객 수가 가장 많은 달은 4월이므로 옳지 않은 설명이다.

② 2024년 상반기 외국인 관람객 수는 108 + 170 + 217 + 301 + 226 + 201 = 1,223천 명이고, 2024년 하반기 외국인 관람객 수는 2,580 - 1,223 = 1,357천 명으로 2024년 하반기 외국인 관람객 수는 2024년 상반기 외국인 관람객 수보다 많으므로 옳지 않은 설명이다.

④ 2024년 상반기 전체 관람객 수는 586 + 865 + 913 + 1,398 + 1,526 + 1,117 = 6,405천 명이고, 2024년 하반기 전체 관람객 수는 14,516 - 6,405 = 8,111천 명으로 8,111 - 6,405 = 1,706천 명 증가하였으므로 옳지 않은 설명이다.

⑤ 2022년 무료 관람객 수는 2년 전 대비 7,587 - 6,199 = 1,388천 명 증가하였으므로 옳지 않은 설명이다.

16 직무능력 - 의사소통능력 정답 ④

상징적 동작은 문화권에 따라 다를 수 있으며 다른 문화권의 사람들과 의사소통을 해야 할 경우에는 문화적 차이를 고려해야 하므로 적절하지 않다.

오답 체크

① 몸동작은 말로 설명하기는 어려운 것들을 설명하는 데 자주 사용되며, 몸동작이 완전히 배제된 의사표현은 때로 어색함을 줄 수 있으므로 적절하다.

② 몸의 방향은 말하는 이의 머리, 몸, 발 등이 듣는 이를 향하는가, 피하는가를 보는 것으로 몸을 돌리는 것은 현재 말하는 이가 그 사람을 피하고 있음을 표현하는 방식이 되므로 적절하다.

③ 대화 도중 잠시 침묵하는 것을 쉼이라고 하며, 의도적으로 활용함으로써 논리성, 감정제고, 동질감 등을 확보할 수 있으므로 적절하다.

⑤ 강연자가 평소에 빠르거나 느리게 말하는 습관이 있다면 청중의 반응을 보며 말속도를 적절히 조절하려고 노력해야 하므로 적절하다.

17 직무능력 - 문제해결능력 정답 ③

제시된 조건에 따르면 B는 재무부 또는 생산부로 발령받았으며, C와 E는 기획부로 발령받지 않았으므로 A 또는 D가 기획부로 발령받았다. 이때, A 또는 D는 인사부로 발령받았으므로 A와 D는 각각 기획부 또는 인사부로 발령받았다. 또한, E는 법무부로 발령받지 않았으므로 5명이 발령받은 부서는 다음과 같다.

A	B	C	D	E
기획부 또는 인사부	재무부 또는 생산부	법무부	기획부 또는 인사부	재무부 또는 생산부

따라서 법무부로 발령받은 신입사원은 C이다.

18 직무능력 - 자원관리능력 정답 ①

업무 활용 빈도가 높은 참고 자료는 일하는 자리와 가까운 장소에 보관해야 하므로 가장 적절하지 않은 행동이다.

오답 체크

② 식품을 데우는 용도의 전자레인지를 물품의 특성에 맞춰 탕비실의 토스트기 옆에 설치하는 것은 적절한 행동이다.

③ 부서장이 결재할 서류는 부서장의 자리와 가까운 장소에 보관해야 하므로 적절한 행동이다.

④ 프린터는 기존에 프린터가 설치된 장소에 함께 설치해야 하므로 적절한 행동이다.

⑤ 화분의 식물이 잘 자라기 위해서는 특성에 맞게 햇빛이 잘 들고 통풍이 잘 되는 장소에 보관해야 하므로 적절한 행동이다.

19 직무능력 - 문제해결능력 정답 ①

고객이 요청한 모니터의 사양은 크기가 24인치보다 커야 하며, 최대 해상도가 1920 × 1080 이상, 응답속도가 4ms 이내, 밝기가 250cd/m^2 이상, 가격이 20만 원 이내여야 하지만 내장 스피커의 여부는 고려 대상이 아니므로 응답속도가 5ms인 E 모니터, 밝기가 200cd/m^2인 B 모니터, 가격이 20만 원을 초과하는 D 모니터는 추천 대상에서 제외된다. 이에 따라 고객이 요청한 모니터의 사양을 모두 만족하는 모니터는 A와 C이다. 따라서 귀하가 고객에게 추천할 최적의 상품은 A와 C 중 더 저렴한 A 모니터이다.

20 직무능력 - 의사소통능력 정답 ④

'배다'는 냄새가 스며들어 오래도록 남아있다는 뜻이며, '베다'는 누울 때 베개 따위를 머리 아래에 받친다는 뜻으로 ㉣을 '베어'로 바꾸는 것은 적절하지 않다.

오답 체크

① 실내용은 집 또는 건물 안에서 쓰이는 용도를 의미하는 것으로 문맥상 중량은 적절하지 않으므로 ㉠을 '용도'로 바꿔 쓰는 것은 적절하다.

② 한글 맞춤법 제42항에 따르면 의존 명사는 앞말과 띄어 써야 하므로 ㉡을 '분리 시'로 수정하는 것은 적절하다.

③ 한글 맞춤법 제22항에 따르면 용언의 어간에 '-기-, -리-, -이-, -히-, -구-, -우-, -추-, -으키-, -이키-, -애-'와 같은 접미사가 붙어서 이루어진 말들은 그 어간을 밝히어 적으므로 '꽂히어'를 줄인 ㉢을 '꽂혀'로 고치는 것은 적절하다.

⑤ '분해'는 여러 부분이 결합되어 이루어진 것을 그 낱낱으로 나눔이라는 뜻으로 '분리'의 의미와 중복되므로 ㉤을 삭제하는 것은 적절하다.

21 직무능력 - 수리능력 정답 ④

2020년부터 2024년까지 농어업인에 대한 건강보험료 1인당 연간 평균 지원액은 매년 전년 대비 증가하여 지원이 매년 확대되었으므로 옳은 설명이다.

오답 체크

① 2024년 농어업인에 대한 건강보험료 1인당 연간 평균 지원액은 2019년 대비 928 - 780 = 148천 원 증가하였으므로 옳지 않은 설명이다.

② 2020년, 2023년, 2024년 농어업인에 대한 국민연금보험료 1인당 연간 최대 지원액은 전년도와 같아 매년 확대된 것은 아니므로 옳지 않은 설명이다.

③ 농업인안전보험 가입률이 전년 대비 감소한 2021년, 2023년, 2024년에 국민연금보험료 1인당 연간 최대 지원액의 합은 459 + 491 + 491 = 1,441천 원이므로 옳지 않은 설명이다.

⑤ 2019년부터 2024년까지 농어업인에 대한 건강보험료 최대 경감지원률은 매년 50.0%로 유지되었으므로 옳지 않은 설명이다.

22 직무능력 - 자원관리능력 정답 ⑤

오 씨의 퇴직일 전 3개월은 2025년 2월 1일부터 4월 30일까지이므로 3개월간 임금총액은 (5,000,000 × 3) + 1,500,000 + (1,700,000 × 2) = 19,900,000원, 상여금 가산액은 2,992,000 / 4 = 748,000원, 연차수당 가산액은 없다. 이에 따라 오 씨의 1일 평균임금은 19,900,000 + 748,000 = 20,648,000원을 퇴직일 전 3개월간의 총 일수인 28 + 31 + 30 = 89일로 나눈 20,648,000 / 89 = 232,000원이다.

따라서 오 씨가 수령할 것으로 예상되는 퇴직금은 232,000 × 30 × (10,950 / 365) = 208,800,000원 = 2억 880만 원이다.

23 직무능력 - 문제해결능력 정답 ②

월	화	수	목	금
1	2	3	4	5
신제품 기획 및 일정 수립	사내 야유회	기존 제품 성능 개선 및 최적화		
8	9	10	11	12
사내 체육대회	기술 연구 및 분석 보고서 작성		테스트 자동화 시스템 구축	
15	16	17	18	19
정보 보안 교육	창립기념일	테스트 자동화 시스템 구축	프로토타입 개발 및 테스트	
22	23	24	25	26
중간보고서 작성 및 제출	프로토타입 개발 및 테스트	협력 부서와 기술 논의 및 피드백 반영		최종 제품 구현 및 테스트
29	30			
결과 발표 및 시연				

김 팀장이 전달한 피드백 내용을 최우선으로 고려하여 업무 계획을 수정하면, 9월 15일에 정보 보안 교육이 진행되어 9월 11일, 9월 12일, 9월 15일에 계획되어 있던 '테스트 자동화 시스템 구축' 업무는 9월 11일, 9월 12일, 9월 17일에 진행하는 것으로 수정된다. 이에 따라 9월 17일부터 9월 19일까지 계획되어 있던 '프로토타입 개발 및 테스트' 업무는 9월 18일, 9월 19일, 9월 23일에 진행된다. '중간보고서 작성 및 제출' 업무는 결과 발표 및 시연 날짜로부터 최소 일주일 전에 제출되어야 하므로 9월 23일 이전에 진행하는 것으로 수정되며 기술 세미나 일정은 10월로 변동되었으므로 9월 24일에는 기존에 계획한 업무와 동일한 업무를 진행할 수 있다.
따라서 "9월 24일에는 기존에 계획한 업무와 동일한 업무를 진행할 수 있 수 있겠어."가 가장 적절한 판단이다.

오답 체크

① 신제품 기획 및 일정 수립 업무를 기존 제품 성능 개선 및 최적화 업무보다 먼저 진행함에 따라 9월 5일에는 기존에 계획한 업무와 동일한 업무를 진행하지 않으므로 적절하지 않은 판단이다.

③ 김 팀장이 전달한 피드백 내용을 최우선으로 고려하면 9월 15일에는 정보 보안 교육에 참석해야 하므로 적절하지 않은 판단이다.

④ 기존에 계획한 업무의 소요 기간은 유지해야 하며 중간 보고서는 결과 발표 및 시연 날짜로부터 최소 일주일 전에 제출해야 하므로 '중간보고서 작성 및 제출' 업무는 9월 22일에 하루 진행되므로 적절하지 않은 판단이다.

⑤ '최종 제품 구현 및 테스트' 업무는 기존과 같이 9월 26일부터 진행하므로 적절하지 않은 판단이다.

24 직무능력 - 자원관리능력 정답 ②

[H 건설업체 작업 조건]에 따르면 소방시설 보수공사에는 총 20명의 근로자를 투입하고, 투입된 근로자가 모두 작업할 수 있어야 하며, 건설안전기술자는 3명을 투입하고, 건설안전기술자는 단독으로 작업한다. 또한, 용접기술자는 $20 \times 0.2 = 4$명 이상 투입하고, 용접기술자는 보조자와 2인 1조로 작업하며, 소방시공기술자는 보조자와 2인 1조로 작업하거나 단독으로 작업한다. 이때, 보조자의 월 임금 단가가 가장 적으므로 근로자의 월 임금 총액이 최소가 되려면 투입되는 보조자 수가 최대가 되어야 한다. 따라서 소방시공기술자를 5명 투입할 경우 근로자의 월 임금 총액이 최소가 되려면 용접기술자 4명, 건설안전기술자 3명, 보조자 8명을 투입함에 따라 근로자의 월 임금 총액은 최소 $(4 \times 500) + (5 \times 600) + (3 \times 400) + (8 \times 300) =$ 8,600만 원이므로 옳은 내용이다.

오답 체크

① 소방시공기술자는 2명 이상, 건설안전기술자는 3명을 투입하고, 소방시공기술자와 건설안전기술자는 단독으로 작업할 수 있지만, 용접기술자는 보조자와 2인 1조로 작업해야 하므로 남은 15명의 절반인 $15 / 2 = 7.5$명 이하의 용접기술자를 투입할 수 있다. 따라서 최대 7명까지 투입할 수 있으므로 옳지 않은 내용이다.

③ 용접기술자가 5명 투입될 경우 투입되는 보조자는 5명이고, 건설안전기술자는 3명이 투입되며, 보조자는 단독으로 작업할 수 없어 소방시공기술자가 4명 투입될 때 보조자 3명을 투입함에 따라 보조자는 최대 $5 + 3 = 8$명 투입되므로 옳지 않은 내용이다.

④ 근로자 임금이 최소가 되도록 근로자를 투입하려면 소방시공기술자 수는 최소로 투입하고 보조자는 최대로 투입해야 한다. 따라서 용접기술자 7명, 소방시공기술자 2명, 건설안전기술자 3명, 보조자 8명이 투입되는 경우 근로자 임금이 최소이므로 옳지 않은 내용이다.

⑤ 근로자 임금이 최대가 되도록 근로자를 투입할 경우 투입되는 소방시공기술자 수는 최대로 투입하고, 보조자 수는 최소로 투입해야 한다. 따라서 용접기술자 4명, 소방시공기술자 9명, 건설안전기술자 3명, 보조자 4명이 투입됨에 따라 근로자에게 지급되는 월 임금 총액의 최댓값은 $(4 \times 500) + (9 \times 600) + (3 \times 400) + (4 \times 300) =$ 9,800만 원이므로 옳지 않은 내용이다.

25 직무능력 - 수리능력 정답 ⑤

쌀보리가 1톤 이상 생산된 지역의 쌀보리 재배 면적 1ha당 생산량은 다음과 같다.

구분	쌀보리 재배 면적 1ha당 생산량
C 지역	$14 / 4 = 3.5$톤
D 지역	$21 / 8 ≒ 2.6$톤
E 지역	$1,230 / 346 ≒ 3.6$톤
I 지역	$96 / 35 ≒ 2.7$톤
J 지역	$13 / 4 ≒ 3.3$톤
K 지역	$246 / 80 ≒ 3.1$톤
L 지역	$74,773 / 17,418 ≒ 4.3$톤
M 지역	$4,980 / 1,431 ≒ 3.5$톤
N 지역	$524 / 172 ≒ 3.0$톤

따라서 쌀보리 재배 면적 1ha당 생산량이 가장 많은 L 지역의 전체 보리 생산량은 $16,627 + 74,773 + 20,402 = 111,802$톤이다.

26 직무능력 - 정보능력 정답 ⑤

제시된 자료에 따르면 부울 연산자는 비교 연산자보다 우선순위가 낮으므로 비교 연산을 먼저 실행한 후 부울 연산을 실행하여 최종 부울값을 반환한다. 이에 따라 x에 7을 대입하여 도출되는 각 식의 부울값과 최종 부울값은 다음과 같다.

구분	1번 식 부울값	2번 식 부울값	부울 연산자	최종 부울값
㉠	7 != 5 → True	7 + 4 < 10 → False	or	True
㉡	7 + 3 >= (2 × 7) − 4 → True	8 + 6 != 14 → False	and	False
㉢	0 == 7 − 7 → True	29 − (4 × 7) <= 3 → True	and	True
㉣	23 + (2 × 7) != 39 → True	23 − 8 = 12 → False	or	True

따라서 최종 부울값이 True인 것은 ㉠, ㉢, ㉣이다.

27 직무능력 - 의사소통능력 정답 ⑤

3문단에서 장기적 관점에서 봤을 때 소비의 소득 탄력성은 1에 가까워 소득이 증가하면 소비도 증가하고, 소득이 감소하면 소비도 함께 감소한다고 하였으므로 장기적으로 소득의 변동과 소비의 변동이 반비례 관계에 있는 것의 이유가 소비의 소득 탄력성은 아님을 알 수 있다.

오답 체크

① 2문단에서 시차론에 따르면 환율 상승 초기 단계에서는 수출품의 가격은 내려가고, 수입품의 가격은 오르기 때문에 무역수지 악화 현상이 나타난다고 하였으므로 적절한 내용이다.

② 3문단에서 시간이 흐름에 따라 환율 상승은 결국 수입량 감소 및 수출량 증가 현상을 불러일으켜 교역 조건 호전 및 경상수지 회복이라는 긍정적인 결과를 가져온다고 하였으므로 적절한 내용이다.

③ 1문단에서 수출액이 수입액을 초과할 때는 무역 흑자가, 수입액이 수출액을 초과할 경우에는 무역 적자가 난다고 하였으므로 적절한 내용이다.

④ 4문단에서 역(逆) J 커브 효과는 환율이 떨어지기 시작하는 초기 단계에서 경상수지의 흑자를 보이다가 일정 기간이 흐른 뒤에는 경상수지가 적자로 돌아서는 현상을 의미한다고 하였으므로 적절한 내용이다.

28 직무능력 - 문제해결능력 정답 ⑤

첫 번째 명제에 의해 1번과 2번은 모두 정답이거나 모두 정답이 아니고, 세 번째 명제와 여섯 번째 명제에 의해 1번이 정답이 아니라면 4번과 5번도 정답이 아니다. 이때 1번과 2번이 모두 정답이 아닐 경우 4번이 정답이 아니라면 1번이 정답이라는 두 번째 명제에 모순되므로 1번과 2번은 모두 정답이 된다. 이에 따라 다섯 번째 명제에 의해 3번도 정답이고, 두 번째 명제 대우에서 3번이 정답이면 4번도 정답이므로 4번은 정답이며, 일곱 번째 명제 대우에 의해 4번이 정답이므로 5번은 정답이 아니다.
따라서 A 위원이 제작한 문제의 정답은 1번, 2번, 3번, 4번이므로 정답인 선택지의 총 개수는 4개이다.

29 직무능력 - 문제해결능력 정답 ⑤

[갑의 보험 선택 기준]에 따르면 대동물 사고로 인한 피해 발생 시 사고당 300만 원 이상의 보상을 받을 수 있어야 하므로 B, C 보험은 선택하지 않고, 보장 기간이 1년 이하인 보험은 선택하지 않으므로 D 보험은 선택하지 않는다. 이때 대인 사망 시 인당 8,000만 원 이상의 보상을 받을 수 있는 보험으로 선택하되, 대인 사망 시 인당 1억 원 이상의 보상을 받을 수 있으면서 대인 부상 시 인당 3,000만 원 이상의 보상을 받을 수 있는 보험이 있다면 그 보험으로 선택하므로 A 보험과 E 보험 중 E 보험을 선택한다.
따라서 갑이 선택할 보험은 E 보험이다.

30 직무능력 - 수리능력 정답 ②

㉠ 80~84세 응답자 중 불만족 또는 매우 불만족으로 응답한 비율은 6.4 + 1.5 = 7.9%이므로 옳은 설명이다.

㉢ 65~69세 응답자 수는 85세 이상 응답자 수의 3,221 / 759 ≒ 4.2배로 4배 이상이므로 옳은 설명이다.

오답 체크

㉡ 보통으로 응답한 응답자 수는 70~74세가 2,475 × 0.169 ≒ 418명, 75~79세가 2,096 × 0.177 ≒ 371명임에 따라 70~74세가 75~79세보다 더 많으므로 옳지 않은 설명이다.

㉣ 응답자 중 만족으로 응답한 비율은 75~79세가 85세 이상보다 68.2 - 65.8 = 2.4%p 높으므로 옳지 않은 설명이다.

31 직무능력 - 자원관리능력 정답 ②

제시된 자료에 따라 평가한 직원별 종합 점수와 성과급은 다음과 같다.

구분	종합 점수	성과급
A	(84 × 0.5) + (80 × 0.3) + (80 × 0.2) = 82.0점	300 × 2.0 = 600만 원
B	(90 × 0.5) + (90 × 0.3) + (90 × 0.2) = 90.0점	320 × 3.0 = 960만 원
C	(70 × 0.5) + (65 × 0.3) + (68 × 0.2) = 68.1점	280 × 1.0 = 280만 원
D	(96 × 0.5) + (88 × 0.3) + (75 × 0.2) = 89.4점	350 × 2.0 = 700만 원
E	(60 × 0.5) + (60 × 0.3) + (70 × 0.2) = 62.0점	290 × 1.0 = 290만 원
F	(80 × 0.5) + (70 × 0.3) + (85 × 0.2) = 78.0점	310 × 1.5 = 465만 원

따라서 성과급을 두 번째로 많이 받는 직원은 D, 가장 적게 받는 직원은 C이므로 두 직원의 성과급 차이는 700 - 280 = 420만 원이다.

32 직무능력 - 수리능력 정답 ⑤

2023년 ROE는 A 기업이 (5,000 / 50,000) × 100 = 10%, C 기업이 (3,000 / 20,000) × 100 = 15%이고, ROE가 높은 기업은 투자된 자본을 효율적으로 사용하는 기업으로 평가됨에 따라 C 기업이 A 기업보다 투자된 자기자본을 더 효율적으로 사용했으므로 옳은 설명이다.

오답 체크

① A 기업의 PER은 2023년에 {400 / (5,000 / 100)} = 8, 2024년에 {600 / (3,000 / 120)} = 24로 2024년에 전년 대비 24 / 8 = 3배 증가하였으므로 옳지 않은 설명이다.

② 2023년 PBR은 B 기업이 {2,000 / (8,000 / 3)} ≒ 0.75, C 기업이 {1,200 / (20,000 / 30)} ≒ 1.8이므로 옳지 않은 설명이다.

③ B 기업의 ROE는 2023년에 (1,500 / 8,000) × 100 = 18.75%, 2024년에 (2,000 / 10,000) × 100 = 20%로 2024년에 전년 대비 증가하였으므로 옳지 않은 설명이다.

④ 2024년 C 기업의 PBR은 {2,000 / (30,000 / 30)} = 2이고, 기업 청산 시 PBR이 1보다 크다면 투자자는 투자금을 일부만 회수할 수 있으므로 옳지 않은 설명이다.

33 직무능력 - 문제해결능력 정답 ⑤

코디네이터 역할을 하는 제3자가 결론을 미리 정해두고 그 방향으로 의견을 중재하며, 타협과 조정을 통하여 문제 해결을 도모하는 방식은 소프트 어프로치 방식에 의한 문제해결 방식이다. 퍼실리테이션에 의한 문제해결은 구성원이 자율적으로 참여하고 실행하는 과정을 중시하므로 적절하지 않다.

34 직무능력 - 수리능력 정답 ④

수요의 가격탄력성 = $-\frac{\text{수요량 변화율}}{\text{판매가 변화율}}$, 판매 이익 = (판매가 − 원가) × 수요량임을 적용하여 구한다.

상품별 수요의 가격탄력성과 2024년 판매 이익은 다음과 같다.

구분	수요의 가격탄력성	판매 이익
A	$-\frac{\frac{1,500-1,000}{1,000}\times 100}{\frac{400-500}{500}\times 100}=2.5$	(400 − 180) × 1,500 = 330,000원
B	$-\frac{\frac{200-220}{220}\times 100}{\frac{6,600-6,000}{6,000}\times 100}\fallingdotseq 0.9$	(6,600 − 5,000) × 200 = 320,000원
C	$-\frac{\frac{760-800}{800}\times 100}{\frac{750-600}{600}\times 100}=0.2$	(750 − 400) × 760 = 266,000원
D	$-\frac{\frac{1,050-1,250}{1,250}\times 100}{\frac{750-600}{600}\times 100}\fallingdotseq 0.6$	(750 − 500) × 1,050 = 262,500원
E	$-\frac{\frac{700-500}{500}\times 100}{\frac{2,400-3,000}{3,000}\times 100}=2.0$	(2,400 − 2,100) × 700 = 210,000원

수요가 비탄력적인 상품은 수요의 가격탄력성이 1보다 작은 상품이므로 수요가 비탄력적인 상품은 B, C, D이다.

따라서 상품 B, C, D 중 2024년 판매 이익이 가장 큰 상품인 B의 판매 이익은 320,000원이다.

35 직무능력 - 의사소통능력 정답 ②

'각국'은 '각 나라 또는 여러 나라'라는 의미인 하나의 단어이므로 '각 국'으로 띄어 쓰는 것은 가장 적절하지 않다.

오답 체크

① 매주 수요일 오후 6시에 방영되므로 특정 시각이나 시점을 의미하는 '시간'으로 바꿔 쓰는 것이 적절하다.

③ 요리 과정에 대한 자세한 설명과 그에 동반되는 요리 비법을 공개하는 것이므로 무용이나 연극 따위를 일반에게 공개하기 전에 시험적으로 상연한다는 의미의 '시연'으로 바꿔 쓰는 것이 적절하다.

④ 주최 측에서 정한 선물을 주겠다는 뜻이므로 '정해진 바'라는 의미의 '소정'으로 바꿔 쓰는 것이 적절하다.

⑤ ⓜ 문장에서는 현지 유명 요리사와의 협업을 수단으로 전문적인 요리 기술과 팁을 제공한다는 의미로 쓰였으므로 자격이나 지위를 나타낼 때 쓰는 조사인 '로서'보다는 수단/방법, 원료/재료의 뒤에 붙여 사용하는 격 조사인 '로써'를 사용하는 것이 적절하다.

36 직무능력 - 자원관리능력 정답 ④

[부서별 실적정보]에 따른 부서별 성과급 평가 결과와 성과등급은 다음과 같다.

구분	성과급 평가 결과	성과등급
A 부서	(96 × 1.2) − (20 × 0.2) = 111.2점	1등급
B 부서	(84 × 1.2) − (8 × 0.2) = 99.2점	4등급
C 부서	(92 × 1.2) − (14 × 0.2) = 107.6점	2등급
D 부서	(88 × 1.2) − (10 × 0.2) = 103.6점	3등급
E 부서	(86 × 1.2) − (0 × 0.2) = 103.2점	3등급

따라서 성과등급 2등급에 해당하는 부서는 C 부서이며, C 부서는 부장 1명, 과장 1명, 사원 2명이므로 C 부서의 성과급 지급액 총합은 {550 + 420 + (250 × 2)} × 1.15 = (550 + 420 + 500) × 1.15 = 1,690.5만 원이다.

37 직무능력 - 문제해결능력 정답 ③

[ATM 거래]에 따르면 H 은행 ATM을 이용하여 10만 원 이상의 금액을 동일한 날짜에 3회 이상 출금하는 경우 3회차부터 수수료가 50% 감면됨에 따라 영업시간 외에 해당하는 토요일 오후 3시부터 같은 날 오후 10시 사이에 H 은행 ATM을 이용하여 20만 원을 총 3번 출금하는 경우 세 번째 출금 시 발생하는 수수료는 500 / 2 = 250원 할인되므로 옳지 않은 내용이다.

오답 체크

① [ATM 거래]에 따르면 영업시간 내에 타행 ATM을 이용하여 5만 원을 이체할 때 H 은행으로 이체하는 경우와 타행으로 이체하는 경우 모두 수수료가 500원으로 동일하므로 옳은 내용이다.

② [창구 거래]에 따르면 H 은행 창구에서 100만 원 초과 500만 원 이하에 해당하는 금액을 타행으로 송금하는 경우에는 수수료가 3,500원이므로 옳은 내용이다.

④ [ATM 거래]에 따르면 공휴일 오전 10시는 영업시간 외 기준에 해당하며, H 은행 ATM을 이용하여 영업시간 외에 12만 원을 타행으로 이체하는 경우에는 수수료가 1,000원이므로 옳은 내용이다.

⑤ [ATM 거래]에 따르면 타행 ATM을 이용하여 이체하는 경우 영업시간 외에 발생할 수 있는 최소 수수료는 800원으로 영업시간 내에 발생할 수 있는 최소 수수료인 500원보다 800 - 500 = 300원 더 비싸므로 옳은 내용이다.

38 직무능력 - 문제해결능력 정답 ③

제시된 조건에 따르면 A와 D는 서로 이웃하여 앉아 있지 않으므로 서로 마주 보고 앉아 있으며, 이에 따라 B와 C도 서로 마주 보고 앉아 있음을 알 수 있다. 또한, 케이크를 주문한 사람은 C의 바로 왼쪽에 앉아 있으며, 머핀을 주문한 사람과 커피를 주문한 사람이 서로 마주 보고 앉아 있으므로 B와 C는 각각 커피 또는 머핀을 주문하였다. 이때, C는 커피 또는 주스를 주문하였으므로 C가 커피, B가 머핀을 주문하였음을 알 수 있다. 이에 따라 A와 D는 각각 주스 또는 케이크를 주문하였으며, C의 바로 왼쪽에 앉아 있는 사람에 따라 가능한 경우는 다음과 같다.

경우 1. C의 바로 왼쪽에 D가 앉아 있을 경우

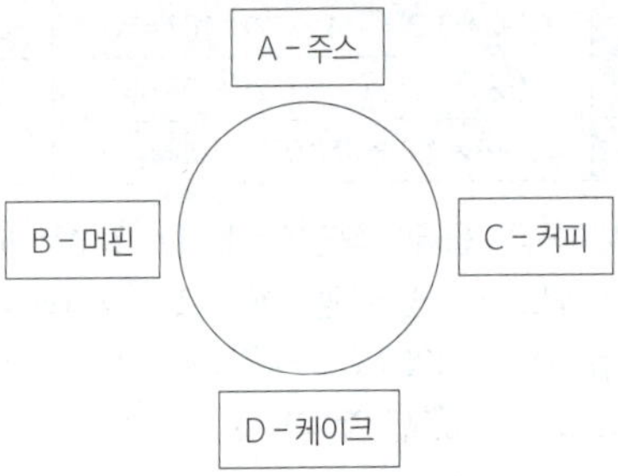

경우 2. C의 바로 왼쪽에 A가 앉아 있을 경우

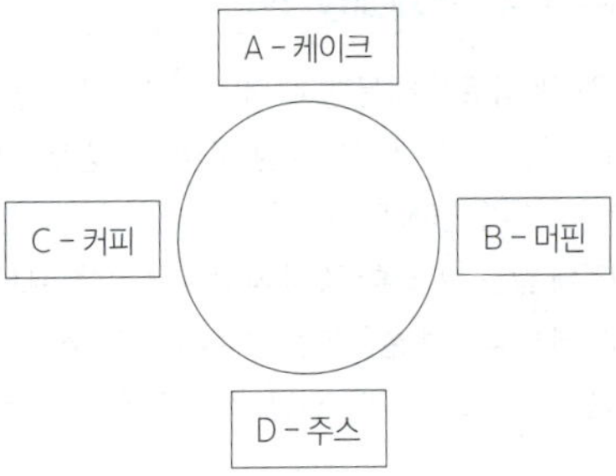

따라서 4명이 각자 주문한 메뉴의 조합은 'A - 주스 또는 케이크, B - 머핀, C - 커피, D - 주스 또는 케이크'이다.

39 직무능력 - 수리능력 정답 ②

기말불로 할부금을 균등 상환하며 매회 상환하는 금액을 x라고 할 때, 구입가격 × (1 + 이자율)^{기간} = $\frac{x \times \{(1+이자율)^{기간} - 1\}}{(1+이자율) - 1}$임을 적용하여 구한다.

윤진이는 정가가 210만 원인 냉장고를 이달 초에 연이율이 15%인 카드 할부로 결제하여 이달부터 매월 말에 일정한 금액으로 10개월 동안 결제 금액을 모두 상환한다. 이에 따라 월 이율은 15 / 12 = 1.25%이고, 정가가 210만 원인 냉장고의 10개월 뒤 가격은 총 $210 \times (1+0.0125)^{10} = 210 \times 1.1 = 231$만 원이며, 231만 원을 10개월 동안 일정한 금액으로 상환하므로

$231 = \frac{x \times \{(1+0.0125)^{10} - 1\}}{(1+0.0125) - 1} \rightarrow \frac{x \times (1.1 - 1)}{0.0125}$

$\rightarrow x = \frac{231 \times 0.0125}{0.1} = 28.875$

따라서 윤진이가 매달 상환해야 하는 금액은 28.875만 원 = 288,750원이다.

40 직무능력 - 자원관리능력 정답 ②

대여 목적의 도서는 홍보팀에 예약 신청한 후 최소 3일 뒤에 수령 가능 여부를 확인해야 해서 신청을 한 날에는 확인할 수 없으므로 적절하지 않다.

오답 체크

① 프린터에 용지가 걸리면 프린터 전원을 끄고 뒤쪽 덮개를 열어 걸린 종이를 제거한 후, 프린터 전원을 다시 켜서 사용해야 하므로 적절한 행동이다.

③ 프린터 잉크의 잔여량이 표시된 선 아래로 내려가면 자산관리팀에 잉크 리필을 신청해야 하므로 적절한 행동이다.

④ 모든 문서는 사용 후에 즉시 파쇄기에 파쇄해야 하므로 적절한 행동이다.

⑤ 매일 퇴근 전에는 컴퓨터 전원과 멀티탭의 스위치를 꺼야 하므로 적절한 행동이다.

[41 - 42]

41 직무능력 - 문제해결능력 정답 ②

[광고 수단 선정 매뉴얼]에 따르면 매달 첫째 주는 3백만 원 한도 내에서 광고 수단을 선정해야 하므로 주당 광고 비용이 5백만 원인 동영상 플랫폼은 제외한다. 이에 따라 동영상 플랫폼을 제외한 나머지 광고 수단의 주당 광고 효과를 계산하면 다음과 같다.

구분	주당 광고 효과
블로그	(20 × 3,000) / 1,000,000 = 0.06
소셜 미디어	(35 × 10,000) / 2,000,000 = 0.175
인터넷 카페	(140 × 500) / 500,000 = 0.14
이메일	(350 × 100) / 700,000 = 0.05

따라서 A 회사가 7월 1주 차에 선정하는 광고 수단은 주당 광고 효과가 0.175로 가장 높은 소셜 미디어이다.

42 직무능력 - 문제해결능력 정답 ④

[광고수단선정매뉴얼]에 따르면 매달 첫째 주는 3백만 원 한도 내에서 광고 수단을 선정하며, 주당 1백만 원씩 한도가 올라가므로 7월 3주 차는 5백만 원 한도 내에서 광고 수단을 선정한다. 또한 같은 달에 이미 선정된 광고 수단은 중복하여 선정할 수 없으므로 7월 1주 차에 선정된 소셜 미디어는 선정할 수 없다. 이에 따라 소셜 미디어를 제외한 나머지 광고 수단의 주당 광고 효과를 계산하면 다음과 같다.

구분	주당 광고 효과
블로그	(20 × 3,000) / 1,000,000 = 0.06
동영상 플랫폼	(70 × 10,000) / 5,000,000 = 0.14
인터넷 카페	(140 × 500) / 500,000 = 0.14
이메일	(350 × 100) / 700,000 = 0.05

7월 2주 차에는 한도가 4백만 원이므로 주당 광고 비용이 5백만 원인 동영상 플랫폼을 제외하고 주당 광고 효과가 가장 큰 인터넷 카페를 선정하며, 7월 3주 차에는 한도가 5백만 원이므로 7월 2주 차에 선정된 인터넷 카페를 제외하고 주당 광고 효과가 가장 큰 동영상 플랫폼을 선정한다.
따라서 A 회사가 7월 3주 차에 선정하는 광고 수단인 동영상 플랫폼의 주당 광고 효과는 0.14이다.

43 직무능력 - 수리능력 정답 ⑤

2017년부터 2020년까지 매년 전국 노후주택 수의 전년 대비 증가량은 2017년에 28,894 - 28,047 = 847백 호, 2018년에 30,843 - 28,894 = 1,949백 호, 2019년에 32,912 - 30,843 = 2,069백 호, 2020년에 35,967 - 32,912 = 3,055백 호로 전국 노후주택 수의 전년 대비 증가량이 가장 적은 2017년에 전국 노후주택 비율은 (28,894 / 171,226) × 100 ≒ 16.9%로 15% 이상이므로 옳지 않은 설명이다.

오답 체크

① 2020년 노후주택 비율은 서울이 (5,883 / 30,153) × 100 ≒ 19.5%, 인천이 (1,939 / 10,328) × 100 ≒ 18.8%이므로 옳은 설명이다.

② 2017년부터 2020년까지 전국 노후주택 수와 전국 전체주택 수는 모두 전년 대비 매년 증가했으므로 옳은 설명이다.

③ 2020년 노후주택 수는 부산이 광주의 3,074 / 954 ≒ 3.2배이므로 옳은 설명이다.

④ 2020년 전국 전체주택 수에서 대전 전체주택 수가 차지하는 비중은 (4,969 / 185,259) × 100 ≒ 2.7%, 전국 노후주택 수에서 대전 노후주택 수가 차지하는 비중은 (953 / 35,967) × 100 ≒ 2.6%이므로 옳은 설명이다.

44 직무능력 - 수리능력 정답 ④

2024년 두 곡물 생산량의 총합이 2t(= 2,000kg)이며 2024년 쌀과 귀리의 생산 비율이 각각 75%, 25%이므로 쌀의 생산량은 2,000 × 0.75 = 1,500kg이고, 귀리의 생산량은 2,000 × 0.25 = 500kg이다. 또한, 2024년 쌀 생산량의 전년 대비 증감률은 20%이므로 2023년 쌀의 생산량은 1,500 / 1.2 = 1,250kg이고, 2024년 귀리 생산량의 전년 대비 증감률은 -20%이므로 2023년 귀리의 생산량은 500 / 0.8 = 625kg이다.
따라서 2023년 쌀 생산량은 1,250kg, 귀리 생산량은 625kg이다.

45 직무능력 - 정보능력 정답 ④

<수정> 데이터는 점수가 높은 사람부터 낮은 사람 순으로 정렬되어 있으므로 '점수'와 '내림차순'이 적절하다.

46 직무상식 - 금융·경제상식 정답 ④

제시된 글은 '파생상품'에 대한 설명이다.

오답 체크

① 선도계약: 미래의 일정한 시점에 쌍방이 합의한 가격에 자산의 인도를 요구할 수 있는 계약

② 채권: 국가, 지방자치단체, 은행, 회사 따위가 사업에 필요한 돈을 빌리기 위하여 발행하는 유가 증권

③ 주식: 주식회사의 자본을 같은 값으로 나누어 놓은 단위

⑤ 정기예금: 일정 금액을 일정 기간 동안 금융 기관에 맡기고 정한 기한 안에는 찾지 아니하겠다는 약속으로 하는 예금

47 직무상식 - 금융·경제상식 정답 ④

한국은행의 통화정책은 통화량 조절을 통해 물가를 안정적으로 관리하는 데에 집중하기 때문에 경제 성장을 추구하는 정부의 재정정책과 종종 충돌을 빚으므로 적절하지 않은 설명이다.

48 직무상식 - 금융·경제상식 정답 ⑤

주식발행을 통한 직접금융은 기업의 경영지배구조에 영향을 미칠 수 있다는 문제점이 있는 반면, 간접금융은 은행 대출과 같이 기업 지배구조에 대한 외부의 간섭이 발생하지 않으므로 적절하지 않은 설명이다.

49 직무상식 - 금융·경제상식 정답 ⑤

수출입 물가비율은 경기선행지수를 구성하는 경제지표에 해당한다.

더 알아보기

경기종합지수

경기선행지수	재고순환지표, 경제심리지수, 기계류 내수 출하지수(선박 제외), 건설 수주액, 장단기 금리차, 코스피 지수, 수출입 물가비율 등의 지표로 구성됨
경기동행지수	광공업 생산지수, 서비스업 생산지수, 소매 판매액지수, 비농림어업 취업자 수, 수입액, 내수 출하지수 등의 지표로 구성됨
경기후행지수	취업자 수, 소비자 물가지수 변화율, 소비재 수입액, 생산자제품 재고지수, 회사채 유통 수익률 등의 지표로 구성됨

50 직무상식 - 농업·농촌상식 정답 ①

합성농약을 사용하지 않고, 화학비료를 권장 시비량의 1/3 이내로 사용하면 무농약농산물 인증을 받을 수 있으므로 적절하지 않은 설명이다.

51 직무상식 - 금융·경제상식 정답 ③

영업이익을 이자비용으로 나눈 비율인 이자보상배율이 높을수록 영업활동을 통한 이익이 이자비용을 충당하기에 충분하다는 의미로, 이자보상배율이 1보다 작으면 영업이익으로 이자비용을 상환하기 어려운 잠재적 부실기업으로 판단할 수 있으므로 옳지 않은 설명이다.

오답 체크

① 유동자산을 유동부채로 나눈 비율인 유동비율이 높을수록 단기 지급능력이 크다는 의미이나, 그 비율이 지나치게 높으면 불필요하게 많은 자금을 수익성이 낮은 현금자산으로 운용하고 있다는 증거가 되므로 옳은 설명이다.

52 직무상식 - 금융·경제상식 정답 ③

㉠ 외환보유액을 증가시키는 것은 중앙은행이 달러를 매입하고 원화를 매각한다는 뜻이므로, 시중에 원화 공급이 증가하여 환율이 상승하므로 원화 약세가 유도된다.

㉡ 기준금리 인상으로 인해 자본유입이 촉진되면, 해외자금의 원화 환전 수요가 늘어 원화 수요가 증가하므로 환율이 하락하여 원화 강세가 유도된다.

㉢ 중앙은행이 달러를 매각한다는 것은 원화를 매입한다는 뜻이므로 시중에 달러 공급이 증가하고 원화 수요가 증가하면서 환율이 하락하므로 원화 강세가 유도된다.

㉣ 기준금리 인하로 인해 자본유입이 둔화되면 해외자금의 원화 환전 수요가 줄고 원화 수요도 감소하므로 환율이 상승하여 원화 약세가 유도된다.

따라서 정책의 목적이 같은 것끼리 올바르게 짝지은 것은 ③이다.

53 직무상식 - 디지털상식 정답 ②

빈칸에 들어갈 용어로 적절한 것은 '피싱'이다.

- 피싱(Phishing): 불특정 다수에게 메일을 발송하여 위장된 홈페이지로 접속하도록 유도한 후 금융정보를 빼내는 사기 수법

오답 체크

① 파밍(Pharming): PC를 악성코드에 감염시켜 이용자가 금융회사 등의 정상적인 홈페이지 주소로 접속을 하더라도 피싱사이트로 유도하여 금융거래정보 등을 몰래 빼가는 수법

③ 스니핑(Sniffing): 컴퓨터 네트워크상에 흘러다니는 트래픽을 엿듣는 스니퍼 장치를 이용하여 네트워크상의 데이터를 도청하는 행위

④ 스푸핑(Spoofing): 네트워크, 웹사이트 등의 위변조를 통해 정상 시스템인 것처럼 위장하여 이용자의 정보를 빼가는 해킹 수법

⑤ 보이스피싱(Voice phishing): 전화를 통해 신용카드 번호 등의 개인정보를 알아낸 뒤, 이를 범죄에 이용하는 전화 금융사기 수법

54 직무상식 - 디지털상식 정답 ③

제시된 내용은 하나의 애플리케이션을 설치하여 사용함으로써 별도의 다른 애플리케이션을 추가로 설치하지 않아도 주문, 결제, 검색, 예매 등의 다양한 서비스를 모두 이용할 수 있는 '슈퍼앱'에 대한 설명이다.

오답 체크

① 하이브리드 앱: 기본 기능은 HTML 등의 웹 기술로 구현하고, 패키징은 모바일 운영 체제별로 구현하는 애플리케이션

② 웹 앱: 별도의 설치 없이 웹 브라우저를 통해 접속하고 사용하는 애플리케이션

④ 네이티브 앱: 각 운영 체제에 적합한 언어로 개발된 애플리케이션

⑤ 크로스 플랫폼: 응용 소프트웨어 및 하드웨어를 다양한 운영 체제에서 공통으로 사용할 수 있다는 것을 의미하는 용어

55 직무상식 - 금융 · 경제상식 정답 ⑤

백워데이션은 선물이 현물보다 저평가된 상태로, 백워데이션 상태에서는 값싼 선물을 사고 비싼 현물을 파는 프로그램 매매인 매도차익거래가 확대되므로 옳지 않은 설명이다.

오답 체크

① 베이시스는 '선물 가격 - 현물 가격'이므로 옳은 설명이다.

② 선물 가격은 현물 가격에 보유 비용(현물을 미래의 특정 시점까지 보유하는 데 들어가는 비용)이 더해지기 때문에 이론적으로 베이시스는 양(+)의 값을 가져야 하므로 옳은 설명이다.

③ 베이시스가 양(+)의 값을 띠는 정상 시장을 콘탱고(Contango), 베이시스가 음(-)의 값을 띠는 역조 시장을 백워데이션(Backwardation)이라고 하므로 옳은 설명이다.

④ 만기일이 다가올수록 보유 비용이 줄어들어 베이시스는 0에 가까워지다가 만기일에는 0이 되므로 옳은 설명이다.

56 직무상식 - 금융 · 경제상식 정답 ②

무 구축효과는 LM곡선이 수평일 경우에 나타나므로 적절한 설명이다.

· LM곡선: 화폐시장의 균형이 달성되는 국민소득과 이자율의 조합을 나타낸 것

오답 체크

① 구축효과란 확대재정정책이 이자율을 상승시켜 민간투자를 위축시키는 현상이다.

③ 화폐수요가 폭발적으로 증가해 화폐수요의 이자율 탄력성이 무한대가 되어 LM곡선이 수평인 경우를 유동성 함정이라고 한다.

④ 유동성 함정에서는 통화정책은 무력해지는 반면 재정정책이 큰 효과를 볼 수 있다.

⑤ 스태그플레이션이 재정정책만으로 해결되지 않은 이유를 설명한 이론이다.

57 직무상식 - 농업 · 농촌상식 정답 ⑤

NH농협은행은 양자 컴퓨팅을 활용한 금융정책 안내 서비스를 추진하지 않았으므로 적절하지 않다.

58 직무상식 - 금융 · 경제상식 정답 ①

만기가 많이 남은 경우 미래에 가격이 어떻게 변화할지 불확실하기 때문에 만기가 짧은 옵션보다 잔존 기간이 긴 옵션의 프리미엄이 더 높으므로 적절하지 않은 설명이다.

더 알아보기

· **옵션**: 거래 당사자 간에 미리 정한 가격으로 특정 시점에 일정 자산을 사거나 팔 수 있는 권리로, 살 수 있는 권리를 콜옵션, 팔 수 있는 권리를 풋옵션이라고 함

· **쿼드러플 위칭데이(Quadruple witching day)**: 주가지수의 선물과 옵션, 개별주식의 선물과 옵션 등 네 가지 파생상품의 만기가 겹치는 3월, 6월, 9월, 12월의 두 번째 목요일을 가리키는 말로, 4명의 마녀가 빗자루를 타고 돌아다니는 것처럼 혼란스러워 주식시장에 어떤 변화가 일어날지 예측할 수 없는 상황

59 직무상식 - 금융 · 경제상식 정답 ③

보험사고 발생 시 보험금을 청구할 권리를 가진 자는 보험수익자이다. 제시된 사례에서 남편은 보험계약자로서 보험료를 납입할 의무가 있고, 아내는 피보험자로서 보험사고의 대상이 되며, 자녀는 보험수익자로서 보험금 지급 청구권을 가진다.

60 직무상식 - 금융 · 경제상식 정답 ①

신용도가 낮은 기업들에 대한 은행의 대출채권을 묶어 이를 담보로 발행하는 ABS는 '대출채권담보부증권(CLO)'이므로 적절하지 않은 설명이다.

61 직무상식 - 농업 · 농촌상식 정답 ④

밀과 보리는 농작물재해보험 대상 품목에 해당하지만 병해충 보장 범위에서는 제외되므로 적절하지 않은 설명이다.

62 직무상식 - 금융 · 경제상식 정답 ②

기술 발전으로 생산비용이 감소하면 공급곡선이 우측 또는 하방으로 이동하여 균형가격은 하락하고 균형거래량은 증가한다. 이때 가격하락과 거래량 증가로 인해 소비자잉여는 증가하게 되므로 적절하지 않다.

오답 체크

① 종량세가 부과되면 공급곡선은 상방으로 이동한다. 이에 따라 균형가격은 상승, 거래량은 감소하여 소비자잉여는 감소한다.

③ 가격하한제를 실시하면 인위적으로 가격이 상승하여 거래량이 감소하고 소비자잉여가 감소한다.

④ 생산요소 가격이 상승하면 공급곡선이 좌상향으로 이동하여 균형가격이 상승, 거래량이 감소하므로 소비자잉여가 감소한다.

⑤ 가격상한제를 실시하면 공급 부족이 발생하여 일부 소비자는 구매가 불가능하므로 소비자잉여가 감소한다.

63 직무상식 - 디지털상식 정답 ④

㉠은 NFC, ㉡은 RFID, ㉢은 비콘에 해당한다.

더 알아보기

- USN: 각종 센서에서 감지한 정보를 무선으로 수집할 수 있도록 모든 사물에 전자태그를 부착하여 사물 및 환경 정보까지 감지하는 네트워크 환경

64 직무상식 - 금융·경제상식 정답 ③

APT모형은 시장 베타 외의 인플레이션, GDP, 금리 등 다양한 공통요인들의 베타를 함께 고려하며, 시장 베타 단일요인만을 사용하여 자산의 위험을 측정하는 것은 CAPM모형이므로 적절하지 않은 설명이다.

65 직무상식 - 농업·농촌상식 정답 ①

국제협동조합연맹의 협동조합 7대 원칙에 조합원의 정치적 참여는 포함되지 않는다.

더 알아보기

국제협동조합연맹의 협동조합 7대 원칙
- 자발적이고 개방적인 협동조합
- 조합원에 의한 민주적 관리
- 조합원의 경제적 참여
- 자율과 독립
- 교육, 훈련 및 정보 제공
- 협동조합 간의 협동
- 지역사회에 대한 기여

66 직무상식 - 금융·경제상식 정답 ③

A 재의 가격이 상승할수록 B 재의 수요가 증가하므로 A 재와 B 재는 대체재 관계이며, A 재의 가격이 상승할수록 C 재의 수요가 감소하므로 A 재와 C 재는 보완재 관계이다.

따라서 A 재인 연필과 대체재 관계에 놓인 B 재는 볼펜, 보완재 관계에 놓인 C 재는 지우개가 적절하다.

67 직무상식 - 금융·경제상식 정답 ②

제시된 설명은 수지상등의 원칙에 대한 설명이다.

68 직무상식 - 금융·경제상식 정답 ④

기준금리 인하 시 대출 금리도 함께 하락하여 기업의 투자 비용은 감소하므로 적절하지 않은 설명이다.

69 직무상식 - 금융·경제상식 정답 ③

A씨는 초기 투자금 500만원을 1,000만원으로 만들고자 하므로 원금의 2배 증가가 목표이다. 연 이자율이 6%이므로 72의 법칙에 따라 A씨가 투자해야 할 기간은 72 ÷ 6 = 12년이다.

더 알아보기

72의 법칙
- 복리 투자에서 원금이 2배가 되는 기간을 계산하는 공식
- 원금이 2배 되는 기간(년) = 72 ÷ 연 이자율(%)

70 직무상식 - 금융·경제상식 정답 ③

보험 스크리닝은 정보 열위자인 보험회사가 다양한 상품 옵션을 제시하여 가입자들이 자신의 위험도에 따라 스스로 선택하게 만드는 자기선택 메커니즘이다. 높은 면책금액의 저보험료 상품과 낮은 면책금액의 고보험료 상품을 동시에 제시하면, 저위험군은 전자를 고위험군은 후자를 선택하게 된다. 따라서 보험 스크리닝은 보험 가입자의 위험 유형을 사전에 구분하는 방법으로, 자기선택 메커니즘을 통해 고위험군과 저위험군을 분리하는 효과를 가지므로 적절한 설명이다.

오답 체크

①, ⑤ 역선택은 계약 체결 전 문제, 도덕적 해이는 계약 체결 후 문제이다.

② 우수한 차주가 시장에서 퇴출되는 현상으로, 금융기관은 신용평가 시스템을 통한 선별 기능을 강화하여 예방할 수 있는 것은 역선택이다.

④ 선별은 정보 열위자가 상대방 유형을 파악하기 위한 방법이며, 신호발송은 정보 우위자가 자신의 유형을 알리는 방법이다.

더 알아보기

- **역선택**: 계약 체결 전 정보 비대칭으로 나쁜 유형만 시장에 남는 현상
- **도덕적 해이**: 계약 체결 후 정보 비대칭으로 행동이 변화하는 현상
- **선별(Screening)**: 정보 열위자가 상대방 유형을 파악하기 위한 방법
- **신호발송(Signaling)**: 정보 우위자가 자신의 유형을 알리는 방법

4회 실전모의고사

바로 채점 및
성적 분석 서비스

정답

p.180

01	③	직무능력	자원관리능력	26	②	직무능력	수리능력	51	②	직무상식	금융·경제상식
02	①	직무능력	자원관리능력	27	①	직무능력	자원관리능력	52	①	직무상식	금융·경제상식
03	③	직무능력	자원관리능력	28	③	직무능력	문제해결능력	53	②	직무상식	디지털상식
04	③	직무능력	문제해결능력	29	②	직무능력	수리능력	54	④	직무상식	금융·경제상식
05	④	직무능력	수리능력	30	⑤	직무능력	정보능력	55	⑤	직무상식	금융·경제상식
06	③	직무능력	문제해결능력	31	③	직무능력	수리능력	56	②	직무상식	금융·경제상식
07	③	직무능력	자원관리능력	32	①	직무능력	의사소통능력	57	③	직무상식	금융·경제상식
08	⑤	직무능력	의사소통능력	33	②	직무능력	수리능력	58	⑤	직무상식	금융·경제상식
09	⑤	직무능력	문제해결능력	34	⑤	직무능력	문제해결능력	59	⑤	직무상식	금융·경제상식
10	③	직무능력	자원관리능력	35	④	직무능력	문제해결능력	60	③	직무상식	농업·농촌상식
11	③	직무능력	문제해결능력	36	④	직무능력	자원관리능력	61	④	직무상식	금융·경제상식
12	③	직무능력	자원관리능력	37	④	직무능력	문제해결능력	62	④	직무상식	금융·경제상식
13	⑤	직무능력	문제해결능력	38	②	직무능력	자원관리능력	63	⑤	직무상식	디지털상식
14	④	직무능력	수리능력	39	④	직무능력	자원관리능력	64	①	직무상식	금융·경제상식
15	①	직무능력	문제해결능력	40	①	직무능력	수리능력	65	③	직무상식	금융·경제상식
16	②	직무능력	자원관리능력	41	③	직무능력	의사소통능력	66	②	직무상식	금융·경제상식
17	④	직무능력	수리능력	42	②	직무능력	자원관리능력	67	②	직무상식	금융·경제상식
18	①	직무능력	문제해결능력	43	③	직무능력	정보능력	68	②	직무상식	금융·경제상식
19	①	직무능력	의사소통능력	44	③	직무능력	수리능력	69	③	직무상식	금융·경제상식
20	④	직무능력	수리능력	45	①	직무능력	문제해결능력	70	②	직무상식	금융·경제상식
21	⑤	직무능력	문제해결능력	46	⑤	직무상식	금융·경제상식				
22	⑤	직무능력	자원관리능력	47	③	직무상식	금융·경제상식				
23	④	직무능력	문제해결능력	48	③	직무상식	금융·경제상식				
24	④	직무능력	자원관리능력	49	④	직무상식	농업·농촌상식				
25	④	직무능력	의사소통능력	50	①	직무상식	금융·경제상식				

실력 점검표

제한 시간 내에 푼 문제 수	맞힌 문제 수	정답률
/70	/70	%

※ 정답률(%) = (맞힌 개수/전체 개수) × 100

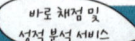

해설

01 직무능력 - 자원관리능력 정답 ③

대화 내용에 따르면 보고서 작성 교육은 경영기획본부 소속 사원들과 2024년에 입사한 사원들을 제외한 나머지 사원들을 대상으로 하게 되므로 나, 사, 아, 자, 차, 타, 파 사원 총 7명이 교육에 참석하게 된다. 이때, 각 사원의 휴무 요일을 모두 제외하고 가능한 요일은 수요일뿐이므로 최대 수용 인원이 7명 이상이며 이용 가능한 요일이 수요일인 회의실은 C와 D이다. 또한, 교육 참석 대상에 고객관리본부 소속 사원이 있다면 교육은 오전에 진행한다고 하였고, 교육 참석 대상 중 아, 자, 차 사원이 고객관리본부 소속 사원이므로 이용 가능 시간이 오후뿐인 D를 제외하면 양 사원이 예약할 회의실은 C이다.

02 직무능력 - 자원관리능력 정답 ①

고민구 사원의 9월 1주 차 총운행거리는 90 + 85 + 25 + 22 + 200 + 210 + 45 + 46 + 130 + 125 = 978km이고, 유가는 1,500원/L, 연비는 12km/L이므로 유류비는 978 × 1,500 / 12 = 122,250원이다. 또한, 주차비와 통행료로 사용한 금액은 10,000 + 2,900 + 14,000 + 1,500 + 10,000 = 38,400원이므로 고민구 사원이 정산받을 유류비 총금액은 122,250 + 38,400 = 160,650원이다.

03 직무능력 - 자원관리능력 정답 ③

[성과급 지급 기준]에 따르면 정소라 과장의 평가 등급은 상위 8%이므로 S 등급에 해당하여 성과급은 월 급여액의 170%인 3,490,000 × 1.7 = 5,933,000원을 받아야 한다. 이때, 정소라 과장은 연봉으로 (3,490,000 × 12) + 5,933,000 = 47,813,000원을 받아야 하지만 과장급의 연봉 상한액은 47,610,000원이므로 성과급에서 47,813,000 - 47,610,000 = 203,000원을 삭감한다. 이에 따라 정소라 과장이 수령하는 성과급은 5,933,000 - 203,000 = 5,730,000원이다. 홍종민 사원의 평가 등급은 상위 30%이므로 A 등급에 해당하여 성과급은 월 급여액의 120%인 2,450,000 × 1.2 = 2,940,000원을 받아야 한다. 홍종민 사원의 연봉은 (2,450,000 × 12) + 2,940,000 = 32,340,000원으로 연봉 상한액 내에 해당하여 성과급은 2,940,000원을 받는다.

따라서 귀하가 정소라 과장과 홍종민 사원에게 지급한 성과급의 합은 5,730,000 + 2,940,000 = 8,670,000원이다.

04 직무능력 - 문제해결능력 정답 ③

'3. 평가 기준'에 따르면 내포 가능성 부문의 평가 항목에 재량 규정의 구체성 및 객관성이 포함되므로 옳은 내용이다.

오답 체크

① '4. 평가 내용'에 따르면 국민권익위원회에서 행정기관의 법령 개정 시 법령안의 부패 유발요인을 법제처 심사 이전 단계에서 평가하므로 옳지 않은 내용이다.

② '1. 개요'에 따르면 부패영향평가 제도의 추진 근거는 부패방지권익위법 제28조 및 같은 법 시행령 제30조, 제31조, 제32조이므로 옳지 않은 내용이다.

④ '2. 평가 대상'에 따르면 법령 외에도 행정규칙, 자치법규 등이 평가 대상이 되므로 옳지 않은 내용이다.

⑤ '3. 평가 기준'에 따르면 작용 가능성 부문에서 3개의 항목, 내포 가능성 부문에서 3개의 항목, 발생 개연성 부문에서 2개의 항목, 통제 준비성 부문에서 3개의 항목을 평가하여 총 3 + 3 + 2 + 3 = 11개의 항목을 평가하므로 옳지 않은 내용이다.

05 직무능력 - 수리능력 정답 ④

응급 구조사 수는 2020년에 558 + 445 = 1,003명, 2021년에 532 + 476 = 1,008명, 2022년에 542 + 471 = 1,013명, 2023년에 513 + 483 = 996명, 2024년에 485 + 425 = 910명으로 2022년에 가장 많고, 2022년 이송 건수는 276,460건으로 300,000건 미만이므로 옳은 설명이다.

오답 체크

① 출동 건수가 가장 적은 해는 2022년, 이송 건수가 가장 적은 해는 2021년이므로 옳지 않은 설명이다.

② 2020년~2023년 평균 간호사 수는 (167 + 172 + 207 + 204) / 4 ≒ 188명으로 200명 미만이므로 옳지 않은 설명이다.

③ 구급차 1대당 출동 건수는 2023년에 543,430 / 177 ≒ 3,070건, 2024년에 567,430 / 183 ≒ 3,101건으로 2023년이 2024년보다 적으므로 옳지 않은 설명이다.

⑤ 전체 구급 대원에서 2급 응급구조사가 차지하는 비중은 2020년에 (445 / 1,375) × 100 ≒ 32.4%, 2021년에 (476 / 1,350) × 100 ≒ 35.3%, 2022년에 (471 / 1,455) × 100 ≒ 32.4%, 2023년에 (483 / 1,480) × 100 ≒ 32.6%, 2024년에 (425 / 1,510) × 100 ≒ 28.1%이므로 옳지 않은 설명이다.

06 직무능력 - 문제해결능력 정답 ③

업체별 할인 조건에 따르면 총비용은 다음과 같다.

구분	총비용
A 업체	(6,500 × 300) + (2,000 × 400) + (8,000 × 300) − (50,000 × 4) = 4,950,000원
B 업체	(7,500 × 300) + (2,500 × 250) + (7,000 × 300) = 4,975,000원
C 업체	(8,000 × 300) + (3,000 × 100) + (7,000 × 300) = 4,800,000원
D 업체	{(7,000 × 300) + (2,500 × 400) + (6,500 × 400)} × 0.85 = 4,845,000원
E 업체	(6,800 × 300) + (2,200 × 300) + (7,500 × 300) = 4,950,000원

따라서 사무용품을 주문할 업체는 C 업체이다.

07 직무능력 - 자원관리능력 정답 ③

제시된 자료에 따르면 제작해야 하는 물품 수량은 총 1,350개이고, 10일(월)부터 시작하여 19일(수)까지 물품 제작을 끝내야 한다. 1,350개의 물품을 제작하려면 유림산업은 1,350 / 150 = 9일이 소요되며, 일요일인 16일을 제외하고 10일(월)부터 19일(수)까지 제작을 진행해야 한다. 신설산업은 1,350 / 170 ≒ 8일이 소요되며, 토요일, 일요일인 15일과 16일을 제외하고 10일(월)부터 19일(수)까지 제작을 진행해야 한다. 손수산업은 1,350 / 165 ≒ 9일이 소요되며, 토요일인 15일을 제외하고 10일(월)부터 19일(수)까지 제작을 진행해야 한다. 유신산업은 1,350 / 120 ≒ 12일이 소요되므로 업무 일정 내에 물품 제작을 끝낼 수 없다. 설수산업은 1,350 / 180 = 7.5일이 소요되며, 일요일인 16일을 제외하고 10일(월)부터 18일(화)까지 제작을 진행해야 한다.

따라서 선정된 협력업체는 개당 공임이 가장 낮아 전체 공임 또한 가장 낮은 손수산업이며, 신 주임과 통화하는 담당자는 문병철 과장이다.

08 직무능력 - 의사소통능력 정답 ⑤

'-데-'가 곳, 장소, 일, 것, 경우 등의 의미로 사용되는 의존명사의 경우에는 한글 맞춤법 제42항에 따라 앞말과 띄어 사용해야 하므로 '극복하는데'로 붙여 쓰는 것은 적절하지 않다.

오답 체크

① ㉠의 앞에서 마음은 깨끗하거나 더럽다는 상대적인 구분에서 벗어났다고 하였으므로 상대적인의 반대 의미인 '절대적인'이 들어가는 것이 적절하다.

② 한글 맞춤법 제27항에 따라 '얽(다)+매다'는 '얽매다'가 되며 접미사 '-이-'가 붙어 피동형 '얽매이다'가 되므로 '얽매이지'로 고쳐 쓰는 것이 적절하다.

③ 서로 일치하지 않는 교리들 사이 공통된 진리를 찾아내야 한다고 하였으므로 '맞지 아니하고 서로 어긋남'의 의미인 '상충'으로 바꿔 쓰는 것이 적절하다.

④ 한글 맞춤법 제42항에 따르면 의존 명사는 앞말과 띄어 써야 하므로 '두 가지'로 띄어 쓰는 것이 적절하다.

09 직무능력 - 문제해결능력 정답 ⑤

면접 전형은 지원자의 50%가 합격하므로 지원자 12명 중 면접 점수와 보훈 점수를 합친 최종 점수가 높은 순으로 6명이 합격한다.

이때 평가 방법과 지원자별 면접관 점수를 토대로 도출한 면접 점수와 최종 점수는 다음과 같다.

지원자 코드	보훈 점수	면접 점수	최종 점수
A0823	3점	(90 + 83 + 82) / 3 = 85점	3 + 85 = 88점
B0915	8점	(81 + 83 + 82) / 3 = 82점	8 + 82 = 90점
A1017	5점	(75 + 83 + 73) / 3 = 77점	5 + 77 = 82점
C0530	10점	(69 + 74 + 79) / 3 = 74점	10 + 74 = 84점
A0715	8점	(81 + 87 + 75) / 3 = 81점	8 + 81 = 89점
B0321	3점	(89 + 85 + 90) / 3 = 88점	3 + 88 = 91점
B0930	5점	(83 + 78 + 85) / 3 = 82점	5 + 82 = 87점
C0518	0점	(78 + 84 + 81) / 3 = 81점	0 + 81 = 81점
A0810	1점	(89 + 88 + 84) / 3 = 87점	1 + 87 = 88점
C1205	0점	(74 + 80 + 83) / 3 = 79점	0 + 79 = 79점
B1121	10점	(75 + 69 + 78) / 3 = 74점	10 + 74 = 84점
C1211	3점	(71 + 80 + 80) / 3 = 77점	3 + 77 = 80점

이에 따라 최종 점수가 높은 순서대로 91점인 B0321, 90점인 B0915, 89점인 A0715, 88점인 A0823과 A0810, 87점인 B0930이 면접에 합격하며, 최종 점수가 동점인 A0823과 A0810의 경우 면접 점수가 87점으로 더 높은 A0810의 순위가 더 높다. 따라서 면접에 합격하는 지원자 코드를 높은 순위부터 차례로 나열하면 B0321 - B0915 - A0715 - A0810 - A0823 - B0930이다.

빠른 문제 풀이 Tip

선택지에 제시된 지원자 순서로 최종 점수를 계산한다.
가장 먼저 제시된 A0823, B0915, B0321의 최종 점수를 계산하면 A0823이 88점, B0915가 90점, B0321이 91점으로 B0321이 가장 높다. 이에 따라 선택지 ④, ⑤의 다른 부분인 네 번째로 제시된 A0823과 A0810의 최종 점수를 계산하면 둘 다 88점임에 따라 면접 점수가 더 높은 A0810에게 더 높은 순위가 매겨지므로 지원자별 최종 점수를 모두 구하지 않고 문제를 풀이할 수 있다.

10 직무능력 - 자원관리능력 정답 ③

1건당 상담 시간은 일반상담이 15분, 전문상담이 30분이므로 1시간(=60분)에 처리할 수 있는 상담 건수는 일반상담이 60/15=4건, 전문상담이 60/30=2건이며, 상담을 진행하는 시간은 정규 영업시간 내의 경우 점심시간 1시간을 제외하고 총 8시간이고, 연장근무 시에는 최대 9시간이다. 이에 따라 배치안별 하루에 처리할 수 있는 상담 건수를 계산하면 다음과 같다.

구분	정규 영업시간 내		연장근무 시	
	일반상담	전문상담	일반상담	전문상담
A안	3×4×8 =96건	2×2×8 =32건	3×4×9 =108건	2×2×9 =36건
B안	2×4×8 =64건	3×2×8 =48건	2×4×9 =72건	3×2×9 =54건
C안	1×4×8 =32건	4×2×8 =64건	1×4×9 =36건	4×2×9 =72건

이때 일반상담사는 일반상담만, 전문상담사는 전문상담과 일반상담 모두 진행할 수 있으므로 일반상담은 일반상담사가 하루에 처리할 수 있는 상담 건수보다 예약 건수가 많더라도 전문상담사가 일반상담을 진행할 수 있으나, 전문상담은 전문상담사가 하루에 처리할 수 있는 상담 건수보다 예약 건수가 많으면 예약 건수를 모두 처리할 수 없다. 또한, 전문상담사는 전체 상담 시간의 20% 미만까지만 일반상담을 진행할 수 있으므로 전문상담 예약 건수 43건을 모두 처리하는 데에 43×0.5=21.5시간이 필요하고, 전문상담사가 진행하는 일반상담에 소요되는 시간을 x라고 하면 $\{x/(21.5+x)\}\times100<20\%$ → $x<5.375$시간임에 따라 일반상담은 최대 5.375/0.25=21.5건 ≒ 21건까지만 진행할 수 있다.
따라서 C안을 선택할 경우 연장근무를 하더라도 일반상담은 최대 36+21=57건까지만 진행할 수 있어 예약된 상담 65건 중 65-57=8건은 처리할 수 없으므로 옳지 않은 내용이다.

오답 체크

① A안을 선택할 경우 연장근무를 하더라도 전문상담사가 하루에 처리할 수 있는 상담 건수보다 예약 건수가 더 많아 예약된 상담을 모두 처리할 수 없으므로 옳은 내용이다.

② B안을 선택할 경우 전문상담사가 전문상담 예약 건수를 모두 처리하고 난 후 (48-43)×0.5=2.5시간 내에 일반상담 1건만 15분동안 진행한다면 예약된 모든 상담을 정규 영업시간 내에 처리할 수 있으므로 옳은 내용이다.

④ 전문상담사의 상담시간 비율 제한이 없다면 정규 영업시간 내에 모든 상담을 처리할 수 있는 B안 또는 C안을 선택해야 하고, 총 상담사 수 5명 중 인건비가 저렴한 일반상담사 수가 더 많은 B안이 인건비를 최소화할 수 있으므로 옳은 내용이다.

⑤ 일반상담사와 전문상담사가 각각 점심시간을 제외하고 총 8시간 근무한다면, 받는 인건비는 전문상담사가 일반상담사보다 (35,000-22,000)×8=104,000원 더 많으므로 옳은 내용이다.

11 직무능력 - 문제해결능력 정답 ③

제시된 [입상 현황]에 따르면 '가'팀과 '라'팀의 순위 차이는 '다'팀과 '마'팀의 순위 차이와 같으므로 각각 1위와 2위, 3위와 4위로 순위 차이가 1이거나 1위와 3위, 2위와 4위로 순위 차이가 2이다. 또한 가, 다, 라, 마 네 팀의 순위가 모두 다르므로 '나'팀은 4위이고, '나'팀 또는 '라'팀이 J 기업 인턴십 기회를 부여받았으므로 '라'팀이 J 기업 인턴십 기회를 부여받았다. '라'팀이 받은 상금은 '다'팀이 받은 상금의 두 배이므로 '라'팀은 2위, '다'팀은 3위이다.

대상(1위)	최우수상(2위)	우수상(3위)	장려상(4위)
가 또는 마	라	다	가 또는 마, 나

따라서 우수상을 받은 팀은 3위인 '다'팀이다.

12 직무능력 - 자원관리능력 정답 ③

청구금액=당월 요금계+미납 요금+TV 수신료임을 적용하여 구한다.
이소령 고객의 계약 전력은 3kWh이므로 기본 요금과 전력량 요금을 저압 요금으로 계산하면, 당월 사용량이 210kWh이므로 기본 요금은 1,600원이고, 전력량 요금은 (93.3×200)+(187.9×10)=20,539원이다. 이에 따라 전기요금계는 1,600+20,539=22,139원이다. 이때 부가가치세는 전기요금계의 10%인 22,139×0.1=2,213.9원이므로 당월 요금계는 22,139+2,213.9+810=25,162.9원으로 원 단위 절사하면 25,160원이다.
따라서 이소령 고객의 6월분 전기요금 청구금액은 25,160+2,500=27,660원이다.

13 직무능력 - 문제해결능력 정답 ⑤

㉠ 자사 분석에서 첨단 기능성 소재와 친환경 소재 사용을 강화하고 있다고 하였으므로 이를 내세운 마케팅은 적절한 전략이다.

㉡ 경쟁사 분석에서 글로벌 스포츠웨어 브랜드와 가격 경쟁이 치열하다고 하였으므로 글로벌 스포츠웨어 브랜드와 경쟁에서 경쟁력을 확보하기 위해 자사 브랜드의 차별점을 정립하는 것은 적절한 전략이다.

㉢ 고객 분석에서 온라인 쇼핑 선호도가 높아지고 있다고 하였고 자사 분석에서 오프라인 매장과 온라인 스토어 간의 연계성을 강화하는 옴니채널 전략을 추진한다고 하였으므로 적절한 전략이다.

㉣ 경쟁사 분석에서 스마트웨어와 웨어러블 디바이스 시장이 경쟁 분야로 등장하였으므로 이에 대응하여 시장에 진출하는 것은 적절한 전략이다.

따라서 김 팀장이 선택할 전략으로 적절한 것은 ㉠, ㉡, ㉢, ㉣로 총 4개이다.

14 직무능력 - 수리능력 정답 ④

제시된 기간 동안 자가노동비의 평균은 가을 무가 (781,783 + 673,735 + 1,041,144) / 3 ≒ 832,221원, 고랭지 무가 (174,100 + 352,995 + 472,948) / 3 ≒ 333,348원으로 가을 무가 고랭지 무의 832,221 / 333,348 ≒ 2.5배이므로 옳지 않은 설명이다.

오답 체크

① 2023년 고랭지 무 경영비의 전년 대비 증가액은 1,529,151 - 1,249,093 = 280,058원이므로 옳은 설명이다.

② 2024년 가을 무 전체 생산비에서 토지자본 용역비가 차지하는 비중은 (114,679 / 2,343,480) × 100 ≒ 4.9%이므로 옳은 설명이다.

③ 2023년 고랭지 무 유동자본 용역비의 전년 대비 증가율은 {(15,555 - 12,065) / 12,065} × 100 ≒ 28.9%이므로 옳은 설명이다.

⑤ 고랭지 무 생산비가 많은 순서대로 비목명을 나열하면 그 순위는 2023년과 2024년 모두 경영비, 자가노동비, 토지자본 용역비, 고정자본 용역비, 유동자본 용역비 순이므로 옳은 설명이다.

15 직무능력 - 문제해결능력 정답 ①

정 씨의 나이는 19세, 연간 근로소득은 600만 원, 종합소득은 1,200만 원이므로 개인종합자산관리계좌의 비과세 한도가 400만 원이다. 정 씨가 개인종합자산관리계좌 내 상품을 모두 해지했을 때 얻는 순이익은 (2,000 - 2,200) + (3,000 - 2,800) + (2,500 - 2,000) = 500만 원이고, 비과세 한도는 400만 원임에 따라 400만 원을 초과한 500 - 400 = 100만 원에 대해 9.9%의 분리과세가 적용된다.

따라서 정 씨가 납부해야 하는 상품에 대한 세금은 100 × 0.099 = 9.9만 원 = 99,000원이다.

16 직무능력 - 자원관리능력 정답 ②

제시된 [출장 업무 일정 계획표]에 따르면 2월 16일 H 본부장은 부산 영업본부에서 농가 실익 증진 계획 회의를 하므로 부산 영업본부에서 출발해야 한다. 여의도에 위치한 본사에서 진행될 오후 5시 회의에 1시간 30분 일찍 도착해야 하므로 늦어도 오후 3시 30분까지는 본사에 도착해야 한다. 이에 따라 교통수단별 부산 영업본부에서 여의도 본사까지의 소요시간을 고려했을 때, 부산 영업본부에서 출발하는 시각과 여의도 본사에 도착하는 시각은 다음과 같다.

구분	총 소요시간	출발 시각	도착 시각
고속버스	5분 + 4시간 20분 + 35분 = 5시간	10:25	15:25
KTX	5분 + 2시간 40분 + 30분 = 3시간 15분	9:25	12:40
ITX-새마을	5분 + 4시간 40분 + 30분 = 5시간 15분	9:20	14:35
사내버스	5시간 20분	9:00	14:20

따라서 H 본부장은 2월 16일 업무를 최대한으로 진행하다가 출발하므로 부산 영업본부에서 10시 25분에 출발해야 한다.

17 직무능력 - 수리능력 정답 ④

전체 축산 귀농 가구 수는 A 지역이 4 + 38 + 9 + 41 + 29 + 45 + 31 = 197가구, B 지역이 49 + 45 + 25 + 15 + 39 + 35 + 46 = 254가구, C 지역이 48 + 11 + 43 + 36 + 29 + 34 + 50 = 251가구, D 지역이 18 + 37 + 42 + 42 + 25 + 28 + 36 = 228가구, E 지역이 18 + 18 + 46 + 19 + 7 + 12 + 44 = 164가구로 B 지역이 가장 많고, E 지역이 가장 적다.

따라서 B 지역과 E 지역의 전체 축산 귀농 가구 수 차이는 254 - 164 = 90가구이다.

18 직무능력 - 문제해결능력 정답 ①

제시된 [평가 및 선정 방법]에 따라 평가한 평가점수는 다음과 같다.

구분	터키 레스토랑	일본 레스토랑	중국 레스토랑	한국 레스토랑	러시아 레스토랑
1인당 가격	3	4	2	5	1
분위기	4	3	1	2	5
국적 일치 여부	3	3	0	0	3
합계	10	10	3	7	9

이때, 터키 레스토랑과 일본 레스토랑의 평가점수의 총점이 동점이므로 둘 중 할인이 되는 터키 레스토랑으로 최종 선정한다. 따라서 외국인 바이어들과 함께 갈 레스토랑은 터키 레스토랑이다.

19 직무능력 - 의사소통능력 정답 ①

J 주임은 9/21(화) 오전 11시부터 12시까지 금융교육 홍보 이벤트 기획 관련 부서별 담당자 회의에 참석해야 하며, E 사원이 9/21(화) 12시까지 금융교육 홍보 자료 인쇄물 제작을 요청할 수 있도록 한다고 하였으므로 오전 중으로 최종 검토를 완료해야 한다. 따라서 오전 11시부터 12시까지 진행되는 회의에 참석하기 전에 'E 사원이 제작한 금융교육 홍보 자료 초안을 최종 검토하는 업무'를 제일 먼저 완료하는 것이 가장 적절하다.

20 직무능력 - 수리능력 정답 ④

[채무자 A의 상황]에 따르면 3년 동안 72,000,000원을 연 4.5%의 금리로 대출하였고, 원금 및 이자상환 방식은 원리금균등분할상환이므로 매월 상환해야 하는 금액은 원금이 72,000,000 / 36 = 2,000,000원, 이자가 (72,000,000 × 0.045) / 12 = 270,000원이므로 총 2,000,000 + 270,000 = 2,270,000원이다.
이때 A는 연체가 발생하였으므로 [N 은행 △△대출 상품 안내문]에 따라 납부일에 상환하지 않은 금액에 대한 지연배상금과 대출기간 만료일에 상환하지 못한 대출금 잔액에 대한 지연배상금이 부과된다. A는 대출기간 만료일인 36회차에 이자와 분할상환원리금을 납부하지 못했고 해당 금액에 대한 연체일수는 73일이므로 지연배상금률은 73 × (4.5 + 3) / 365 = 1.5%이다. 이는 15% 미만이므로 지연배상금률 1.5%를 36회차에 납부해야 할 금액에 적용하면 2,270,000원에 대한 지연배상금은 2,270,000 × 0.015 = 34,050원이다. 또한 대출기간 만료일에 채무를 이행하지 않은 경우, 그다음 날부터 대출금 잔액에 대하여 지연배상금이 부과되므로 대출금 잔액인 72,000,000 - (2,000,000 × 35) = 2,000,000원에 대한 지연배상금은 2,000,000 × 0.015 = 30,000원이다.
따라서 연체가 발생한 지 73일째 되는 날 A가 납부해야 할 지연배상금은 34,050 + 30,000 = 64,050원이다.

21 직무능력 - 문제해결능력 정답 ⑤

제시된 [유채꽃밭 조성 사업 지침]에 따르면 각 조가 하루에 작업할 수 있는 시간은 6시간이다. 각 조는 성별과 연령대 비율이 모두 같아야 하므로 각 조에서 60세 이상~65세 미만인 남자는 75 / 5 = 15명, 65세 이상~70세 미만인 남자는 50 / 5 = 10명, 70세 이상인 남자는 30 / 5 = 6명이고, 60세 이상~65세 미만인 여자는 85 / 5 = 17명, 65세 이상~70세 미만인 여자는 40 / 5 = 8명, 70세 이상인 여자는 25 / 5 = 5명이다. 이에 따라 각 조가 하루에 유채꽃밭을 조성할 수 있는 면적의 총합은 {(15 × 0.3) + (10 × 0.2) + (6 × 0.2) + (17 × 0.5) + (8 × 0.3) + (5 × 0.2)} × 60 × 6 = 7,056m^2이다.
따라서 14만m^2의 유채꽃밭을 조성하기 위해 공공근로자가 근무하는 일수는 140,000 / 7,056 ≒ 20일이다.

22 직무능력 - 자원관리능력 정답 ⑤

제시된 조건에 따르면 6명 중 경력사원 1명만 회계팀에 배치되므로 A 또는 B만 회계팀에 배치되고, 병은 인사팀에 배치되고, B는 인사팀에 배치되지 않는다. 또한, 경영지원팀에는 신입사원 2명만 배치되거나 경력사원만 1명 배치되고, 정이 기획팀에 배치되거나 갑이 경영지원팀에 배치된다. 이때, 정이 기획팀에 배치되면 갑도 기획팀에 배치되므로 신입사원 2명이 경영지원팀에 배치될 수 없어 경영지원팀에 배치되는 사람은 A 또는 B이다. 갑이 경영지원팀에 배치되면 을은 기획팀에 배치되고 신입사원 2명이 경영지원팀에 배치되어야 하므로 정이 경영지원팀에 배치된다. 이에 따라 회계팀에 배치되는 사람에 따른 경우는 다음과 같다.

경우 1. 회계팀에 배치되는 사람이 A일 경우

경영지원팀	기획팀	인사팀	회계팀
정, 갑	을, B	병	A
B	정, 갑	병, 을	A
B	정, 갑, 을	병	A

경우 2. 회계팀에 배치되는 사람이 B일 경우

경영지원팀	기획팀	인사팀	회계팀
정, 갑	을, A	병	B
정, 갑	을	병, A	B
A	정, 갑	병, 을	B
A	정, 갑, 을	병	B

따라서 인사팀에는 3명이 배치될 수 없으므로 항상 거짓인 설명이다.

오답 체크

① B는 기획팀에 배치될 수 있으므로 항상 거짓인 설명은 아니다.

② 갑은 기획팀 또는 경영지원팀에 배치되므로 항상 참인 설명이다.

③ 경영지원팀에는 2명이 배치될 수 있으므로 항상 거짓인 설명은 아니다.

④ 병은 혼자 배치될 수 있으므로 항상 거짓인 설명은 아니다.

23 직무능력 - 문제해결능력 정답 ④

9월 21일까지 두 가지 소스를 모두 보유하여 감정소비비용은 적용되지 않으며, 9월 22일에 M 카드로 케첩을 구매하면 30% 할인이 적용되어 160,000 × 0.7 = 112,000원이다. 또한, 9월 28일에 마요네즈를 소진하여 10월 10일에 마요네즈를 추가 구매하면 9월 28일부터 10월 9일까지 총 12일 동안 마요네즈의 감정소비비용 12 × 8,000 = 96,000원이 적용되며, 10월 10일에 Q 카드로 마요네즈를 추가 구매하면 20% 할인이 적용되어 250,000 × 0.8 = 200,000원임에 따라 총비용은 112,000 + 96,000 + 200,000 = 408,000원이므로 옳지 않은 설명이다.

오답 체크

① 8월 15일에 케첩을 소진하여 8월 22일에 케첩을 구매하면 8월 15일부터 8월 21일까지 총 7일 동안 케첩의 감정소비비용 7 × 6,000 = 42,000원이 적용되며, 8월 22일에 M 카드로 케첩을 구매하면 30% 할인이 적용되어 160,000 × 0.7 = 112,000원이다. 또한, 9월 8일까지 두 가지 소스를 모두 보유하여 감정소비비용은 적용되지 않으며, 9월 9일에 Q 카드로 두 가지 소스를 추가 구매하면 20% 할인이 적용되어 (160,000 + 250,000) × 0.8 = 328,000원임에 따라 총비용은 42,000 + 112,000 + 328,000 = 482,000원이므로 옳은 설명이다.

② 4월 6일에 두 가지 소스를 모두 소진하여 4월 12일에 케첩을 구매하면 4월 6일부터 4월 11일까지 총 6일 동안 케첩의 감정소비비용 6 × 6,000 = 36,000원이 적용되며, 4월 12일에 Q 카드로 케첩을 구매하면 할인이 적용되지 않아 160,000원이다. 또한, 4월 22일에 마요네즈를 추가 구매하면 4월 6일부터 4월 21일까지 총 16일 동안 마요네즈의 감정소비비용 16 × 8,000 = 128,000원이 적용되며, 4월 22일에 M 카드로 마요네즈를 추가 구매하면 30% 할인이 적용되어 250,000 × 0.7 = 175,000원임에 따라 총비용은 36,000 + 160,000 + 128,000 + 175,000 = 499,000원이므로 옳은 설명이다.

③ 11월 3일에 마요네즈를 소진하여 11월 11일에 두 가지 소스를 모두 구매하면 11월 3일부터 11월 10일까지 총 8일 동안 마요네즈의 감정소비비용 8 × 8,000 = 64,000원이 적용되며, 11월 11일에 Q 카드로 두 가지 소스를 모두 구매하면 20% 할인이 적용되어 (160,000 + 250,000) × 0.8 = 328,000원이다. 또한, 12월 11일까지 두 가지 소스를 모두 보유하여 감정소비비용은 적용되지 않으며, 12월 12일에 Q 카드로 마요네즈를 추가 구매하면 20% 할인이 적용되어 250,000 × 0.8 = 200,000원임에 따라 총비용은 64,000 + 328,000 + 200,000 = 592,000원이므로 옳은 설명이다.

⑤ 7월 16일까지 두 가지 소스를 모두 보유하여 감정소비비용은 적용되지 않으며, M 카드로 마요네즈를 구매하면 할인이 적용되지 않아 250,000원이다. 또한, 7월 21일까지 두 가지 소스를 모두 보유하여 감정소비비용은 적용되지 않으며, 7월 22일에 M 카드로 두 가지 소스를 모두 추가 구매하면 30% 할인이 적용되어 (160,000 + 250,000) × 0.7 = 287,000원임에 따라 총비용은 250,000 + 287,000 = 537,000원이므로 옳은 설명이다.

24 직무능력 - 자원관리능력 정답 ④

승진 후보자 A의 전체 점수는 (85 × 0.3) + (90 × 0.3) + {(75 × 0.2 + 55 × 0.3 + 70 × 0.2 + 45 × 0.3) × 0.4} = 76.1점, 승진 후보자 B의 전체 점수는 (95 × 0.3) + (75 × 0.3) + {(50 × 0.2 + 100 × 0.3 + 45 × 0.2 + 100 × 0.3) × 0.4} = 82.6점, 승진 후보자 C의 전체 점수는 (90 × 0.3) + (85 × 0.3) + {(55 × 0.2 + 70 × 0.3 + 80 × 0.2 + 70 × 0.3) × 0.4} = 80.1점, 승진 후보자 D의 전체 점수는 (80 × 0.3) + (95 × 0.3) + {(85 × 0.2 + 90 × 0.3 + 65 × 0.2 + 75 × 0.3) × 0.4} = 84.3점이다. 승진 후보자 E는 진급 시험 과목 중 수학이 35점으로 과락이므로 승진 대상자에서 제외된다.

따라서 5명의 승진 후보자 중 승진 대상자로 선정되는 사람은 D이다.

25 직무능력 - 의사소통능력 정답 ④

3문단에서 밀레투스학파의 대표 철학자인 탈레스는 물을 만물의 근원으로 여겼으며, 하나의 근원 물질이 변화하여 다른 사물을 만들고 다시 이것이 소멸과 생성을 반복한다고 주장하였으므로 밀레투스학파의 탈레스가 땅을 근원 물질로 여겨 땅이 변화하여 다른 사물을 만들어 낸다고 여긴 것은 아님을 알 수 있다.

오답 체크

① 4문단에서 엘레아학파는 자연 철학에 기반을 두기보다 신비주의적이고 형이상학적 철학을 중심으로 한 분파라고 하였으므로 적절한 내용이다.

② 2문단에서 이오니아학파라고도 불리는 밀레투스학파는 소크라테스 이전 시기의 그리스 철학 중 가장 오래된 분파로 평가받는다고 하였으므로 적절한 내용이다.

③ 5문단에서 엘레아학파는 변증법을 반대하는 주장을 펼쳤으나 오히려 변증법 발전에 영향을 미쳤다고 하였으므로 적절한 내용이다.

⑤ 1문단에서 소크라테스 이전 주요 철학 사상으로 활약한 철학 사상은 지역과 이론을 기준으로 크게 밀레투스학파와 엘레아학파로 구분되었다고 하였으므로 적절한 내용이다.

26 직무능력 - 수리능력 정답 ②

지역별 봉사활동 참여 인원이 많은 지역부터 순서대로 나열하면, 2분기와 3분기 모두 A 지역, G 지역, B 지역, C 지역, E 지역, D 지역, H 지역, F 지역으로 동일하므로 옳지 않은 설명이다.

오답 체크

① 2분기 대비 4분기 봉사활동 참여 인원이 감소하는 A 지역과 증감 방향이 다른 지역은 F 지역 1곳뿐이므로 옳은 설명이다.

③ H 지역 대비 B 지역의 봉사활동 참여 인원의 비율은 1분기에 58,290 / 11,581 ≒ 5.0, 2분기에 76,057 / 18,768 ≒ 4.1, 3분기에 73,856 / 16,982 ≒ 4.3, 4분기에 72,321 / 17,152 ≒ 4.2이므로 옳은 설명이다.

④ 1분기 대비 4분기 F 지역의 봉사활동 참여 인원은 {(2,254 - 1,452) / 1,452} × 100 ≒ 55.2% 증가하였으므로 옳은 설명이다.

⑤ 2분기 이후 E 지역의 봉사활동 참여 인원이 직전 분기 대비 처음으로 감소한 분기는 4분기로, 4분기의 전체 봉사활동 참여 인원은 직전 분기 대비 661,494 - 587,217 = 74,277명 감소하였으므로 옳은 설명이다.

27 직무능력 - 자원관리능력 정답 ①

[제품 평가 기준]에 따라 평가 점수는 항목별 평가 점수의 총합으로 구하고, 항목별 평가 점수는 항목별 테스트 점수에 항목별 가중치를 곱하여 구한다. 이때, A 등급 이상인 제품은 평가 점수가 8점 이상이므로 제품별 평가 점수를 계산하면 다음과 같다.

구분	외관 점수	무게 점수	크기 점수	색상 점수	성능 점수	평가 점수
샘플1	1점	0.8점	1.8점	1.8점	2.1점	7.5점
샘플2	0.5점	0.7점	1.8점	2.1점	2.4점	7.5점
샘플3	1점	0.9점	1.2점	2.1점	2.7점	7.9점
샘플4	1점	0.6점	1.6점	2.7점	1.5점	7.4점

따라서 A 등급 이상인 샘플 제품의 개수는 0개이다.

28 직무능력 - 문제해결능력 정답 ③

제시된 [영화 선정 기준]에 따르면 가와 나 중 한 브랜드는 누적 관객 수가 가장 많은 영화를 선정하므로 누적 관객 수가 가장 많은 D 영화를 선정한다. 가 브랜드가 D 영화를 선정할 경우, 나 브랜드는 D 영화보다 최근에 개봉한 영화를 선정하므로 D 영화보다 늦게 개봉한 A 영화를 선정해야 하지만, 이는 가 브랜드가 나 브랜드보다 상영 횟수가 많은 영화를 선정한다는 기준에 부합하지 않으므로 가 브랜드는 D 영화를 선정하지 않고 나 브랜드가 D 영화를 선정한다. 이때, 가 브랜드는 시청 연령대가 15세 이상인 영화를 선정하므로 A 또는 C 영화를 선정할 수 있으며 둘 중 D 영화보다 이전에 개봉한 C 영화를 선정한다. 따라서 가 브랜드가 선정한 C 영화는 상영 횟수가 가장 많으므로 항상 옳은 설명이다.

29 직무능력 - 수리능력 정답 ②

2015년부터 2018년까지 1달러당 환율의 전년 대비 증감 추이가 매년 변하는 국가는 일본이고 2014년에 1달러당 일본 화폐는 105.94Yen이므로 100달러만큼 구매할 때 사용한 금액은 100 × 105.94 = 10,594Yen이다.
따라서 2018년에 1달러당 일본 화폐는 110.42Yen이므로 2014년에 100달러를 구매한 동일한 금액으로 2018년에 구매할 수 있는 달러는 10,594 / 110.42 ≒ 95.9달러이다.

30 직무능력 - 정보능력 정답 ⑤

제시된 조건에 따르면 sum은 0부터 시작하고, count는 1부터 시작하며, count가 20 이상이거나 sum이 30 이상인 경우까지 while문을 반복한다. 이때 sum은 기존 sum 값에 count 값을 더하여 새로운 sum 값이 되고, count는 기존 count 값에 3을 더하여 새로운 count 값이 된다. 이에 따라 회차별 count 값과 sum 값은 다음과 같다.

구분	0회 차	1회 차	2회 차	3회 차	4회 차	5회 차
sum	0	1	5	12	22	35
count	1	4	7	10	13	16
부울값	True	True	True	True	True	False

이때, sum 값은 25가 나오지 않으므로 break문은 발동되지 않으며, 5회 차에 while문의 특정 조건인 sum이 30 이상이 되어 부울값이 False가 되므로 whlie문은 종료되고, 출력 함수인 print에 따라 sum 값이 출력된다.
따라서 파이썬 3의 출력값은 35이다.

31 직무능력 - 수리능력 정답 ③

비경제활동인구는 6월에 전월 대비 감소하고, 7월부터 매월 전월 대비 증가하므로 옳지 않은 설명이다.

오답 체크

① 고용률 = (취업자 / 생산가능인구) × 100으로 분자에 위치한 취업자 수가 증가하고, 분모에 위치한 생산가능인구수가 감소하면 고용률은 증가하므로 옳은 설명이다.

② 8월의 실업률은 {996 / (26,528 + 996)} × 100 ≒ 3.6%로 2024년 실업률이 두 번째로 큰 달은 4.3%인 3월이므로 옳은 설명이다.

④ 11월 생산가능인구는 26,592 + 854 + 16,091 = 43,537천 명이므로 옳은 설명이다.

⑤ 2024년 월별 경제활동참가율의 최솟값은 61.1%이므로 옳은 설명이다.

32 직무능력 - 의사소통능력 정답 ①

'몇'은 관형사, '년'은 의존 명사로 관형사와 의존 명사는 띄어 써야 하므로 '몇 년'으로 띄어 써야 한다. 또한 기간을 나타내는 말 뒤에 붙은 '간'은 접미사로 앞말인 '년'에 붙여 적어야 함에 따라 올바른 표기는 '몇 년간'이므로 적절하지 않다.

오답 체크

② 학생이 경영학, 공학 및 IT 관련 전공에서 높은 비율을 가지고 있다고 하였으므로 사물이나 공간, 지위 따위를 자기 몫으로 가진다는 의미의 '차지'로 바꿔 쓰는 것이 적절하다.

③ 한글 맞춤법 제11항에 따라 모음이나 'ㄴ' 받침 뒤에 이어지는 '렬', '률'은 '열', '율'로 적으므로 '출석률'로 고치는 것이 적절하다.

④ 앞 내용에 따르면 외부 채용이 진행되는 상황은 교내 학생들 중 지원하는 인원이 부족할 때이므로 '추가 인원이 필요할 경우'를 추가하는 것이 적절하다.

⑤ 영어 또는 제2외국어로 진행되는 수업을 통해 교수진과 학생 간의 소통을 강화한다고 하였으므로 모양이나 규모 따위를 더 크게 한다는 의미의 '확대'가 들어가는 것이 적절하다.

33 직무능력 - 수리능력 정답 ②

2024년 교원 1인당 학생 수는 B 지역이 592,113 / 34,555 ≒ 17.1명, G 지역이 182,827 / 13,091 ≒ 14.0명으로 B 지역이 G 지역보다 많으므로 옳은 설명이다.

오답 체크

① 2022년 이후 D 지역 교원 수의 전년 대비 증감 추이는 2022년에 감소, 2023년에 증가, 2024년에 감소하였고, F 지역 교원 수의 전년 대비 증감 추이는 2022년과 2023년에 증가, 2024년에 감소하여 서로 동일하지 않으므로 옳지 않은 설명이다.

③ 2022년부터 2024년까지 E 지역의 평균 학생 수는 (331,665 + 323,605 + 313,463) / 3 = 322,911명으로 324,000명 미만이므로 옳지 않은 설명이다.

④ 2021년 A 지역과 C 지역 교원 수의 합은 96,185 + 27,306 = 123,491명이므로 옳지 않은 설명이다.

⑤ 제시된 기간 중 D 지역 교원 수가 가장 적은 2022년에 E 지역 학생 수는 전년 대비 {(341,377 − 331,665) / 341,377} × 100 ≒ 2.8% 감소하여 5% 이상 감소하지 않았으므로 옳지 않은 설명이다.

빠른 문제 풀이 Tip

② 두 분수의 크기를 비교할 때, 분자와 분모의 차이를 각각 비교한다.
분자 간의 비율이 분모 간의 비율보다 클수록 분수는 커진다. 분자에 해당하는 학생 수는 B 지역이 G 지역의 592,113 / 182,827 ≒ 3.24배임에 따라 3배 이상이고, 분모에 해당하는 교원 수는 B 지역이 G 지역의 34,555 / 13,091 ≒ 2.64배임에 따라 3배 미만이므로 교원 1인당 학생 수는 B 지역이 G 지역보다 많은 것을 알 수 있다.

⑤ 학생 수의 1%는 학생 수를 100으로 나눈 값임을 이용하여 계산한다. 2022년 E 지역 학생 수는 전년 대비 341,377 − 331,665 = 9,712명 감소하였고, 2021년 E 지역 학생 수의 1%는 약 3,400명으로 5%는 17,000명 이상임에 따라 2022년 E 지역 학생 수는 전년 대비 5% 이상 감소하지 않은 것을 알 수 있다.

[34 - 35]

34 직무능력 - 문제해결능력 정답 ⑤

부에노스아이레스 지사의 '프론트엔드 개발' 업무는 6시간이 소요되므로 7월7일 오전 8시에 시작하여 7월7일 오후 3시에 완료되며, 그리니치 표준시에 따르면 서울은 부에노스아이레스보다 14시간 빠르므로 '프론트엔드 개발' 업무는 서울 시각 기준으로 7월 8일 오전 5시에 완료된다. 또한 업무 프로세스에 따르면 모든 지사는 근무시간 외의 시간에는 업무를 진행하지 않으므로 서울 지사는 7월 8일 오전 9시에 업무를 시작한다. 서울 지사의 '백엔드 개발' 업무는 15시간이 소요되므로 7월 8일 오전 9시에 시작하여 7월 9일 오후 5시에 완료되며, 베를린은 서울보다 8시간 느리므로 '백엔드 개발' 업무는 베를린 시각 기준 7월 9일 오전 9시에 완료된다. 이에 따라 베를린 지사의 '품질 구현 및 테스트' 업무는 4시간이 소요되므로 7월 9일 오전 9시에 시작하여 7월 9일 오후 2시에 완료된다.

구분	부에노스아이레스 지사	서울 지사	베를린 지사
업무 시작 시각	7월 7일 오전 8시	7월 8일 오전 9시	7월 9일 오전 9시
업무 종료 시각	7월 7일 오후 3시	7월 9일 오후 5시	7월 9일 오후 2시

따라서 베를린 지사에서 '품질 구현 및 테스트 업무'가 완료되는 베를린 현지 시각은 7월 9일 오후 2시이다.

35 직무능력 - 문제해결능력 정답 ④

베를린 지사에서 '품질 구현 및 테스트' 업무가 완료되는 시각은 7월9일 오후 2시이다. 따라서 출발 시각이 7월9일 오후 1시 30분인 A 항공편은 탑승할 수 없으므로 소거된다. 또한, 베를린에서 하노이로 가는 D 항공편의 경우 베를린 시각 기준 7월 9일 오후 2시 30분에 출발하여 7월 10일 오전 12시 40분에 도착하며, 하노이는 베를린보다 6시간 빠르므로 하노이 시각 기준으로 7월 10일 오전 6시 40분에 하노이에 도착한다. 이에 따라 D 항공편을 탑승한 경우 출발 시각이 7월10일 오전 6시 30분인 E 항공편은 탑승할 수 없으므로 소거된다.

B, C, D, F 항공편의 총 비행시간과 출발 시각 및 도착 시각은 다음과 같다.

구분	총 비행 시간	출발 시각 (출발지 시각)	도착 시각 (출발지 시각)	도착 시각 (도착지 시각)	항공권 비용
B	14시간 50분	7월 9일 오후 5시 45분	7월10일 오전 8시 35분	7월 10일 오후 4시 35분	1,264,000원
C	13시간 30분	7월 9일 오후 6시 30분	7월 10일 오전 8시	7월 10일 오후 4시	1,415,000원
D	10시간 10분	7월 9일 오후 2시 30분	7월 10일 오전 12시 40분	7월 10일 오전 6시 40분	876,000원
F	4시간 40분	7월 10일 오전 8시 20분	7월 10일 오후 1시	7월 10일 오후 3시	535,000원

따라서 서울에 가장 일찍 도착하는 항공편은 D 항공편과 F 항공편이며, 이때 전 팀장의 항공권 비용은 876,000 + 535,000 = 1,411,000원이다.

36 직무능력 - 자원관리능력 정답 ④

[전기설비 4월 점검일지]에 따르면 점검을 실시한 날에 음영 표시하며, 점검은 점검 항목별로 항상 같은 주기로 이루어지므로 점검 항목별 4월 점검일지를 나타내면 다음과 같다.

점검항목	점검주기	마지막 점검 일자	21일 이후 점검 일자
차단기 누유 상태	2일 간격	19일	21일, 23일, 25일, 27일, 29일
변압기 누유 상태	2일 간격	20일	22일, 24일, 26일, 28일, 30일
개폐기휴즈 이상 유무	2일 간격 이틀 연속	20일	22일, 23일, 25일, 26일, 28일, 29일
전동기 부하전류	2일 간격 이틀 연속	20일	21일, 23일, 24일, 26일, 27일, 29일, 30일
발전기 엔진오일	6일 간격	16일	22일, 28일
축전지 전해액 온도	7일 간격	16일	23일, 30일
축전지 접속단자	10일 간격	11일	21일
발전기 동작 상태	13일 간격	16일	29일
변압기 큐티클 상태	9일 간격	19일	28일
피뢰침 접지선 점검	11일 간격	13일	24일

따라서 21일 이후 발전기 동작 상태는 29일에 점검하므로 4월 28일에 점검하게 될 항목으로 적절하지 않다.

37 직무능력 - 문제해결능력 정답 ④

[팀 인원 정보]에 따르면 기획팀의 재직 인원은 4명이고, [회의실 정보]에 따르면 3 회의실은 10명까지 수용할 수 있으므로 10/11(수) 기획팀은 적절한 회의실을 예약하였지만, [10월 팀별 일정]에 따르면 기획팀의 옥외 광고물 기획 회의 일정은 10/11(수) 오후 1시~오후 2시이고, [10월 회의실 예약 일정]에서 10/11(수) 일정이 11:00~12:00로 작성되어 있다.

따라서 팀별 일정과 다르게 작성되어 수정이 필요한 날짜는 10/11(수)이다.

38 직무능력 - 자원관리능력 정답 ②

대화 내용에 따르면 자기 계발 교육 프로그램에 참여하는 인원은 기존 워크숍 참여 인원 23명에 대표가 추가되어 총 24명이고, '강점의 실전 적용' 프로그램은 최소 인원이 25명이지만 교육 비용을 최소 인원만큼 결제한다면 프로그램 진행이 가능하다고 하여 워크숍에서 '강점의 실전 적용' 프로그램을 진행하기로 결정하였다. 이에 따라 필요한 교육 비용은 48,000 × 25 = 1,200,000원이고, 교재 및 교구 비용은 인원수만큼 구입이 가능하다고 하였으므로 15,000 × 24 = 360,000원이며 중식 식대는 고려하지 않는다.

따라서 워크숍 일정에 교육 프로그램을 추가하는 데 필요한 총 금액은 1,200,000 + 360,000 = 1,560,000원이다.

39 직무능력 - 자원관리능력 정답 ④

V_0를 현재가치, I_t를 t기의 액면이자, F를 액면가, n을 만기까지의 기간, r을 만기수익률이라고 하면 $V_0 = \frac{I_1}{(1+r)} + \frac{I_2}{(1+r)^2} + \cdots + \frac{I_n + F}{(1+r)^n}$임을 적용하여 구한다.

채권 A는 액면가가 10,000원, 표면금리가 연 8.8%, 만기가 3년, 만기수익률이 10%이고, 1년마다 이자가 지급되므로 $I_t = 10{,}000 \times 0.088 = 880$, $F = 10{,}000$, $n = 3$, $r = 0.1$이다.

따라서 채권 A의 현재가치는 $V_0 = \frac{880}{(1+0.1)} + \frac{880}{(1+0.1)^2} + \frac{880 + 10{,}000}{(1+0.1)^3} ≒ 800.0 + 727.3 + 8{,}174.3 ≒ 9{,}701.6$원이다.

40 직무능력 - 수리능력 정답 ①

철승이가 원화를 달러로 환전할 때의 환율은 1달러당 1,450원, 달러를 원화로 환전할 때의 환율은 1달러당 1,425원임을 적용하여 구한다.

철승이는 미국으로 여행을 떠나기 전 원화 580만 원 = 5,800,000원을 달러로 환전하였으므로 철승이가 환전하여 받은 달러는 5,800,000 / 1,450 = 4,000달러이고, 미국에서 3,325달러를 사용하였으므로 남은 달러는 4,000 - 3,325 = 675달러이다.

따라서 철승이가 한국에 돌아와 달러를 환전하여 받은 원화는 675 × 1,425 = 961,875원이다.

41 직무능력 - 의사소통능력 정답 ③

눈치를 중요시하는 의사소통을 미덕이라고 하는 것은 잘못된 선입견이며, 비즈니스 현장에서 필요한 것은 비언어적·묵시적 의사소통만을 중시하는 태도보다는 정확한 업무처리이므로 적절하지 않은 내용이다.

오답 체크

① 경청은 능동적인 의미의 탐색으로 의사소통을 하는 양쪽 모두가 같은 주제에 관해 생각하고 있다는 것을 의미하므로 적절한 내용이다.

② 피드백은 상대방에게 행동을 개선할 기회를 제공해 줄 수 있으며 의사소통의 왜곡에서 오는 오해와 부정확성을 줄이고 메시지의 내용이 실제로 어떻게 해석되고 있는가를 조사할 수 있으므로 적절한 내용이다.

④ 감정에 지나치게 몰입하게 되면, 의사소통 과정에서 상대방의 메시지를 오해하기 쉽고, 전달하고자 하는 의사를 명확하게 표현하지 못할 경우가 많으므로 적절한 내용이다.

⑤ 집단 내의 의사소통에서는 듣는 사람을 고려하여 명확하고 이해 가능한 어휘를 주의 깊게 사용해야 하며 상황에 따라 용어를 신중하게 선택하는 방식이 필요하므로 적절한 내용이다.

42 직무능력 - 자원관리능력 정답 ②

[프로젝트 정보]에 따르면 프로젝트에 투입할 수 있는 전문 인력은 총 9명이고, 프로젝트별 필수 전문 인력 인원수가 투입된다면, 모든 프로젝트는 개별로 진행될 수 있다. 또한, 전문 인력은 어떤 프로젝트에도 투입될 수 있지만 두 개 이상의 프로젝트에 동시에 투입될 수는 없다. [진행 예정 프로젝트]에서 필수 전문 인력 인원이 가 프로젝트는 4명, 나 프로젝트는 5명, 다 프로젝트는 3명, 라 프로젝트는 7명으로 '라 프로젝트'는 다른 프로젝트와 동시에 진행할 수 없으므로 전문 인력 9명은 '가 프로젝트와 나 프로젝트' 또는 '가 프로젝트와 다 프로젝트' 또는 '나 프로젝트와 다 프로젝트'를 동시에 진행할 수 있다. 동시에 진행할 수 있는 프로젝트에 따라 소요되는 총 기간은 다음과 같다.

경우 1. 가 프로젝트와 나 또는 다 프로젝트를 동시에 진행하는 경우

<table>
<tr><td colspan="2">가(5일)</td><td>(6일)</td><td rowspan="2">라(10일)</td></tr>
<tr><td>나(4일)</td><td colspan="2">다(7일)</td></tr>
</table>

경우 2. 다 프로젝트와 가 또는 나 프로젝트를 동시에 진행하는 경우

<table>
<tr><td colspan="2">다(7일)</td><td>(2일)</td><td rowspan="2">라(10일)</td></tr>
<tr><td>가(5일)</td><td colspan="2">나(4일)</td></tr>
</table>

이때, 프로젝트 진행 순서는 총 기간이 가장 짧게 소요되도록 진행한다.

따라서 진행 예정인 프로젝트가 모두 완료되기까지 소요되는 총 기간은 19일이다.

43 직무능력 - 정보능력 정답 ③

최종 에너지원별 가정용 에너지 소비량의 합계가 1,200 이상인 달의 개수를 구하기 위해서는 합계 행에서 셀값이 1,200 이상인 셀의 개수를 반환해야 한다. 이에 따라 지정한 범위의 셀값 중 조건에 만족하는 셀의 개수를 반환할 때 사용하는 함수인 COUNTIF를 사용한다.

따라서 COUNTIF 함수식인 '=COUNTIF(지정한 범위, 조건식)'을 적용하면 '=COUNTIF(B9:G9, ">=1200")'이다.

구분	내용	적용
지정한 범위	조건에 만족하는 셀의 개수를 구할 범위인 최종 에너지원별 가정용 에너지 소비량의 월별 합계	B9:G9
조건식	셀값이 1,200 이상인 셀의 개수를 구하는 수식	>=1200

더 알아보기

함수	설명
SUMIF	지정한 범위의 셀값 중 조건에 만족하는 셀의 합을 구할 때 사용하는 함수 식 =SUMIF(지정한 범위, 조건식, 합을 구할 범위)

44 직무능력 - 수리능력 정답 ③

2017년 전국 예금은행 예금액에서 부산 예금은행 예금액이 차지하는 비중은 (8,177 / 130,556) × 100 ≒ 6.3%이므로 옳은 설명이다.

오답 체크

① 2017년 이후 전국 예금은행 예금액의 전년 대비 증감 추이는 매년 증가하였고, 2017년 이후 예금은행 예금액이 전년 대비 매년 증가한 특·광역시는 서울, 인천, 대전, 대구 총 4곳이므로 옳지 않은 설명이다.

② 2018년 예금은행 예금액의 전년 대비 증가량은 서울이 72,876 − 66,469 = 6,407백억 원, 세종이 1,186 − 774 = 412백억 원으로 서울이 세종보다 6,407 − 412 = 5,995백억 원 더 많으므로 옳지 않은 설명이다.

④ 인천과 대전의 예금은행 예금액의 차이는 2016년에 4,027 − 2,861 = 1,166백억 원, 2017년에 4,301 − 3,060 = 1,241백억 원, 2018년에 4,434 − 3,091 = 1,343백억 원, 2019년에 4,676 − 3,391 = 1,285백억 원, 2020년에 5,195 − 3,873 = 1,322백억 원으로 2018년에 가장 크므로 옳지 않은 설명이다.

⑤ 제시된 기간 중 대구 예금은행 예금액이 가장 많은 2020년에 전국 예금은행 예금액은 대구 예금은행 예금액의 169,782 / 5,716 ≒ 29.7배이므로 옳지 않은 설명이다.

45 직무능력 - 문제해결능력 정답 ①

팀장님이 전달한 구매 기준에 따르면 무게 1.2kg 이하, 윈도우 포함, 메모리 용량 16GB 이상, 저장 용량 256GB 이상, 카메라 화소 720p 이상, 2대 기준 총구매가격이 300만 원 이하인 노트북을 구매해야 하므로 무게가 2.03kg인 D 노트북, 윈도우가 미포함된 B 노트북, 1대의 가격이 1,999,800원으로 2대 가격이 300만 원을 넘는 C 노트북은 구매하지 않는다. 이때 눈부심 방지 기능이 포함된 노트북을 구매할 때와 포함되지 않은 노트북을 구매할 때의 차이가 30만 원 미만인 경우에만 해당 기능이 있는 제품을 구매한다. 나머지 노트북 중 눈부심 방지 기능이 없는 A 노트북의 2대 구매 가격은 1,314,000 × 2 = 2,628,000원이고, 눈부심 방지 기능이 있는 E 노트북은 2대 이상 구매 시 노트북 1대당 10%를 할인받을 수 있으므로 E 노트북의 2대 구매 가격은1,638,000 × 0.9 × 2 = 2,948,400원이다. 이에 따라 A 노트북을 구매하는 것이 E 노트북을 구매하는 것보다 2,948,400 − 2,628,000 = 320,400원 더 저렴하므로 눈부심 방지 기능이 없는 A 노트북을 선택한다.

따라서 박 사원이 구매할 노트북은 A 노트북이다.

46 직무상식 - 금융·경제상식 정답 ⑤

가격하한제 시행 후 실제 거래량은 수요량에 의해 결정되므로 Q_2에서 Q_1으로 감소한다. Q_3는 공급량이지 실제 거래량이 아니므로 거래량이 Q_3로 증가한다는 적절하지 않은 설명이다.

더 알아보기

- 가격하한제(Price Floor): 정부가 시장가격의 하한선을 설정하여 그 이하로 가격이 내려가지 못하도록 하는 정책으로, 최저임금제가 대표적인 예시이다.

47 직무상식 - 금융·경제상식 정답 ③

㉡ 평가절하 정책을 시행하면 수입 재화와 원자재 가격이 상승하여 국내 물가가 상승하므로 적절하지 않다.
㉢ 평가절하 정책을 시행하면 수출은 증가하고 수입은 감소하여 경상수지가 개선되므로 적절하지 않다.
㉣ 평가절하 정책을 시행하면 외화 가치가 상승하여 외채 상환에 대한 부담이 증가하므로 적절하지 않다.

따라서 평가절하 정책을 시행했을 때 나타나는 특징으로 적절하지 않은 것은 ㉡, ㉢, ㉣로 총 3개이다.

더 알아보기

평가절하 정책을 시행했을 때 나타나는 특징
- 자국 화폐 가치 하락
- 국내 물가 상승
- 수출 증가 및 수입 감소
- 경상수지 개선
- 외채 상환에 대한 부담 증가
- 환율 상승

48 직무상식 - 금융·경제상식 정답 ③

제시된 글은 '듀레이션(Duration)'에 대한 설명이다.

오답 체크

① 코스피: 증권 시장에 상장된 모든 종목의 주가 변동을 날마다 종합한 지표
② 엥겔지수: 생계비 가운데 음식비가 차지하는 비율
④ VaR: Value at Risk의 약자로, 특정 기간 동안 발생 가능한 최대 손실금액을 의미하며, 금융기관의 시장 위험을 판별하는 예측 지표
⑤ 영업용순자본비율: 영업용순자본을 총위험액으로 나눈 것으로, 증권 회사의 재무 건전 상태를 평가할 때 사용되는 지표

49 직무상식 - 농업·농촌상식 정답 ④

협동조합 기본법 제12조 제1항에 따르면 국가는 협동조합에 대한 이해를 증진시키고 협동조합의 활동을 장려하기 위하여 매년 7월 첫째 토요일을 협동조합의 날로 지정하며, 협동조합의 날 이전 1주간을 협동조합 주간으로 지정하므로 적절하지 않다.

오답 체크

① 협동조합 기본법 제22조 제2항에 따르면 조합원 1인의 출자좌수는 총 출자좌수의 100분의 30을 넘어서는 아니 되므로 적절하다.
② 협동조합 기본법 제52조 제1항에 따르면 협동조합은 정기총회일 7일 전까지 사업보고서, 대차대조표, 손익계산서, 잉여금처분안 또는 손실금처리안 등의 결산보고서를 감사에게 제출해야 하며, 협동조합 기본법 제52조 제2항에 따라 협동조합은 결산보고서와 감사의 의견서를 정기총회에 제출하여 승인을 받아야 하므로 적절하다.
③ 협동조합 기본법 제9조 제1항에 따르면 협동조합 등 및 협동조합연합회 등은 공직선거에서 특정 정당을 지지 및 반대하는 행위 또는 특정인을 당선되도록 하거나 당선되지 아니하도록 하는 행위를 하여서는 아니 되므로 적절하다.
⑤ 협동조합 기본법 제23조 제2항에 따르면 조합원은 대리인으로 하여금 의결권 또는 선거권을 행사하게 할 수 있으며, 이 경우 그 조합원은 출석한 것으로 보므로 적절하다.

50 직무상식 - 금융·경제상식 정답 ①

절대우위에 대해 바르게 말하고 있는 사람은 수민과 정욱이다.

오답 체크

- 윤기: 특정 상품을 상대국보다 더 낮은 비용으로 효율적으로 생산하는 비교우위에 관한 내용이므로 옳지 않은 설명이다.
- 남수: 국가 간 생산 요소의 이동이 없는 것은 비교우위가 성립되기 위한 전제조건이므로 옳지 않은 설명이다.

51 직무상식 - 금융·경제상식 정답 ②

제시된 자료는 콜라의 공급 증가를 보여주는 그래프로, 공급 증가의 요인에는 생산 요소 가격의 하락, 공급자나 판매자의 수 증가, 수요나 가격의 하락 예상, 생산 기술의 발전 등이 있다.

㉠ 콜라를 만드는 데 사용되는 원료의 가격이 하락하면 사업의 채산성이 높아져 콜라의 공급이 증가하므로 적절하다.

㉣ 콜라 공급처의 수가 증가하면 공급이 증가하므로 적절하다.

오답 체크

㉡ 콜라의 보완재인 피자의 가격이 하락하면 콜라에 대한 수요가 증가하므로 수요 곡선이 우측으로 이동하는 요인이다.

㉢ 콜라의 대체재인 사이다의 가격이 인하되면 콜라에 대한 수요가 감소하므로 수요 곡선이 좌측으로 이동하는 요인이다.

52 직무상식 - 금융·경제상식 정답 ①

㉠ 선물거래에서는 증거금을 예치하고 일일정산을 통해 손익을 결제한다.

㉡ 선도거래는 계약 당사자가 자유롭게 계약조건을 설정할 수 있다.

㉢, ㉣ 기초자산을 특정 가격에 매도할 수 있는 권리는 풋옵션이고, 기초자산을 특정 가격에 매수할 수 있는 권리는 콜옵션이다.

더 알아보기

선도거래와 선물거래

구분	선도거래	선물거래
표준화	가격과 거래의 제한 없이 당사자간의 자유로운 계약에 따름	표준화된 거래조건에 따름
거래소	장외거래 중심	거래소 내에 증거금을 예치하여 거래
결제시점	만기일에 결제	일일정산(Mark-to-Market) 시스템을 통해 매일 손익을 현금으로 결제

53 직무상식 - 디지털상식 정답 ②

첫 번째는 클라우드 컴퓨팅(Cloud Computing), 두 번째는 마이데이터(My Data), 세 번째는 딥러닝(Deep Learning)에 대한 설명이다.

더 알아보기

- **그리드 컴퓨팅(Grid Computing)**: 여러 컴퓨터 장비를 하나의 고속 네트워크로 연결하여 다수의 사용자에게 고도화된 연산능력, 데이터, 첨단 장비를 공유할 수 있도록 하는 컴퓨터 기술
- **에지 컴퓨팅(Edge Computing)**: 중앙 서버에서 데이터를 처리하는 클라우드 컴퓨팅과 상대되는 개념으로, 방대한 데이터를 분산된 소형 서버에서 실시간으로 처리하는 컴퓨터 기술
- **오픈 API(Open Application Program Interface)**: 인터넷 사용자가 직접 응용 프로그램과 서비스를 개발할 수 있도록 운영 체제나 프로그래밍 언어를 제공하는 것
- **데이터마이닝(Data Mining)**: 대량의 데이터 중 숨겨져 있는 유용한 상관관계를 찾아내어 의사결정에 이용하는 것

54 직무상식 - 금융·경제상식 정답 ④

- 갑: 일반적으로 장기채권은 투자자들이 원금을 회수하기까지의 기간이 긴 만큼 더 큰 리스크에 노출되어 단기채권보다 금리가 높지만, 경기 침체 전망이 대두하면 단기채권의 수요 감소 및 장기채권의 수요 증가로 단기채권보다 장기채권의 값이 더 오르고 금리는 하락하는 장단기 금리 역전 현상이 발생하므로 옳은 설명이다.
- 병: 오퍼레이션 트위스트(Operation twist) 정책은 경제 활성화를 위해 중앙은행이 장기국채를 매입하고 단기국채를 매도하는 것으로, 이러한 중앙은행의 채권시장 개입으로 인해 장기국채의 금리가 하락하여 장단기 금리가 역전될 가능성이 있으므로 옳은 설명이다.
- 정: 일반적으로 은행은 금리가 낮은 단기 자금을 조달하여 높은 금리의 장기 대출을 해주며 장단기 금리 차를 이용해 이익을 내는데, 장단기 금리가 역전되면 은행의 예대마진(대출금리와 예금금리의 차)이 악화되어 대출을 축소하려는 경향이 나타나므로 옳은 설명이다.

오답 체크

- 을: 장단기 금리 역전 시에는 물가가 지속적으로 하락하는 현상인 디플레이션(Deflation)에 대한 공포가 아닌 경기 침체(Recession)를 우려하는 R의 공포가 대두하므로 옳지 않은 설명이다.

55 직무상식 - 금융·경제상식 정답 ⑤

㉡ 거래비용이 매우 크면 소유권이 명확하더라도 협상 비용이 협상으로 얻는 이익을 초과하여 효율적 해결이 불가능하다.

㉣ 코즈의 정리에 따르면 일정 조건(거래비용=0, 소유권 명확 등) 하에서는 정부개입 없이도 효율적 해결이 가능하다.

56 직무상식 - 금융·경제상식

정답 ②

ISA 계좌에서 발생한 순수익 중 200만 원까지는 비과세이며, 초과금액에 대해서는 9%의 저율과세를 적용받는다.

57 직무상식 - 금융·경제상식

정답 ③

중앙은행이 경기침체에 대응하여 양적완화 정책을 시행하는 초기 단계에서는 다음과 같은 현상이 나타날 수 있다

- 금리하락: 양적완화로 시중 유동성이 대폭 공급되어 시장금리가 하락
- 물가상승: 통화량 증가로 인한 화폐가치 하락과 인플레이션 기대심리 상승

이는 확장적 통화정책의 시차 효과 때문으로, 금리하락 효과는 즉시 나타나지만 실물경제 회복은 시간이 걸리는 상황에서 발생한다.

오답 체크

① 기준금리가 인상되면 금리가 상승하고 총수요 감소로 물가하락 압력이 발생한다.

② 재정지출이 확대되면 총수요 증가로 물가가 상승하고 자금수요 증가로 금리가 상승한다.

④ 비용인상 인플레이션이 발생하면 물가가 상승하고 중앙은행의 긴축정책으로 금리가 상승한다.

⑤ 경기가 회복되면 소득증가로 물가가 상승하고 자금수요 증가로 금리가 상승한다.

58 직무상식 - 금융·경제상식

정답 ⑤

결혼 축의금은 일시적으로 발생하는 비경상소득으로 본다.

오답 체크

①은 근로소득, ②는 이전소득, ③, ④는 재산소득으로, 경상소득에 해당된다.

더 알아보기

- **경상소득**: 비교적 일정하고 정기적인 소득으로, 근로소득, 사업소득, 재산소득, 이전소득이 해당함

59 직무상식 - 금융·경제상식

정답 ⑤

제시된 내용은 '크라우드 펀딩'에 대한 설명이다.

오답 체크

① 빅테크: 거대 IT 기업을 일컫는 말로, 국내에서는 네이버나 카카오와 같이 온라인 플랫폼 제공 사업을 기반으로 금융업에 진출하는 업체를 지칭함

② 블록체인: 가상화폐인 비트코인에 활용되는 핵심 기술로, 은행이나 증권사처럼 공인된 금융기관이 아닌 거래 참여자들에게 거래 장부를 분산 배치해 해킹을 막는 네트워크 기술

③ 소셜본드: 소상공인·중소기업 지원, 고용 창출, 취약계층 지원 등 다양한 사회적 문제를 해결하기 위한 특수목적 채권

④ 그림자 금융: 은행과 비슷한 역할을 하지만, 중앙은행의 감독을 받지 않는 금융 회사

60 직무상식 - 농업·농촌상식

정답 ③

NH농협은행이 은행 최초로 종이 없는 미래형 금융점포인 스마트브랜치를 개설한 해는 2013년이며, 은행권 최초로 P2P 금융 증서 블록체인 서비스를 출시한 해는 2019년이므로 가장 적절하지 않다.

61 직무상식 - 금융·경제상식

정답 ④

양국이 교역을 통해 이득을 얻기 위해서는 교역 조건이 수출품의 기회비용과 수입품의 기회비용 범위 안에서 결정되어야 한다. X재를 기준으로 보면 X재 1개 생산의 기회비용이 갑국은 Y재 4개, 을국은 Y재 2개이므로 양국 모두의 이익을 위한 교역 조건은 Y재 2개 < X재 1개 < Y재 4개이다.

따라서 X재와 Y재의 교역 조건이 1 : 2일 경우 을국은 교역을 통해 이득을 얻을 수 없으므로 적절하지 않은 설명이다.

오답 체크

① 을국이 X재와 Y재 모두 갑국보다 더 많은 양을 생산할 수 있으므로 절대우위를 가진다.

② X재 1개 생산의 기회비용은 갑국이 Y재 4개이고, 을국이 Y재 2개이므로 을국이 갑국보다 더 작다.

③ 두 나라가 교역을 통해 이득을 얻기 위해서는 상대국보다 더 낮은 비용으로 생산할 수 있는 상품, 즉 비교우위에 있는 상품을 특화해야 하므로 갑국은 Y재, 을국은 X재를 특화해야 한다.

⑤ 두 나라 간에 무역이 이루어질 경우 비교우위에 따라 갑국은 Y재, 을국은 X재를 특화하게 된다. X재와 Y재의 교역 조건이 1 : 2.5로 정해질 경우 갑국은 Y재 16개를 생산하여 11개를 소비하고, 5개는 을국의 X재 2개와 교환할 수 있으므로 X재 2개와 Y재 11개를 동시에 소비할 수 있다.

62 직무상식 - 금융·경제상식 정답 ④

㉡ 패시브펀드는 시장지수(KOSPI200, MSCI ACWI 등)의 성과를 그대로 따르기 때문에 해당 지수의 등락과 동일한 수익률을 목표로 한다. 지수가 상승하면 패시브펀드의 수익률이 상승하고, 지수가 하락하면 패시브펀드의 수익률도 하락한다.

㉣ 추적오차는 기초가 되는 지수를 추종할 때 발생하는 펀드 수익률과 기준지수 수익률 간 오차를 말하는데, 패시브펀드는 시장지수를 추종하므로 추적오차가 최소화된다.

오답 체크

㉠ 패시브펀드는 시장지수를 그대로 추종하는 것이 목적이므로, 펀드매니저가 직접 포트폴리오 구성을 변경하지 않는다. 펀드매니저가 투자 종목을 능동적으로 결정하거나 구성을 변경하는 것은 액티브펀드의 특징이다.

㉢ 패시브펀드는 액티브펀드에 비해 거래비용과 운용보수가 상대적으로 적다. 패시브펀드는 시장지수를 그대로 추종하기 때문에 적극적인 매매나 종목 분석에 들어가는 비용이 적다.

더 알아보기

액티브펀드와 패시브펀드

구분	패시브 펀드	액티브 펀드
운용방식	수동적(시장 전체의 움직임 추종)	능동적(펀드매니저가 직접 종목 선별)
거래비용 및 운용보수	낮음	높음
목표수익률	시장수익률과 유사하며, 시장 수익 이상을 기대하기 어려움	시장수익의 평균보다 낮아질 위험이 있으나, 시장수익 평균 이상을 기대할 수 있음

63 직무상식 - 디지털상식 정답 ⑤

지문의 빈칸에는 IT 기업이 주도하여 IT 기술에 금융을 접목한 혁신을 의미하는 용어인 '테크핀'이 들어간다.

오답 체크

① 핀테크: 금융회사가 주도하여 금융을 IT 기술에 접목한 금융 서비스 기술

② 마이데이터: 정보주체가 자신의 개인 정보를 적극적으로 관리 및 통제하는 일련의 과정

③ 오픈뱅킹: 하나의 애플리케이션으로 모든 은행의 자금이체 및 조회 기능을 제공하는 금융 서비스

④ 오픈 API: 인터넷 사용자가 직접 응용 프로그램과 서비스를 개발할 수 있도록 운영체제나 프로그래밍 언어를 제공하는 프로그램

64 직무상식 - 금융·경제상식 정답 ①

일본의 커피 가격은 USD 환산 시 3.33달러로 다른 국가의 커피 가격인 4.00~4.50달러보다 낮다. 이는 차익거래 기회가 존재함을 의미하므로 적절하다.

오답 체크

② 영국 커피가격은 4.50달러로 가장 높으므로 영국에서 수입해서 다른 국가에 판매하면 손실이 발생한다.

③ 각 상품마다 거래비용, 운송비, 시장 구조가 다르기 때문에 한 상품(커피)의 가격이 우연히 일치한다고 해서 모든 상품에서 일물일가의 법칙이 성립한다고 볼 수 없다.

④ 거래비용이 0이라면 차익 거래를 통해 하나의 균형가격으로 수렴하지만, 그 가격이 반드시 4.00달러일 필요는 없으며 각국의 수요공급 조건에 따라 결정된다.

⑤ 한국-미국 간에는 커피가 같은 가격이므로 일물일가의 법칙이 부분적으로는 작동하고 있다.

65 직무상식 - 금융·경제상식 정답 ③

제시된 내용은 투자로 인해 생성되는 현금흐름의 총유입액을 현재가치로 할인하여 모두 합한 값에서 투자금을 감액한 순현재가치를 토대로 투자안을 평가하는 '순현재가치법(Net present value)'에 대한 설명이다.

66 직무상식 - 금융·경제상식 정답 ②

수익권 담보대출의 담보인정비율은 예·적금 담보인정비율에 비해 낮은 수준이므로 적절하지 않은 설명이다.

67 직무상식 - 금융·경제상식 정답 ②

㉠은 공공재, ㉡은 공유자원에 해당한다.

② 공유자원은 개인의 소비로 인해 다른 개인의 소비가 줄어드는 경합성과 비용을 부담하지 않은 사람을 소비에서 배제할 수 없는 비배제성을 특징으로 하는 재화이므로 옳지 않은 설명이다.

68 직무상식 - 금융 · 경제상식 정답 ②

옵션 매수자는 시장 상황에 따라 옵션을 행사할 지 여부를 선택할 수 있으므로 적절하다.

오답 체크

① 프리미엄을 받을 권리가 있는 것은 옵션 매도자이고 옵션 매수자는 프리미엄을 지불한다.

③ 옵션 거래 시 발생한 손실은 매수자 본인이 부담해야 하며, 매도자에게 보상을 요구할 권리가 없다.

④ 옵션은 의무가 아닌 권리이기 때문에 시장상황에 따라 옵션을 행사하지 않을 수도 있다.

⑤ 옵션 매수자는 옵션의 프리미엄(=옵션의 가격)을 지불하여야 옵션을 매수할 수 있다.

더 알아보기

옵션 거래

개념	· 옵션은 기초자산을 미래의 만기일(유럽식) 또는 그 이전까지 언제든(미국식) 특정한 가격(행사가격)으로 사거나 팔 수 있는 권리임 · 기초자산을 살 수 있는 권리를 콜옵션, 팔 수 있는 권리를 풋옵션이라고 함
매수자	· 옵션 매도자로부터 권리를 부여받고, 이에 대한 대가로 프리미엄(옵션 가격)을 지불함 · 기초자산의 가격이 행사가격과 비교하여 이익이 되는 경우 권리를 행사하되, 총 손익은 프리미엄을 포함하여 계산함 · 손실이 예상되면 권리를 행사하지 않을 수 있으며, 최대 손실은 지불한 프리미엄으로 제한됨
매도자	· 옵션 매도자는 옵션 매수자에게 권리를 부여하고, 프리미엄을 지급받음 · 옵션 매수자의 행사 결정에 따라야 할 의무가 있으며, 이론적으로 손실이 무제한임

69 직무상식 - 금융 · 경제상식 정답 ③

자기자본 기준 수익률 = (순수익 ÷ 초기 자기자본) × 100을 적용하여 구한다. 순수익은 순자산에서 초기 자기자본을 뺀 값이고, 순자산은 현재 부동산 가치에서 대출 잔액을 뺀 6 - 3 = 3억원, 초기 자기자본은 1억이므로 순수익은 3 - 1 = 2억원이다. 따라서 김씨의 자기자본 기준 수익률은 (2억 원 ÷ 1억 원) × 100 = 200(%)이다.

70 직무상식 - 금융 · 경제상식 정답 ②

오랫동안 지속된 낮은 실질금리는 BIS가 제시한 글로벌 금융위기의 거시적 요인에 해당한다.

오답 체크

①, ③, ④, ⑤는 모두 BIS가 제시한 글로벌 금융위기의 미시적 요인에 해당한다.